公司治理

李维安　等 - 著

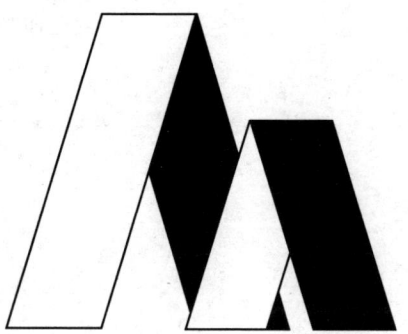

CORPORATE GOVERNANCE （REVISED EDITION）

（修订本）

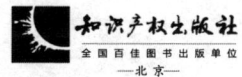

知识产权出版社

全国百佳图书出版单位

——北京——

图书在版编目（CIP）数据

公司治理 / 李维安等著 . —修订本 . —北京：知识产权出版社，2022.5
（孙冶方经济科学奖获奖作品选）
ISBN 978-7-5130-8163-4

Ⅰ . ①公… Ⅱ . ①李… Ⅲ . ①公司—企业管理 Ⅳ . ① F276.6

中国版本图书馆 CIP 数据核字（2022）第 078483 号

总 策 划：王润贵		项目负责：蔡 虹	
套书责编：蔡 虹		责任校对：谷 洋	
本书责编：杨 易		责任印制：刘译文	

公司治理（修订本）

李维安 等 著

出版发行：知识产权出版社有限责任公司　　网　　址：http : // www.ipph.cn
社　　址：北京市海淀区气象路 50 号院　　邮　　编：100081
责编电话：010-82000860 转 8789　　责编邮箱：35589131@qq.com
发行电话：010-82000860 转 8101/8102　　发行传真：010-82000893/82005070/82000270
印　　刷：三河市国英印务有限公司　　经　　销：新华书店、各大网上书店及相关专业书店
开　　本：787mm×1092mm　1/32　　印　　张：14.625
版　　次：2022 年 5 月第 1 版　　印　　次：2022 年 5 月第 1 次印刷
字　　数：407 千字　　定　　价：88.00 元

ISBN 978-7-5130-8163-4

出版说明

知识产权出版社自 1980 年成立以来，一直坚持以传播优秀文化、服务国家发展为己任，不断发展壮大，影响力和竞争力不断提升。近年来，我们大力支持经济类图书尤其是经济学名家大家的著作出版，先后编辑出版了《孙冶方文集》《于光远经济论著全集》《刘国光经济论著全集》和《苏星经济论著全集》等一批经济学精品力作，产生了广泛的社会影响。受此激励和鼓舞，我们和孙冶方经济科学基金会携手于 2018 年 1 月出版《孙冶方文集》之后，又精选再版孙冶方经济科学奖获奖作品。

"孙冶方经济科学奖"是中国经济学界的最高奖，每两年评选一次，每届评选的著作奖和论文奖都有若干个，评选的对象是 1979 年以来所有公开发表的经济学论著。其获奖成果基本反映了中国经济科学发展前沿的最新成果，代表了中国经济学研究各领域的最高水平。这次再版的孙冶方经济科学奖获奖作品，是我们从孙冶方经济科学奖于 1984 年首届评选到 2017 年第十七届评选出的获奖著作中精选的 20 多部作品。这次再版，一方面是为了缅怀和纪念中国卓越的马克思主义经济学家和中国经济改革的理论先驱孙冶方同志；另一方面有助于系统回顾和梳理我国经济理论创新发展历程，对经济学同人深入研究当代中国经济学思想史，在继承的基础上继续推动我国经济学理论创新、更好构建中国特色社会主义政治经济学都具有重要意义。

在编辑整理"孙冶方经济科学奖获奖作品选"时，有几点说明如下。

第一，由于这20多部作品第一版是由不同出版社出版的，所以开本、版式、封面和体例不太一致，这次再版进行了统一。

第二，再版的这20多部作品中，有一部分作品这次再版时作者进行了修订和校订，因此与第一版内容不完全一致。

第三，大部分作品由于第一版时出现很多类似"近几年""目前"等时间词，再版时已不适用了。但为了保持原貌，我们没有进行修改。

在这20多部作品编辑出版过程中，孙冶方经济科学基金会的领导和同事对本套图书的出版提供了大力支持和帮助；86岁高龄的著名经济学家张卓元老师亲自为本套图书作了思想深刻、内涵丰富的序言；这20多部作品的作者也在百忙之中给予了积极的配合和帮助。可以说，正是他们的无私奉献和鼎力相助，才使本套图书的出版工作得以顺利进行。在此，一并表示衷心感谢！

知识产权出版社
2019 年 6 月

总　序

张卓元

知识产权出版社领导和编辑提出要统一装帧再版从 1984 年起荣获孙冶方经济科学奖著作奖的几十本著作，他们最终精选了 20 多部作品再版。他们要我为这套再版著作写序，我答应了。

趁此机会，我想首先简要介绍一下孙冶方经济科学基金会。孙冶方经济科学基金会是为纪念卓越的马克思主义经济学家孙冶方等老一辈经济学家的杰出贡献而于 1983 年设立的，是中国在改革开放初期最早设立的基金会。基金会成立 36 年来，紧跟时代步伐，遵循孙冶方等老一辈经济学家毕生追求真理、严谨治学的精神，在经济学学术研究、政策研究、学术新人发掘培养等方面不断探索，为繁荣我国经济科学事业做出了积极贡献。

由孙冶方经济科学基金会主办的"孙冶方经济科学奖"（著作奖、论文奖）是我国经济学界的最高荣誉，是经济学界最具权威地位、最受关注的奖项。评奖对象是改革开放以来经济理论工作者和实际工作者在国内外公开发表的论文和出版的专著。评选范围包括：经济学的基础理论研究、国民经济现实问题的理论研究，特别是改革开放与经济发展实践中热点问题的理论研究。强调注重发现中青年的优秀作品，为全面深化改革和经济建设，为繁荣和发展中国的经济学做出贡献。自 1984 年评奖活动启动以来，每两年评选一次，累计已评奖 17 届，共评出获奖著作 55 部，获奖论文 175 篇。由于孙冶方经济科学奖的评奖过程一直是开放、公开、公平、公正的，在作者申报和专家推荐的基础上，由全国著名综合性与财

经类大学经济院系和中国社会科学院经济学科领域研究所各推荐一名教授组成的初评小组，进行独立评审，提出建议入围的论著。然后由基金会评奖委员会以公开讨论和无记名投票方式，以简单多数选定获奖作品。最近几届的票决结果还要进行公示后报基金会理事会最终批准。因此，所有获奖论著，都是经过权威专家几轮认真的公平公正的评审筛选后确定的，因此这些论著可以说代表着当时中国经济学研究成果的最高水平。

作为17届评奖活动的参与者和具体操作者，我不敢说我们评出的获奖作品百分之百代表着当时经济学研究的最高水平，但我们的确是尽力而为，只是限于我们的水平，肯定有疏漏和不足之处。总体来说，从各方面反映来看，获奖作品还是当时最具代表性和最高质量的，反映了改革开放后中国经济学研究的重大进展。也正因为如此，我认为知识产权出版社重新成套再版获奖专著，是很有意义和价值的。

首先，有助于人们很好地回顾改革开放40年来经济改革及其带来的经济腾飞和人民生活水平的快速提高。改革开放40年使中国社会经济发生了翻天覆地的变化。贫穷落后的中国经过改革开放30年的艰苦奋斗于2009年即成为世界第二大经济体，创造了世界经济发展历史的新奇迹。翻阅再版的获奖专著，我们可以清晰地看到40年经济奇迹是怎样创造出来的。这里有对整个农村改革的理论阐述，有中国走上社会主义市场经济发展道路的理论解释，有关于财政、金融、发展第三产业、消费、社会保障、扶贫等重大现实问题的应用性研究并提出切实可行的建议，有对经济飞速发展过程中经济结构、产业组织变动的深刻分析，有对中国新型工业化进程和中长期发展的深入研讨，等等。阅读这些从理论上讲好中国故事的著作，有助于我们了解中国经济巨变的内在原因和客观必然性。

其次，有助于我们掌握改革开放以来中国特色社会主义经济理论发展的进程和走向。中国的经济改革和发展是在由邓小平开创的

公司治理（修订本）

中国特色社会主义及其经济理论指导下顺利推进的。中国特色社会主义理论体系也是在伟大的改革开放进程中不断丰富和发展的。由于获奖著作均系经济理论力作，我们可以从各个时段获奖著作中，了解中国特色社会主义经济理论是怎样随着中国经济市场化改革的深化而不断丰富发展的。因此，再版获奖著作，对研究中国经济思想史和中国经济史的理论工作者是大有裨益的。

最后，有助于年轻的经济理论工作者学习怎样写学术专著。获奖著作除了少数应用性、政策性强的以外，都是规范的学术著作，大家可以从中学到怎样撰写学术专著。获奖著作中有几套经济史、经济思想史作品，都是多卷本的，都是作者几十年研究的结晶。我们在评奖过程中，争议最少的就是颁奖给那些经过几十年研究的上乘成果。过去苏星教授写过经济学研究要"积之十年"，而获奖的属于经济史和经济思想史的专著，更是积之几十年结出的硕果。

是为序。

2019 年 5 月

总序

再版前言

中国企业改革根本目标在于建立现代企业制度，而其核心就在于公司治理改革与转型。中国公司治理作为治理改革的先行者，依次构建起以规则、合规和问责等为核心制度要素的治理体系。经过多年的公司治理实践，先后经历观念导入、结构构建、机制建立和有效性提高等阶段，在由行政型治理向经济型治理转型的主线下，逐步进入当前转型发展的"相持阶段"，并且取得了重大进展，涵盖企业制度、企业管理、政府规制等各个领域。近年来世界进入大数据时代，大数据和移动互联网的发展，潜移默化地对治理成本、治理风险、治理手段、治理模式、治理机制产生了深刻的影响，推动了公司治理的创新，强化了传统公司治理向网络治理、绿色治理发展。因而公司治理研究仍然是当前国内外理论界和实业界关注的一个世界性课题。

《公司治理》已于2000年出版第一版，在过去的二十年里，我们也逐渐认识到技术实践的创新已经领先于管理创新，更领先于公司治理创新。为适应现代公司治理改革的发展，《公司治理》的修订工作就显得尤为迫切。为此，编写组结合公司治理创新实践相关内容对其进行补充和调整，将原第三章"公司治理体系概述"和第四章"公司治理边界"合并为第三章"公司治理边界及体系概述"，将原第五章"内部治理"和第十三章"非执行董事在公司治理中的作用"合并为第四章"内部治理"，在"企业集团的公司治理"中增加"网络治理"和"绿色治理"的内容，新增"治理评价"章节，将原第十章"公司治理模式的趋同化"和第十四章"公司治理展望"合并为第十二章"公司治理新趋势"，并对有关

公司治理（修订本）

内容做了修改。修订后的《公司治理》，不仅保留了原著作中"质量高、有特色、满足不同类型理论界研究和实业界参考需要"等特点，而且更加突出了催生公司治理变革的典型事件，体现了国内外公司治理研究的理论发展脉络，具有较强的科学性和实用性。

本书是在2000年版的基础上，由我提出修订思路和提纲，姜广省（天津财经大学）、聂雨薇、徐建（天津财经大学）、马茵、刘振杰（天津财经大学）、刘昱沛、王鹏程（华南师范大学）、侯文涤、周宁、谢东明（天津财经大学）、秦岚（天津财经大学）、衣明卉、王琪、孟乾坤、王励翔、崔光耀、郑敏娜、李晓菲（按照章节顺序排序）等诸位教师和博士研究生提供初稿，姜广省对初稿进行整理，最后由我总篆并完成。

本书的撰写适值中国的企业改革进入纵深推进之时，我们希望本书的研究成果能为中国的企业改革，尤其是国有大中型企业的改革提供借鉴，并希望能够为广大公司治理及其他领域研究学者和实业界提供参考。

在本书修订过程中，我们参阅了大量学者的著作和相关材料，我们在此向这些作者以及大力支持修订工作的知识产权出版社表示衷心的感谢。尽管我们花费了大量时间和精力来完成本书的修订工作，但书中难免存在一些缺点和错误，敬请国内外相关研究领域的专家学者批评指正，以便使本书更加完善。

李维安

2020 年 10 月

原版前言

公司治理是当前国内外理论和实业界研究的一个世界性的课题。研究这一问题的开山之作是 20 世纪 30 年代美国学者伯利和米恩斯发表的《现代公司和私有产权》。在这部论著中，两位学者在对大量实证材料进行分析的基础上得出结论——现代公司的所有权与控制权实现了分离，控制权由所有者转移到支薪经理手中。七八十年代，西方学者掀起了公司治理研究高潮，其实践背景在于公司恶意购并事件的大量出现。为了对抗恶意购并，公司经理人员采取了诸多反收购措施，而许多这样的措施从根本上讲是以牺牲股东利益为代价的，因此如何保护股东利益就成了这一阶段公司治理研究的核心。进入 90 年代，国外公司治理的研究主要集中在机构投资者的兴起、公司社会责任、跨国企业的治理及知识经济下的公司治理等前沿性问题上，而对于传统的公司治理问题，经过几十年的公司治理实践和理论探讨的推动，已经形成了诸多规范性的做法和一致的解决意见。这些做法和意见大多通过各国的公司治理原则得以反映。

公司治理（修订本）

我国对公司治理的研究在 20 世纪 90 年代刚刚开始。在国有企业向现代企业制度的转轨过程中，随着企业和经营者自主权的扩大，内部人控制现象大量出现。内部人控制导致国有资产大量流失，企业领导人腐败问题日渐突出，为国企改革的深入设置了巨大的障碍。实践的需要呼唤理论的创新，国内学者开始关注并推动了公司治理的研究热潮，发表或出版了许多论文和专著。而且在一些领域，如转轨经济中国有企业法人治理结构的建立、银行治理作用的完善等，国内学者取得了一些突破性的研究成果。然而，我们认为当前国内关于公司治理的研究仍存在着两个明显的"误区"。其一，将公司治理结构等同于公司治理，使公司治理研究的对象与范围受到很大限制。其二，公司治理研究与我国转轨经济的公司实践未能有效地结合在一起，既缺少具有权威性的实证分析结果，又未提出具有影响力的政策建议。我们认为，仅仅强调公司治理结构的局限性在于，一方面，会使人们过分重视组成结构的各个部分之间的相互关系，具体而言，主要是权力的相互制衡关系，而忽略了公司治理对公司科学决策的重要意义；另一方面，会使人们过分重视不同治理结构之间的比较，如美国公司的单层制董事会结构与德国公司的双层制董事会结构的比较，而忽略了治理结构形成并存续的基础——有效率的治理机制。

　　本书的努力之一就是突破了这两个"误区"。之所以定名为"公司治理"，是因为我们认为公司治理是一个由主体和客体、边界和范围、机制和功能、结构和形式等诸多因素构成的体系，治理结构只是公司治理体系的一个组成部分。治理边界是将治理体系中诸多因素组合到一起的核心概念，通过这一基本范畴的界定，我们将本书的研究范围从公司治理扩展到企业治理，再到企业集团的治理，最后到跨国公司的治理。并指出，公司治理的目标不仅仅在于权力的相互制衡，更重要的，在于提高公司决策的科学性，使公司能够在日趋激烈的市场竞争中生存并不断成长。

　　本书的努力之二在于理论和实践的有机结合。关于公司治理的研究很大程度上是实证研究，必须立足于我国转轨经济的公司实践。通过问卷调查、实地访谈和案例分析，我们积累了大量的我国企业转轨过程中的治理实践资料，这些原始实证资料被广泛运用到本书的相关章节中，具有一定的参考价值。

　　本书的第三个努力体现在理论创新方面。立足于实证分析，在广泛借鉴现代企业制度发达的国家公司治理实践经验的基础上，结合中国企业向现代企业制度转轨的具体实践，本书提出了中国公司"经济型"治理的新模式。在这一新模式中，我们提出了国有企业由"行政型"治理向"经济型"治理的转型，构造了有利于合理制衡、科学决策的内部治理结构，探讨了强化外部监督的具体手段和措施。这一新模式及相应的政策措施具有很强的可操作性，能够为企业及有关政府部门的决策提供参考。

本书共分绪论、体系、模式和应用四篇。

绪论篇从国内外公司治理的实践问题着手，对转轨经济国家的内部人控制问题，发达市场经济国家的恶意购并、股东诉讼和公司社会责任等问题进行了分析，针对这些问题的分析引出了公司治理的必要性。其后，按照企业形态的演进，现代公司中的两权分离及委托代理问题的产生这一顺序，对公司治理这一潜在的问题如何逐步转化为现代公司中的现实问题进行了理论分析。最后，对国内外学者已经提出的公司治理概念进行了评述。

在体系篇中，我们对构成公司治理体系的各个部分进行了区分，界定了它们的含义，分析了它们的运行机理，阐述了它们在公司治理中的作用。作为公司治理体系的组成部分，治理主体是以股东为核心，包括债权人、职工、供应商、社区等诸多成分在内的广大公司利益相关者。公司治理客体由治理边界加以限定。治理机制主要由激励机制、监督机制和决策机制组成，其中决策机制是核心。治理机制充分发挥作用的前提是存在合理的治理结构。治理结构包括内部治理与外部治理两个方面，内部治理主要是基于正式的制度安排，外部治理则更多地靠非正式的制度安排实现。这些正式的、非正式的制度安排的意义就在于保证利益相关者之间的权力制衡及公司重大战略决策的科学性。

不同国家由于经济发展水平、社会文化传统和政治法律制度的不同，经过长期的公司发展历程和企业制度的演变，形成了不同的公司治理模式。在模式篇中，本书对英美模式、德日模式、东南亚家族式企业治理模式及中国和东欧等转轨经济国家治理模式的发展历程、本质特征及治理效率等进行了详尽论述。值得强调的是，对东南亚家族式企业治理模式的分析突破了所有权与经营权相分离、

代理问题导致公司治理的旧的理论框架，研究了所有权与经营权相统一、企业控制权在家族成员中配置的治理模式。

应用篇对当前公司治理的一些"热点"问题，如企业集团的治理、非执行董事的独立性和信息披露等进行了探讨。通过深入具体的公司治理领域，验证我们提出的新观点、新方法和新模式，使理论分析和对策探讨有效地结合起来，为未来的公司治理研究提供选题和方向。

本书由李维安提出研究思路和写作提纲，栾祖盛、马连福、薛有志、严建援、杜玮、何卫东、武立东、张亚双、刘汉民、买亿媛、张双才、曾小龙、郭金林等诸位博士研究生提供初稿，何卫东、马连福对初稿进行整理，最后由李维安总纂并完成全书。

本书在出版过程中，得到了南开大学出版社领导的大力支持和副编审胡晓清先生的热情帮助，在此一并表示衷心感谢。

本书的撰写适值中国的企业改革进入攻坚阶段之时，我们希望本书的研究成果能为中国的企业改革，尤其是国有大中型企业的改革提供借鉴。同时，也希望得到国内外相关研究领域的专家学者的批评指正，学界同行同勤共勉，将中国的公司治理研究推进到更深的层次、更高的阶段。

李维安于南开园

2000 年 6 月

目　录

目
录

第一篇

1

绪论篇

公司治理一直是国内外理论界和实务界关注的"热点"问题。从实践的角度看,它是随着全球经济的发展、中国体制的变化、企业改革的深入、典型治理事件的频发,逐渐产生并演化成为事关企业生存发展的重大战略问题。从理论研究的角度看,作为现代企业理论的重要组成部分,它涉及企业制度与管理、政府规制等研究领域,应用了定量分析、比较分析、案例分析等研究方法,是跨越管理学、经济学、法学、社会学等多个学科的综合性研究课题。本篇首先从实践需要和理论发展两个方面分析公司治理问题的产生与发展。

第一章　国内外公司治理的实践问题

第一节　中国公司治理问题的产生

一、中国企业改革的历程

始于 1978 年的中国企业改革一直围绕着"减少政府干预，增强企业活力"的主线，以渐进的方式推行，40 年来大体经历了五个阶段。伴随着现代企业制度的产生，中国公司治理也逐步发展起来。

第一阶段（1978—1986 年），改变高度集中的计划体制，扩大企业经营自主权，实行利润留成，增强对企业的利润刺激，推动企业走向市场。

第二阶段（1987—1992 年），颁布《中华人民共和国全民所有制工业企业法》，明确企业是相对独立的商品生产者和经营者。引入和推广承包经营责任制，建立新的激励和约束机制。贯彻《国有企业转换经营机制条例》，划分政府与企业的责权，推动企业转换机制，政府转变职能。

这一时期的企业改革以放权让利为主线，同时开始发展非国有企业。一方面实现了从政府经济单位向企业的回归，另一方面出现了明显的政企分开的趋势，作为主要股东的国家和企业之间初步出现了控制权和经营权的分离，形成公司治理的萌芽。

第三阶段（1993—1999 年），颁布《中华人民共和国公司法》（以下简称《公司法》），推动企业进行股份制改造，建立现代企业制度。国家明确大型国有企业的改革方向是建立公司制，并且提出"公司法人治理结构是公司制的核心"。

这一阶段，国家开始建立社会主义市场经济体制，让市场发挥对资源配置的基础性作用，并开始根据市场经济的要求，建立现代企业制度。这标志着公司治理结构正式导入国企改革。

第四阶段（2000—2012年），发布《关于上市公司股权分置改革试点有关问题的通知》，积极稳妥解决股权分置问题。中国证监会推出《上市公司治理准则》，加强制度指引。修订《公司法》，以法律形式对股东大会、董事会、监事会等治理结构和机制进行明确与完善。

这一系列改进上市公司和企业治理的规则先后出台，强化了企业的"合规意识"，推动中国公司治理改革逐步进入治理机制建设的新阶段。

第五阶段（2013年至今），党的十八届三中全会要求，积极发展混合所有制经济，完善国有资产管理体制，推动国有企业完善现代企业制度，鼓励有条件的私营企业建立现代企业制度，健全协调运转、有效制衡的公司法人治理结构，建立职业经理人制度和长效激励约束机制。

此后，各个层面的公司治理实践都越来越重视合规和规则引领，通过规则来完善公司治理。公司治理规则的完善一方面要适应资本市场监管、深化国企改革和移动互联网时代变革的要求，另一方面要不断与国际接轨。

这种以市场为取向的渐进式改革取得了一定程度的成功。一方面，为适应竞争激烈、不断变化的市场环境，企业不得不在经营意识与观念、经营战略与战术、经营组织与管理等方面做出相应调整，涌现了一批机制灵活、绩效优良的企业；另一方面，在企业改革的推动下，现代化的市场体系逐步形成，适应市场经济要求的宏观经济管理体制、有中国特色的社会保障体制逐步建立。可以说，几十年来的企业改革与其他领域的经济体制改革既互为条件又相互推动，既实现了国民经济的持续快速增长，又为社会主义市场经济

体制的建立奠定了基础。

二、中国公司治理问题的产生

虽然以"放权让利"为核心的中国企业改革增强了企业活力，提高了企业绩效，但随着企业和经营者自主权的扩大，内部人控制、经营者腐败等现象也大量出现。这就对有效的公司治理提出了迫切的要求。

内部人控制、经营者腐败等治理问题产生的原因如下。

（1）对政府而言，作为宏观经济运行的调控者，它取消了对生产经营的直接干预；作为所有者代表，它将企业资产运营的重大权力交给经营者，这两个过程是同时进行的。在国有资产所有者代表还没有进入企业，并在企业内行使所有者职能的情况下，对企业放权实际上意味着将所有者的决策权、收益权也交给了企业经营者。

（2）对经营者而言，由于政府的放权让利，他们获得了企业资产的实际控制权，但这种控制权并没有为他们带来相应的收益，大部分经营者仍然与普通职工一样仅仅获得工资报酬❶。随着企业经济效益的增长、资产规模的扩大，激励不足将使经营者产生侵吞企业资产的内在动力。

尽管有一些实证研究表明"内部人控制"的企业并非全都效益不佳（费方域，1996），但"内部人控制"是对所有者权益的侵犯，它所诱发的各种经济扭曲行为对国有资产的保值增值、企业改革的深入进行、社会主义市场经济体制的建立都妨害甚大，具体如下。

（1）国家作为所有者的意志和利益被架空，国有资产被蚕食、转移而流失。其主要形式：一是国有向民营的转化中对国有资产的低估，使相当一部分国有资产被内部人占有；二是在混合所有制企

---

❶ 据我们对百家中国上市公司的调查，对经理人员采用月薪工资加津贴形式支付报酬的公司比例为 63.8%，而对经营者支付股息红利及股票期权的公司仅占 5.28%。

业中，国有资产被大量非国有化，如在中外企业合作过程中，中方资产不按规定进行评估或低估，使国有资产权益受损。据国资委的数据所示：从国企改制伊始的 1998 年到 2008 年，国有企业数量快速下降，11 年间平均每年造成的国有资产流失保守估计不少于 1500 亿元（侯普光等，2013）。

（2）使企业经营状况对外界而言更加不透明，增大了投资者的风险。首先是企业领导人的任免不透明。企业领导人的任免权掌握在政府手中，而政府对干部的选拔标准又不全是依据经济绩效，评价方法也比较原始，加之缺乏有效的经理市场竞争，投资者很难断定他将与什么样的经营者进行合作。其次是企业财务状况不公开，账目数字虚假。例如，与一般公司相比，上市公司受法律规定的限制，有比较规范的会计报表体系及严格的财务公开制度。即便如此，上市公司的账目虚假问题也大量存在，一些公司刚上市就亏损，1997 年仅深圳证券交易所就有 9 家公司属于这种情况。变更会计核算方法、利息资本化、潜亏挂账、巨额冲销等手法更是层出不穷。财务报表虚假使投资者难以对企业经营状况做出准确判断，加大了投资者的风险。最后是企业经营受政府干预的情况仍普遍存在。尽管这种干预有很多是为企业经营人员创造有利环境的，但是它破坏了公平竞争的原则，使优胜劣汰的市场机制难以有效发挥作用。

（3）拉大了收入差距，激化了社会矛盾，为改革的进一步深入设置了障碍。许多公司经理人员利用工作便利和特权窃取公司财产或出卖公司利益，损公肥私，迅速暴富。例如，通过贪污把公司财产占为己有，据不完全统计，2012—2017 年，中央纪委查处的大型国有企业管理者贪污受贿案达到几十起，涉及国有资产流失 8 亿多元（吴宏丹，2019）；或在做有关决策，如产品定价、选择供应商、投融资时收取回扣；或进行巨额在职消费等。这些经营者腐败现象不仅造成了公司绩效不佳，而且成了社会不稳定因素，损害了公众对改革的信心。

公司治理（修订本）

第二节　东欧转轨经济国家公司治理问题的出现

一、东欧转轨经济国家公司治理问题出现的原因

对 1987 年东欧的中央集权计划经济国家（保加利亚、捷克斯洛伐克、民主德国、匈牙利、波兰、罗马尼亚和苏联）来说，经济生活中最重大的事件无疑就是开始了一场彻底的经济体制改革。这些国家公开宣布将抛弃传统的计划经济体制，建立市场经济新体制。改革的核心是强调市场机制在自我调控基础上自动实现平衡的可能性，而大规模的私有化则是迈向改革目标的第一步。

东欧转轨经济国家为建立西方式的市场经济，实行了大规模的私有化，以实现提高经济效率、公平分割财产和增加财政收入的目标。在私有化浪潮的推动下，企业的产权主体发生了根本性变化。在中央集权的计划经济体制下，国家代表广大人民行使对企业的控制权，职工虽然可以通过职代会等民主机构参与对企业的管理，但是由于缺乏必要的激励机制，这种控制只能流于形式，企业的控制权仍掌握在各级政府部门及其代理人手中。随着计划经济向市场经济转轨，大规模的私有化实行后，企业控制权逐渐从政府转移到机构及个人股东手中，以股东主权为基础的公司治理模式开始确立。

在正统的股东主权治理模式中，对经理层的监督和控制是由公司外部股东来完成的。而外部股东作用的发挥程度，依赖于一个有效率的、具有评定公司价值和转移公司控制权功能的资本市场，以及买卖经理人员和工人的劳动服务的竞争性劳动力市场。但在转轨经济中，竞争性的资本市场与劳动力市场都是缺少的，来自公司外部的治理机制很难发挥作用。

在企业内部，由于难以流动，工人形成了对企业的过分依赖。企业效益好时，职工理所当然地增加收入。企业亏损时，也要尽力

保证职工的基本生活待遇不降低。企业职工受益的途径包括工资奖金增加，享受公有住房及医疗保险，安排子女就业，折价购买企业股票等。这些收益大部分是靠占有本应属于所有者的收益来实现的。

共同的利益追求使经理人员与企业职工很容易结成联盟，而不像典型的资本主义企业那样因为经理人员代表所有者的利益而与职工存在利益冲突。又由于绝大部分经理人员是从企业内部提拔上来的，所以经理人员与职工的这种"勾结"能够很好地维持下来，形成"内部人控制"。东欧转轨经济国家公司治理问题的产生如图1-1所示。

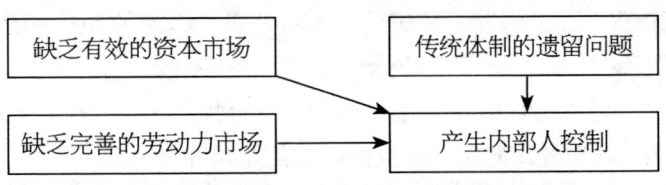

图1-1　东欧转轨经济国家公司治理问题的产生

二、东欧转轨经济国家的重要公司治理问题

"内部人控制"造成的直接后果就是企业所有者的利益遭到内部人的侵害，企业绩效不佳，容易激起人们对分配问题的不满而引发社会动荡，动摇改革的基础。因此，如何控制内部人是东欧转轨经济国家的重要治理问题。

转轨经济国家由于缺乏发达市场经济体拥有的制度记忆和经验，在公司治理方面面临着额外的特殊挑战，这些挑战除了"内部人控制"问题之外，还包括以下两个方面的问题。

（1）政府干预。在实行大规模的私有化之前，政府一直是国家政治活动和经济活动的控制者和主导者，从国有企业私有化运动的开始到现代公司制度的确立，从私有化方案的设计到法律制度的制定和颁布，都是以政府为主体进行领导并执行的。在私有化之后的公司治理中，由于市场化程度低，政府主导性强，因此公司治理仍然受到政府较大的干预。政府对企业经营决策间接干预，以特许经营、变相补贴，以及允许拖欠税款等方式给予企业优惠待遇；企业则为"俘获"政府而向官员大量行贿，以获取政府对企业特殊利益的长期保护（赫尔曼等，2002）。

（2）大股东侵害中小股东利益现象严重。由于整个市场体系发育不良，以及公司治理中存在的内部人控制、股权高度集中和信息披露不充分等问题，加上小股东大多是外部股东且不具备机构投资者的实力，小股东权益很难得到保护，往往成为公司利益相关者在多方博弈中的牺牲品。Dyck 等（2004）认为内部人利用手中的控制权为自己谋求的私人利益，在一定程度上是以中小股东的利益受到损失为代价的。Shleifer 等（1997）指出，在转轨经济国家缺乏保护少数股东权益的相关法律的情况下，内部人即使拥有较大的现金收益，仍倾向于窃取少数股东的权益。

东欧转轨经济国家公司治理问题的出现，使企业外部股东的利益受到损害，企业的持续成长受到影响。如何设计出有效率的治理模式，成为转轨经济国家所面临的共同难题。

第三节　发达市场经济国家关注的公司治理问题

一、发达市场经济国家在过去发展中关注的公司治理问题

1. 经理人员的高薪酬引致的不满

在英美国家，自 20 世纪 50 年代以来，人们普遍对与日俱增的经理人员的高报酬感到不满。人们的抱怨主要来自三个方面：一是如果把公司收益比作一块蛋糕，那么分蛋糕的刀子掌握在公司的仆人而不是主人手中；二是经理人员报酬并不总是与公司盈利的增长挂钩，即使挂钩，公司盈利的增长也仅归因于经理人员经营有方吗？还是存在其他因素？三是如果说经理人员的报酬是由经理市场决定的，那么经理市场的竞争程度足以证明他们报酬水平的正当

性吗?

据统计,1957 年,整个美国只有 13 个公司的首席执行官(CEO)薪水达到 40 万美元;到 1970 年,《财富》500 家大公司的 CEO 平均年薪是 40 万美元(Vance,1983);而到 20 世纪 80 年代初,美国大公司 CEO 年薪超过百万美元的比比皆是;据《华尔街日报》发布的统计数字显示,随股价和利润飙升,2017 年,美国标普 500 的公司 CEO 平均收入达 1201 万美元,创下美国 CEO 平均年收入历史新高;据 Axios 数据显示,标普 500 的公司 CEO 在 2017 年实际获得薪酬累积达 100 亿美元,其中奈飞公司 CEO 里德·哈斯廷斯(Reed Hastings)更是以 1.78 亿美元的高收入成为 2017 年最"贵"的 CEO。

英国的情况与美国的情况类似,不过在经理人员的薪金结构方面存在差异。1987 年 D. 科什和 A. 休斯在《剑桥经济学杂志》上对美国和英国 56 家大公司的 811 名执行董事和高级经理人员的报酬进行了实证统计和研究。结果表明,美国公司的董事拥有本公司股票的绝对额要比英国公司的董事拥有的多,其来源于股票红利的收入自然要高得多。这是英美公司董事收入绝对额存在一定差距的主要原因,详见表 1-1。

表 1-1　1980—1981 年 CEO 和执行董事的股票持有量及报酬

单位:千英镑

项目	英国样本公司			美国样本公司		
	最小	最大	中位数	最小	最大	中位数
1. 所有董事	13	34908	235	975	256954	9620
2. CEO	0	27792	19	204	27279	1800
3. 单一董事报酬	1	1939	15	57	16831	610
4. CEO 报酬	58	270	78	191	611	340
5. 单一董事红利	32	203	60	52	121	75

项目	英国样本公司			美国样本公司		
	最小	最大	中位数	最小	最大	中位数
6. CEO 红利	0	506	1.5	0	1040	66
7. 平均董事激励比率	0.1	35	1.2	0	188	12
8. CEO 激励比率	0	4.78	0.01	0.05	4.23	0.22
9. 单一董事激励比率	0	0.71	0.02	0.06	3.06	0.22

注：英国样本公司中，CEO 报酬不包括对其工作支付的年金价值。美国样本公司的报酬不包括股票购买期权价值。美国公司执行董事的报酬数字来自他们的委托书、《财富》和《商业周刊》。股票利得包括股票实现的净值、股票购买期权运用的现金及股票溢价。对英国样本公司来说，激励比率指的是总的红利收入除总报酬；美国则是总红利收入及股票购买期权收益值与总报酬之比。美国样本公司第 5、第 7、第 9 行是执行董事和 CEO 的平均数，整个分析中股票购买期权份额被包括在内，并作为正常份额。

作为代理人，经理人员有其自身的偏好目标。为了使他们的目标不与最大化股东收益的公司目标冲突，对他们进行激励是必要的，而工作报酬则是主要的激励手段。问题是支付多高的报酬才能产生激励？对经理人员支付高薪的理由有以下三个方面。

（1）公司利润在增加。但在更多的情况下，公司利润的增长速度是难以超越经理人员的薪水增长速度的。据统计，1981—1990 年 100 家英国大公司高级职员的报酬增长了 351.5%，而同期这些公司的盈利增长只有 106.8%。[1] 公司利润的增加固然有经理人员的功劳，但与工人的努力也是分不开的。为什么工人与经理人员的薪水差别如此之大？据统计，1980 年《财富》500 家公司执行董事与工人的薪金之比为 50 ∶ 1；而到 1990 年，这一数字提高到 150 ∶ 1。

[1] 李维安.公司治理 [M]. 天津：南开大学出版社，2001：9.

（2）公司经理人员负有较高的风险，对公司的贡献更大。他们所从事的管理工作确实需要很强的能力、经验、知识，但这些不能为高薪提供足够的解释。例如，美国和日本公司的经理人员都从事复杂的管理劳动，但薪金却相差很远。1988年，日本企业社长的平均月薪为185万日元（按当时汇率约合1.4万美元），加上奖金，年收入约为23万美元，其中100家大企业的社长平均年收入约为37万美元。而同期美国最大300家企业CEO的平均年薪是95.2万美元（汪志平，1995）。值得强调的是，当时日本企业无论是在增长速度方面，还是在竞争力方面，做得都要比美国企业好。

（3）保持本公司对高能力经理人员的吸引力，与同行业其他公司争夺人才。经理市场是一个高度竞争的市场，为了防止"猎头公司"挖走公司经营有方的人才，公司需要制订激励计划留住人才。从这个角度看，这个理由是站得住脚的。然而，既然经理市场是高度竞争的市场，就应该有均衡价格形成，它应该是股东与执行董事之间讨价还价的结果，而不是由执行董事单方面的力量所决定的。

2. 股东诉讼事件大量增加

在英美等发达市场经济国家，不仅执行董事及高级经理人员的报酬越来越高，非执行董事获得的津贴数额也在大幅增加。1985年，《财富》500家大公司的外部董事的平均年津贴收入是4万美元，每次出席董事会议的会议费为700~850美元。一些职业外部董事因在多个董事会兼职，收入更高。例如，美国前总统福特在1980年总统竞选失败后，开始进入商界，先后担任了AMAX、21 CENTURY FOX、GK等七个公司的外部董事，他每年来源于此的收入达到80万美元，包括聘请费12.5万美元、咨询费32.5万美元、公共形象费30万美元、津贴5万美元（Ford，1981）。

更高的报酬意味着更大的责任，"没有免费的午餐"，非执行董事们发现他们不再无所事事，只担负荣誉性、象征性的工作了。

他们必须专注于自己的工作，必须为公司创造价值。否则，一旦他们被确认失职，将面临股东的诉讼，将不得不向股东赔偿损失。据美国 WYATT 公司的调查，《财富》1000 家大公司中，20 世纪初没有一家涉及股东诉讼赔偿案，而 1978 年有 1/11 的公司董事和经理人员卷入了股东诉讼，1979 年有 1/9 的公司董事卷入了股东诉讼，1985 年则有 1/6 的公司董事卷入了股东诉讼赔偿案。股东诉讼要求赔偿的数额也越来越大，1966 年，威斯汀豪斯电气公司 37 个执行董事和经理人员涉嫌股东诉讼的金额是每人 13.7 万美元；1974 年，PENN CENTRAL FIASCO 公司的执行董事和经理人员被要求赔偿的金额是每人 100 万美元；1977 年，IIBT 公司的 21 位执行董事被要求每人赔偿 650 万美元；1985 年，WTG 房地产公司的 22 名董事被要求每人赔偿数额创纪录地达到 1 亿~8 亿美元。WYATT 公司对调查结果的分析表明，公司董事面临的诉讼主要来自以下三个方面。

（1）衍生行动。股东以公司利益而不是个人利益为由提出诉讼。

（2）第三方行动。公司债权人、竞争对手或政府机构提出诉讼。

（3）股东行动。股东从自身利益出发提出诉讼。

股东诉讼的理由及比例如表 1-2 所示。

表 1-2　股东诉讼的理由及比例

诉讼理由	诉讼比例（%）
1. 误导股东	21.4
2. 勾结或密谋作假	13.6
3. 违反人权法案	7.9
4. 违反托拉斯法	7.6
5. 没有履行雇佣合同	6.5

続表

诉讼理由	诉讼比例（%）
6. 不适当支出	6.2
7. 未有效保护少数股东利益	6
8. 利益冲突	4.6
9. 其他原因	23.5
10. 未知原因	24.7

注：以上各项加总超过 100%，这是由于许多诉讼案包括了多个指控。

值得指出的是，只有在美国，股东诉讼事件才时有发生，而在英国，诉讼起的作用并不大。例如，近年英国仅发生了两起较大的涉及衍生行动的诉讼案件。其中之一是 PRACKEL 保险公司的股东指责经理人员滥用权力。法庭对原告的诉讼请求反应很冷淡："我们被邀请来为原告提出的涉及公共利益的诉讼做出确认，原告认为他们可以确定一种既不涉及法律规则又对控制公司有效的措施。在我们看来，规范公司行为的规则制定是市长的事，而强制公司行为的规则制定是议会的事。"Prentice（1993）将英国股东诉讼案件较少发生归因于律师得不到诉讼酬金而没有动力鼓励诉讼。

3. 反兼并过程中的股东权益保护

20 世纪 80 年代，美国企业的国际竞争力下降，而日本的泡沫经济正在膨胀。美国的许多公司在设备更新、产品开发与市场占有等方面，明显落后于日本和德国。继而出现的是遍及全美的兼并浪潮，在这一浪潮中出现了大量的敌意收购、杠杆收购和公司重组等兼并形式，与此同时，也发明了大量的反接管措施，如焦土政策、毒丸计划、鲨鱼击退法等。这些兼并实际上代表了股东和所有者对经营者经营责任追究的形式。这些反接管措施的运用也出现了经营者对股东利益的背离现象，即公司的经营者为了自己的利益往往置股东利益于不顾，设计出种种防御措施来阻挠投标竞争。这样，公司股东利益的保护则成为不可忽视的重要实践问题。于是，基于保

护股东利益的关于重建公司治理结构的要求在英美等发达国家受到广泛重视。

4. 机构投资者的兴起

20世纪80年代以来,股东进一步法人化和机构化的趋势使英美等发达国家中股东高度分散化的状况发生了很大的改变。这一现象被彼得·F. 德鲁克（Peter F. Drucker）称为"看不见的革命",他指出:"使美国股份公司的所有关系发生质变的'看不见的革命'在经过从登场到今日的15年间,谁都可以看见了。20个大退休基金（其中13个为国家,其余为地方自治体和非盈利的职工退休基金）持有美国公众公司十分之一的股份资本,而退休基金的机构投资家支配着美国国内大公司（及许多中等规模的公司）近40%的普通股……这类基金对其投资的公司渐渐通过诸如董事的任命、经营者的报酬和在公司的重要决策上行使否决权等形式,提出'发言'的要求（李维安,1996）。"如果说20世纪70年代机构投资者具有明显的被动性、短视性和较高流动性,那么80年代之后则发生了较大的变化。由于机构投资者,如退休基金、保险基金等迅速兴起,在不到20年的时间里,使美国公司的股权结构发生了很大的变化,机构投资者所占股份份额由大约20%迅速上升到80%左右,而分散的个人股东仅占20%左右。在日本,这一资本结构的变化却经历了近50年的时间。这一变化使机构投资者无法以"用脚投票"来漠视公司的经营状况,而是被迫用手来投票。基金的受托者也认识到自己不单纯是股票投机家。因为手中握有中等规模以上的股份,由于持有额过大,已经不能够容易地卖出了,只有当别的基金或其他大机构投资者希望购入时,交易才能实现。而在企业经营不景气的情况下,希望其他的机构投资者来接受如此庞大的股份是困难的,因为机构投资者的行为具有趋同性。即使他们为解套而部分卖出,也会导致股价的下跌和股市的恐慌,从而遭受更为严重的损失。因此,他们虽不希望成为但也不得不成为所有者,关心并积极参与公司活动。这种"看不见的革命"

的进展，正在改变着机构股东不安定的性质。这种趋势同时也提出了要恢复与经营者主权相对的所有者主权的主张，要求主权由经营者手中重新回到股东所有者手中。这种所有者主要是机构投资者。

5. 来自利益相关者的呼声

早期的公司治理观点认为，股东是所有者，经理必须为股东的利益服务，公司治理的目标就是保证股东利益的最大化。但这种观念正在发生变化，自20世纪80年代至今，美国已有29个州修改了公司法，新的公司法要求经理不仅为股东的利益服务，而且也应该为更广泛的利益相关者的利益服务。其主要原因在于20世纪80年代出现的收购与兼并浪潮，股东为了自己的短期利益接受收购而损害了公司利益相关者的利益，这与公司的长期利益相违背。因此，公司法的修改赋予了公司经理拒绝"恶意收购"的法律依据，限制了股东的投票权，维护了公司的利益相关者的利益。利益相关者的观点实际上是对传统公司目标提出的挑战，即公司的目标不应仅限于股东利益的最大化，而应考虑除了股东之外的利益相关者，如债权人、雇员、供应商、顾客、社区和政府等多方面的利益关系，因为他们都是特殊资源的拥有者，而这些资源对公司来说同样是重要的。公司可视为物质资源和非物质资源的联合体，因此，公司所有利益相关者的利益最大化才是公司的经营目标。这样，公司治理也就受到公司利益相关者的广泛关注。

6. 知识经济下的新要求

知识经济是以科学技术为主要增长动力的经济，它是速度经济、范围经济和规模经济的复合体。在英国、美国、德国、日本等发达国家，知识经济已经到来并逐渐成为社会经济生活的常态，不断变化的外部市场需求和技术革新对这些国家的公司决策的科学性提出了更高的要求。一方面为了确保竞争优势，公司需要不断地进行决策创新；另一方面，决策复杂性的程度又大大提高，尽管有许

多先进的辅助工具（技术）可帮助经营者建立科学的决策程序，但最终的决策活动还是要由人来做出。换句话说，决策活动是人的主观活动，受到人的知识、阅历、经验等能力方面的限制，产生偏差是不可避免的。事实上，很少有经营者会故意管理失当，也很少有经营者会故意乱花投资者的钱。在大多数情况下，他们都会克服困难、尽力尽责。然而，他们仍然会犯错误。有些错误对企业而言是致命的。为了减少经营者犯错误的机会，建立某种科学的决策机制是必须的。因此，知识经济的到来使发达市场经济国家的公司治理主要围绕设计和保障科学的决策机制展开。

二、发达市场经济国家当前关注的公司治理问题

1. 重视履行社会责任

2019 年 8 月 19 日，代表苹果、百事可乐、摩根大通和沃尔玛等上市大企业的美国商业组织"企业圆桌会议"在华盛顿发表了名为《公司的目的》的宣言。该宣言重新定义了一个公司运营的宗旨，即股东利益不再是一个公司最重要的目标，公司的首要任务是履行对社会的责任。包括贝佐斯、库克等在内的美国 188 位顶尖企业的首席执行官联合签署了该宣言，以示共同负责。《纽约时报》的报道指出，这项宣言的发表意味着企业界正在反思自身在当今社会中应有的角色。

自 1978 年以来，"企业圆桌会议"组织会定期发布一些公司治理原则声明。从 1997 年起，该组织发布的每份声明文件都赞同"股东至上"的原则，即公司的首要任务就是让股东受益，并实现利润最大化。但是，最新发布的这份宣言则强调，作为一个具有社会责任意识的企业，公司应该致力于达成以下五个目标。

（1）为客户提供价值，进一步推动公司在满足或超越客户期望方面的传统。

（2）给予员工公平的薪酬并提供重要的福利，包括通过培训和教育为他们提供支持，帮助他们为适应快速变化的世界而发展其新技能。促进职场的多样性和包容性，捍卫每一位员工的尊严。

（3）与供应商公平合理地进行交易。

（4）通过企业业务的可持续性实践来保护环境。

（5）为股东创造长期价值。提高企业透明度，与股东进行有效接触。

强生集团首席执行官、"企业圆桌会议"公司治理委员会主席亚历克斯·戈尔斯基（Alex Gorsky）在新闻发布会上表示，这份新声明更好地体现了现代企业应该采用的运营方式，除了满足所有利益相关者的需求，公司在改善社会方面也将发挥重要的作用。摩根大通首席执行官、"企业圆桌会议"组织的主席杰米·戴蒙（Jamie Dimon）也表示："现在有越来越多的大公司正转向投资他们的员工和社区，因为从长远来看，这是企业获得成功的唯一途径。"

2. 加强对 ESG 信息的披露

许多投资者站在自身经济收益和整个社会利益的立场上，为达到可持续发展等社会责任目标，更加关注对 ESG（环境、社会和治理）维度的考虑。联合国提出"责任投资原则（UNPRI）"和可持续发展目标的倡议，都为 ESG 理念的实践提供了方向指引。Clermont Partners 公司在 2019 年对近 200 位投资者进行的一项研究显示，有 67% 的受访者在做出投资决定时会考虑 ESG 因素，高于 2018 年的 47%。

目前，全球已经有 50 多个国家超过 1700 家投资机构签订了 PRI 投资伙伴关系，包括众多知名金融机构和养老基金等都将 ESG 理念纳入其研究和投资决策体系中，而许多国家的证券交易所及监管机构也相继制定政策规定，要求上市公司自愿自主或者强制性披露 ESG 相关信息。

3. 顺应网络治理变革的新趋势

21 世纪，信息技术的迅速发展与广泛应用催生出新型经济，也对企业组织产生深远影响。信息和知识成为企业有价值的、难以被模仿的战略资源，特别是在竞争日益激烈的情况下，信息、知识及其应用能力逐渐取代传统物质资源、资本资源等，成为企业获取竞争优势的关键。企业关键资源的转变也对组织结构及其治理模式提出了新的挑战。与此同时，新的世界观应运而生，它强调合作性，在经济领域主要表现为通过"双赢"的竞合解决问题。作为新世界观产生基础的信息技术革命，知识、信息、网络、创新成为竞合环境下企业有效运作的基本平台。社会责任的要求、经济环境的变化以及信息通信技术的迅猛发展，使组织存在的目的、价值和方式也要相应转变，信息技术的革命催生了孕育已久的新的组织模式——网络组织。

现代信息网络技术越来越广泛地应用于治理之中，推动治理扁平化，降低治理成本，破除信息垄断，并使技术创新先于管理创新，更先于治理创新。因此，要充分考虑这些新变化，加强对治理制度创新的推动，顺应网络治理变革的需求。

4. 集团治理的有效性

19 世纪末 20 世纪初，在西方，随着社会生产力水平的快速提高，企业面临越来越激烈的竞争，在社会化大生产的驱使下，企业的生产规模迅速增长。然而，企业管理能力的制约、组织成本的限制及相关法律的限定使单一企业实体并不能无限度地扩大规模。在这种经济发展背景下，企业积极拓展多元化的发展途径，于是产生了一种新的企业组织形式——企业集团。

然而，随着进一步的深入发展，企业集团自身复杂的组织结构和利益关系引发了诸多的治理问题。作为企业集团内部极其重要的一项制度安排，企业集团治理借助治理结构的设计与具体治理手段的实施对集团优势的发挥起着至关重要的作用，集团治理的失效将严重影响内部资本市场功能的发挥。由于企业集团中存在多重委托代理关系，使集团内各成员企业置身于复杂的股权结构和组织结构中，彼此间利益关系错综复杂，同时加剧了集团内部的信息不对称现象，因而集团内部的委托代理问题要比单一企业复杂得多，管理层进行治理的成本必然增加。一旦企业集团治理不当甚至失效，集

团内部包括母子公司在内的各成员企业之间将会出现严重的利益冲突甚至达到无法调和的地步，企业集团内部各利益方之间也会由此产生严重的内部消耗与损失，进而扰乱甚至破坏企业集团正常的经营秩序。在企业集团发展过程中，只有确保集团治理在内部资本市场中形成有效影响，才能保障集团优势的发挥，进而影响企业集团的长远发展。

第二章 公司治理的理论发展

公司治理是现代企业理论的重要组成部分。它以现代公司为主要对象，以决策、监督和激励为核心内容。它不仅研究公司治理结构中所有者（董事会）对经营者的监督与制衡机制，也强调如何通过公司治理结构和治理机制来保证公司决策的有效性和科学性，从而维护公司多方面利益相关者的利益。

公司治理问题的产生和提出与现代经济社会的发展密切联系。企业制度的演进，所有权和经营权的进一步分离，使代理问题变得普遍。同时，也使公司治理这一潜在的问题逐步转化为现代公司中的现实问题。

第一节 企业制度的演进

企业制度的发展经历了两个时期——古典企业制度时期和现代企业制度时期。古典企业制度主要以业主制企业和合伙制企业为代表。现代企业制度主要以公司制企业为代表。总体而言，企业制度从古典到现代的转变，经历了业主制企业、合伙制企业和公司制企业的发展过程。

一、企业形态及其相互关系

业主制企业、合伙制企业和公司制企业是企业的三种基本形态。它们之间存在两种关系。一是从现代企业形态角度看，三种形态的企业之间存在并存关系。虽然公司制企业是当今世界上最流行的企业组织形式，但它仍然没有完全取代业主制企业和合伙制企业

而成为唯一的企业组织形式。也就是说，业主制企业、合伙制企业和公司制企业三种企业形态的并存，是现代企业制度的重要特征。二是从历史和逻辑的角度看，三种形态企业之间存在演进关系。也就是说，存在业主制企业逐步发展成合伙制企业，合伙制企业逐步发展成公司制企业即有限责任公司和股份有限公司的演进过程。

二、公司制企业的产生

业主制企业始于古埃及和古罗马时代，是最早的传统企业组织形式。其含义是指由出资者个人单独出资组建并经营的企业。通常这种企业规模较小，业务范围较窄，企业的所有权与经营管理权合一，出资者既是企业的所有者，又是企业的经营管理者。业主制企业的优点是，成立或解散的程序简单，保密良好，运行效率高。其主要缺点是，个人资金实力有限，业务扩展比较困难，出资者对企业债务负无限清偿责任，所冒风险较大。业主制企业的缺点常常会使之走向另一种传统的企业——合伙制企业。

业主制企业在发展过程中，一些企业经过艰难的创业后，生产出了市场前景好、适销对路的产品，需要进一步扩大企业的规模时，却受到了资金短缺的困扰。由于受个人资金实力的限制，业主制企业只能寻求外部渠道获取资金。可供选择的外部融资渠道主要有两条：一是向银行贷款，二是合伙经营。由于规模较小，实力有限，在市场上缺乏较高的声誉，业主制企业一般很难取得银行贷款。在这种情况下，对业主制企业而言，一个现实选择就是合伙，找合伙人共同经营企业。合伙人的加入在一定程度上解决了企业发展所需要的资金问题。

一般而言，两人或两人以上共同出资就可以组成一个合伙制企业。合伙制企业（普通合伙企业，本章所称合伙制企业均是普通合伙企业）的特征是：企业所需要的资本和劳动由合伙人共同承担，利润和亏损也按合伙人各自的出资比例共同分享；每一个合伙人都可以参与企业的重大决策，可以参与企业的经营管理；企业事务的

公司治理（修订本）

表决形式，不论出资多少，一人一票；企业不具有法人地位，每个合伙人对企业债务负无限连带责任。在合伙制企业中，出现了合伙人之间可相互作为代理人的代理关系。这种代理关系主要表现在两个方面：一是业务上的代理关系，主要是指企业任一合伙人在对外开展业务的同时也代表其他合伙人在开展业务。二是债务上的代理关系，主要是指当企业倒闭时，若合伙资本不足以清偿企业债务，每个合伙人都有义务代理合伙制企业承担全部债务；如果有的合伙人的财产不能清偿自己所承担的债务，则其他合伙人有代理清偿的责任。

随着市场的不断开拓，一些合伙制企业的生产经营规模不断扩大，对资本的需求量也不断增加。为满足生产经营规模不断扩大的资金需要，合伙制企业的合伙人可以把从企业中分享的利润拿出来用于投资。这种办法对那些生产经营缓慢扩大的合伙制企业来说是适合的，但在企业迅速发展时，合伙人的利润对企业迅速增加的资金需要来说则常常是杯水车薪。对一些发展迅速、信誉较好的企业来说，还可采用向银行贷款的形式获得资本。但由于合伙制企业的特点决定了它不可能从银行获得所需要的全部资本。即使企业能够从银行获得所需的全部贷款，企业合伙人也不会冒风险完全依靠债务来生存，因为一旦出现亏损，企业就会陷入沉重的银行债务负担中，使企业的生产经营受到损害，甚至导致企业倒闭。企业一旦倒闭，合伙人就要对企业和其他合伙人的债务负无限连带责任，所冒风险太大，因此不是一种理想的筹资办法。在这种情况下，合伙制企业通过扩大合伙人队伍来筹资也是一种可行的选择。通过不断吸收新合伙人加入，企业可以获得更多的资金，保障生产经营规模扩大。但下述三个缺点制约了合伙制企业的合伙人队伍的扩大。一是合伙人之间的相互监督成本提高，企业效率下降。在企业合伙人数量较少的情况下，合伙人之间很容易观察和监督彼此间的努力程度和工作业绩，所以能促使每个合伙人都尽心尽力地为企业工作。但随着合伙人数量的增多，合伙人彼此之间的观察和监督就变得复杂和困难起来，可能出现有的合伙人努力工作，有的合伙人偷懒的情况。而且，随着合伙人数量的扩大，出现偷懒动机的合伙人就越多。在每个合伙人按各自出资比例分享利润而不是按工作努力程度和工作绩效分享利润的情况下，努力工作的合伙人的积极性会下降，并导致企业效率降低甚至散伙。这种情况限制了合伙制企业的合伙人数量的扩大，这也是合伙制企业的合伙人仅限于家族范围内或少数合伙人范围内的原因。二是每个合伙人的绝对债务风险可能增大。因为合伙人之间存在债务"相互代理"问题，每个合伙人都有义务承担整个企业的全部债务或代理无力偿债的其他合伙人偿还债务，这使有些合伙人的绝对债务风险增大。为了避免增大的债务风险，合伙制企业也不愿扩大合伙人范围。三是合伙制企业的不稳定性可能提高。合伙制企业的缺点之一是一旦任一合伙人死亡、退出或有新合伙人加入，就有可能导致合伙制企业的解散。随着合伙人队伍的扩大，合伙人中有人死亡或退出的发生频率就会提高，所以，合伙制企业解散的可能性就会增大。因此，从企业安定的角度考虑，合伙制企业也不愿扩大合伙人范围。上述缺点使合伙制企业越来越不能满足企业规模扩大对资金的需要，客观上要求由公司制企业来替代，如图 2-1 所示。

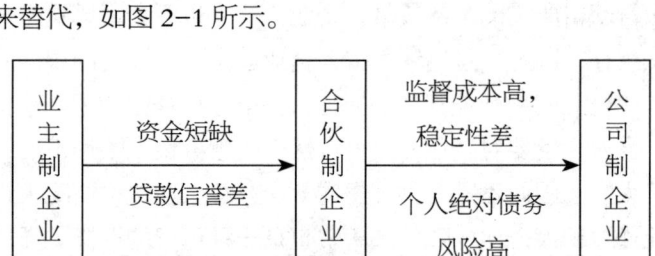

图 2-1　公司制企业的产生

三、公司制企业的特征

一般意义上的公司制企业有两种典型形式：一是有限责任公司，二是股份有限公司。无论是有限责任公司还是股份有限公司，它们作为公司制企业都具有以下两个基本特征：一是它们是法人企业，二是股东承担有限责任。公司作为法人使公司获得了独立人格，拥有了独立于作为出资者的股东资产之外的公司资产。公司资产的最终所有权虽然属于股东，但股东的资产一经投入公司就不能抽回，这使公司在法律上成为"永久性"公司。公司的法人特征从法律上保证了公司的安定性。股东承担有限责任是指股东只以其出资额为限对公司债务负责，这使股东偿付债务的风险降低了。公司所具有的稳定性和股东债务风险的降低，保护了股东利益，极大地调动了股东的投资积极性，使公司有了畅通的资金筹集渠道和来源。随着公司规模的扩大，筹集资金数额的增加，公司股东人数也在不断增多。但是，如果每一个股东都参与公司的决策，或者公司的每一项决策都经过每一个股东同意才能付诸实施，那么不仅因股东意见不一致所产生的协调成本会大大提高，而且还会延误决策的时机，给股东带来决策效率的损失。同时，在股东不以具有经营管理知识和技能为要件的情况下，如果每一个股东都参与公司的经营管理，则必然会造成公司经营管理的混乱，给股东带来经营管理效率的损失。为了降低协调成本，提高经营管理效率，每一个股东都参与公司决策和经营管理的状况必须改变。这在客观上要求股东的权力必须以某种集中的方式重新安排，将权力授予由具有经营管理知识和技能的人组成的经营管理团队去行使，由经营管理团队代表股东进行决策和日常管理，于是，在公司股东和经营管理团队之间形成了建立在授权基础上的委托代理关系。

第二节　两权分离与委托代理理论

一、现代公司中的两权分离

在现代公司尤其是股份制公司中，产权制度安排更多地表现为公司所有权与经营权的分离。在公司产生的最初阶段，往往是合

伙人之一或大股东兼任经理人员。随着现代工商业的发展，公司规模不断扩大，业务复杂化程度提高，需要处理的信息大大增加，大股东亲自担任经理人员的传统做法越来越不适应新的形势，于是许多公司的经理职位开始由支薪的经营专家担任。这些经理人员不是企业的股东，只是由于他们的经营管理能力而被代表所有者的董事会所雇用。亚当·斯密（Adam Smith）在《国富论》中，就对这一问题做过论述。他认为，股份公司的董事由于是在管理他人的财富而缺乏经济利益激励。在钱财的处理上，股份公司的董事为他人尽力，而私人合伙公司的成员，则纯是为自己打算，所以要想让股份公司的董事们监视钱财用途，像私人合伙公司成员那样刻意周到，是很难做到的。1923 年，凡勃伦（Veblen）明确指明了股份公司的所有与控制相分离的现象，并把这种现象称为"缺位所有制"。1932 年，伯利（Berle）和米恩斯（Means）发表了著名的《现代公司和私有产权》，通过对 20 世纪 30 年代初期美国的 42 家铁路公司、52 家公用事业公司和 106 家制造业公司等全美最大的 200 家公司的实证研究，详细考察了现代公司中所有权与控制权的分离情况。他们指出，由于股份分散化，不占有 50% 以上股份的股东，甚至完全不占有股份的经理人员也可能控制公司。在他们所调查的 200 家公司中，占公司数量 14%、占公司资产 58% 的公司是由并未拥有公司股份的经理人员控制的。因此他们得出结论：在这些公司中，所有权与经营权出现了分离，现代公司已由"受所有者控制"转变为"受经营者控制"。1966 年，R. J. 拉纳（R. J. Lerner）在发表于《美国经济评论》上的《1929 年和 1963 年最大 200 家非金融公司的控制权与所有权》一文中，按照伯利和米恩斯的方法分析了美国 1963 年最大 200 家公司的情况，并与 1929 年的结果相对照。结果表明，经营者控制的公司资产比例已从 1929 年的 58% 上升到 1963 年的 85%，这充分说明了伯利和米恩斯在 20 世纪 30 年代观察到的两权分离的"经理革命"在美国大约经历了 30 年之后基本完成。

对于现代公司所有权与经营权分离的历史趋势，威廉姆森

（Williamson）在 1981 年发表于《经济文献杂志》上的《现代公司：起源、演进、特征》一文中进行了理论解释。他提出用三种原则，即资产专用性原则、外部性原则和等级分解原则，来解释现代公司的演进过程。

钱德勒（Chandler）在 1987 年编写的《看得见的手——美国企业的管理革命》一书中通过分部门、行业的具体案例分析，进一步描述了现代公司两权分离的历史演进过程。他认为，现代公司的兴起使所有权与控制权之间的关系具有了新的内容，在多部门公司兴起之前，老板管理公司，管理者即老板。即使是合伙关系，其资本股本也还是为少数人或家族所掌握。这些公司还是单一单位的企业，极少雇用两三个以上的经理人员。因此将传统的企业称为单一业主或个人的企业并不为过。当企业创立和发展的资金来源更加分散和多元化时，所有权与管理权之间的关系就发生了变化，所有权变得极为分散，股东并不具备参与高层管理的影响力、知识和经验。支薪经理人员既管理短期经营活动，也决定长期战略政策。这种被经理人员所控制的企业可称为经理式企业，它取代了家族式或金融家控制的企业而成为美国经济系统的主导。图 2-2 反映了企业成长对公司制度的影响。

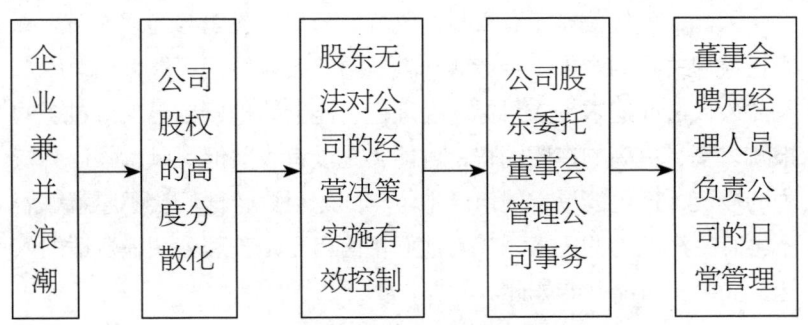

图 2-2　企业成长对公司制度的影响

二、第一类委托代理问题

所有权与控制权分离导致的直接后果是委托代理问题的产生。

这就是作为委托人的股东怎样才能以最小的代价，使得作为代理人的经营者愿意为委托人的目标和利益而努力工作。

从委托人方面来看，第一，股东或者因为缺乏有关的知识和经验，以至于没有能力来监控经营者；或者因为其主要从事的工作太繁忙，以至于没有时间、精力来监控经营者。第二，对于众多中小股东来说，由股东监控带来的经营业绩改善是一种公共物品。对致力于公司监控的任何一个股东来说，他要独自承担监控经营者所带来的成本，如收集信息、说服其他股东、重组企业所花费的成本，而监控公司所带来的收益却由全部股东享受，监控者只按他所持有的股票份额来享受收益。这对于他本人来说得不偿失，因此股东们都想坐享其成，免费"搭便车"。在这种情况下，即使加强监控有利于公司绩效和总剩余的增加，即社会收益大于社会成本，但只要每个股东在进行私人决策的时候，发现其行为的私人收益小于私人成本，他就不会有动力实施这种行为。

从代理人方面来看，第一，代理人有着不同于委托人的利益和目标，所以他们的效用函数和委托人的效用函数不同。第二，代理人对自己所做出的努力拥有私人信息，代理人会不惜损害委托人的利益来谋求自身收益的最大化，即产生机会主义行为。

因此，现代公司所有权与控制权的分离，股东与经理人员之间委托代理关系的产生，会造成一种危险：公司经理可能以损害股东利益为代价而追求个人目标。经理们可能会给他们自己支付过多的报酬，享受更高的在职消费，可能实施没有收益但可以增强自身权力的投资，还可能寻求使自己地位牢固的目标，他们会不愿意解雇不再有生产能力的工人，或者他们相信自己是管理公司最合适的人选，而事实可能并非如此。

存在委托代理关系，就存在代理成本。对代理成本的理论解释是：假设信息是完全对称的，代理人的努力程度可以被观察到，那么，即使是在不确定条件下，委托人也能在保证代理人得到其保留效用和努力激励的约束下，找到使自身效用最大化的对于代理人

的支付方案。如果信息不对称，也就是观察不到代理人的努力程度，那么，在存在不确定性的情况下，由于工作绩效不仅取决于代理人的努力，而且取决于表示环境条件的不同的自然状态，在这种情况下求解支付方案便遇到了最优风险分担和最优激励之间的两难选择。要使经理有动力采取合乎股东心意的行动，报酬就要与业绩挂钩，而业绩又不完全取决于经理的努力，所以股东就必须承担相应的风险。而通常都认为股东对待风险是采取回避态度的，因此，这在风险分担的安排上就不是最优的。反之，如果要满足最优风险安排，把风险留给风险中性的经理，即在合同中最能承担风险的一方，同时也将风险收入给予经理人员，委托人的效益就不能最大化，通常这种情况下的支付方案被称为次优方案。次优方案与最优方案的偏离，就构成了所谓的代理成本。代理成本包括：委托人为监督和控制代理人而花费的支出，代理人为取得委托人的信任而做的担保，代理人的决策与使委托人效用最大化的决策之间的差异造成的委托人利益的损失，等等。

在所有权分散的现代公司中，与所有权与控制权分离相关的所有问题，最终都与代理问题（第一类委托代理问题）有关。代理问题的通则是促使代理人采取使委托人福利最大化的行为。靠什么来克服代理问题？靠什么来阻止经营者追求他们自己的目标？这是公司治理的监督制衡机制所要解决的问题。

三、第二类委托代理问题

传统的委托代理理论（第一类委托代理问题）的要义在于如何设计一套最优的公司治理结构与机制来保证代理人（经营者）按照委托人（全体股东）的利益行事。如果将公司全体股东视为单个委托人，而将公司经营者视为单个代理人，则传统委托代理理论本质上是一种研究单委托代理关系问题的单委托代理理论，其主要是针对英国、美国等，特别是美国多数以股权分散为主要特征的公司治理问题而构建的一种分析框架。

然而，包括中国在内的许多国家与地区的多数上市公司的股权结构特征并非股权分散，而是相对集中或高度集中。LLSV（1999）对世界范围内不同国家公司的所有权结构进行了系统分析，其研究结果显示世界范围内所有权集中型公司和家族控制型公司的比重远大于股权分散型的公司。后来其他国家公司治理的研究成果显示，股权集中是大多数国家公司所有权结构的主要形态。Faccio 和 Lang（2002）的研究表明，西欧诸国公司除英国和爱尔兰公司的股权较为分散外，其他公司的股权则普遍较为集中。Claessens 和 Fan（2002）的研究表明，除日本公司所有权或股权相对集中之外，其他东亚诸国与地区中约 67% 的公司均拥有单一的控制性股东。Holderness（2009）针对美国上市公司的随机抽样调查研究发现，96% 的样本公司有大股东，大股东的平均持股比例为 39%，美国上市公司的所有权集中度与其他国家的同类公司并没有大的差别。Laeven 和 Levine（2008）也发现欧洲 34% 的公司有多个大股东。

　　基于 LLSV 的终极控制权的研究范式，大股东既有动力和能力约束经理层的行为，又有动力和能力侵占中小股东的利益。而且，已有研究均不同程度地揭示了在股权相对集中或高度集中的公司中，严重存在控股股东或大股东恶意侵占中小股东利益的现象。经济合作与发展组织（OECD）甚至旗帜鲜明地指出，亚洲国家和地区上市公司普遍存在的问题就是控股股东或大股东恶意损害中小股东利益的问题。

　　大股东经常采用金字塔式的股权结构使私人收益最大化，这引起了部分学者对金字塔股权结构的关注。Claessens 等（1999）的研究显示，当控股股东与分散的中小股东利益不一致时，控制股东有剥夺中小股东利益的动机和可能性。Johnson 等（2000）提出了隧道行为。Bae 等（2012）提出大股东的"侵占假说"用以解释东南亚金融危机时韩国公司大股东对中小股东利益的侵占导致公司价值的损失。LLSV（2002）认为，较好的中小股东权益保护能够更好地激励公司的经营者进行有效管理，并且寻找有益于公司的投资机会，而较差的中小股东保护能够诱使大股东侵占中小股东利益，并且使公司错失良好的投资机会，因此较好地保护中小股东的利益有利于增加公司价值。

控股股东与中小股东之间的利益冲突已经成为我国公司治理改革的焦点。由于经济转型过程中体制因素的影响，上市公司与其控股股东之间存在种种的关联，控股股东对上市公司的行为往往超越了其法人边界，控股股东很容易通过侵害中小股东利益获得巨额的私人收益。完善的股东大会制度和中小股东保护机制能够对控股股东的行为产生约束，在一定程度上有助于防范上市公司控股股东的道德风险，是未来公司治理深化改革的一个关键举措。

第三节　公司治理的其他理论进展

一、交易成本理论

1937 年，罗纳德·科斯（Ronald H. Coase）发表的《企业的性质》一文所带来的新制度经济学的兴起，为后续公司治理问题的研究提供了扎实的理论基础。1971 年，以科斯、钱德勒和阿罗（Arrow）等人的思想为基础，威廉姆森发表了《生产的纵向一体化：市场失灵的思考》一文，提出了作为公司治理概念重要基础的交易成本，并且指出企业能够取代市场，主要是企业在激励和控制方面能够有效克服"市场失灵"。1975 年，威廉姆森出版著作《市场与层级制：分析与反托拉斯含义》，强调交易范式在经济组织研究上的重要性，指出市场与企业都应被看成经济活动组织的不同方式，市场、等级制（或科层制）被纳入微观经济组织的研究视野。1979 年，威廉姆森在《交易成本经济学——契约关系的治理》一文中完善了交易成本的概念。1985 年，威廉姆森出版了另一本著作《资本主义经济制度：论企业签约与市场签约》。以此为基础，威廉姆森在契约人有限理性和追求私利的行为假定基础上，从资产专用性、不确定性和交易频度三个维度对交易属性进行了区分，并进一步将交易抽象为契约。

1988年，威廉姆森发表《公司财务和公司治理》（*Corporate Finance and Corporate Governance*）一文，建议合并对待公司财务和公司治理，认为债务及权益不仅仅是金融工具，而主要作为选择的治理结构。债务治理主要依据规则来发挥作用，而股权治理允许更大的自由裁量权，同时从交易成本和代理成本两个视角对经济组织的研究进行了比较。威廉姆森还以治理结构的视角来审视企业的债权融资与股权融资两类融资方式（张群群，2010）。

2009年，奥斯特罗姆和威廉姆森获得诺贝尔经济学奖。诺贝尔基金会认为，威廉姆森在对经济治理分析中，证明了企业组织是解决冲突的重要治理机制。威廉姆森认为，在新古典契约和关系型契约中，市场机制是无效的，而企业等级制、混合机制和官僚组织是更为适合的机制，并且企业对治理机制的适应性选择取决于交易的资产专用性、不确定性和交易频率。另外，威廉姆森关于企业组织等级制的研究，可能为中国国有企业的内部治理转型提供一种新的思路。威廉姆森认为，企业内部市场的强激励机制会被弱化，取而代之的是等级制所赋予的弱激励机制。弱激励机制可以诱使企业组织内部进行更多的合作，否则就会触发内部控制机制的惩罚而遭受损失。显然，这种思路对中国国有企业集团由行政治理向经济治理转型提供了理论依据（李维安，2009）。

二、产权理论

以哈特（Hart）为代表的不完全契约理论可称为产权理论。在《所有权的成本与收益：纵向一体化和横向一体化理论》一文中，哈特与格罗斯曼（Hart、Grossman，1986）创造性地提出了关于契约剩余控制权的概念，并以两个企业模型为例阐述了剩余控制权在契约存在不完全性时的重要意义，从而建立了企业不完全契约分

公司治理（修订本）

析的基本模型框架。在《产权与企业的本质》一文中，哈特和穆尔（Hart、Moore，1990）以一个确定性所有者控制资产的企业为例，建立了一个涉及双方缔约的不完全契约模型框架，该模型关于所有权变动及其影响机制的分析具有广义特征，基本涵盖所有产权结构及其谈判过程，证明了关于产品的事前交易谈判是不可能的，从而得出所有权结构分配有效性的结论。以上两篇论文基本上形成了不完全契约理论的基本框架，即 GHM 模型。GHM 的基本结论如下：资产所有者拥有决定权，即掌握剩余控制权的一方有权对契约中未明确规定的事宜采取相关措施，即"资产所有权与剩余控制权相伴相生，所有者有权以任何方式使用资产，而不必与以前的合同、习惯或任何法律保持一致"（Hart，1989；倪娟，2016）。哈特（1995）综合考察了在不完全契约下公司治理的含义和政策。他认为，只要代理问题和契约不完备这两个条件存在，公司治理问题就必然在一个组织中产生。哈特指出，在合约不完全的情况下（代理问题也将出现），治理结构确实有它的作用。治理结构被看作一个决策机制，而这些决策在初始合约下没有明确的设定。更确切地说，治理结构分配公司非人力资本的剩余控制，即资产使用权如果没有在初始合约中被详细设定，那么治理结构将决定其如何使用。

长期以来，哈特发展的现代产权理论被认为是中国国企改革，特别是经营实体层面国企混改的理论基础。然而，哈特"产权安排重要"观点近年来受到来自包括中国企业阿里和京东等在内的"同股不同权"实践的挑战。这表明产权安排并非为了控制而控制，而是为了更好地在参与各方之间实现合作共赢（郑志刚，2019）。

三、利益相关者理论

在 20 世纪 80 年代，美国曾经兴起一股公司之间的恶意收购浪潮。在"股东利益至上"逻辑的指导下，恶意收购者高价购买被收购公司的股票，然后重组公司高层管理人员，改变公司经营方向，并解雇大量工人，被收购公司的股东大多获得超额收益。这种短期获利行为显然与企业的长期发展相违背，引发了人们对"股东利益至上"的质疑。人们越发认识到，企业的生命力不仅来自股东，也来自利益相关者之间的合作；企业不仅要重视股东的利益，也要重视其他利益相关者的利益。相应的，现代公司治理的理念也从过去的股东的"单边治理"，逐步向利益相关者多元化的"多边治理"方向拓展。

Rhenman（1964）将斯坦福研究所（Stanford Research Institute, SRI）定义中的单边利益相关者扩展为双边关系，强调企业和利益相关者两者之间的互相影响，认为利益相关者是指那些为了实现自身目的而依存于企业，且企业为了自身的持续发展也依托其存在的个人或者群体，如投资者、员工等。而 Freeman（1984）则把企业的利益相关者界定为"任何能够影响企业组织目标的实现或受这种实现影响的个人或群体"。该定义从战略管理的角度，提出了一个普遍的利益相关者概念，不仅将影响企业目标的个人和群体视为利益相关者，同时还将企业目标实现过程中受其影响的个人和群体也看作利益相关者，正式将社区、政府、环境保护组织等实体纳入利益相关者的研究范畴，大大拓展了利益相关者的内涵。Blair（1995）认为，公司应是一个社会责任的组织，公司的存在是为社会创造财富，公司治理改革的要点在于：不应把更多的权利和控制权交给股东，"公司管理层应从股东的压力中分离出来，将更多的权利交给其他的利益相关者"。

同时，英国的《汉普尔报告》（The Hampel Report，1998），OECD 于 1999 年 6 月推出的《OECD 公司治理原则》，美国商业圆桌会议（The Business Roundtable）公司治理声明等重要的公司治理原则都把利益相关者放在相当重要的位置；在德国、荷兰、瑞士等欧洲国家，典型的利益相关者如员工等参与公司治理是相当普遍的。我国国内也有研究认为，企业的"第三种资本"（The Third Capital）——环境资本（environmental capital）日益重要，它是由企业的利益相关者诸如供应商、客户、债权人、员工、政府、社区

公司治理（修订本）

等构成企业生存和发展的环境要素所提供的。2002年初，中国证监会和国家经贸委制定的《中国上市公司治理准则》对利益相关者的范围、利益相关者在公司治理中的地位、作用和权利等方面做了框架性的规范，并指出利益相关者拥有求偿权、知情权和参与权等，他们在公司治理中起作用的主要方式是公司与主要债权人的信息沟通，职工与董事会、监事会与经理人员的直接沟通与交流等。Carrillo（2007）认为，股东和利益相关者的利益是相容的，两者都有利于公司的长期效率与经营，在公司治理中，需要通过控制管理行为来支持利益相关者的权益。由此可见，利益相关者的相关问题已成为现行公司治理框架中不可或缺的一部分。

加强和完善公司治理要充分考虑利益相关者在公司治理中的作用。这种作用体现在：首先，利益相关者参与公司治理有利于公司内部制衡的实现，有利于对经营者形成有效的监督约束机制，有利于降低"代理成本"；其次，利益相关者参与公司治理有利于对各利益相关者的利益形成有效保护，激励他们为公司长远绩效的提高而努力；再次，利益相关者参与公司治理能够创造良好的外部环境，有利于公司社会责任的实现；最后，利益相关者在公司治理中的作用还可以体现在能够推动社会经济、文化、环境的可持续发展，促进经济的高质量增长等。由此，我们相信：利益相关者应该积极参与公司治理，构筑一个有效的共同治理机制。

四、中国公司治理转型理论

自20世纪80年代以来，包括预算软约束、棘轮效应等概念的提出，推动了转型国家公司治理理论的发展。相对于东欧国家的私有化改革及其相应的治理问题（如俄罗斯的"寡头控制"、其他东欧国家的"内部人控制"等），转型经济中的中国呈现了特色的治理模式：以行政型治理为起点，逐步实现从行政型治理到经济型治理的转型。这种治理转型及其二元结构长期并存，可能是"中国式公司治理"区别于英美式和德日式发达国家公司治理、东南亚家族式公司治理，乃至其他转型国家和新兴市场国家公司治理最重要、最特殊的系统性特征。

改革的背景下，中国公司治理转型是对公司治理实践的提炼和总结，同时，其本身在理论方面具有两个层次的内涵：一方面，是中国公司治理从行政型治理到经济型治理的转型，这涉及转型特征、转型路径、转型研究框架、转型理论拓展、转型驱动因素、转型经济绩效等科学命题的界定与分析；另一方面，治理转型意味着中国企业大部分情况下面临着行政型治理和经济型治理的二元结构长期并存，且不均衡发展，这就涉及两种治理环境对公司绩效的差异性影响、制度环境对行政型治理的"诱因"等科学命题（李维安等，2010）。

关于行政型治理的研究起源于李维安（1996）提出的行政型治理的三个内涵：资源配置行政化、经营目标行政化和高管任免行政化。随后由于对该理论的不断研究逐步得到深化。李维安和郝臣（2009）分析了行政型治理与经济型治理交织下所面临的"治理困境"，认为二者交织易造成"经济型治理"外壳下的"行政型治理"或其变形，进而造成行政型治理实质上的残存。李维安等（2010）的研究指出中国面临着"双重公司治理环境"，且两种不同的治理环境对公司绩效有差异性的影响；李维安等（2010）在企业政治联系的研究中指出，中国制度环境下的政治联系是行政型治理的典型表现之一。

在治理转型和经济型治理体系建立的过程中，国有企业行政型治理弱化的过程相对滞后。在以政府为控股股东的国有企业中，有效实现公司治理转型依赖于配套制度的建设。中国政府治理改革的进程相对于公司治理改革来说，起步较晚，这使国企行政型治理的弱化呈现"迟滞性"特征，表现为"强行政型治理，强经济型治理"的行政经济型治理模式。

在行政经济型治理模式下，国有企业的经营者不仅是传统意义上的"经济人"，同时也是"行政人"。一方面，作为经济型组织

公司治理（修订本）

的国有企业，有寻求利润最大化的一面，为此需要国企经营者创新经营，获取经济收益的提升；另一方面，作为行政型组织的国有企业，经营者往往来自政府、国资委等机构的行政委派，国企经营者同时兼有"行政身份"。

而国有企业行政型治理与经济型治理间关系的错配，易导致潜在的治理风险。例如，政府作为国有企业的大股东，兼具所有者与监督者的双重身份。在行政—经济交织的转型状态下，一方面，国有股东为达到经济型治理逻辑下的治理目标，往往会借用行政型治理手段去实现其目标，这导致实际上的行政错位，弱化了经济型治理，当前针对中国国企的实证研究发现，国有企业普遍存在由于行政型治理手段带来的过度投资现象（孙晓华等，2016）。另一方面，很多时候，转型过程中出现治理问题是由于改革不到位的行政型治理导致的"行政失灵"，却往往被误认为由市场失灵引起的。这时政府很容易用简单的行政手段加以解决，但结果却是削弱了企业的经济型治理能力，强化了行政型权力，实质上滞后了公司治理转型，诸如限薪令政策的推出降低了国有企业高管薪酬市场化水平等。

我们也发现国企中的行政型治理的逻辑，已经在部分影响民企，可能带来愈来愈大的治理风险。所以，中国公司治理转型理论的意义在于：启发中国企业厘清行政型治理与经济型治理间的关系，明确由行政型治理向经济型治理转型的改革目标。

第
二
篇

2

体系篇

　　在体系篇中，我们区分了构成公司治理体系的各个部分，分析了它们的运行机理，阐述了它们在公司治理中的作用和相互影响。作为公司治理体系的组成部分，治理主体是包括股东、董事会、经理层、债权人、职工、供应商、社区等诸多成分在内的广大公司利益相关者，公司治理客体由治理边界加以限定。治理机制主要由激励机制、监督机制和决策机制组成，治理机制充分发挥作用的前提是存在合理的治理结构。治理结构包括基于正式制度的内部治理和非正式制度安排的外部治理两个方面。这些制度安排的意义就在于保证利益相关者之间的权力制衡及公司重大战略决策的科学性。

第三章　公司治理边界及体系概述

第一节　公司治理边界

分析公司治理的边界前，首先要区分企业边界与公司边界的不同。它们的区别不仅仅在于作为公司形态的企业不同于一般意义上的企业，更重要的是这两个边界概念建立的基础不同，所起的作用也不尽相同。企业的边界以交易费用为基础，解决企业的有效规模问题；而公司的边界则以现代公司法人制度为基础，与公司治理问题密切联系。因此，我们认为这是两个不同的概念。

一、交易费用与企业的有效边界

在新古典主义经济学的厂商理论中，企业被视为一个以实现利润最大化为目标的生产函数，反映的是在给定资本、劳动和技术等生产要素条件下的投入与产出关系。这实际上是一种生产理论，而并不研究企业组织内部和其自身的问题。在这里，企业就是我们通常所说的"黑匣子"，自然也就无所谓边界问题。最先打开并研究这个黑匣子的是现代企业理论的开创者罗纳德·科斯。科斯提出的问题是：既然市场经济用价格配置资源，一切都可以买卖，为什么还存在不依靠价格机制配置要素的企业呢？正是沿着这一问题的思路，科斯在1937年发表了著名的论文《企业的性质》。科斯的贡献不仅在于成功地用交易费用解释了现代企业存在的原因，同时也使企业的边界问题迎刃而解。科斯认为，所谓企业，无非是节约市场交易费用的一种组织。如果生产要素按照企业的生产方式组合起

来，按照企业内部的经理和工长的指令来配置，那么就可以节约按照市场价格机制来配置所花费的交易费用。因此，企业是对市场价格机制的一种替代，由于这个替代，市场交易费用就被节省了。接下来的问题是，既然如此，是不是企业的规模越大越好呢？为什么企业又不能无限扩大而将整个社会生产都交由一个巨型企业去完成呢？这就自然涉及企业的有效边界问题。科斯的回答是这样的：即使撇开收益递减问题，在企业内部组织交易的成本似乎也有可能大于在公开市场上完成交易的成本。随着被组织的交易的空间分布、交易的差异性，以及相对价格变化可能性的增加，组织成本和失误带来的亏损似乎也会增加。当更多的交易由一个企业家来组织时，交易似乎倾向于既有不同的种类也有不同的位置，这为企业扩大时效率趋于下降提供了一个附加的原因，可见企业规模无限扩大的结果是效率的下降。也就是说，企业规模的扩大是有限度的，即企业存在有效边界。这个边界处于通过市场实现交易与通过企业实现交易所花费的成本相等的地方。企业的规模无论是处于边界之内还是边界之外，都会导致企业缺乏效率。

以交易费用为基础的企业边界的概念对于解释现代企业的有效规模，即企业为什么不能无限扩大等问题无疑是有说服力的。同时，也为我们探讨企业集团的规模，即子公司化的规模起点问题提供了思路。

二、子公司化的规模起点

企业集团的形成过程通常被看作企业"做大"的过程，然而其前提必须先"做小"，即子公司化。它可以通过兼并、重组和对外部资源进行整合来实现，也可以通过内部资源的分化来实现。兼并也好，分化也好，其目标都是在提高效率的基础上实现集团企业的长期发展。问题的关键在于一个企业在什么条件下构建企业集团才是最佳时机，具体讲就是子公司化的规模起点如何界定。

在问题展开之前，我们有必要界定两个概念：治理成本和管理成本。我们先从"治理"和"管理"说起。公司治理是一种特殊的

公司治理（修订本）

角色，它的活动有利于企业管理，是在管理之上先要解决的问题。首先，从定义来看，公司治理是公司运作的一种制度构架，而企业管理则是在这种构架和安排下，通过计划、组织、协调、控制等职能活动的实施来实现组织目标的过程。其次，二者的目的不同。公司治理的基本目的是实现责权的合理安排与制衡，企业管理的目标则是财富的最大化。不仅如此，二者的研究对象、资本结构反映出的信息等都存在着差异。但是，企业制度构架层次的公司治理与以经营决策为中心的企业管理都是构成现代企业整体运作的不可分割的两个组成部分，二者相互影响、相互促进。我们可以通过图 3-1 来表示公司治理与管理的关系。

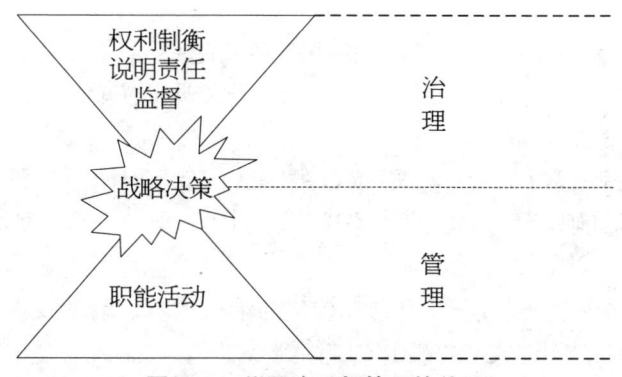

图 3-1 公司治理与管理的关系

在现实经济中，治理和管理这两个三角形有重合的可能，例如在战略管理方面。但重合与否并不影响下面问题的展开，所以为了清晰起见，这里假设二者不重合。这样可以很直观地说明治理成本和管理成本这两个概念。

1. 治理成本与管理成本的界定

治理成本就是维持公司治理有效运作而发生的成本（记为 GC）。它主要包括治理组织结构本身发生的成本（记为 GC_1）和治理活动的组织协调成本（记为 GC_2），这样就有：$GC=GC_1+GC_2$。在图 3-2 中，我们给出 GC 的曲线。

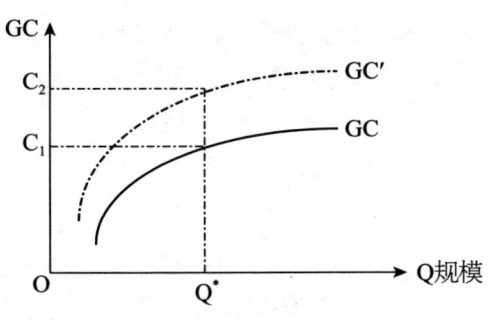

图 3-2　治理成本曲线

当 $Q<Q^*$ 时，一个企业从小规模开始迅速成长，企业治理组织结构逐渐完善，使 GC_1 随着 Q 的增加而大幅上升，从而使 GC 曲线变得很陡峭。

当 $Q>Q^*$ 时，企业的治理组织结构日趋完善，GC_1 保持一个稳定状态，GC_2 随着 Q 的增加而小幅上升，从而使 GC 曲线呈平缓上升的态势。

治理成本 GC 是企业规模 Q 的函数，企业规模 Q 以外的因素对 GC 影响表现为 GC 曲线的移动。例如，当一个企业的规模为 Q^* 时，其治理成本 $GC=OC_1$，这时，若这个独立的企业分化出一个子公司，则一部分管理成本转化为治理成本，治理成本由 OC_1 升到 OC_2，治理成本曲线由 GC 移到 GC'。

管理成本是指企业的经营成本（记为 MC）。它主要包括两部分，即经营管理组织结构本身发生的成本（记为 MC_1）和经营活动的组织成本（记为 MC_2）。

在图 3-3 中，我们给出 MC 曲线。

当 $Q<Q^*$ 时，一个企业的管理组织结构较为简单，管理的跨度较低，使得 MC_1 保持一个稳定的状态，MC_2 随着企业规模增加而小幅上升，从而使 MC 曲线呈平缓上升的态势。

当 $Q>Q^*$ 时，由于企业规模的扩大，企业的管理组织结构进一步细化并增加了管理的跨度，同时管理的组织协调成本也大幅度增加，使得 MC_1、MC_2 随着企业规模增加而大幅上升，从而使 MC 曲线变得很陡峭。

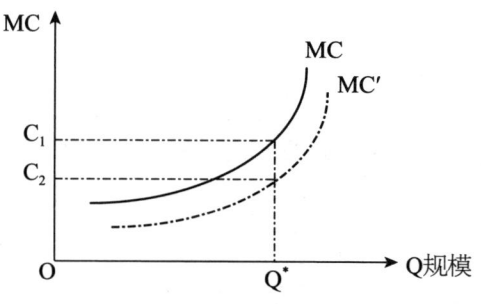

图3-3 管理成本曲线

管理成本 MC 是企业规模 Q 的函数，企业规模 Q 以外的因素对 MC 的影响表现为 MC 曲线的移动。例如，当一个企业的规模为 Q^* 时，其管理成本 $MC=OC_1$，这时，若这个独立的企业分化出一个子公司，则一部分管理成本转化为治理成本，同时管理的跨度得到降低，管理成本由 OC_1 降到 OC_2，管理成本曲线由 MC 移到 MC′。

2. 子公司化的规模起点的确定

子公司化的途径有两种：一是内涵式分化，即赋予原公司的管理部门或生产部门以法人资格；二是外延式兼并，即对外部资源进行整合，兼并其他企业。子公司化的过程实际上就是从管理向治理转化的过程，即以治理职能代替管理职能。这种转化是否有效率取决于两种职能成本的比较，即治理成本与管理成本的比较。我们把治理成本（GC）、管理成本（MC）二者结合起来进行分析，令 MC+GC=TC，TC 称为非生产性职能成本（见图3-4）。

当企业规模 $Q=Q^*$ 时，GC=MC，可以看出在 Q^* 以左，管理成本低于治理成本，这样管理职能占有优势，所以强化管理可以给企业带来更大的效益，也就是说，对于处在小规模阶段的企业，其非生产性工作的重心在强化管理上；在 Q^* 以右，治理成本低于管理成本，因此治理职能占有优势，强化治理是有效率的行为。Q^* 就是企业面临的一个决策点，因为从这一规模点开始，企业应考虑如何才能在扩大企业规模的同时节约成本。一个可能的办法就

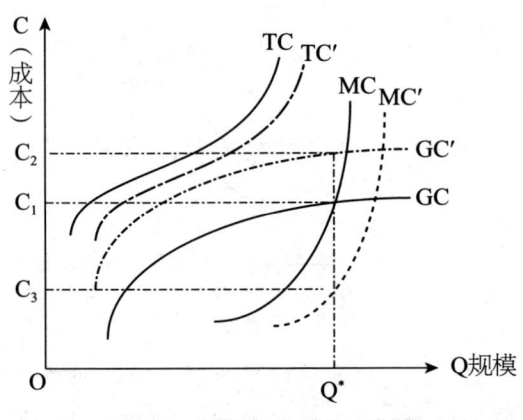

图3-4　MC与GC关系曲线

是从 Q^* 点开始分化出一个子公司。这时，治理成本曲线由 GC 移到 GC′，管理成本曲线由 MC 移到 MC′，企业这种行为是否有效率取决于两个因素：ΔGC、ΔMC，其中 $\Delta GC=OC_2-OC_1$，$\Delta MC=OC_1-OC_3$。

（1）若 $\Delta GC<\Delta MC$，则 TC 移到 TC′，非生产性职能成本的水平得到下降，这时分化是有效率的。

（2）若 $\Delta GC>\Delta MC$，则必然导致非生产性职能成本水平的上升，这时分化是没有效率的。

（3）若 $\Delta GC=\Delta MC$，则企业仍维持在原来的成本水平上，基于长期发展的考虑，分化不失为一种理性的选择。

通过上面的分析，我们可以得出在（1）、（3）成立的情况下，Q^* 就成为企业子公司化的规模起点。由此，在一定意义上可以说企业集团的形成、发展，就是由管理向治理转化引起效率提高的过程。前面，我们是从内部分化的角度来探讨企业集团的形成机制的。实际上当一个企业达到 Q^* 规模后，也可以通过对外部资源的整合，兼并其他企业来完成子公司化。对这种外延式子公司化的效率分析，仍然可以通过上述对内涵式子公司化的方法，即通过 ΔGC 与 ΔMC 的比较来进行。

三、公司法人制度与公司的边界

公司法人制度是现代公司最典型的特征，也是公司治理赖以存在的前提。如果没有公司法人制度，企业仍然是个人业主制或合伙制，没有两权分离条件下的代理问题，就不存在所谓公司治理问题。同时，法人制度又是公司边界的决定因素。公司的边界不同于一般意义上的企业边界，而是由现代公司法人制度决定的公司法人的活动范围。公司边界更多地体现公司各方面的权责关系而不是企业的规模。这种边界可以作为公司治理的基础。在大多数情况下，公司的边界与公司治理的边界是一致的，只有当作为法人的公司行为超越法定的法人活动范围，背离利益相关者的利益时，公司治理才需要重新考虑公司边界作为治理边界的适用性。可以认为，治理边界是公司边界的逻辑延伸。公司边界与现代公司的法人制度密切相关，可以从以下三个方面来理解。

1. 财产边界

财产边界或称产权边界，是指现代公司以其法人身份所拥有的全部财产。公司作为一种成熟的企业形态，是依法设立的具有与自然人相同的民事行为能力的独立经济实体。公司是企业法人，并以其法人身份拥有法人财产。法人财产以投资者的出资额为主要来源，同时也包括资本金的增值和在经营中因负债而形成的资产。法人财产权则是公司对全部法人财产依法拥有的独立支配的权力，这种权力又包括占有、使用、收益和处分等权力。

公司的法人财产具有以下性质：第一，它以独立财产和独立人格为基础承担相应的民事责任，具有严格的规范条件和法律界定；第二，其独立性表现为占有、支配、使用和处分财产的全部权力，公司的终极所有者不能干预这些权力的行使；第三，法人财产具有永恒的性质，只要其法人身份不变，这种权力就不会改变。可见，法人财产是公司存在的重要物质基础，没有独立支配的财产和财产

权，公司便不能存在。

2. 组织边界

现代公司是依法成立的企业组织。这种组织不仅要有自己的名称和经营场所，而且必须有相对稳定的组织机构和相应的职能部门。公司组织主要包括行使所有权、决策权、监督权和经营权的股东大会、董事会、监事会及高层管理机构和生产经营的职能部门等。从形式上看，公司表现为一个由法人结构规制下的组织实体。如果说法人财产是公司赖以存在的基础，那么公司组织则是其赖以运行和活动的基础。从公司治理的角度看，公司的组织边界决定于公司的组织特征。

3. 法人边界

法人边界反映公司的人格特征。它是公司财产边界和组织边界最终体现。现代公司是一个人格化的企业法人，作为企业法人，它有别于社会中的其他法人，如学校、医院、宗教团体等。作为法人企业，它又不同于个人业主、合伙制等自然人企业，公司是以其独立的法人身份参与市场经济活动的，公司的合并、分立、破产、清算也都表现为法人资格的变更与终止。公司作为一个经济实体，法人是责任的承担者和实体的代表，公司不仅具有与自然人相同的民事行为能力，可以起诉与被诉，并以其全部的法人财产承担有限责任，也因为法人对财产的独立拥有和有限责任原则，决定了不同的公司之间的交易与活动可以明确地归属于不同的法人，不论现实中的公司活动多么复杂，法人之间的界限总是清晰的和不容模糊的。因此，可以说，现代公司的活动主要是法人的活动，公司的行为表现为法人的行为，公司的边界也体现为法人的边界。

四、独立公司与治理边界

公司治理边界问题的讨论主要基于这样的现实：随着经济的不断发展，特别是公司集团的形成与发展，公司与其利益相关者之

公司治理（修订本）

间的权责关系更加复杂化，公司的经营行为也日益复杂化，导致公司的法人结构与其现实的权责结构不对称。而且在许多情况下，公司法人仅仅是覆盖于其上的一层面纱，公司形式和有限责任原则也常常被滥用。因此，公司的法人边界作为公司治理的边界就显得狭窄，即仅局限于母公司或者子公司的法人边界的治理不能反映企业集团的真实结构和权责关系，从而，这种治理活动也就难以符合整个企业集团利益相关者的利益。因此，对公司治理边界进行理论上的界定是非常必要的。

公司治理边界是公司治理的对象和范围，是对公司治理客体的界定，即公司权力、责任和治理活动的范围及程度。因此，治理边界既不同于公司制企业规模边界的概念，也与公司的法人边界不完全一致。对不依赖任何其他公司而独立存在的公司实体而言，每个公司都有独立的董事会行使公司的决策权，同时公司也作为一个独立的法人承担整个公司的权利和义务。因此，它具有自己独立的企业边界，即法人边界（见图3-5），这是和一个公司内的管理部门或生产部门的本质区别。

对一个独立的公司来说，其公司决策意志范围被限定在法人边界内，也就是说公司的权力、责任的配置及治理活动不能超越其法人边界。所以从这个意义来说，一个独立公司的公司治理边界和法人边界是一致的。

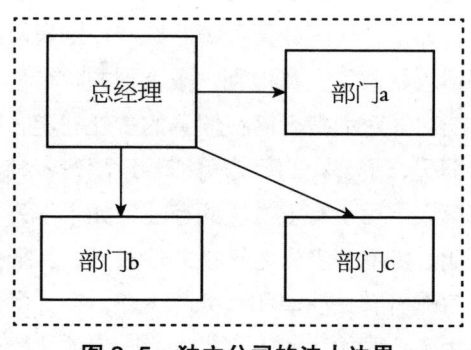

图3-5 独立公司的法人边界

五、公司治理边界的主要类型

1. 有限责任与集团子公司的治理边界

不论集团公司中母子公司之间还是成员公司之间的关系如何复杂，作为公司特征的独立法人是始终存在的，这是由现代公司有限责任原则所决定的。公司的有限责任是公司作为独立企业法人具有的最为重要的法律特征，被奉为公司法的经典原则，也是公司成为现代市场经济社会赖以存在的基础和迅猛发展动力的源泉。无论在理论上还是在实践中都已证明其存在的合理性。

然而，有限责任并非理论上无懈可击和实践上完美无缺。随着现代公司的发展，公司与各方面利益关系的复杂化，以及由诸如关联交易引起的公司间关系的复杂化，所有者与公司、母公司与子公司之间的关系往往比较微妙，以至于出现了利用公司形式和有限责任的保护来粉饰业绩，欺诈债权人，以及背离其他利益相关者的利益的问题。也就是说，公司的实际活动往往是超越法人边界的，公司自身的行为往往是忽视法人边界的。例如：①有限责任为母公司滥用公司的法律人格提供了机会。在某些情况下，子公司会受到来自母公司的支配与操纵，甚至也可能利用公司的法人资格，借助有限责任的保护而损害子公司债权人的利益，为集团谋取利益，如非法所得、隐匿财产、逃避清偿债务的责任等。②对子公司雇员和股东利益的忽视。如子公司因经营不善而破产，则雇员无法向公司的集团或母公司请求赔偿工资及福利。子公司的股东也不能向其母公司请求利益补偿。③对消费者潜在债务的责任回避。在现实中，往往存在这样的情况，子公司的行为可能导致消费者利益的损害，使消费者成为债权人。由于有限责任的存在，如果子公司在侵权后因资产不足而倒闭，则消费者作为潜在的债权人，其损失也无法向母公司追索。④对政府有关法律和义务的规避。在许多情况下，集团公司也同样利用子公司的法律人格来规避政府的法律。例如，如果

公司治理（修订本）

一家公司因其经营业务受到法律许可的限制或注册登记的限制，那么，它就会成立一家新的公司，并实际上拥有和操纵这家公司来进行变相的经营；一家公司可以通过新设立公司或关联交易控制另一家公司，然后通过转移资产、利润的办法来规避税法；一家公司还可以利用有限责任来规避政府的其他法律，如行政法、劳动法、国际法等。

可见，在集团公司治理的实践中，处于被支配地位的子公司的法人边界作为其治理边界是不能反映公司的实际权责关系的。无论是在理论上还是在实践上似乎都不应也难于动摇现代公司的有限责任这一公司法的经典原则，但近些年来，西方的公司治理和法律实践已经证明，经典的原则并不是神圣和永久的法则。在许多情况下，需要揭开公司的法人面纱，扩大子公司的治理边界，通过从属公司的法人面纱去透视背后的控制者和支配者，从而平衡公司与其利益相关者之间的关系。显然，在这些情况下，公司治理的边界就需要扩大，而严格遵从法人边界的治理不再适用。

古典的公司概念和原则已经受到了严重的挑战，表现为在一些西方国家的判例和立法中已有相当程度上的实质性突破，例如：①"揭开公司法人的面纱"是英美国家的法律对公司，特别是在处理关联公司中债权人保护所遵循的主要原则。这一原则最早在1897 年英国的 Salomon v. Salomon & Co., Ltd. 一案中得到确认。就一般情况而言，控制性公司仅以其投入子公司的财产对子公司的债务承担有限责任，但如果控制性公司过度操纵子公司，从而使子公司实际上丧失独立法人地位时，法律将揭开覆盖在公司之上的法人面纱，追溯公司背后的操纵者。控制性公司也可能要对从属公司的债务承担责任，以维护子公司债权人的利益。②在德国的公司法中，对如何处理集团关联公司间的关系做了相应的规定。在公司集团的关联公司之间，由于交易不是通过竞争市场在平等的基础上进行的，因此就有可能存在通过虚假交易来粉饰业绩，欺骗利益相关者的情况。在德国股份公司法的第三编《关联公司》中规定了

有关从属公司债权人保护的专门条款。说明德国的法律已经认识到集团关联交易背景下控制公司与从属公司之间关系的复杂性。赋予了从属公司债权人向处于控制地位的公司及其所有者追索债权的权力，这在一定程度上突破了有限责任的原则。③欧盟第九号指令特别强调了集团公司中的情形，而且赋予了债权人、少数股东及子公司的雇员了解集团其他公司的利益，以及采取行动反对控制公司及其董事会的权力。第九号指令也提出了公司集团中控制与依赖的概念，并建议当依赖性公司资不抵债或破产清算时，其债权人、雇员、少数股权股东有权向他们的控制性公司追索债务与利益。因为损失是由控制性公司的决策造成的，并且这些决策忽视了他们的利益。

无论是英美国家的公司法，还是德国和欧盟的公司法，都对有限责任原则提出了挑战并在一定程度上有所突破。虽然这些并没有也不能动摇现代公司有限责任的核心地位，但这些实践表明，公司治理不应再局限于公司法人的自主权和公司的边界之内。在许多情况下，公司治理的边界大于公司的法人边界。

2. 集团母公司的治理边界

企业集团的复杂性使企业集团公司治理具备了双重特征：①母公司、子公司及关联公司分别有治理结构行使治理的职责；②企业集团本身又构成了一个统一的治理机制运作系统。同时，企业的社会责任决定了企业集团公司治理的主体从股东扩大到利益相关者。这样就使企业集团的权力、责任配置及监督、指导、决策等治理活动超越了企业的法人边界，从而引出企业集团公司治理边界的问题。

企业集团中，母公司与子公司体现的是绝对控制权的关系，母公司的决策意志能够充分地体现在子公司的行为中，也就是说母公司决策意志延伸的范围构成了母公司与子公司外延的界限（见图3-6）。

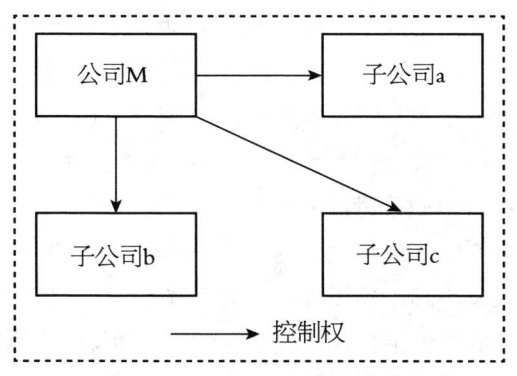

图 3-6　集团治理内边界

这个界限称为集团治理内边界，它实际上是基于母公司控制权的边界，体现出母公司决策权的范围。我们可以看出，集团治理内边界超越了母公司的法人边界。虽然在公司法的意义上母公司和子公司都有独立的法人治理边界，但在实际的经济意义上子公司要受母公司的治理，它的行为体现了母公司的决策意志，对母公司要有说明责任。因而，集团治理内边界体现了说明责任的范围。

为了完整地界定企业集团的母公司治理边界，我们有必要提起作为企业集团重要成员的关联公司。在图 3-7 中，公司 M 与关联公司 A、B、C 基于共同拥有市场、共同使用资源等战略目标，通过各种契约形成关联关系。它们构成的外延的界限称为集团公司治理的外边界，它确定了母公司在企业集团公司治理中的发言权的范

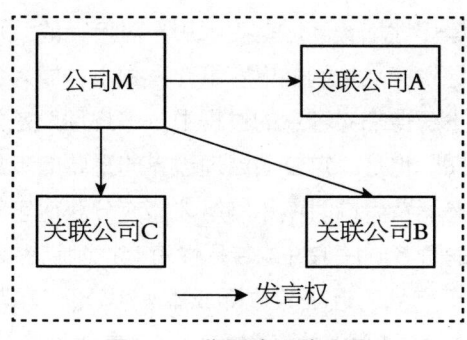

图 3-7　集团治理外边界

围，即在关联公司治理中表达自己意志的权力，而一项决策对其意志的体现程度，取决于关联公司董事会成员间谈判的结果。集团治理的外边界体现了有限责任的范围，即集团公司作为关联公司决策者的一员要按其出资份额享受权利并承担义务。

3. 网络经济中的公司治理边界

网络经济不仅从根本上改变了经济活动的原有秩序安排，使企业难以在界限分明的市场环境中继续有效使用原有的治理机制，而且改变了公司的组织结构，呈现向网络化、虚拟化方向发展。经济形式与公司结构的转变，引起了公司治理边界的一些变化。比如，网络经济采用最直接的方式拉近服务提供者与服务对象的距离，将工业时代的迂回经济变成了信息时代的直接经济。这减少了公司治理边界中的中间环节，使过去较高交易成本的治理过程变得可能。

首先，网络的正外部性表明，当我们加入网络时，网络会变得更大更好，对参与方都有好处。此时网络经济下公司治理系统目标的实现，依赖于建立利益相关者共同治理机制，公司治理的目标将从追求单个企业的决策科学转变到多个企业的协作创新。而对单个公司来讲，治理的边界和内容必须向合作和兼容方面逼近。

其次，网络经济形态中的需求方规模经济和供应方规模经济的有机结合所形成的正反馈效应，促使产业和市场超速发展，从而使在产业的迅速扩张中，信息通道较短的治理边界随之扩张。

再次，受强烈的网络效应影响的技术一般会有一个长的引入期，紧接着是爆炸性增长。这是由于用户对产品的认可，以及安装基础的增加，导致产品达到临界容量，占领市场成为标准。在竞争成为标准或至少获得临界容量的过程中，客户预期是关键。这对公司来讲，"预期"也是决定公司治理边界的重要的专用性资产。网络经济中，众多消费者同时使用网络才能充分获得它的福利，因此对公司来说，消费者同序偏好的专用性资产达到临界是关键。

最后，信息产品的近乎零边际成本、"经验产品"及注意力经济，决定了公司治理边界的自主变量——专用性资产的又一新变

公司治理（修订本）

化，锁定和消费者的转移成本及搜索引擎也被纳入其中。

六、公司治理边界的现实意义

公司治理边界的探讨主要是基于对公司利益相关者的保护，这是公司治理的核心问题之一。我们也认识到，公司治理一旦超出公司的法人边界，就会涉及较为复杂的问题。公司治理边界的意义不仅是理论上的探讨，而且在很大程度上是基于现实的需要。由于企业集团是一个由多个独立法人组成的非法人经济联合体，其中存在以关联交易为基础的复杂的利益关系，因此有关公司边界和公司治理边界的问题已不是一个可有可无的问题。随着国有企业改革的深入，以资本为纽带，以资产重组、兼并、联合等形式形成的跨地区、跨行业、跨所有制的大型企业集团将不断涌现。在有关企业集团中如何理顺控制性公司与从属公司之间的利益关系，如何防止关系失衡，如何保护债权人、少数股权股东、雇员及国家利益等都是公司治理在理论上和实践上值得深入研究的问题。

第二节　公司治理基本框架

公司科层和市场契约都是重要的资源配置机制，企业内的安排构成公司的内部治理，而企业外主要由市场力量推动而做出的安排构成公司的外部治理。公司治理则是公司当事人以各自在公司中形成的专用性资产为依据，相互博弈而形成的一种妥协均衡体系。

一、公司治理的结构基础

一个公司能够良好营运，首先需要一个基本的科层组织架构，在这个架构中，只有信息畅通、指挥到位、上下步调一致，才有可能实现组织的整体目标。科层组织是公司良好营运的必要条件，而市场力量的协调则构成实现组织整体目标的充分条件。公司内部的

科层主要表现为委托代理关系，而公司外部市场与公司之间则主要表现为契约关系，如图 3-8 所示。

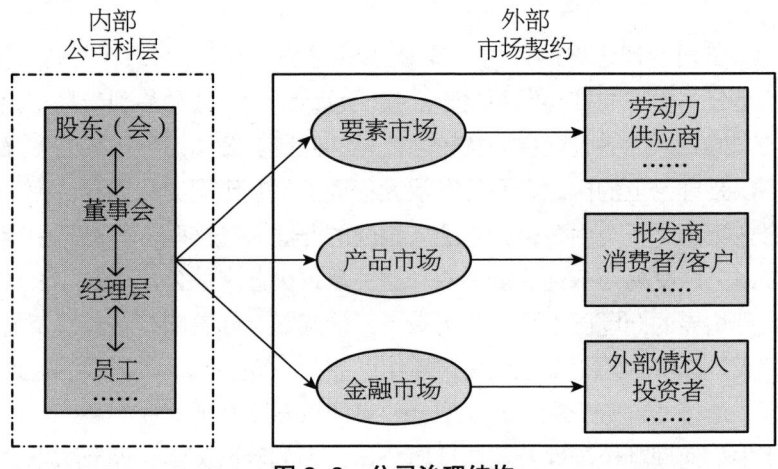

图 3-8　公司治理结构

在公司内部科层组织关系中，科层内的当事人之间主要是委托代理关系。公司与外部市场的联系是以公司法人组织展开的，外部市场主要由要素市场、产品市场和金融市场组成。在要素市场上与公司法人发生联系的市场当事人主要有劳动力、供应商等；在产品市场上与公司发生联系的市场当事人主要有批发商、消费者／客户等；在金融市场上与公司发生联系的当事人主要是外部债权人、投资者等。要素市场和金融市场中的部分当事人—劳动力和投资者—完成市场交易后，到具体的特定公司转换为特定公司的经理人员、员工和股东。劳动力、投资者在要素和金融市场上作为独立的市场交易一方与公司法人相对平等地讨价还价交易，这时公司法人与这些当事人遵循的主要规则是市场契约规则；一旦交易完成，这些人就成为特定公司的某个具体角色，被纳入公司科层的规则下运行。这是因为公司购买的不是纯粹转移价值的物化产品，而是活生生的人，他们在劳动过程中创造价值，但同样是机会主义者——不可能在没有监督的情况下就贡献全部努力来工作，公司的科层制在很大程度上是为了解决这一问题，即弥补市场契约的不足。当然，为了抑制公司内部的科层约束，市场也保留了一定的压力机制，如股票的二级市场和经理人市场都是防止这些资源被套牢在公司科层之中。要素市场和金融市场中的供应商、外部债权人等，则更多的是以市场交易者的身份与公司进行交易。

从上述公司科层和市场契约过程看，公司治理是既包括科层内部也涉及公司与市场之间的一系列制度安排。与公司有关的所有当事人，都希望从公司的经营中获得与其投入相匹配的收益，这些当事人共同博弈，形成一般意义上的公司治理。而公司治理有效实施的基础是独立性。主要体现在四个层面上：上市公司自身的独立性、治理结构的独立性、治理主体的独立性和公司决策的独立性。独立性需要多元性作为支撑，要不断改善股权结构，引入更多元的股东，避免"代表"思维。同时，要强化各行为主体参与治理的机制设计的独立性，并培育其职业道德与契约精神。为了实现科学决策，各主体要拥有基于各自独立性的妥协精神，即为达到共同利益最大化也就是公司利益最大化而适度妥协，如此才能真正实现科学决策，达到公司治理的目标。

二、公司治理的责任制度

从会计角度看，公司的资产由所有者权益和债权人权益构成，即资产＝负债＋所有者权益。这一会计方程式背后涉及方方面面的当事人，他们在公司资产中承担各自的专用性资产，因此都是公司治理要涉及的当事人，具体可分解为股东、债权人、经营者、雇员、供应商、客户、社区、政府等。公司治理的基本框架就是遵循上述基本原理，按照说明责任和问责制的规则，由公司当事人以自己的专用性资产为基础，相互博弈而形成的体系。

委托代理安排的实施，要求代理人（接受权限、责任受托者，从信息经济学角度则被定义为信息优势者）在行使权限、履行职责时，要将其行为的结果向委托人报告，以示其行为的正当性。这是

第三章　公司治理边界及体系概述

代理人必须履行的义务，因为代理人一般为信息优势者，说明责任也是他与委托人交易的基础。这种原发于委托代理安排中的说明责任和问责制，是指由于代理人利用了委托人的资源并以此获得收益，因此代理人有将自己行为的结果向委托人进行说明报告的义务。从委托人角度来看，他有权要求代理人向其报告行为结果，并追究代理人不负责任的行为。分布于公司治理安排节点上的公司当事人扮演着不同的角色，在委托代理链中，节点上的当事人可能面临双边和多边关系，维持这种关系的基础安排就是说明责任和问责制。

第三节　公司治理内涵

一、公司治理概念的发展

1. 国外学者对公司治理内涵的界定

奥利弗·哈特（Oliver Hart）在《公司治理理论与启示》一文中提出了公司治理理论的分析框架。他认为，只要以下两个条件存在，公司治理问题就必然在一个组织中产生。第一个条件是代理问题，确切地说是组织成员（可能是所有者、职工或消费者）之间存在利益冲突；第二个条件是交易费用之大使代理问题不可能通过合约解决。他这样解释道，在没有代理问题的情况下，公司中所有的个人都可以被指挥去追求利润或企业净资产市场价值的最大化，或者去追求最小成本。个人因为对公司活动的结果毫不关心而只管执行命令。每个人的努力和其他各种成本都可以直接得到补偿，因此既不需要激励机制调动人们的积极性，也不需要治理结构来解决争端，因为没有争端可言。如果出现代理问题并且合约不完全，则公司治理结构就至关重要。标准的委托代理人模型假定签订一份完全合约是没有费用的，然而，实际签订合约的费用可能很大，如果这些交易费用存在，则所有的当事人不能签订完全的合约，只能签订

不完全合约；或者，若初始合约模棱两可，当新的消息出现时，合约将被重新谈判，否则会引起法律争端。因此，哈特指出，在合约不完全的情况下（代理问题也将出现），治理结构确实有它的作用。治理结构被看作一个决策机制，而这些决策在初始合约下没有明确的设定，更确切地说，治理结构分配公司非人力资本的剩余控制，即资产使用权如果没有在初始合约中被详细设定的话，则治理结构决定其将如何使用。由此可以看出，哈特是将代理问题和合约的不完全性作为公司治理存在的条件和理论基础的。

另一种对公司治理基本问题的解释是菲利浦·科克伦（Phlip L. Cochran）和史蒂文·沃特克（Steven L. Wartick）提出的。他们在1988年发表的《公司治理——文献回顾》一文中指出："公司治理问题包括高级管理阶层、股东、董事会和公司其他利益相关者的相互作用中产生的具体问题。构成公司治理问题的核心是：①谁从公司决策／高级管理阶层的行动中受益？②谁应该从公司决策／高级管理阶层的行动中受益？当'是什么'和'应该是什么'之间存在不一致时，一个公司的治理问题就会出现。"为了进一步解释公司治理中包含的问题，他们引述了巴克霍尔兹（Buckhoiz）的论述，将公司治理分为四个要素，每个要素中的问题都是与高级管理阶层和其他主要的相关利益集团相互作用有关的"是什么"和"应该是什么"之间不一致引起的。具体来说，就是管理阶层有优先控制权，董事过分屈从于管理阶层，职工在企业管理上没有发言权，政府注册过于宽容。每个要素关注的对象是这些相关利益集团中的一个，如上，分别是股东、董事会、职员和政府，对于这些问题，解决的办法可以是加强股东的参与，重构董事会，扩大职工民主和严格政府管理。他们认为："理解公司治理中包含的问题，是回答公司治理是什么这一问题的一种方式。"

将公司治理解释为一种制度安排也是一种很有影响的观点。英国学者柯林·梅耶（Colin Mayer）在《市场经济和过渡经济的企业治理机制》一文中，把公司治理定义为："公司赖以代表和服务于它的投资者的一种组织安排。它包括从公司董事会到执行经理人员激励计划的一切东西……公司治理的需求随市场经济中现代股份有限公司所有权和控制权相分离而产生。"时任斯坦福大学教授的钱颖一也支持制度安排的观点，他在《企业的治理结构改革和融资结构改革》一文中提出："公司治理结构是一套制度安排，用来支配若干在企业中有重大利益关系的团体，包括投资者、经理、工人之间的关系，并从这种制度中实现各自的经济利益。公司治理结构应包括：如何配置和行使控制权；如何监督和评价董事会、经理人员和职工；如何设计和实施激励机制。"

2. 国内学者对公司治理内涵的界定

国内学者从不同角度对公司治理形成了多种理解，进行了含义不同的界定。其中有代表性的观点可以分为以下四类。

（1）公司内部权力结构相互制衡论。吴敬琏（1996）认为，公司治理结构是指由所有者、董事会和高级执行人员即高级经理人员三者组成的一种组织结构。在这种结构中，上述三者之间形成一定的制衡关系。通过这一结构，所有者将自己的资产交由公司董事会托管；公司董事会是公司的最高决策机构，拥有对高级经理人员的聘用、奖惩及解雇权；高级经理人员受雇于董事会，组成在董事会领导下的执行机构，在董事会的授权范围内经营企业。

（2）企业所有权与公司治理结构等同论。张维迎（1996）认为，狭义地讲，公司治理结构是指有关公司董事会的功能、结构、股东的权力等方面的制度安排；广义地讲，公司治理结构是指有关公司控制权和剩余索取权分配的一整套法律、文化和制度性安排，这些安排决定公司的目标，谁在什么状态下实施控制，如何控制，风险和收益如何在不同企业成员之间分配等这样一些问题。因此，广义的公司治理结构与企业所有权安排几乎是同一个意思，或者更准确地讲，公司治理结构只是企业所有权安排的具体化，企业所有权是公司治理结构的一个抽象概括。

（3）保护所有者利益，监督激励经营者论。周小川（1999）

公司治理（修订本）

认为，公司治理结构（周小川倾向于把"公司治理结构"称为"公司督导"）是来自出资人和利益相关人对公司的控制，大体上是指股东大会、董事会如何通过制度性安排监督和控制高层管理人员的经营。治理的主要职责是：制定公司的经营目标、重大方针及管理原则；挑选委任经理人员，并掌管经理人员的报酬与奖惩；对公司的经营活动进行考察；协调公司与股东、管理部门与股东之间关系。

（4）公司利益相关者相互制衡论。杨瑞龙和周业安（1998）认为，在政府扮演所有者角色的条件下，沿着"股东至上主义"的逻辑，改制后的国有企业就形成了有别于"内部人控制"的"行政干预下的经营控制型"企业治理结构。这种治理结构使国有企业改革陷入了困境。为了摆脱困境，须实现企业治理结构的创新，其核心是扬弃"股东至上主义"的逻辑，遵循既符合我国国情又顺应历史潮流的"共同治理"逻辑。这一逻辑强调，企业不仅要重视股东的权益，而且要重视其他利益相关者对经营者的监控；不仅强调经营者的权威，还要关注其他利益相关者的实际参与。这种共同治理的逻辑符合现代市场经济的内在要求。

从上面列出的这些定义可以看出，学者们对公司治理概念的理解至少包含以下两层含义。

（1）公司治理是一种合约关系。公司被看作一组合约的联合体，这些合约制约公司发生的交易，使交易成本低于由市场组织这些交易时发生的交易成本。由于经济行为人的行为具有有限理性和机会主义的特征，所以这些合约不可能是完全合约，即能够事前预期各种可能发生的情况并对各种情况下缔约方的利益、损失都做出明确规定的合约。为了节约合约成本，不完全合约常常采取关系合约的形式，也就是说，合约各方不对行为的详细内容达成协议，而是对目标、总的原则、遇到情况时的决策规则、分享决策权及解决可能出现的争议的机制等达成协议，从而节约了不断谈判、不断缔约的成本。公司治理的安排，以公司法和公司章程为依据，在本质上就是一种关系合约，它以简约的方式，规范公司各利益相关者的

关系，约束他们之间的交易，实现公司交易成本的比较优势。

（2）公司治理的功能是配置权、责、利。关系合同要能有效，关键是要对在出现合约未预期的情况时谁有权决策做出安排。一般来说，谁拥有资产，或者说谁有资产所有权，谁就有剩余控制权，即对法律或合约未做规定的资产使用方式做出决策的权力。公司治理的首要功能，就是配置这种控制权。这有两层意思：一是公司治理是在既定资产所有权前提下安排的。所有权形式不同，比如债权与股权、股权的集中与分散等，公司治理的形式也会不同。二是所有权中的各种权力就是通过公司治理结构进行配置的。这两方面的含义体现了控制权配置和公司治理结构的密切关系：控制权是公司治理的基础，公司治理是控制权的实现。

二、公司治理的概念

我们认为，对于公司治理定义，除了上述的内容之外，还应该从更广泛的利益相关者的角度，从权力制衡与决策科学两个方面去理解。本书认为公司治理是通过一套包括正式或非正式的、内部的或外部的制度或机制来协调公司与所有利益相关者之间的利益关系，以保证公司决策的科学化，从而最终维护公司各方面的利益。

为更准确地理解公司治理的概念，我们认为需要转变以下两个方面的观念。

1. 从权力制衡到决策科学

传统的公司治理所要解决的主要问题是所有权和经营权分离条件下的代理问题。通过建立一套既分权又能相互制衡的制度来降低代理成本和代理风险，防止经营者背离所有者的利益，从而达到保护所有者利益的目的。这一制度通常称为公司治理结构，它主要由公司股东大会、董事会、监事会等公司机构所构成。这一制度或称治理结构建立的基础是公司的权力配置，即无论是所有者还是经营者都以其法律赋予的权力承担相应的责任。股东以其投入公司的财产对公司拥有终极所有权并承担有限责任，因此，在法律意义上公

司是股东的，对公司拥有无可争议的剩余索取权。经营者则作为代理人拥有公司的法人财产权而非所有权，但他直接控制着公司，控制着公司的剩余。法人财产权和终极所有权的不一致性，导致经营者和所有者在公司的利益不一致。因此，以权力制衡为基础的公司治理制度对于维护各方权力的存在和实施是十分必要的。

但是，公司治理并不是为制衡而制衡，制衡并不是保证各方利益最大化的最有效途径。我们认为，衡量一个治理制度或治理结构的标准应该是如何使公司最有效的运行，如何保证各方面的公司参与人的利益得到维护和满足。由此，科学的公司决策不仅是公司管理的核心，同时也是公司治理的核心。公司各方的利益都体现在公司实体之中，只有理顺各方面的权责关系，才能保证公司的有效运行，而公司有效运行的前提是决策科学化。因此，公司治理的目的不是相互制衡，至少最终目的不是制衡，它只是保证公司科学决策的方式和途径。

2. 从治理结构到治理机制

传统的公司治理大多基于分权与制衡而停留在公司治理结构的层面上，较多地注重对公司股东大会、董事会、监事会和高层经营者之间的制衡关系的研究。因此，这种意义上的公司治理可以说是侧重于公司的内部治理结构方面。从科学决策的角度来看，治理结构远不能解决公司治理的所有问题，建立在决策科学观念上的公司治理不仅需要一套完备有效的公司治理结构，更需要若干具体的超越结构的治理机制。公司的有效运行和决策科学不仅需要通过股东大会、董事会和监事会发挥作用的内部监控机制，而且需要一系列通过证券市场、产品市场和经理市场发挥作用的外部治理机制，如公司法、证券法、信息披露、会计准则、社会审计和社会舆论等。在经济合作与发展组织制定的《OECD 公司治理原则》中，也已不单纯强调公司治理结构的概念和内容，而是涉及许多具体的治理机制。显然，治理机制是比治理结构更为广泛、更深层次的公司治理观念。

第三章　公司治理边界及体系概述

第四节　公司治理研究对象与架构

一、公司治理主体

在探讨公司治理主体之前，我们有必要先回答一个问题，即公司是谁的？从传统公司法律的角度来说，股东是理所当然的所有者，股东的所有者地位受到各国的法律保护。从这个意义上说，公司存在的目的就是追求股东利益最大化。然而，传统的公司法是建立在以下假定基础之上的：市场没有缺陷、具有完全竞争性，可以充分地发挥优化资源配置的作用。这样，公司在追求股东利益最大化过程中，就会实现整个社会的帕累托最优。然而在现实中，市场机制并不是万能的，股东的利益作为一种个体利益，在很多场合与社会公众的整体利益存在冲突。此外，公司是社会的公司，社会中公司广泛的利益相关者的利益与公司息息相关，对公司的生存与发展都会产生不同程度的影响。但由于当前很多公司把本应内化的成本予以外化，转嫁给社会，造成了一系列社会问题，如污染环境、滥用经济优势垄断价格、排挤中小竞争者、欺诈消费者、寻租、法人犯罪等。从整个世界的发展趋势来看，公司的经济力量越来越强，社会财富越来越向公司集中。公司的经济力量对经济、政治、环境、科教、文艺等领域产生了重要影响。所以，强化公司的社会责任已经成为当务之急。从这个角度来说，公司不仅要追求股东的利益，还要维护利益相关者的利益。同时，公司既是商事主体，也是利益的聚焦点，除了股东的利益关系之外，公司的设立与运营还会编制成一张非股东的利益关系网，这些股东之外的社会主体对公司的存在具有利害关系。为确保公司的繁荣与发展，股东及其代理人必须与职工、债权人、消费者、客户、社区密切合作。成功的公司既需要对外增强对用户和消费者的凝聚力，也需要对内调动职工的劳动积极性。

由此我们认为，公司治理的主体不能仅局限于股东，而应是包括股东、债权人、雇员、顾客、供应商、政府、社区等在内的广大公司利益相关者。作为所有者，股东处于公司治理主体的核心。债权人，如银行，尽管不一定是公司的资产所有者，但它向公司发放贷款后，出于对防范自身风险的考虑，要求对债务人的资本经营进行监督或参与治理，这种权力来自债权。根据产权内涵的逻辑延伸，仅具有人力资本的劳动者也应是产权主体，所以公司雇员通过提供人力资本而拥有了参与公司治理的权力。此外，由于消费者、供应商等其他利益相关者与公司之间存在程度不同的利益关系，这就为他们参与或影响公司治理提供了可能，但这种可能性变成现实还需要其他条件，如利益关系的专用性、企业的制度环境等。

值得指出的是，在完全竞争的市场环境中，公司治理主体各组成部分之间的关系是建立在合作基础上的平等、独立的关系。但从他们对公司治理客体的影响看，有着核心与外围的区分。公司治理主体与客体的关系如图 3-9 所示。

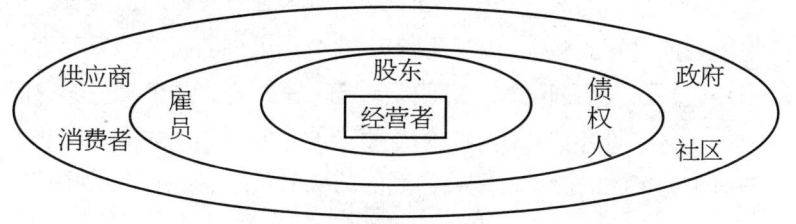

图 3-9　公司治理主体与客体的关系

二、公司治理客体

公司治理客体就是指公司治理的对象及其范围。追溯公司的产生，其主要根源在于因委托代理而形成的一组契约关系。问题的关键在于这种契约关系具有不完备性与信息的不对称性，因而才产生了公司治理问题。所以，公司治理实质在于股东等治理主体对公

司经营者的监督与制衡，以解决因信息不对称而产生的逆向选择和道德风险问题。而在现实中，公司治理要具体解决的问题是：决定公司是否被恰当的决策与经营管理。从这个意义上讲，公司治理的对象有两重含义：第一，经营者，对其治理来自董事会，目标在于公司经营管理是否恰当，判断标准是公司的经营业绩；第二，董事会，对其治理来自股东及其他利益相关者，目标在于公司的重大战略决策是否恰当，判断标准是股东及其他利益相关者投资的回报率。

基于前文对治理边界做的相关分析与界定，我们认为公司治理对象的范围指的是公司治理的边界，即公司权力、责任和治理活动的范围及程度。之所以提出公司治理的边界，是因为集团化是当今企业形态发展的一个典型特征，或者说，现代企业的发展已进入集团化的时代，而单一公司的独立存在已不再是普遍的情形，由于企业集团是一个或多个企业法人组成的非法人的经济联合体，因此，如何解决因企业集团的复杂性带来的企业集团的公司治理问题，已经成为理论界和企业界所面临的新课题。目前，有关企业集团的研究多集中于集团的形态和企业间有效关联的建立等方面，缺乏对企业集团治理机制的深入研究；同时，对公司治理的研究也只局限于单个企业的法人治理结构，即股东大会、董事会、监事会三会之间的关系。这些研究显然还难以解决复杂的企业集团中的治理问题，本书对企业集团的治理问题将在后面的章节做详细阐述。

三、公司治理架构

基于对公司治理的主体与客体的分析，公司治理过程按照公司治理权力是否来自公司出资者所有权与《公司法》直接赋予，可分为公司内部治理和公司外部治理。

公司内部治理主要是通过《公司法》确定的"三会四权"来实现。《公司法》规定公司法人治理结构是由股东大会、董事会、监事会和经理组成的一种组织结构。其中股东大会、董事会、监事会和经理相互制衡共同实施对公司的治理。在公司内部治理结构中，股东大会拥有最终控制权，董事会拥有实际控制权，经理拥有经营权，监事拥有监督权。这四种权力既相互制约，又共同构成公司内部治理权。这种治理权力来源于以公司出资者所有产权为基础的委托代理关系，并且是《公司法》所确认的一种正式治理制度安排，它构成公司治理的基础。

除了股东、经营者等公司利益相关者外，还有其他利益相关者，如债权人、非股东融资者、雇员、供应商、消费者等，这些利益相关者构成公司外部治理，它是一种非正式的制度安排，主要是通过外在市场的倒逼机制，形成一系列适应外部市场的制度安排。股东／潜在股东、债权人与公司主要通过资本市场连接起来；经营者、雇员和顾客与公司主要通过劳动力市场和产品市场联系。竞争市场的压力要求公司有自动选择良好公司治理安排的激励。政府对市场的部分替代也构成公司的外部治理，它是公司治理的一个重要的外生变量。

公司治理是内部治理与外部治理的统一。内部治理与外部治理之间既存在替代关系，又存在互补关系。当公司被不恰当地决策与经营，而内部人治理又无能为力、缺乏治理效率时，或出现内部人勾结损害外部利益相关者时，外部治理将控制"内部人控制"的现象，出现更换董事长、总经理、接管公司等情形。公司内部权力机制的相互制衡必须借助于公司的外部治理，只有在外部治理机制相对完善的前提下，公司内部治理机制才能充分发挥作用。如美国安然公司彻底垮台引起的《萨班斯－奥克斯利法案》（Sarbanes-Oxley Act）立法行动，拉开了上市公司内部治理信息强制性披露的序幕，促使企业管理当局提高内部治理意识。反之，内部治理机制的完善，在一定程度上又可使外部治理机制失去作用。比如，在内部治理机制的建立过程中要及时配建反倒逼机制。作为股权高度分散的现代公司，实际控制公司的管理层应做好公司治理制度建设的"事前准备"，即在公司章程、董事会规则中事先预备好"防盗门"。

在中小股东支持的前提下，若公司事先设置防止敌意收购的制度保障，则可有效抗击"野蛮人的入侵"。此外，内部治理与外部治理的互补效应，也有利于公司治理水平的提升。苏联解体后，俄罗斯开始了以私有化为核心的改革，由于私有化法律准备严重不足，加快了"瓜分社会财产"合法化的进程。俄罗斯国会规定把企业大部分股份出售给企业的职工和管理者，一小部分出售给外部投资人。最终，每人只象征性地支付 25 卢布，就可领到一张面值 1 万卢布的私有化券。而公司的股票价值有赖于公司治理结构的完善：从外部治理角度出发，需要有运作良好的资本市场、有效的职业经理人市场和公司控制权市场；从内部治理角度出发，应该在法规制定与公司制度建设上进一步约束具有认股权的管理层的决策行为。麦肯锡公司的一项调查显示，良好的公司治理，越来越被国际资本市场和全球投资人看作改善经营业绩、提高投资回报、走向国际化的一个重点。在财务状况类似的情况下，投资者愿意为"治理良好"的亚洲公司多付 20%~27% 的溢价，愿为"治理良好"的北美公司多付 14% 的溢价，因此改善公司治理所带来的股票溢价对大股东和管理层来说是有现实收益的。纵观各国公司治理的现状，都是内部治理与外部治理的统一。所不同的是，有的强调内部治理，有的则强调外部治理。

公司治理（修订本）

第四章　内部治理

第一节　委托代理制下的公司内部治理

一、委托代理制下的公司内部权力机构

公司作为法人，具有行为能力。但与自然人相比，公司由于没有生理意义上的五官、大脑、双手和双脚，不能用大脑去思维和决策，不能用手足去行动，因此，公司的行为能力不能通过公司本身去实现，只能通过公司的权力机构去实现。

在现代公司委托代理关系下，作为委托人的股东的集合体构成了公司权力机构的一极，作为代理人的经营管理者的集合体构成了公司权力机构的另一极。在公司法中，股东的集合体被称为股东会，经营管理者的集合体被称为董事会。因此，公司内部的权力机构由股东会和董事会构成。无论是在英美法系中还是在大陆法系中，股东会都由公司的股东组成。董事会的组成则各有不同。在英美法系中，董事会是单层的，由股东会选任的全体董事组成；在大陆法系中，董事会是双层的，由监事会和执行董事会组成。监事会一般由股东会选任的监事和员工选任的监事共同组成，其中由股东会选任的监事和由员工选任的监事各占一半。执行董事会由监事会选任的全体董事组成。

二、权力分配与公司内部治理制度

无论作为一个经济组织还是作为一个法律上的拟制物，公司都

作为一个商事主体而存在。因此，营利性便成为公司的本质特征，追求利润最大化成为公司的唯一目标。但在缺少像自然人那样的生理机能的情况下，公司追求利润最大化的商事行为只能由公司的权力机构来完成和执行，也就是说，公司的权力机构获得了代表公司从事商事活动的权力。如前所述，建立在委托代理关系基础上的公司权力机构由股东会和董事会构成，因此，代表公司从事商事活动的权力，既不能完全由股东会把持，也不能完全由董事会把持，而是应该在股东会和董事会之间进行划分和分配。这种代表公司从事商事活动的权力在公司权力机构股东会和董事会之间的分配就是公司的内部治理制度。以下对公司内部治理制度的变迁进行考察和分析。

　　传统的公司理论和公司法理念认为，公司的权力基础是所有权，股东又是公司的最终所有者。因此，公司即股东，股东就是公司成员，由全体股东组成的股东会就成为公司的最高权力机关，作为股东或公司代理人的董事会应受股东会控制；股东会和董事会之间的权力分配应完全由公司章程和章程细则来规定，权力分配的改变也取决于公司章程及其细则的变更，董事会没有独立于股东会的权力。根据这样的理论和理念，在 20 世纪初及其以前的实践中，在股东会和董事会的权力分配上，股东会不仅拥有公司章程及其细则所明示列举的权力，而且还有权剥夺公司章程已经授予由董事会行使的权力。与此相对应，董事会的权力却没有独立性，主要表现在以下两个方面：一是董事会在按照公司章程的授权执行公司业务时经常受到股东会的干预，二是董事会超越公司章程规定和股东会决议的交易行为对公司没有约束力（在公司法上被称为"越权规则"）。股东会和董事会之间的这种权力分配，不仅形成了董事会完全依附股东会的权力分配格局，还形成了股东会控制董事会的股东会中心主义的内部治理制度。

　　20 世纪初以来，随着公司的迅速成长和公司法有利于董事会的变革，股东会的权力不断受到削弱，公司权力在股东会和董事会之间的分配格局发生了根本性变化。以下从公司成长和公司法变革两个方面进行具体分析。

　　公司的迅速成长主要是通过购并这一公司外部扩张手段实现的。19 世纪末 20 世纪初，西方主要国家发生了以横向购并为主要特征的第一次企业购并浪潮。在这次购并浪潮中，大量中小公司合并为一家大公司成为购并的主流。以美国为例，在 1895 年至 1904 年第一次购并浪潮期间，在被购并的 3010 家美国公司中，数家小公司合并成一家大公司的购并占 83.2%，占购并资产额的 87.2%，其中 5 家以上小公司合并为一家大公司的购并占 75%，10 家以上小公司合并为一家大公司的购并占 26%。❶ 数家小公司合并为一家大公司的结果是公司股东数量增多了，公司股权分散了。20 世纪 20 年代发生的以纵向购并为主要特征的第二次购并浪潮，20 世纪 50 年代至 80 年代发生的以混合购并为主要特征的第三次购并浪潮和第四次购并浪潮，使公司股东人数进一步增多，股权进一步分散化。在主要依靠外部扩张成长的同时，公司也在通过内部力量成长。在公司内部成长过程中，许多公司为了筹集发展所需的巨额资金，通过证券市场发行了大量股票，也加剧了公司股东和股权的分散化。总之，20 世纪初以来，公司股东和股权已经高度分散化。下面我们以美国经济学家伯利和米恩斯对 1929 年美国 144 家非金融大公司股东人数的调查结果来透视 20 世纪 20 年代公司股东和股权的分散化情况（见表 4-1）。从表 4-1 中的数据可以看出，在 144 个大公司中，股东人数超过 5000 的公司达 124 个，占全部公司比重的 86%。这说明多数公司的股东和股权的分散化已经达到了较高程度。公司股权的高度分散化造就了既高度流动又缺乏固定联系的庞大的股东群体，使股东无法对公司经营实施有效的控制。在市场变幻莫测、国内国际竞争日趋激烈的情况下，公司股东只能把公司决策权和控制权委托给具有专门管理知识和技能的经营管理集

---

❶　薛有志. 企业兼并与重组 [M]. 北京：法律出版社，1998：16.

团——董事会行使。

表 4-1　1929 年美国 144 家非金融大公司的股东分布状况

股东数量（人）	公司数量（个）	占全部公司的比重（%）
不足 5000	20	14
5000~20000	53	37
20001~50000	39	27
50001~100000	22	15
100001~200000	7	5
200001~500000	3	2
总计	144	100

资料来源：BERLE A A，MEANS G C. The modern corporation and private property[M]. London：The Macmillan，1994：50.

　　有利于董事会的公司法变革主要表现在三个方面。一是在公司法中承认董事会权力的独立性，并规定了董事会权力范围。在法律上承认董事会的权力具有独立性，最早出现于 1906 年的英国判例法中。当时的判例裁定，公司章程一旦把特定的权力授予董事会，股东会就不得干预董事会行使此项权力。此后的判例进一步裁定，根据公司章程，一旦管理权授予董事会，这些权力就归董事会行使，而且也只能归董事会行使。许多国家的公司法接受了英国判例法的理念，逐步在公司法中承认了董事会权力的独立性。一些国家的公司法规定，在遵守公司章程及章程细则前提下，公司的所有权力应由董事会行使，公司的业务和事务应由董事会管理。二是逐步在公司法中废除了"越权规则"，规定董事会有权对外从事交易行为，而且这种交易行为对公司具有约束力。三是许多国家公司法对股东会的权力范围进行了限定。一些国家的公司法规定，股东会的权力只能在法律和公司章程规定的范围内行使。

　　公司迅速成长与发展所带来的公司股东与股权的高度分散化，以及公司法对董事会独立权力的承认，使公司控制权和公司内部治理制度发生了根本性变化。在公司控制权方面，股权分散化和公司法变革削弱了股东会的权力，瓦解了股东会对公司的支配地位；以法定形式赋予了董事会经营管理公司业务或事务的权力，确立了董事会对公司的支配地位。在公司内部治理制度方面，股权分散化和公司法变革形成了董事会控制公司权力的董事会中心主义的公司内部治理制度。从 20 世纪 20 年代起，公司内部治理制度由股东会中心主义转向董事会中心主义。美国学者在 20 世纪 30 年代、60 年代和 70 年代所做的实证研究验证了这种转变。经济学家伯利和米恩斯在 20 世纪 30 年代对 1929 年美国最大 200 家非金融公司的调查结果表明，200 家公司中的 44% 及总资产的 58% 是由经营者控制的（见表 4-2）。经济学家拉纳在 20 世纪 60 年代对 1963 年美国最大 200 家非金融公司的调查表明，200 家公司中的 84.5% 及总资产的 85% 是由经营者控制的（见表 4-3）。20 世纪 70 年代中期，经济学家赫尔曼（E.S. Herman）的研究表明，美国最大 200 家非金融公司中的 82.5% 是由经营者控制的。❶

表 4-2　1929 年美国最大 200 家非金融公司的控制类型

控制类型	公司数量	占全部公司的比重（%）	占全部公司资产的比重（%）
全部股权控制	12	6	4
多数股权控制	10	5	2
少数股权控制	46.5	23	14
法律机构控制	41	21	22
经营者控制	88.5	44	58
接管者控制	2	1	0
总计	200	100	100

资料来源：BERLE A A，MEANS G C. The modern corporation and private property[M]. London：The Macmillan，1994：114.

---

❶ HERMAN E S. Corporate control，corporate power[M]. Cambrige，Eng：Cambrige University Press，1981：116.

表 4-3　1963 年美国最大 200 家非金融公司的控制类型

控制类型	公司数量	占全部公司的比重（%）	占全部公司资产的比重（%）
全部股权控制	0	0	0
多数股权控制	5	2.5	1
少数股权控制	18	9	11
法律机构控制	8	4	3
经营者控制	169	84.5	85
总计	200	100	100

资料来源：LARNER R J. Ownership and control in the 200 largest non-finance corporation，1929-1963[J]. American economic review，1966，56：781-782.

需要指出的是，无论是从伯利和米恩斯的调查结果，还是从拉纳的调查结果中，我们都可以看出，虽然董事会中心主义的公司内部治理制度已经成为公司内部治理制度的主流，但仍然有部分公司的内部治理制度是属于股东会中心主义的。

第二节　股东与股东大会

一、股东权益的概念

从法律的角度来讲，权益是指当事人依法享有的权利和利益，表示当事人由于付出某种代价，可对关系自身利益的行为施加影响，并且依法从该项行为的结果中取得利益。股东是指依法持有公司股份的人，股东按其所持有股份的种类和数量享有权利、承担义务。持有同一种类股份的股东，享有同等权利，承担同种义务。《公司法》规定，公司股东按投入公司的资本额享有所有者的资产收益、重大决策和选择管理者等权利。公司则享有由股东投资形成的全部法人财产权，依法享有民事权利，承担民事责任，依法自主经营、自负盈亏。这样，股东权益就是股东基于其对公司投资的那部分财产而享有的权益。

股东权益的存在要以向公司提供资产为基础。股东一旦将自己的资产投入公司，这部分资产就与公司原有的资本融为一体，共同形成公司的法人资本，由公司占有和使用。也就是说，投资者将资产投入公司之后，他就成了公司的股东，随之也就不再拥有原来意义上的财产所有权，而代之以不能将资本撤回的投资者所有权——股东权益。某些人之所以被称为权益持有人，是因为他们向公司提供了资产，于是就在公司里有利益可以分享，有权力可以施加。股东权益的性质由法律和公司章程规定，不受股东投入公司资产的形态和用途的影响。

二、股东权益的种类

（一）普通股股东的权益

普通股是股份公司发行的无特别权利的股份，也是最基本的、最标准的股份。一般情况下，股份公司只发行一种普通股，所有的普通股股东都享有同样的权利和义务。普通股股票的票面价值是股票票面表明的金额，其大小通常由公司章程规定。票面价值的主要作用是确定每股股票占公司股本总额的比例。我国法律规定，股票必须有票面金额，不允许公司发行无面额股票。

普通股股东享有的权益可以概述为以下四个方面。

1. 剩余收益请求权和剩余财产清偿权

在公司持续经营的条件下，作为公司的投资者，普通股股东有权按照其出资比例从公司获得投资收益。但是他们的收益请求权只有在所有其他生产要素提供者（包括公司的供应商、债权人、员工、经营者等）的收益请求权，以及国家的税收要求得到满足之后才能实现，即他们的投资收益是公司经营收益这块大蛋糕被所有其他利益相关者分割完毕后剩余的部分，故称为剩余收益请求权。

在公司因故解散清算的条件下，普通股股东有权按照其出资比例分得公司的剩余财产。同样，这种清偿权也要在所有其他有关人员的清偿要求得到满足之后才能实现，故称为剩余财产清偿权。

正是由于普通股股东的剩余收益请求权和剩余财产清偿权的特征加大了投资的风险，普通股股东必然要求较高的报酬率，所以，普通股的资本成本一般是最高的。

2. 监督决策权

由于普通股股东享有公司剩余收益请求权，其投资收益的高低完全取决于公司经营业绩的好坏，是公司经营风险的主要承担者，因此他们必然要拥有对公司重大经济行为的监督权和决策参与权。这种监督权和决策参与权是多方面的，包括对选举公司董事、公司利润分配、公司合并分立等重大事项依其持有的股份行使表决权，是普通股股东"用手投票"的途径和体现。

3. 优先认股权

这方面的权益主要体现为在公司增发新股时，普通股股东有权按其持股比例优先认购一定比例的新股。普通股股东的这种优先认股权，主要是为了在公司扩股时使他们有机会保持自己对公司的控股比例不受侵害，即不稀释控制权。当然，普通股股东可以根据自己的意愿转让甚至放弃这一权益。

4. 股票转让权

公司的股东有权按照自己的意愿随时转让手中的公司股票。其中，上市公司的普通股股东可以在证券交易所进行转让，而非上市公司的股东只能在场外交易市场上转让手中的股票。转让股票是普通股股东"用脚投票"的途径和体现。

（二）优先股股东的权益

我国绝大多数公司发行的都是不可赎回的、记名的、有面值的普通股，只有少数公司按照当时规定发行了一些优先股。中国政府网在 2013 年 11 月 30 日发布《国务院关于开展优先股试点的指导意见》（以下简称《指导意见》）。《指导意见》指出，为贯彻落

实党的十八大、十八届三中全会精神，深化金融体制改革，支持实体经济发展，依照公司法、证券法相关规定，国务院决定开展优先股试点。同一天，负责优先股制度设计和落实的中国证监会也在下午紧急召开的新闻发布会上明确了优先股落地的时间表。证监会新闻发言人邓舸表示，证监会将按照《指导意见》制定优先股试点管理的部门规章，并于近期向社会公开征求意见，进一步完善后正式发布实施。证券交易所、全国股份转让系统公司等市场自律组织也将制定或修订有关配套业务规则，确保优先股试点工作稳妥推进。优先股这种融资工具在我国证券市场上还有很大的发展空间。

优先股是不同于普通股的一种股票类型。优先股制度是有关优先股的一系列规范安排。优先股的根本特征在于优先股股东在公司收益分配和财产清算方面比普通股股东享有优先权。与这种优先权相伴随的是，优先股股东一般不享有股东大会投票权。

从公司资本结构上看，优先股属于公司的权益资本，是介于公司债和普通股之间的一种筹资工具。一方面，优先股股东对公司的投资在公司成立后不得抽回，其投资收益从公司的税后利润中提取，在公司清算时，其公司财产的要求权也排在公司债权人之后，这些都表现出优先股的股票性质。

另一方面，与普通股相比，优先股股东在利润分配和财产清算方面又优于普通股股东。在利润分配方面，公司只有在支付了优先股股利之后才能向普通股股东支付股利。当公司因故解散清算时，在偿清全部债务和清算费用之后，优先股股东按照股票面值先于普通股股东分配公司的剩余财产。这些优于普通股的权益使优先股又具有一定的公司债的性质。

优先股股东的权益主要包括以下三个方面。

1. 利润分配权

优先股股东在利润分配上有优于普通股股东的权利。在利润分配方面，公司要在支付了优先股股利之后才能向普通股股东支付股利。其中，优先股股利通常是按照面值的固定比例支付的，无特殊情况，不随公司的经营业绩的波动而波动。一些国家的股份公司章程规定，在公司未发放优先股股利之前，不得发放普通股股利。有时，为了保护优先股股东的权利，公司还规定某些特殊情况下不得发放普通股股利。例如，有些公司规定，当流动比率低于某一临界水平时，不得发放普通股股利，以使公司保留较多的经营资金。

2. 剩余财产清偿权

当公司因经营不善而破产时，在偿还全部债务和清理费用之后，如有剩余财产，优先股股东有权按票面价值优先于普通股股东得到清偿。

3. 管理权

优先股股东的管理权是有严格限制的。通常，在公司的股东大会上，优先股股东没有表决权。但是，当公司研究与优先股有关的问题时有权参加表决。当然，有表决权的优先股股东有权参与公司的管理，能够参加股东大会并选举董事，但是这种优先股在实践中并不多见。

三、股东大会的基本形式及其运作机制

股东大会的基本形式和运作机制在公司间存在着一定的差别，但是从总体上看却存在着很多共性。另外也要看到，《公司法》作为一部约束企业运行机制的根本大法，其包含着各个企业都必须遵守的基本规则，因而，不论公司的组织形式表现有何区别，其股东大会的形式和运作机制都存在很多共性。

根据《公司法》规定，公司实行权责明确、管理科学、激励和约束相结合的内部管理体制。公司设立由股东组成的股东会（股东大会），股东大会是公司的权力机构，行使决定公司重大问题的权力，决定公司关于合并、分立、解散、年度决算、利润分配、董事会成员等重大事项。股东大会按照股东持有的股份进行表决。公司设立的董事会，是公司的决策机构。

股东大会是权力机构，因此，如果法律没有保护小股东的特别

条款，拥有绝对控制权的大股东就可以在任何时候、任何条件下绝对地控制公司。即在大股东的绝对控制之下，董事会与股东大会的效果是完全等价的，董事会完全按照大股东的意愿履行决策职能，小股东通常只能听从，股东大会自然成为大股东履行法定手续的"橡皮图章"。因此，在股权集中的公司，大股东通过董事会直接对公司进行监管，股东大会只是其可以利用的法律工具。在资本市场不完善的状况下，为了保护小股东的利益，并维护市场的健康成长，国家需要借助于法律的手段。在小股东无法通过股东大会表达意愿的情况下，市场的有效性也就无法维护小股东的利益，当小股东利益受到大股东侵害时，小股东可以借助法律维护其合法权益。因此，在不健全的法律制度下（包括立法和司法制度），对于小股东而言，股东大会没有经济上的实际意义，而只有法律手续上的意义。

定期召开的普通股东大会与不定期召开的非常股东会议有所区别。定期召开且通常每年举行一次的股东会议称为普通股东会议，也称为股东年会。非定期的、因临时急需而召开的股东会议称为非常股东会议，或称特殊股东会议。对公开招股的股份公司而言，还存在第三种类型的股东会议，称为法定股东会议或法定会议。法定会议是指当一个初建公司邀请公众认购股份时，所举行的第一次会议，该会议必须在公司开业后一至三个月内召开。在上述三种类型的股东会议中，法定会议通常比较少见，原因是：对非公开招股的公司来说，没有举行法定会议的必要；即便对公开招股的股份公司来说，在公司的寿命期内此类会议只举行一次；再者，公开招股的股份公司大多由非公开公司转化而来，此类会议通常可以免除。所以，股东会议的形式主要有两种——普通股东会议和非常股东会议。

（一）普通股东会议

普通股东会议每一个日历年度举行一次，正因为如此，该会又被称为股东年会。股东年会的间隔期虽然以一个日历年度为单位，但也有一定的弹性，通常不得超过 15 个月。

股东年会所要议定的议题，一要取决于章程中所规定的股东会议的权限，二要取决于股东会议应履行的这些权限在多大程度上是以一个日历年度为单位周而复始地循环发生。股东年会所要议定的议题主要有：公司的年度财务预算、决算；公布股息；听取和审议董事、监事的年度报告；重新任命监事，讨论决定监事的年薪；补充或罢免董事等。

股东年会是股东会议或股东行使权力的具体空间形式。只有在这个场合股东才有机会与董事见面，听取董事的报告，向董事咨询他们所关心的问题，请董事介绍公司当前的运营态势及发展远景规划等。每过一段时期就有一些董事离任退休而需要增补，也有一些董事因为履职不得力而遭罢免，股东年会是股东通过重新选举董事以控制董事会，进而真正实现对公司实施终极控制的具体所在。只有在这个场合才能真正体现出股东会议是公司的最高权力机构。此外，股东年会也为股东对公司发展提出建议提供了一个良好的机会。当然，股东的妙计良策也可以通过非常股东会议的形式来表达，但是，中小股东受股权数量的限制，其召开非常股东会议的请求往往难以实现。股东年会是一种法定会议，不管董事和管理者是否愿意都必须如期召开，因而对股东尤其是中小股东来说，显得越发有价值和值得珍视。

应当指出的是，股东年会议定的议题并非仅仅局限于以上陈述的几方面。股东年会是股东会议的一种表现形式，任何在股东会议上可以讨论的问题都可以在股东年会上讨论；非常股东会议也是股东会议的一种表现形式，所以，任何可以在非常股东会议上讨论的问题也都可以在股东年会上议定。

（二）非常股东会议

非常股东会议指除普通股东会议以外的、非定期或因临时急需而召开的股东会议。按这一定义要求，公开招股股份公司所举行的法定会议也视为非常股东会议。按历史顺序划分，召开非常股东会议的条件大致分为以下四种情况。

第一种，也是公司史上最早的非常股东会议，大多由董事视公司的具体经营状况决定是否召开。这种做法有很多弊端：非常股东会议是股东会议的一种表现形式，股东会议是公司的最高权力机构，但最高权力机构召开会议与否却要由董事来决定，这显然颠倒了权力配置关系；股东会议是一个对董事会具有约束力的公司机构，其会议召开与否若由董事决定，则股东会议对董事会的约束作用便无从发挥；在多数情况下董事都不愿意召开非常股东会议，由董事决定召开非常股东会议会使董事逃避约束合法化；董事乐于召开非常股东会议之日，往往正是他们极力摆脱经营责任之时。

第二种，由某些股东倡议召开非常股东会议，且附议的有表决权的股本一经超过某一比例，则董事会必须通知全体股东召开此类会议。附议股本的比例没有一定之规，譬如在英国，附议股本的最低比例为1/10。当附议股本超过法定比例而董事会未能召集非常股东会议时，如果附议股本的比例较高，则倡议者可以自行召开此类会议。会议的费用或由公司支付，或从渎职董事的工资中扣除。这种做法的弊端是，如果股本或股东比较分散，倡议者要想召集到足够多的附议者以使股本达到法定比例以上，就会是一件艰难而且召集成本很高的事情。所以，常常使股东意欲召开非常股东会议的愿望落空（中国的《公司法》规定由监事会决定是否召开非常股东会议，可以克服这一弊端）。召开非常股东会议的倡议书上应当清楚地陈述召开会议的目的；会议通知书上应当明确地列举拟讨论和表决的议题，除非章程另有规定，未列入会议通知书上的议题不得在非常股东会议上进行讨论和表决。

第三种，由法院主持召开或介入的非常股东会议。法院主要在两种情况下介入公司的非常股东会议：一是董事渎职未能按期举行普通股东会议；二是莅会的股东人数低于法定人数。凡是称得上会议者，与会的人至少有两人。但有些私人公司却可能只有一个股东；也有些公司由一个绝对控股的大股东和一些持股量微不足道的

小股东所组成，大股东唯恐小股东届时全部缺席，以致与会者达不到法定人数，产生的决议难以具备法律效力。

第四种，当公开招股股份公司的净资产等于或低于公司全部股本金的一半时，董事应当在知情后的一个月内召开非常股东会议，讨论和议定应采取的紧急措施。

（三）股东会议的表决制度

股东会议的决议是通过一定的表决制度形成的，所以，某种决议能否获得通过以及通过的决议是否科学、正确，关键取决于股东会议表决制度的选择与安排。股东会议的表决制度通常有以下三种。

第一种是举手表决。股东会议议案的表决在多数情况下是采用一人一票的举手表决制，获多数票的议案得以通过。举手表决制又称按人头表决，与股权的占有状态没有联系，就是说不论股本的持有量是多少，一律一人一票。采用这一表决制度，委托投票的受托人不论其受托的票数有多少，也只能投一票。举手表决制将股权的多少与议案的表决割裂开来，弱化了大股东的表决权限，加之受从众心理的影响，其表决结果一方面有悖于公平、公正、公开的投票原则，另一方面也未必能够准确地反映广大股东们的真正意向。举手表决制的优点是操作简便、节省时间，所以只适用于那些无关宏旨的象征性表决，或比较琐碎、不大容易引起争议的议案。但是，有些议案看似简单，在付诸表决时却极易引起争议。有争议的举手表决议案经某些股东提议后，可以通过投票表决方式重新审议。如果董事会所提议案被举手表决制否决，董事会成员或会议执行主席可以要求以投票表决方式重新议定。采用举手表决制值得注意的一个倾向是，在多数情况下，对某项议案持反对意见的股东往往容易亲身莅会，因而采用举手表决制议案被否决的可能性不可低估。所以，随举手表决制而来的另一个很重要的问题，就是如何确定以投票表决方式复议业已被举手表决通过或否决的议案。

一般说来，会议执行主席所提出的复议要求是具备法律效力的。这主要是突出董事会在股东会议决策过程中的作用，使董事能有更多的机会按自己的意愿以投票表决的方式，充分行使投票表决权。一般股东提出的复议要求，一方面要求复议的人数（仅限于有表决权的股东）不能太少，另一方面要求复议的股东股本比例不能太低。这样做一方面是为了保护少数持不同意见股东的投资权益，使他们有机会充分行使投票表决权；另一方面也会遏制大股东的控股位势。为简化起见，举例来说，假设某公司只有 5 个股东，采用举手表决制表决时，4 个持股量仅为 1 股的股东纷纷举手附议，唯有持股量为 96 股的、绝对控股的大股东持反对意见，这样，尽管大股东持不同意见并提出以投票表决重新复议的要求，但是，他的复议要求（因为附议股东只有一人）是无效的，而举手通过的决议仍然是有效的。但是，应当再强调一遍，会议执行主席所提出的复议要求往往是有效的。

复议要求生效后会会议执行主席决定在何时、何地再进行投票表决。在某些情况下投票复议是当即进行，但投票结果的统计和验证要占用一些时间，因而会期会略有延长；在有些情况下，会议执行主席也可以宣布投票表决向后顺延进行；在多数情况下是投票表决如期进行，但投票结果却在休会后的某一日公布于众。

第二种是投票表决。投票表决可细分为两种，一种是法定表决制度，另一种是累加表决制度。法定表决制度是指当股东行使投票表决权力时，必须将与持股数目相对应的表决票数等额地投向他所同意或否决的议案。譬如某股东的持股量为 100 股，表决的议题是选举五个董事。法定表决制度规定，一股股票享有一票表决权，有效表决票数等于持股数目与法定董事人选的乘积，这样，该股东的有效表决票数就等于 500（100×5），该股东必须将有效表决总票数分成五份等额地投向他所选定的每一个董事，即他所选定的每一个董事都从他那里获得 100 张选票。这种表决制度对控股的大股东绝对有利。头号股东的持股比例一旦达到 50% 以上，便可绝对操纵董事人选，绝对控制某项议案的通过和否决权，其他股东不论其持股比例高低都只能任由头号股东摆布。

当然，在股本分散的条件下，持股比例低于 50% 的第一大股东也可形成控股位势。正是因为这一点，有人提出，我国在构造现代股份公司过程中可适当降低国有资产构成比重。这虽然在实践中具有一定的可行性，而且在我国目前的股份公司改造中也不乏可操作的实例，但是在理论上将立足点建立在法定表决制度基础之上，却会产生许多问题。第一，国有资产构成比重反映的是所有制性质，而控股位势反映的是参与管理的程度。二者不能混为一谈。第二，随股权易手，各产权主体的持股比例必将发生变化，持股价位势如水上浮萍。当然，解决这一问题也可采取限制持股比例或交易的措施，但随之而来的问题是，股票市场竞争不充分，股价扭曲，以致影响证券市场的正常运作。第三，法定表决制度对大股东有利，对中小股东不利，因而以此为立足点试图降低国有资产构成比重只会强化国家对股份公司的控制作用，越发难以实现"政企分离"和"两权分离"。

累加表决制度与法定表决制度既有相同之处，也有不同之处。相同之处在于，二者都规定：一股股票享有一票表决权，有效表决总票数等于持股数目与法定董事人选的乘积。不同之处在于，在累加表决制度中，股东可以将有效表决总票数以任何组合方式投向他所同意或否决的议案。仍以在法定表决制度中选举董事的数据为例，在累加表决制度中，该股东的有效表决总票数也是 500，但他可以用任何组合方式将有效表决总票数投向他所选定的董事，譬如将 500 票一并投在一个董事的名下，以 400 票和 100 票的组合方式投在两个董事的名下，以 300、50、50、50、50 票的组合方式投在五个董事的名下，等等。与法定表决制度相比，累加表决制度既可以充分调动中小股东行使投票表决权的积极性，并在董事会中谋得一个或几个董事席位，借以提高自己在公司决策过程中的参与和影响力，提高公司决策民主化的程度，同时也可以降低大股东的控股位势，弱化其在股东会议决策过程中的控制和干预作用。

在欧洲，法定表决制度占主导地位。在北美，法定表决制度和累加表决制度并存，但大公司多半采取累加表决制度，累加表决制度呈渐次流行的趋势；有些股票交易所甚至规定，采用法定表决制度公司的股票不得公开上市交易。我国股份公司的股东会议应采用累加表决制度，因为：一方面，累加表决制度确有许多长处，代表着股东会议表决制度未来的发展方向；另一方面，在我国的股份公司中个人股所占比重低，股本比较分散，而国有股持股比例高，呈绝对控股的位势。

第三种是代理投票制。代理投票制是现代股份公司会议表决的一个重要组成部分。按常规，参加会议或投票表决必须由股东本人亲自完成，但是，由股东委托代理人代为投票，长期以来在全世界范围内一直是各公司所认定和遵从的投票表决习惯。早期的代理投票大多是股东间相互委托，而且许多公司的章程中都规定，这种委托只能发生在本公司的股东间，就是说代理人也必须是本公司的股东。股东间的相互委托有两个局限性：第一，早期的公司股本比较集中，股东人数少，加之股本的分布带有明显的地域色彩，所以就活动空间范围而言并不存在相互间的委托障碍。但是，随着生产集中程度的不断提高，公司的规模越来越大，股本越来越分散，股东也越来越多，股东间的相互委托已经越来越困难。第二，当大多数股东对会议议案持赞同态度时，少数持反对意见的股东很难找到"志同道合"的代理人。所以，股东间的相互委托不再符合时代的要求，而董事会却逐渐成为不愿莅会的股东们行使投票表决权的委托代理人。股东委托董事会行使表决权的凭证是委托书。委托书通常由董事会连同会议通知书一并寄出，上面附有回复的地址并加盖邮资已付的邮戳，其费用由公司支付。西欧国家召开股东会议的日期刚性较强，委托书必须于会议召开之前寄回，以便确认委托书的有效性。而在美国，召开股东会议的日期具有一定的弹性，在很多情形下董事会为了获得足够多的委托支持票，常常将股东会议拖延几日召开。

代理投票制貌似民主、公允，但在实际操作过程中，一方面存在着许多欺诈现象，另一方面也会强化董事会的独裁作用。有鉴

于此，英国许多股票交易所规定，上市公司寄发的委托书必须采取双向选择制。所谓双向选择制是指股东既可以委托董事会对某项议案投赞成票，也可以对该项议案投反对票；而不是像最初的代理投票制那样实行"单向选择"，即只有当股东们附议董事会的提议时才委托董事会行使投票表决权。双向选择制限制了董事会在股东会议决议形成过程中的控制作用，使股东会议的终极控制权限有所加强，对于调动中小股东积极行使投票表决权具有重要作用。

但是，双向选择制对于削弱董事会的控制局势只能起到一部分作用。原因是会议通知、会议说明等准备文件均出自董事之手，他们处于"先发制人"的有利地位。尽管委托书采用双向选择制，但股东是在看了会议准备文件，即接受了董事的影响甚至是蛊惑以后，才确定选择意向和填写委托书的，因而，往往是附议董事提议的人多，反对董事提议的人少。另外，先入为主，容易形成一种定式，持反对意见的股东即使观点正确，但由于孤掌难鸣也难成"大器"。

（四）网络股东大会

随着网络技术特别是移动网络的发展，公司为了获得股东资本等层面的支持，往往利用最新的技术召开股东大会，例如召开网络股东大会利用电子投票权技术进行投票。近年来，股东对于电子文件传输、在线授权代理投票权及在线参与股东大会的需求成倍增长，这充分说明网络股东大会与电子投票权的实施不仅可以降低股东大会的会议成本，而且可以唤醒个人投资者积极参与公司治理的热情，起到了强化股东治理的作用。

第三节　董事会结构

一、董事会的性质

1. 董事会类型

全美董事联合会咨询委员会（NACD）将公司治理的目标定义

如下：公司治理要确保公司的长期战略目标和计划被确立，为实现这些目标而建立适当的管理结构（组织、系统、人员），同时要确保这些管理结构有效运作以保持公司的完整、声誉，以及为它的各个组成部分负责任。

NACD 的这个定义实际上是将公司的董事会看作治理结构的核心，是针对不同类型的董事会功能而言的。NACD 根据功能将董事会分成以下四种类型。

（1）底限董事会：仅仅为了满足法律上的程序要求而存在。

（2）形式董事会：仅具有象征性或名义上的作用，是比较典型的橡皮图章机构。

（3）监督董事会：检查计划、政策、战略的制订和执行情况，评价经理人员的业绩。

（4）决策董事会：参与公司战略目标、计划的制订，并在授权经理人员实施公司战略的时候按照自身的偏好进行干预。

从公司演化的角度看，董事会也可以分为以下四种类型。

（1）立宪董事会：强调董事会是依照一定的法律程序，在某个权力主体的批准下成立的。政府颁布的公司法对公司而言就是一部宪法，董事会遵照法律规定成立，仅具有形式上的意义。公司要么由创始人控制，要么由 CEO 控制。在规模小、技术水平低的私有公司中，这类董事会比较多。

（2）咨询董事会：随着公司规模的扩大和经营复杂程度的提高，CEO 需要更多的专业人员帮助，他需要技术专家、财务顾问、法律顾问等。通过招募这些人进入董事会，CEO 将得到他们的帮助。如果这些人是公司外部的专家，则董事会可称为"外部人控制型"；如果这些人是来自公司内部的专职人员，则为"内部人控制型"。在这个过程中，董事变得越来越高素质，越来越称职，越来越独立。当前绝大部分美国公司的董事会属于这一类型。

（3）社团董事会：随着股权分散化、公众化程度的提高，董事会内部将形成不同的利益集团，意见差别通过少数服从多数的投

票机制解决。这样的董事会需要经常召开会议，且董事们必须尽量出席会议，否则董事会可能通过不利于某一集团（或董事）的决议，决策过程往往由于会议的拖延而不得不发生中断。一些大型的公开上市公司存在这样的董事会。

（4）公共董事会：董事会成员包括政治利益集团代表，仅在公有制或混合所有制的公司中存在这种董事会。

对一个公司而言，具体董事会类型的选择受制于占统治地位的社会环境，而社会环境又是社会政治经济力量共同作用的结果。一个需要企业、创新和股份的社会将不断孕育出适当的治理机制。表 4-4 从董事会起因、授权形式、决策者和董事会的决策参与程度四个方面对四种董事会类型进行对比。

表 4–4 董事会类型

类型特征	立宪董事会	咨询董事会	社团董事会	公共董事会
董事会起因	法律	经济	社会、经济	政治
授权形式	自动	顾问	技术官僚	行政官员
决策者	CEO	CEO 或董事会	董事会	中央计划当局
决策参与程度	接受	咨询	限定	适应

资料来源：VANCE S C. The corporate director：a critical evaluation[M]. Hopwood：Dow Jones–Irwin，1968：233.

2. 董事会的职责

（1）行使监督职能。它具体包括：提名 CEO，批准 CEO 提名的其他经理人员人选，为 CEO 提供必要的工作条件，确保管理人员有能力，评价管理人员的业绩，确定管理人员的薪酬，对管理人员进行持续的审计监督，制定公司章程，设计和修订将由经理人员实施的政策目标。

（2）确保遵守法律规定。它具体包括：熟悉新的法律规定，确保公司遵守每一项相关的法律规定，以正当的手段回避不利于公司的法律规定，提名新董事，通过资本预算，授权发行新股、公司债等。

（3）保护利益相关者的利益。它具体包括：监督产品质量，致力于员工工作条件的改善，检查劳动政策和实践，提高公司在顾客之中的知名度，保持公司良好的公共形象，与政府机构、教育科研机构、民间团体保持密切联系。

（4）服务于股东的利益。它具体包括：保护股东的股权收益，促进共同资产的保值增值，反对股份稀释，保证股东在选任代表时有平等的机会，用信件、公报等形式将公司经营信息通知股东，宣布适度的分红，保证公司的生存。

3. 董事的属性

由于公司并无实际的形态，其事务必须由某些具有实际权力和权威的人代表公司进行管理，这些人被称为"董事"。值得强调的是，董事是指处于董事地位的任何人，无论其称呼是什么，在具体掌管公司业务方面，由于各董事成员在其中扮演的角色不同，个人董事往往被区分为正式董事、事实董事和影子董事等。

正式董事是指经适当的程序被选任并载于公司章程的董事。事实董事是指未经正式任命，但其公开的行为显示他像是经有效任命的董事。如某人虽未经正式任命，但他经常参加董事会议并积极参与公司决策，可以被认为是事实董事。影子董事是指一些不具有董事资格却操纵着董事会的人，通常表现为三种形式：某大股东为避免承担个人责任而拒绝成为董事，但他在幕后持续地操纵着公司董事的活动；某人因破产或其他原因丧失了成为董事的资格，但他仍然操纵着公司的董事会；持续地操纵着其子公司业务的持股公司代表。

担任公司董事的人应该具有如下属性：熟悉公司业务（作业和政策），具有比较完全的信息，对公司而言是可以得到的人才，有良好的工作动力，能够被公司接受，勇于承担责任。另外一种相似的阐述方式是有参与精神（不能仅仅是名义上的橡皮图章），谨慎（执行职责时细心、富于技巧，即在详细调查的基础上，在具备处理相关事务的能力的前提下，尽可能安全地完成工作），有能力

（与同行业同等规模公司的董事会相比，具有竞争力），忠诚（保守公司秘密），能够承担责任（因为可能面临错误的决策招致的赔偿责任），诚实廉洁（遵守公司伦理手册和社会规范）。

4. 董事会和董事的具体特征

（1）董事会议。现实中，董事糟糕的出席会议时间已经对其履行职责产生了极其不利的影响。1978 年，美国证券交易委员会（SEC）曾建议公司应将出席董事会议不足应到时间 75% 的董事姓名公开曝光，或者对不出席会议的董事减发或不发津贴。并建议，当董事任期结束重新对其提名时，应将其出席率作为重要的考虑因素。

许多董事，尤其是非执行董事，经常缺席董事会议的主要原因是：董事会议时间过长，内容大同小异，经常陷入无休止的争论；会议议程和议案常被 CEO 控制，非执行董事常常感到受到无形的羁绊，劳神费力却一无所获；董事会议次数过多，绝大多数非执行董事都是兼职，忙于其自身的专职工作而难以出席。

为了保证大多数董事能按时出席董事会议，一个适当的会议次数安排非常重要。SEC 对此建议的平均次数是 7 次 / 年，随公司规模差异应有所区分，小公司（资产总额少于 5000 万美元）一年不超过 4 次，而大公司（资产总额超过 1.5 亿美元）一年召开董事会的次数应在 8~13 次。

（2）董事的年龄。每一个公司董事会的提名委员会都要考虑两个问题：首先，一个候选人多大年龄才适合担任董事，考虑到董事的责任重大，未成年人（小于 18 周岁）担任董事是不适宜的，但对一些家族式公司而言，这一限制并不存在。另外，在美国，有的公司章程明确规定董事会中必须有 30 岁以下的年轻成员（如许多大学董事会中的学生代表）。其次，一个董事到多大年龄已经不适合担任董事，应该退休。与前一个问题相比，后一个问题更难解决。一方面，它涉及更多的既得利益问题（如长期激励计划、养老金等）；另一方面，董事的知识、经验在某种程度上是与年龄同向

增长的。在美国，通常的标准是执行董事65周岁、非执行董事72周岁应该离开董事会，但常常有例外的情况发生，麦克劳林（Robert S. Mclaughlin）在95岁高龄仍担任通用汽车公司的非执行董事。在中国，许多上市公司仍在沿用过去的干部人事制度，执行董事退休年龄在60~65周岁。对于非执行董事则并没有明确的标准，袁宝华先生以79岁高龄出任中国石化仪征化纤股份有限公司的非执行董事，季崇威、石川、张耀华等也都有七旬以上出任上市公司非执行董事的经历。

（3）董事会的规模。通常的假设是：随着公司规模的扩张，董事数量是增加的。然而，迄今为止，还没有证据表明公司董事会规模与公司的资本总额、净资产或销售量成比例增加。❶ 影响董事会规模的因素如下。

第一，行业性质。例如在美国，银行和教育机构董事会人数较多。

第二，是否发生兼并事件。当兼并刚刚发生时，一般不会大规模解雇董事，此时两个公司的董事合在一起组成董事会，董事会规模达到最大。随着一方董事渐渐控制了公司，另一方的董事将不得不离开董事会，董事会规模趋于缩小。

第三，CEO的偏好。为了减少董事会的约束，CEO采用增大或减少董事人数的办法加强对董事会的控制。

第四，外部压力。随着要求增加外部董事、少数民族董事、妇女董事的社会呼声日渐提高，董事会呈扩张之势。

第五，董事会内部机构设置。设置多个下属次级委员会的董事会要比单一执行职能的董事会规模大。因为每一个下属次级委员会要行使职能，组成人数必须达到一定数量（法律规定），因此下属次级委员会越多，职能划分越细，董事会人数就会越多。

---

❶　PAUL B. Heads begin to roll at fiat[N]. Financial times，1980-06-18（18）.

一些学者对董事会规模进行了经验研究。1935 年，全美 155 家最大公司董事会的平均人数是 13.5 人；1947 年，一项类似的关于 101 家全美大公司的调查，结果是 12.3 人；1985 年，Korn 和 Ferry 对全美 200 家最大公司的董事会规模进行了调查，结果是 13~14 人。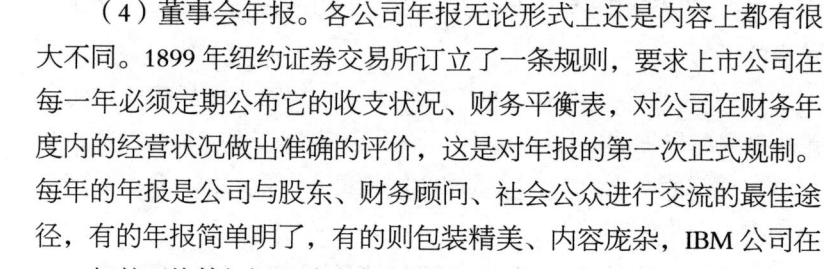据笔者对百家中国上市公司的调查，董事会的平均规模是 11 人。

（4）董事会年报。各公司年报无论形式上还是内容上都有很大不同。1899 年纽约证券交易所订立了一条规则，要求上市公司在每一年必须定期公布它的收支状况、财务平衡表，对公司在财务年度内的经营状况做出准确的评价，这是对年报的第一次正式规制。每年的年报是公司与股东、财务顾问、社会公众进行交流的最佳途径，有的年报简单明了，有的则包装精美、内容庞杂，IBM 公司在 1955 年甚至将其年报设计成杂志式样，封页上印有最新的产品介绍。

很多公司都在年报中对社会公众（股东）关注的"热点"问题进行重点介绍，如 20 世纪 70 年代的公司社会责任，80 年代的环境保护，90 年代的新技术革命。不过有些股东关注的问题并不能得到满足。例如，随着公司规模的扩大，经营范围的扩张，股东想知道到底什么业务能给他们带来较高的回报，而公司则拒绝在年报中透露这些内容，理由是可能被竞争对手抢得先机。

董事会积极参与年报的准备、合成及解释工作是其在公司治理中发挥作用的表现之一。年报是公司阐述其政策和哲学的最佳媒体，它不应仅反映 CEO 个人的观点，而应是董事会中所有成员意见的总和。

（5）公司总部位置。董事会的职责之一就是选择公司总部的位置，因为选址意味着公司将在什么样的外部社会经济环境中生

---

❶ GORDON R A. Business leadership in the large corporation[M]. Washington, D. C.: Brookings Institution Press, 1947:117–118; VANCE S C. Corporate leadership: boards, directors, and strategy[M]. New York: McGraw Hill, 1983: 33.

公司治理（修订本）

存，这些环境变量将对董事会的结构、运行产生重大影响。一般董事会不宜与公司的执行结构分开，因为按照法律，召开董事会时执行董事必须出席。这样做也有利于非执行董事便利地取得公司运行的信息。不过随着公司国际化的发展，这种原则已经有松动的迹象。

对大公司而言，总部邻近经济、金融中心是必须考虑的，因为那里的竞争最激烈，商机最多，信息最多，可获得的资源也最多。当这些中心发生转移的时候，一些大公司的总部也随之迁移。值得强调的是，虽然这种迁移在名义上是董事会做出的，但实际上却是CEO个人的决策。表4-5反映了位列《财富》杂志500家的美国大公司总部于1955—1985年在几座美国城市的变化情况，说明了金融中心的转移。

表 4-5　美国大公司总部选址变动情况

城市	1955 年	1975 年	1985 年
旧中心			
纽约	141	90	81
芝加哥	49	30	26
新中心			
休斯敦	1	11	12
达拉斯	6	6	11

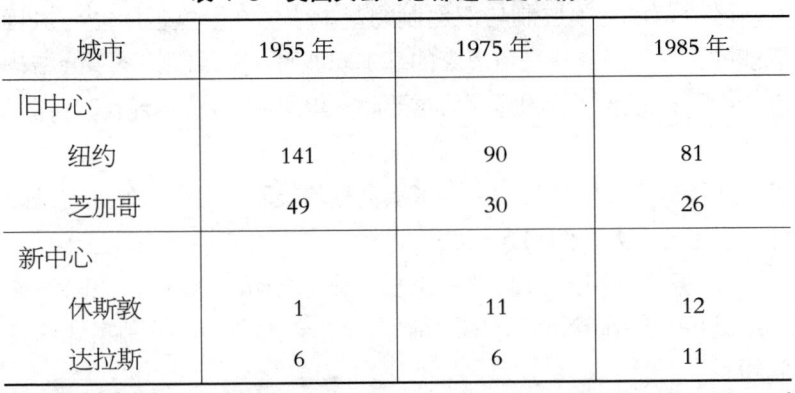

资料来源：VANCE S C. Corporate leadership：boards，directors and strategy[M]. New York：Mcgraw Hill, 1983：39.

在中国，截至 2020 年 8 月，在深沪两市上市的 4047 家公司（A 股）中，共有 323 家公司总部在上海注册，324 家在深圳注册，358 家在北京注册，三地之和占总数的 24.8%，显示了较高的集中程度。此三地为中国的金融、经济中心，公司总部位于此三地易于利用其发达的资讯、高素质的人才、先进的技术。

（6）CEO的雇用与解雇。任何一个公司的章程都会明确规定：任命CEO是公司董事会的职责。尽管提名委员会的设置对挑选CEO是有意义的，但从根本上讲，所有董事都要参与CEO的挑选过程。

与任命CEO相对应的职责是解雇不如意的CEO，解雇可能有多种原因：个人缺点、能力下降、无进取心等。雇用或解雇CEO包括许多易被忽略的细节问题，包括：用事实来支持与CEO有关的活动，将其工作职责标准化、规范化，每一个候选人都要被客观评价等。通常雇用CEO时，人们犯的错误较少，而在解雇CEO时，感情的成分更多一些。

二、董事会的单层制与双层制

1. 单层制与双层制的成因

区分董事会单层制与双层制的基本依据在于监督职能与执行职能的关系。当监督是董事会的基本职能时，双层制的董事会结构就产生了；而当执行职能更为重要时，单层制的董事会就符合这一要求。

典型的英美模式公司中，董事会是单层制，之所以如此，是因为有以下五个方面的因素。

（1）英美模式强调股东主权，股东出于对自身利益的考虑会主动关心公司管理层的权力制约，并会主动设计机制实现这种制约。

（2）英美国家的证券市场极为发达。英美国家的公司治理结构都植根于19世纪末的公共证券市场。伦敦证券交易所创立于1773年，纽约证券交易所于1792年开始挂牌，都有几百年的历史，运作相当成熟规范。证券市场的作用在于：一方面对现有管理层不满意的股东可以通过在证券市场卖出公司股票的形式间接地对执行董事和高级经理人员投"反对票"；另一方面，证券市场提供的收购兼并机制可以实现公司控制权的转移与流动，这种转移和流动将直接对低效率的执行董事"亮红牌"。

（3）英美公司法律规制框架体系没有明确区分有限责任公司与股份有限公司两种形态，在这种统一的公司法框架中，若过分强调监督职能，显然对规模较小的公司过于苛求，也没有必要。

（4）许多英美公司的股票由中小股东分散持有，由于监督成本的存在，中小股东都有"搭便车"的倾向。对此有两个解决办法，一个是由公共机构提供公共产品，如证券交易委员会可对上市公司进行规制，代替股东行使一部分监督职能，以公告的形式使公司知道"什么是不允许做的，因为这样做会损害股东的利益"。另一个是促使公司自身积极公开信息，减少股东搜集信息的成本，从而降低监督成本，增强股东参与监督的积极性。这两方面在英美国家都十分发达，强制的信息公开制度、证券交易规制、示范公司章程等都已经很成熟。

（5）英美国家较大公司的董事会都由非执行董事和执行董事共同组成，并设置多个次级委员会，非执行董事能在董事会中积极发挥作用，实现对执行董事的比较有效的监督。

真正意义上的双层制董事会以德国模式为代表，它建立在"共同决定"原则基础之上，并以监督职能为中心构建董事会。由股东代表和工会代表共同组成第一层董事会——监督董事会。它的监督是完全意义上的监督，包括制订政策目标，挑选人员执行政策目标、监督目标的执行过程，对执行结果进行评价。监督董事会提名决定第二层董事会——执行董事会的人选，并对其进行监督。之所以德国公司具有双层制的董事会，是因为有以下三个方面的因素。

（1）已有历史传统的影响。战前德国大公司就有监察员的设置，它是代表政府对大企业进行财务监督、税收稽征的机构。人们普遍认为，公司的成立必须经国家许可，必须处在国家的严密监督之下。同时，自魏玛共和国的民主制度开始，德国的社会民主主义风潮一直没有停止过，工人参与决策已经成为长期存在的实践。

（2）德国证券市场不发达，股东缺少制约执行董事和高级经理人员的有效外部武器，因此加强内部监督是必然选择。

（3）作为大股东，主银行在德国公司中具有很重要的作用，它能够对执行董事和高级经理人员实施有效的监督。

2. 监督与执行职能的关系

在德国模式的双层制董事会中，监督董事会由非执行董事组成，行使监督职能。执行董事会由执行董事组成，行使执行职能。监督董事会决定执行董事会的人选与政策目标，说明监督职能高于执行职能。

日本模式也可以理解为一种双层制，在这一模式下，董事会与监事会都对股东大会负责，二者分立，彼此没有隶属关系，说明监督职能与执行职能是平行的。关于监事会的治理内容见本章第四节监事会治理的内容。

在英美模式的单层制董事会中，董事会对股东大会负责，董事会由执行委员会和审计委员会、提名委员会等不同的次级委员会组成。从形式上看执行职能与监督职能仍是平行的，但实质上董事会整体上是一个执行机构，执行职能位于核心位置，监督职能处于相对次要的地位。

图 4-1 ~ 图 4-3 可以显示在不同类型董事会中监督与执行职能的关系。

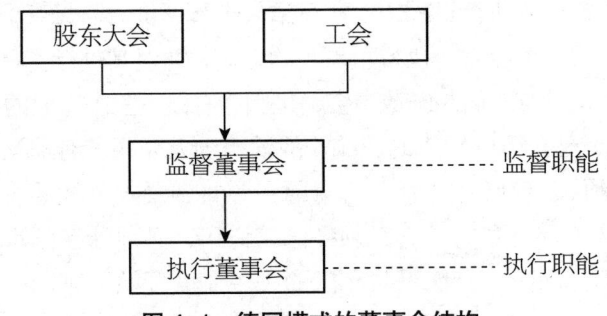

图 4-1　德国模式的董事会结构

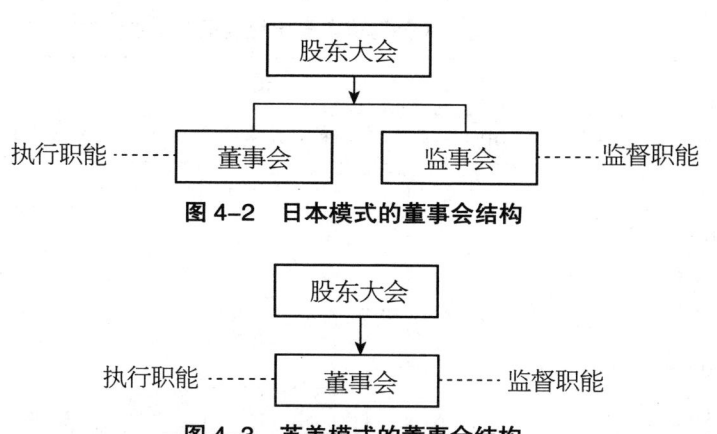

图 4-2　日本模式的董事会结构

图 4-3　英美模式的董事会结构

3. 单层制董事会中次级委员会的划分

　　单层制的董事会由细分职能的次级委员会组成。英国的公司法早就对审计委员会的设置进行了规定，美国大多数州的公司法也都对次级委员会的设置进行了规定，且详细划分了董事会对次级委员会的授权范围。次级委员会的设置依公司的规模、性质而有所差异，但在大部分英美公司中，执行委员会、审计委员会、提名委员会、报酬委员会、公共政策委员会等是经常设置的，如图 4-4、表 4-6 所示。

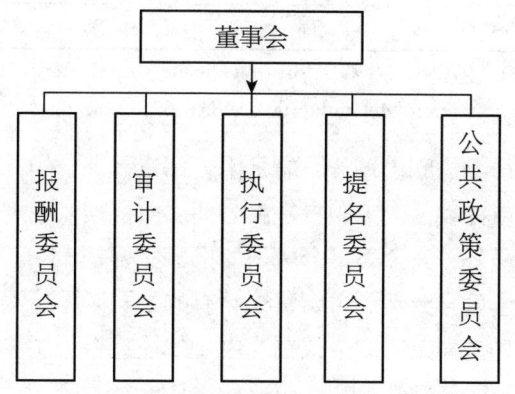

图 4-4　常见的单层制董事会结构

表 4-6　一些美国大公司董事会次级委员会设置情况

公司名称	委员会名称						
	审计	报酬	执行	财务	提名	公共政策	其他
Allied Chemical	有	有	有		有	有	有
American Airlines	有	有	有	有	有		
AT&T	有	有	有	有	有	有	
Armstrong World	有	有	有				有
Bethelehem Steel	有	有	有				
Boeing	有		有	有	有		
Champion Interm	有		有				有
Dow Jones	有		有	有			
Du Pont	有	有	有				
Eastern Air	有	有	有		有		有
Exxon	有	有	有		有		有
Mobil	有	有	有	有	有		有
Pan Am	有	有	有	有	有		有
Textron	有		有				
UAL	有	有	有				
Union Carbide	有	有	有	有	有		有

资料来源：VANCE S C. Corporate leadership：boards，directors and strategy[M]. New York：McGraw Hill，1983：62.

次级委员会的职责划分一般是由公司章程规定的，不过也有的委员会（如审计委员会）职责是由公司法律框架体系规制的。除执行委员会成员外，其余委员会成员的报酬主要是津贴。津贴内容包括聘请费、出席会议费、主席费等。有的公司以聘请费为主，如杜邦公司；有的公司以出席会议费为主，如埃克森公司。主席费则是委员会主席获得的额外补贴。1982 年美国一些大公司董事会次级委员会成员报酬构成情况如表 4-7 所示。

表 4–7　1982 年美国一些大公司董事会次级委员会成员报酬构成情况

单位：美元

公司名称	津贴名称				
	固定津贴	董事会议津贴	委员会议津贴	委员会主席费	其他
Allied Chemical	15000	500	500		
American Airlines	9 000	400	400		1250
AT&T	17000	600	600	4000（审计委员会）	
				2000（其他委员会）	
Armstrong World	7500	500	400		
Bethelehem Steel	22500	400	400		
Boeing	18000	1000	1000		
Champion Interm	22500		500		
Dow Jones	15000	300	500	2500	
Du Pont				34200~132000	
Eastern Air	9000	300	300		2500
Exxon	18000	500	500		
Mobil	18000	500	500	3000~5000	
Pan Am	10000	300	300		6000
Textron	18000		500		
UAL	10000	350	350	2500	
Union Carbide	18000	750	600	2000	

资料来源：VANCE S C. Corporate leadership：boards directors and strategy[M]. New York：McGraw Hill，1983：63.

　　在美国之外的公司，委员会中的非执行董事得到的报酬是很少的。例如，在以色列，董事的会议津贴仅为 100~200 美元/次。当

第四章　内部治理

前美国公司的董事津贴增长很快，《财富》1000 家公司的平均水平是每年 20000~30000 美元，最低限是 5000 美元聘请费加上 300 美元／次的会议费。在计算非执行董事给公司造成的支出总额时，还要加上其他相关支出，如旅行、咨询费用等，一般的计算方法是将董事津贴加倍得到总支出。

下面对次级委员会的情况做简要介绍。

（1）执行委员会。执行委员会由公司的执行董事和非董事的高级经理人员组成。公司的 CEO 就是执行委员会的主席。从性质上讲，执行委员会一直处于公司控制的核心，在董事会不召开会议期间代表董事会行使权力。执行委员会的会议召开频率远远超过其他委员会，因为执行董事是公司的专职人员，他们不得不时刻面临公司的日常决策。

（2）审计委员会。1938 年，美国证券交易委员会针对麦克森－罗宾斯（Mckesson & Robbins）公司丑闻案的调查结果，首次提出应在公司中设置独立的审计委员会的建议，但在当时并未引起足够的注意。1968 年，纽约州法庭在审理艾斯考特诉巴克利司建筑公司案（Escott v. BarChris Construction Corp. 283 F. Supp. 643）时，强调董事会应该对误导和错误性的财务信息负责任，这使审计委员会的设置问题再次引起了注意。其后，美国注册会计师协会提出，上市公司董事会应该设置全部由非执行董事组成的审计委员会。1972 年进行的一次调查显示，753 家样本公司中，45% 在董事会中设置了审计委员会；而在 1967 年的一项类似的调查结果却显示，855 家公司中，仅有 19% 在董事会中设置了审计委员会。

据调查，1970—1980 年，有 400 多家美国公司涉嫌财务犯罪，其直接的后果是 1977 年美国国会通过了"与腐败无关联法案"。1978 年，纽约证券交易所正式要求在该交易所上市的 1600 家公司必须在董事会中设置审计委员会，并规定审计委员会至少有 3 名成员，独立的非执行董事应该占多数，它的职责包括：经股东大会批准、负责提名公司的会计师和审计人员。在公司外部审计人员提供

公司治理（修订本）

审计服务之前，对其服务范围进行界定。评价管理人员对由外部和内部审计人员提出的重要控制建议的反应。在每年的财务年报和其他会议报表发表之前，对其进行审查。帮助公司董事会其他成员更好地理解公司的会计核算体系、内部控制财务报表、商业伦理政策；在公司董事、独立的注册会计师、内部审计人员、公司财务经理之间建立通畅的交流渠道。审计委员会的出现并不能降低公司内部审计人员的重要性。实际上，当前一个日益明确的趋势是：越来越多的公司内部审计人员对审计委员会，而不是经理人员负责。

当前也有许多对审计委员会的批评：

第一，缺少有能力、有经验、有专业知识的非执行董事来组成审计委员会，现实的情况是，一个有专业背景的非执行董事往往成为多家公司争夺的对象，在多家公司的审计委员会任职，难以专注于一个公司的事务。

第二，经常检查公司财务记录需要大量的时间，这使以兼职为主的非执行董事难以保证时间。

第三，由于客观的原因（或有人故意造假），导致公司财务账目出现差错，审计委员会应当担负什么样的责任？尽管 Caparo 判例❶已经对这一问题有了较明确的答复，是公司董事会而不是审计委员会对这种问题负主要责任，但现实的情况是，社会公众（股东）都要把批评矛头指向审计委员会。

第四，公司内部审计人员既对 CEO 负责，又对审计委员会负责（前者是人事隶属关系，后者是业务指导关系），违背了基本的管理原则。

第五，为什么公司财务记录的审核如此重要，以至于要在董事会中设置专门的审计委员会？难道生产、销售、质量控制就不应该

---

❶　Caparo 判例是在英国引起很大轰动的诉讼案，几个股东指控审计人员提供了不准确的信息，他们根据这些信息进行投资遭受了损失，不过法院最终做出了有利于审计员的判决。

设置专业委员会吗？

第六，审计委员会的效率还有待验证，因为并没有有说服力的实证数据表明审计委员会的设置会对公司业绩产生显著影响。

有些学者一直主张非执行董事专职化是保证非执行董事有足够的时间忙于公司事务以及产生必要的激励的手段，关于这一点，本书将在以后的章节展开论述。

4. 报酬委员会

报酬委员会的主要职能：首先是对公司高级管理人员（主要是执行董事）的报酬提出建议，其次是制定一般管理人员的报酬，最后是管理股票期权计划。

随着有关董事报酬的争论越来越成为公众关注的焦点问题，一些有关于此的外部规制体系开始建立。在美国，1985 年 SEC 要求所有公司都要公布其五个最高管理人员的报酬，而且要分基本薪金、股票期权、股票升值收入、年金等细目列出。这在以前是不可想象的，因为最高管理人员的收入是公司最大的秘密。在英国，1992 年卡德伯利报告提出的《示范行为准则》明确提出，公司管理人员的报酬应该由独立的非执行董事组成的报酬委员会来确定。

报酬委员会确定经理人员报酬的标准有很多，公司业绩是最主要的标准。一般的做法是将公司的每股盈利率与同行业其他公司的每股盈利率进行比较，超过平均水平将获得红利，否则只能是底薪，甚至降薪。

值得注意的是，大公司因为备受公众注意，往往受到"多重"关照，规制较多，也有较成熟的报酬制定体系，所以经理人员的薪金并不是最高的。反倒是一些中小公司，所有权相对集中，可能会抛出更为诱人的经理人员激励计划。

董事人员的报酬支付形式一般有以下六种。

（1）薪水。执行董事及高级经理人员的薪水一般会载入他们的服务契约，通常以其为公司的服务年限、担任的具体职务、业绩等因素决定。薪水一般按年计算，按月支付。

（2）利润分享计划。利润分享计划是一种一次性报酬激励形式，根据公司的年度盈利水平、股东的分红、销售额等因素确定，支付期一般是一年一次。

（3）股份红利。它是利润分享计划的一种支付方式，即以送给执行董事和高级经理人员公司股票来代替现金奖励。依此方式支付报酬通常可以减少公司的现金支出。但是对公司的现有股东而言，则意味着股权的稀释，实际上是对股东的优先认股权的否定。因此通常须在公司章程中载明或经股东会批准。

（4）股票期权。这种方式是事先确定每股的认购价格（通常比市价要低）和可以认购的数量，执行董事和高级经理人员可以在一定时期内行使这种权利。当然也可以放弃该权利。自20世纪60年代以来，此种方式在美国非常流行。这一方式是基于这样一个假设：公司的经营管理有方一定会体现为公司股票价格的上涨。此项选择权的价值必将随着股票价格的上涨而提高。这样就把执行董事的利益与股东利益有机地结合在一起。而且，采取此种激励方式不仅可以减少公司的现金流出，还可以扩大公司资本。

（5）推迟报酬计划。这一计划包括养老金计划、年金计划和其他能在签约前进行约定的计划。它的思路是，把对执行董事和高级经理人员当前服务所应给的一部分报酬推迟到他们退休或若干年后支付，从而鼓励执行董事和高级经理人员长期为公司服务。这一方式对于年长的执行董事比较有吸引力。

（6）其他报酬。它包括医疗保险、意外事故和健康保险等。

5. 提名委员会

1980年，美国证券交易监督委员会在一份委托声明书中指出，在纽约证券交易所上市的公司中，100% 有审计委员会，80% 有报酬委员会，50% 有提名委员会。这说明提名委员会的实践要晚于前两者。

按照法律，董事由股东大会选举产生。但由于股东大会召开

的次数有限，且股东非常分散，热衷于行使这一权利的股东并不太多。现实的情况是，往往是董事选董事，董事会成了一个自我永续的组织。而且提名董事的权利涉及公司控制权的争夺，CEO 非常看重，许多 CEO 利用其影响安排亲信进入董事会，以实现控制公司的目的。

就董事的具体人选而言，社会等级传统有着非常重要的影响。在英国，即使是在 20 世纪 70 年代，还有许多大公司的董事由具有贵族称号的人担任。1966 年，美国进行的一项调查表明，在《财富》500 家大公司中，董事人员的学历背景与他们获得董事职位有着很强的关联性。毕业于哈佛、耶鲁、宾夕法尼亚著名大学商学院的学生有 1/49 的机会成为大公司的董事；毕业于其他私立名校的学生有 1/456 的机会成为大公司的董事；毕业于公立名牌大学的学生有 1/818 的机会成为大公司的董事；而一般公立大学的毕业生仅有 1/18750 的机会成为大公司的董事。❶

不仅是学历、民族、种族，甚至社会习俗都影响着董事的选择。例如，在日本企业的董事会中，女性董事、外籍董事几乎没有。1990 年《日经产业新闻》的一项调查显示，在 100 家日本优秀企业的 3069 名董事中，女性仅有 2 人，一名为孤和兴业（商社）的社内董事，另一名为凸版印刷的社外董事。而外籍董事仅有 21 人，其中社内董事 6 人，社外董事 15 人。而且这些外籍董事大部分又集中在像石油公司那样和外国企业合作业务特别多的企业中。❷

提名委员会的职责是向董事会提出有能力担任董事的人选，同时也包括对现有董事会的组成、结构、成员资格进行考察，以及进行董事会的业绩评价，具体包括以下六项。

❶ VANCE S C. Higher education for the executive elite[J]. California management review，1966，8（4）：21−30.

❷ 汪志平 . 日本企业的治理结构 [J]. 经济学动态，1995（3）：71−73.

（1）对担任董事的资格条件进行说明。

（2）对董事会下属各次级委员会的组成人员提出方案。

（3）对空缺的董事职位提出候选人名单。

（4）评价董事会业绩，包括评价 CEO、评价董事个人及评价董事会全体。

（5）对执行董事与非执行董事的人选提出方案。

（6）处理股东提出的董事人选提案。

1978 年 12 月，SEC 就提名委员会的工作程序提出规范意见，它建议董事的任命应遵循下列程序：提名委员会提出人选→董事会集体通过→股东大会批准认命。

职工董事的提名一般不涉及提名委员会。全美公司中的第一个职工董事——克莱斯勒公司的道格拉斯·弗雷泽（Douglas Fraser）是由工会提名的。其后，大多数具有职工董事的美国公司都仿照了这一做法。德国公司监督董事会中的职工代表也是由工会提名的。在我国，公司中的职工董事名义上是由职代会提名的。

有些公司试图通过股东选举的形式产生董事人选，以加强股东对公司管理层的制衡。TIAA & CRFF 公司（美国的一个教师养老基金公司）曾经做过这样的尝试：在任命董事前，将某一董事职位的多个候选人的详细信息用邮件寄给股东，听取股东的意见后再进行选择。这种实践并不很成功，一是因为股东人数太多，进行选举的成本可能很高；二是股东中不同利益集团可能就董事的人选产生冲突，而协调他们之间的矛盾是十分费时费力的事情；三是若股东自己提名人选，可能存在良莠不齐的情况。例如 1978 年，美国 ICC（国际控制公司）的董事选举就发生了这样的情况，由股东提名并通过的两名董事是曾被法庭判决不宜担任董事的人。显然，如果有提名委员会进行事前的资格认定，这种事情就不会发生。

6. 公共政策委员会

1970 年美国通用汽车公司最先在董事会中设置了这样一个次

级委员会。它的职责是对政府进行院外活动，争取政府制定出有利于提高美国汽车厂商竞争力的汽车行业保护条款。其后美国电报电话公司与美孚石油公司也成立了类似的委员会。美国电报电话公司的公共政策委员会由 8 名董事组成，其中 3 名是退职的政府官员，每年开会 5~6 次，主要职责是监督公司在公共事务方面的责任，为公司管理人员提供公共政策方面的指导和建议。美孚石油公司的公共政策委员会主要是为公司管理层提供社会政治环境变动的趋势分析，对这些趋势将如何影响公司的未来运行环境做出预测，同时还谋划教育捐赠、社会公益捐款等事务。

公共政策委员会尽管产生很晚，但发展却相当迅速。1976 年，《财富》500 家大公司中仅有 48 家公司的董事会中有公共政策委员会，而到 1985 年，这一数字变为 150 家。一些著名的大公司，如通用电气、克莱斯勒、国民银行、海湾石油、道化学公司等都设立了公共政策委员会。之所以发展这么快，是因为有以下三个方面的原因。

（1）大公司跨国经营需要公共政策方面的帮助，一是本国公共政策的支持，二是对投资国公共政策的了解。

（2）政府公共政策的变化可能为大公司提供不可多得的商机，而对这一商机的把握是建立在周密的调研与详尽的准备基础之上的。

（3）政府公共政策的变化可能对宏观经济环境的运行产生影响，进而影响到企业。因此董事会需要对此变化趋势做出预测分析，以调整公司长期发展战略。

对中国企业而言，政府公共政策具有更特殊的意义。一是以前是计划经济，现在虽然是搞市场经济，但计划的作用仍被许多高层政府官员所笃信，公共政策对经济的直接调节和对经济环境的影响仍较大；二是政府运用公共政策间接调控经济的手段、方式运用得不是很灵活娴熟，不确定性较明显；三是政府是国有企业的股东，而国有企业又构成了整个国民经济的支柱，所以政府公共政策对国民经济的影响是巨大的；四是在市场经济下，企业仍需要政府在公共政策上予以扶持帮助，同进入中国市场的外国公司竞争。据笔者调查，绝大部分中国上市公司董事会中没有设立公共政策委员会，但个别的公司曾聘任退职的政府官员作为非执行董事，如仪征化纤、湖北兴化等。

第四节　监事会治理

　　最早提及监事会的是 19 世纪的德国。当时由于社会经济形势的变化，编撰一部系统的公司法被提到日程上来。基于此，在 1838年制定的《铁道公司法》基础上，德国于 1843 年以法国商法典为基础制定了《股份公司法》，其特色在于公司的设立采取许可制度和把公司的章程记载事项法定这两点，但在法律上，对于股份公司内部组织却欠缺严密的规定。同时，关于公司的业务执行机关，当时拟订了章程，规定理事会作为最高管理机构，理事会由设立者或主要股东构成，其任务是监督董事会并指导公司的重大决策方针，这可以看作德国监事会制度的雏形。然而，该法的颁布并没有解决由地方分裂所引致的对公司进行统一规制的迫切需求。为此，1846 年联邦会议基于拜恩州（Bayern，巴伐利亚州）提案，决定设立负责起草德国诸联邦的普通商法典委员会。该委员会 1857 年以来在纽伦堡多次召开会议，审核了普鲁士商法草案。最终以 1843年的普鲁士股份公司法及 1856 年的法国立法为模板，综合自身固有的经验于 1861 年制定了《德国普通商法典》（ADHGB）。该法第 225 条规定可以任意设置监事会，监事会作为股份公司的机构在法律上被承认。此后，伴随 1899 年日本《新商法典》（又称《明治商法》）、1966 年的法国《商事公司法》及 1993 年的中国《公司法》对监事会制度的导入，监事会制度逐渐被更多的国家所采用。

一、中国监事会的设置与运作

中国的监事会设置与日本较为相似，同时兼备了德国监事会中职工参与这一理念（但两国对于职工参与的权限是不同的）。2002年又借鉴英、美等发达国家的经验，在原来治理机制的基础上，将独立董事制度移植到上市公司治理结构当中来，形成了兼具监事会制度和独立董事制度的治理结构，如图4-5所示。

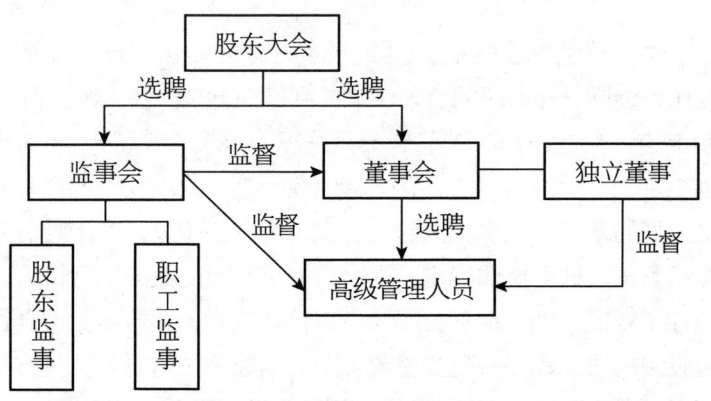

图4-5　中国的公司治理结构框架

二、监事会监督的方式与工作原则

1. 监事会监督的方式

监事会能有效地履行监督职能的前提是了解公司的情况，这就需要监事会有畅通、全面的信息渠道。监事会的监督方式可以分为日常运行监督和重大事项监督（异常运行的监督）。

（1）日常运行监督。日常运行监督是指监事会通过列席董事会、查阅董事会报送的有关材料，包括工作类材料、决策类材料、财务类材料、统计类材料等，向有关部门或人员了解情况等方式，对公司日常运作行为进行的监督。

监事会的日常运行监督是监事会工作的基础，监督内容包括公司资产运行和财务运行的全过程。也就是说，公司日常经济活动的所有内容都是监事会日常运行监督的内容。当然，监事会由于力量有限，不可能对所有环节进行监督。因此，监事会应在充分调研的基础上，有选择地对公司的一些重点环节进行监督。

公司运行的重点环节因各自行业和企业的特点而异。通常而言，监事会应在日常运行监督工作中重点对董事会的决策程序、公司预算的制定和实施、公司重大经营活动的组织和实施、公司财务会计活动的情况等进行日常监督。其中，对公司财务会计活动的监督，要求监事会能熟练掌握财务会计基本原理，能结合财务报告对公司的经营活动进行分析，能结合不同期间的会计报表分析公司会计信息情况的变动。

在日常运行监督的基础上，监事会一年召开 2~3 次监事会会议，通过会议综合各方面监督情况，并做出必要的反应，使监事会的日常运行监督工作落到实处。

（2）重大事项监督。重大事项监督一般是指对一些异常情况的监督。监事会在发现企业存在异常情况时，应及时召开监事会会议，必要时应提议召开临时股东大会。而所谓重大监督事项是指各类造成资产损失的行为，公司（包括公司高级管理人员）违法、违规和严重违纪行为等。

2. 监事会的工作原则

监事会应遵循的主要工作原则有：维护出资者权益，确保资产的安全、完整；不干预企业日常的生产经营活动；对监督中发现的问题要及时向股东会或出资方报告。维护所有者的利益是监事会的使命，是出资者委派监事会的根本目的，监事会的一切活动必须以此为出发点。

不干预企业的日常经营活动，是因为企业中的决策权、执行权和监督权三者是一个有机的组成。按照公司治理的理论，公司中的权力运作是一种不完整权力的合理配置，主要是指公司决策权、执行权和监督权的分设。企业的决策层（一般是董事会）只有决策

权而没有执行权和监督权，企业的执行层（一般是指企业的总经理班子）只有执行权而没有决策权和监督权，而企业的监事会只有监督权而没有决策权和执行权。监事会如果干预了企业的日常经营活动，必然影响到企业的决策权、执行权的正常行使，从而造成企业三种权力运作的无序。监事会进行监督一定要有正确的定位，只有做到有所为有所不为，才能保证监事会准确履行有关职责。

第五节　内部治理的激励与约束机制

公司法人治理结构为实现公司内部治理提供了相互制衡的组织机构，而公司治理问题的解决还需要通过以此为基础的内部治理机制来进行。公司治理问题的产生表明，由于代理问题的存在，合约的不完备和信息不对称所引起的不确定性，使委托人代理成本与风险之大不可能通过合约解决。如何有效地设计代理人与委托人之间的契约关系，使代理成本与风险达到最小？现代公司内部治理机制为解决公司治理问题提供了三个有效的机制：激励机制、监督机制与决策机制。通过这三种机制促使代理人——经营者努力工作，降低代理成本，避免偷懒、机会主义等道德风险行为。

一、公司内部治理的激励机制

激励机制是为解决委托人与代理人之间关系的动力问题的机制，即委托人如何通过一套激励机制促使代理人采取适当的行为，最大限度地增加委托人的效用。一个有效的激励机制能够使企业经营者与所有者的利益一致起来，使前者能够努力实现公司所有者利益即公司市场价值的最大化，而不是单纯追求公司的短期利益，其目的是吸引最佳的经营人才且最大程度地调动他们的主观能动性，防止偷懒、机会主义等道德风险发生。

法人内部治理实质上是一种委托代理合约，这一相互制衡的组织结构，着重于监督与制衡，忽视了激励合约，而公司治理中的代理成本与道德风险问题仅仅依靠监督与制衡不可能解决，关键是要设计一套有效的激励机制。激励相容性原理与信息显露性原理为设计这种激励机制提供了理论基础。

（一）道德风险与设计激励机制的必要性

科托威茨（Y. Kotwitza）关于道德风险的经典定义是：道德风险是从事经济活动的人最大程度地增进自身效用时做出不利于他人的行动的可能性。

形成道德风险的最主要原因是委托人和代理人所掌握的信息不对称。一方面，代理人的某些行为是隐蔽的，很难被委托人所察觉和提防，在委托代理契约中难以对未来事项面面俱到。代理人可能拥有独家信息，阿罗（Arrow）把这类信息优势划分为"隐蔽行动"和"隐蔽信息"。前者包括不能为他人准确观察和预测到的行动，因此，对这类行动订立合同是不可能的；后者包括代理人对事态的性质有不够全面的信息，但这些信息足以导致他们采取恰当的行动，而委托人不能完全观察到。另一方面，委托人所掌握的某些信息只根据自己占有的为限。由于委托人和代理人之间的信息不对称，有关当事人之间的风险分担会引致道德风险问题。在信息为私人所掌握的情况下，即使所有的当事人对风险持中立立场，道德风险也是不能避免的。

道德风险形成的另一个原因是委托人与代理人的合同订立和实施障碍。一方面签订详细而完备的合同所需费用高昂，而且合同订立者无法掌握充分信息，代理合同实际上难以穷尽未来事项。另一方面合同实施费用和其他限制也使道德风险不能避免。

在委托代理关系中，风险承担人是委托人，风险规避者是代理人。在公司治理结构中，代理人按照委托合同的要求从事经济活动，是公司经济活动的直接行为人。如何保证代理人的行为既在委托人的监督范围内，又防止超出合同的行为不损害委托人的利益，这就需要寻求缓解道德风险的有效办法。

在委托代理合同中，人们着重于监督合约，而忽略激励条约，

这是因为监督容易界定，而激励条约一般有一定幅度，难以掌握。在公司治理结构中，为了正确处理所有者与经营者之间的委托代理关系，以降低代理成本和道德风险，具有关键意义的是一套对代理人的激励机制。使代理人在追求自身利益最大化的同时，实现委托人利益的最大化，避免隐蔽、偷懒和机会主义等。

（二）激励相容性原理与激励机制的构造

公司的动力归根结底来自公司各利益主体在公司统一目标下实现自身利益的动机和动力。由于各利益主体存在自身利益，如果企业能将各利益主体之间合作中产生的外在性内在化，克服合作成员间的偷懒与"搭便车"的动机，就会降低每个成员的努力程度，影响经营绩效。如管理者的监督程度就会因为与被管理者的利益和动机相同而降低。那么，如何激励管理者努力从事监督与管理呢？一种有效的安排就是在管理者和被管理者之间形成利益制约关系。即把企业经营权与企业的剩余索取权集中于一人，使管理者的收益决定于被管理者的努力程度，双方产生激励相容性。被管理者的利益最大化的行为也实现了管理者的利益最大化。被管理者越努力，管理者所得剩余收入越多，监督与管理的动机也就越强，从而可以激励管理者加强对其他成员的监督。

要使公司内各要素所有者之间激励相容，财产的激励与利益的激励合理组合、相互制衡是关键。其中财产的激励是以财产增值为目标来激励其行为。这种激励表明管理者本人即是公司财产的所有者。而利益的激励，对公司内非财产所有者的其他成员来说，激励其行为是其个人利益的实现。公司经营者一般由财产所有者和非财产所有者共同组成。财产激励与利益激励相互制约，利益的激励不能脱离财产的激励，而财产的激励依赖于利益的激励来实现。

（三）设计最优公司治理内部激励机制的原理与条件

由于委托人与代理人之间的信息分布具有不对称性，所以设计激励约束机制所遇到的普遍问题是：当委托人向代理人了解他们所属类型的信息时，除非通过货币支付或者某种控制工具作为刺激和

代价，否则代理人不会如实相告。因此，获得代理人行为的信息是设计最优激励约束机制的关键环节。

促使代理人公布其私人信息，必须确立一个博弈规则。在这种博弈过程中，委托人不断修改规则，直到代理人能够接受契约的同时也达到自己期望效用的最大化。可选择的思路有两种：一种是事先计入式，即考虑到委托人对某些信息不了解，代理人将此作为私人信息加以隐蔽，在订立契约时把代理人可能扯谎的成分事先预计在双方达成的契约之内。另一种思路是委托人设计一个直接显露机制，诱使代理者将其私人信息完全公开。

依据信息显露原理，对每个引致代理人扯谎的契约，都对应着一个具有同样结果但代理人提供的信息完全属实的契约。这样不管任何机制设计把隐蔽和撒谎预计得如何充分，其效果都不会高于直接显露机制。这样，显露原理大大简化了博弈过程，把未来需要运用动态贝叶斯博弈方法来分析其均衡解的一个多阶段对称信息的博弈机制设计，运用显露原理使委托人通过与代理人之间的静态贝叶斯博弈即可获得最大的期望收益。

委托人作为机制的设计者，为使期望收益最大化，需要设计一套满足一些基本约束条件的最优激励约束机制。而最基本的约束条件通常有两个：一个约束条件是所谓刺激一致性约束。由于代理人是契约的接受者，机制所提供的刺激必须能诱使代理人是契约的接受者，机制所提供的刺激必须能诱使代理人自愿地选择根据他们所属类型而设计的契约。如果委托人设计的机制所依据的有关代理人的类型信息与实际相符，那么这个机制给代理人带来的效用应该不小于其他任何根据失真的类型信息设计的机制所提供的效用。否则代理人可能拒绝接受该契约，委托人无法实现其效用最大化。另一个约束条件是个人理性约束，即对代理人的行为提出一种理性化假设。它要求代理人做到接受这一契约比拒绝这一契约在经济上更合算，这就保证了代理人参与机制设计博弈的利益动机。如果一个配置满足了刺激一致性约束，那么这个配置就是可操作的；如果一个可操作的配置满足了个人理性约束，那么该配置就是可行的，并可能使激励约束机制处于最优状态。

二、公司内部治理的激励机制的主要内容

如果说，监督或约束常常是事后纠正，那么激励则是事先预防。激励的核心是将经理对个人效用最大化的追求转化为对公司利润最大化的追求。有效的激励机制应包括以下五个方面的内容。

（一）报酬激励机制

一般而言，对经营者的报酬激励由固定薪金、股票与股票期权、退休金计划等构成。其中，固定薪金的优点在于它是稳定可靠的收入，没有风险，起到基本的保障作用，但缺乏足够的灵活性和高强度的刺激性。奖金与其经营业绩紧密相关，有一定的风险，也有较强的激励作用，但容易引发经理人员的短期行为。股票和股票期权使经理享有一定的剩余索取权，激励作用很大，但风险也大。尤其是股票期权激励允许经营者在一定时期内，以接受期权时的价格购买股票，如果股票价格上涨，经营者收益就会增加，这种激励机制在激励经营者的长期化行为时，其激励作用很大，但风险也更大。退休金计划则有助于激励经营者的长期行为，以解除其后顾之忧。经营者的报酬结构确定的理论基础在于激励与风险分担的最优替代。最优报酬激励机制的设计与选择应根据公司情况和行业特点进行最优组合。

西方现代公司雇用高中层经理，包括总经理、事业部或子公司经理，一般采取激励性合同形式，其报酬金额可达雇员平均收入的几十、几百到几千倍，总经理的固定薪金比重较小，奖金等报酬形式同公司效益挂钩的部分比重大，其年收入甚至可达到几千万美元。为了防止各级经理只追求短期利益或局部利益，美国公司中按照长期业绩付给的激励性报酬所占比重很大，对总经理而言可达其总收入的 40% ~ 60%，其形式采取延期支付奖金、分成、购股证和增股等。

（二）剩余支配权与经营控制权激励机制

剩余支配权激励机制表现为向经营者大幅度转让剩余支配权。对剩余支配权的分配，即如何在股东和经营者之间分配事后剩余或利润影响到对经营者的激励。如果一个契约能产生最大化剩余或者能产生最大化效率，那么，这样的契约无疑是一种最优化的选择。公司得到的剩余越是接近于企业家开创性的努力，则激励效果越好。如果一个企业没有剩余权或只有很小剩余权契约，这种最大化效率一般不能产生，因为它忽视了对产生和创造剩余的直接承担者的激励。

与此同时，经营控制权也会对经营者产生激励。经营控制权使经营者具有职位特权、享受职位消费，给经营者带来正规报酬激励以外的物质利益满足。因为经营者的效用除了货币物品外，还有非货币物品。非货币物品是指那些通常不以货币进行买卖，但能与以货币买卖的物品一样可以给消费者带来效用的消费项目，如豪华的办公室、漂亮的服务员、合意的雇员、到风景胜地公务旅行等。

（三）声誉或荣誉激励机制

在公司治理中，除了物质激励外，还有精神激励。对于公司高层经营者而言，一般非常注重自己长期职业生涯的声誉。一方面，良好的职业声誉使经营者获得社会的赞誉，从而产生成就感和心理满足。声誉、荣誉及地位是激励经营者努力工作的重要因素。另一方面，声誉、荣誉及地位等意味着未来的货币收入。经营者追求货币收入最大化是一种长期的行为，现期货币收入和声誉之间有着替代关系，经理人员过去工作的良好声誉可能使他获得较高的现期或未来收入，较差的声誉则可能使他获得较低的未来收入。

（四）聘用与解雇激励机制

虽然货币支付是资本拥有者用来对经营者行为进行激励的主要手段，但并非唯一手段。资本所有者还拥有一个重要手段，就是对经营者人选的决定权。聘用和解雇对经营者行为的激励是通过经理市场竞争来实现的。资本所有者可以比较自由地对经理人选进行选择。对于已经被聘用的经理不仅面临外部经理市场的竞争，而且面临公司内部下级的竞争，这种竞争使已聘用的经理面临被解雇的潜在威胁。聘用和解雇对经理人员行为的激励作用通过经理人员自身声誉来实现。声誉是经理被聘用或解雇的重要条件。经营者对于声誉越重视，聘用和解雇作为激励手段作用就越大。

（五）实现公司内部治理激励机制的途径

公司内部治理机制的构造，旨在使经营者有强烈关心企业经营的内在动力。实现公司内部激励机制的根本途径在于，使经营者获取其经营一个企业所付出的努力与承担的风险相对应的利益，同时又使经营者承担相应的风险与约束。具体来说主要有以下四点内容。

（1）完善公司内部收入分配制度。其重点是使经营者能够在从事经营活动中获取比生产者更高的个人利益。一方面要合理拉开经营者与一般职员（如生产者）的收入差距，另一方面要使经营者与生产者利益在实现方式上分开，即采取将经营者的收益与扣除生产者工资后公司剩余收入即利润挂钩。使经营者的利益随公司利润的增加而增长，这就使经营者具有在追求公司利润的同时防止生产者工资侵蚀利润的内在动力。

（2）完善经理人员任免制度。这是对经理人员聘用与解雇激励行之有效的前提之一。对经理人员的任免制度包括经营者任期经营目标考核、连任标准考核等。只有经营者达到这一标准，经营者才可以继续承担经营管理公司的职能，与此同时获取相应的利益。由于经营者的预期是明确的，只要不想失去现有的职位，他就会努力从事经营，并注重公司的长远发展。

（3）建立经营者风险抵押制度。经营者较高的报酬激励机制的实施，必须有与之配套的约束即经营者风险抵押制度相配合，否则会出现经营者领取高额年薪，但对公司经营不善造成的重大的亏损不负责的情形，从而不能实现应有的激励效果。建立对经营者的风险抵押制度，包括缴存现金抵押、实物资产抵押、股票抵押、年薪延期支付或达不到利润目标扣付等形式。

（4）完善和加快经理市场与资本市场的建设，重视经理市场、资本市场与产品市场对经营者的约束所产生的激励效应。在这三个市场中，对经营者的激励而言最重要的是经理市场的竞争激励。经理市场的竞争使经营者努力经营以提高公司的收益。而产品市场激励表现在产品价格与质量竞争，它迫使经营者想方设法改善经营，降低成本。资本市场激励表现为股票价格的升降对经理人员的约束，如美国 20 世纪 80 年代的杠杆收购对经营者具有强大激励作用。产品市场约束和资本市场约束产生的激励作用在很大程度上要通过经理市场的直接激励作用实现。

三、公司内部治理的监督机制

监督是一种实施控制的行为方式。所谓监督机制是指公司的利益相关者针对公司经营者的经营结果、行为或决策所进行的一系列客观而及时的审核、监察与督导的行动。因而公司治理监督机制的内容包括所有者通过公司内部实施的监督，与通过市场和社会，即在公司外部进行的监督两方面的内容，前者称为公司内部治理监督机制，后者称为公司外部治理监督机制。

（一）设计公司内部治理监督机制的一般原理

公司内部权力的分立与制衡原理是设计公司内部治理监督机制的一般原理。公司权力的制衡与监督原理强调公司内部各方利益的协调与相互制约。现代公司作为所有权与控制权分离的典型企业组织形式，其最大特点就是公司财产的原始所有者远离对公司经营者的控制。为了保护所有者的利益，现代公司以法律的形式确立了一套权力分立与制衡的法人治理结构，这种权力的相互制衡实际上是权力的相互监督。

公司制企业享有独立的法人财产权，并由此产生各项权利，拥有这些权利的权力主体接受多层面的监督和制约是一种客观要求。

首先，由于所有权与控制权的分离，作为财产的最终所有者的股东不能直接从事公司经营管理。股东远离公司的直接治理而又不能不关心公司经营绩效，作为出资者表达其意志的公司权力机关，股东大会的成立旨在对公司管理层进行约束与监督，确保股东利益。

其次，由于现代公司股东众多，股东大会又不是常设机关，这使股东大会经常地直接监督和干预公司事务成为不可能，于是股东大会在保留重大方针政策决策权的同时，将其他决策权交由股东大会选举产生的董事组成的董事会行使，这样公司治理权力出现第一次分工。董事会在公司治理结构中权力庞大，对内是决策者和指挥者，对外是公司的代表和权力象征。当董事会将公司具体经营业务和行政管理交其聘任的经理人员负责时，董事会作为经营者的权力出现了分离，公司权力出现了第二次分工。董事会为了保证其决策的贯彻，必然对经理人员进行约束与监督（包括罢免经理人员），防止其行为损害和偏离公司经营方向。

最后，尽管董事会拥有任免经理层的权力，但经理层的权力一旦形成，可能会事实上控制董事会甚至任命自己为董事长或CEO。此外还可能存在董事与经理人员合谋的道德风险问题。因此，有些公司成立了出资者代表的专职监督机关——监事会，对公司董事会和经理层进行全面的、独立的和强有力的监督。

（二）公司内部治理监督机制的内容

公司内部治理的监督机制既包括股东大会和董事会对经理人员的监督和制约，又包括它们之间权力的相互制衡与监督。股东、董事会对经理人员的监督通过公司治理结构中的相互制衡关系来实现，而监事会对董事会和经理人员的监督，主要通过检查公司的业务活动来实现。

1. 股东与股东大会的监督机制

第一，股东的监督。股东对经理人员的监督有"用手投票"和"用脚投票"两种形式，即通过股东大会和股票市场这两种途径行使自己的监督权。它表现在：一是集中投票权，替换不称职的或对现有亏损承担责任的董事会成员，从而促使经理人员的更换。二是在预期收益下降时，能及时抛售股票。股东的监督具有明显的局限性，一方面随着现代股份公司的发展，股东的极端分散性使众多中小股东的个人投票微不足道，任凭大股东操纵董事会；另一方面，由于众多小股东从证券市场获取信息成本高昂，他们往往对公司经营及财务报告不够关心，"用脚投票"时往往带有很大的盲目性。

第二，股东大会的监督。股东大会是公司最高权力机构，对公司内部高层经营管理人员和重大经营活动的监督表现在：①选举和罢免董事与监事的权力。②对玩忽职守，未能尽到受托责任的董事的起诉权。③知情权和监察权。股东大会对公司董事会、经理人员的经营活动及有关的账目文件具有阅览权，以了解和监督公司经营。④通过公司监事会对经营管理者进行监督。

股东大会的监督是公司最高权力机关的监督，具有最高权威性和最大约束性。但股东大会不是常设机关，其监督权的行使往往交给专职监督机关的监事会或董事会，仅保留对结果的审查和决定权力。在通常情况下，股东的"用手投票"受到参加股东大会所耗费成本的限制，导致中小股东对参加股东大会的意愿偏弱，更愿意"用脚投票"。然而由于信息技术的进步，可以使用网络投票，甚至移动终端投票，大大激发了中小股东的参与热情。另外，相关法律也做了修正，2002年初颁布实施的《上市公司治理准则》首次在我国引入了董事选举的累积投票制，保护了中小股东的利益。

2. 董事会的监督

董事会对经理人员的监督表现在行使职责聘任和解雇经理人员，或者通过制定重大和长期战略来约束经理人员的行为。董事会对执行机构的监督是为了监督其决定是否被贯彻执行及经理人员是否称职。董事会对经理人员的监督表现为一种制衡关系。但由于董事只是股东的受托人，有些董事本身是股东，而有些董事不是股东，而且由于董事会和经理人员分享经营权，因此可能存在董事人员偷懒或与经理人员合谋损害股东利益等问题。因此，董事会对经理的监督是有限度的。

3. 监事会的监督

第一，监事会是公司内部的专职监督机构。监事会对股东大会负责，以出资人代表的身份行使监督权力，其监督具有如下特点：一是监事会具有完全独立性。监事会一经股东大会授权，就完全独立地行使监督权不受其他机构的干预。董事、经理人员不得兼任监事。二是监事个人行使监督职权具有平等性。所有监事对公司的业务和账册均有平等的无差别的监督权。

第二，监事会的基本职能是监督公司的一切经营活动，以董事会和总经理为监督对象，在监督过程中，随时要求董事会和经理人员纠正违反公司章程的越权行为。为了完成其监督职能，监事会成员必须列席董事会会议，以便了解决策情况，同时对业务活动进行全面监督。监事会向股东大会报告监督情况，为股东大会行使重大决策权提供必要的信息。

第三，监事会监督的主要形式。为了完成监督职能，监事会不仅要进行会计监督，而且要进行业务监督。不仅要有事后监督，而且要有事前和事中监督（计划、决策时的监督）。监事会对经营管理的业务监督包括：一是通知经营管理机构停止其违法行为，当董事或经理人员执行业务时，当其违反法律、公司章程，以及从事登记营业范围之外的业务时，监事有权通知他们停止其行为。二是随时调查公司的财务状况，审查账册文件，并有权要求董事会向其提供情况。三是审核董事会编制的提供给股东大会的各种报表，并把审核意见向股东大会报告。四是当监事会认为有必要时，一般是在公司出现重大问题时，提议召开股东大会。

此外，在以下特殊情况下，监事会有代表公司之权：一是当公司与董事间发生诉讼时，除法律另有规定外，由监督机构代表公司作为诉讼方处理有关法律事宜。二是当董事自己或他人与本公司有交涉时，由监事会代表公司与董事进行交涉。三是当监事调查公司业务及财务状况，审核账册报表时，代表公司委托律师、会计师或其他监督法人。

（三）公司内部监督机制实施的主要途径

公司内部监督机制是规范公司行为，维护出资者利益的一种内部治理机制，其运作和监督功能的实施必须从以下三个方面着手。

（1）发挥董事会的监督职能。公司董事会作为所有者或股东的代表不但有管理决策功能，还应拥有对公司经理人员的监督功能。董事会应对经理人员偏离公司董事会经营决策目标的行为予以纠正。监督经理人员正确行使其权力，维护公司利益，实现公司利润最大化目标。对不称职的经理予以解聘，对经理人员侵犯公司利益的行为通过法律手段予以制裁。这些监督方式的实施，对提高公司效率、强化对经理人员的约束能起积极作用。

（2）发挥监事会的监督功能。公司监事会是由股东、职工组成的公司内部自律性的机构，是公司自身监督的典型形式，是对董事和经理人员进行监督的专门机构。发挥监事会监督功能的关键是要赋予监事不受干扰的独立监察权，同时提高监事的业务水平，对不称职的监事通过股东大会予以及时罢免。

（3）充分发挥公司职工和工会的监督功能。职工是企业聘用的劳动者，是企业的利益相关者，有维护自身利益、关注公司利益、对公司经营进行监督的权力。职工监督的途径，一是推选出职工监事行使监督权，二是通过工会行使监督权。工会是代表职工的合法机构，有权代表职工与公司签订集体合同，保证职工利益。

四、公司内部治理的决策机制

就公司内部治理机制来说，设计一系列激励与监督机制的目的，就是要促使经营者努力经营、科学决策，从而实现委托人预期收益最大化。因此，公司内部治理不仅要建立有效的激励机制和监督机制，而且要建立一套科学的决策机制。

（一）设计公司内部治理决策机制的一般原理

公司内部治理决策机制关注的是决策权在公司内部利益相关者之间的分配格局。它表明什么样的决策由谁做出，它实质上由决策权力机构及其对应的决策权力内容组成。其理论基础是决策活动分工与层级制决策。

由于公司内部治理的权力系统由股东大会、董事会、监事会和经理层组成，并依此形成了相应的决策分工形式和决策权分配格局，因而公司内部治理决策机制实际上是层级制决策。

层级制决策是与公司内部决策者的职责分工与权力分立相联系的。层级制决策活动分工的产生与有限理性假设有关系。其表现在，一方面，作为层级组织中最高层的决策者的决策活动能力有限；另一方面，囿于每个决策者的决策活动能力的有限性，应将不同决策能力的决策者有效地分配于不同的用途，以达到节约使用决策活动能力这种稀缺资源的目的。

层级制决策的产生在公司治理中还应被看成权力的分立与制衡的结果。公司法人治理结构在股东大会、董事会、经理层之间形成不同的权力边界，并使每一个权力主体被赋予不同的决策权。

层级制决策有三个主要特征：①存在一个最高决策者。无论公司存在多少层次，决策权如何分解，只能有一个最高决策者。②权力边界清晰。每一决策层都应清楚其权力范围，知道有权对什么经济行为做出决策，无权对什么经济行为做出决策。权力边界清晰是层级组织决策机制运行的基础。③下级服从上级。下级决策者的行为是上级决策者行为的分解，下级决策与上级决策相冲突意味着决策机制的失败。因此下级决策必须服从上级决策。当然，下级决策者的"服从"不可能是机械的、被动的服从。贯彻上级决策时要充分发挥其主动作用。

（二）公司内部治理决策机制的主要内容

公司内部治理的决策是一种层级制决策。第一层次是股东大会的决策，是公司的最高权力机构的决策。第二层是董事会决

策，是公司常设决策机构的决策。经理人员是董事会决策的执行者。

1. 股东大会的决策

第一，股东大会决策权的基本内容。股东大会作为最高权力机构，拥有选择经营者、重大经营管理和资产收益等决策权力。股东大会选择经营者的决策权表现为选举和罢免董事和经理。重大经营管理决策权表现在：审议关于公司章程，出卖部分或全部财产的建议和财务报告，对公司合并和分立及解散等行使投票权，对公司的经营方向、投资方案等进行决策。

第二，股东大会的决策程序。股东大会行使其决策权，是通过不同种类的股东大会来实现的。公司股东大会主要分为普通年会和特别会议两类。此外，还有股东法定会议和各类别股东会议。股东普通年会是指公司一年一次必须召开的股东大会。各国公司法所规定的股东普通年会的决策权主要集中表现在以下六个方面：①决定股息分配方案。②批准公司年度报告、资产负债表、损益表及其他会计报表。③决定公司的重要人事任免。④增减公司的资本。⑤修改公司章程。⑥讨论并通过股东提出的各种决议草案。股东特别大会是指在两次年会之间不定期召开的讨论决定公司重大决策问题的股东会议。此外，还有法定会议和各类别股东会议。

第三，股东大会决策的表现方式。股东在股东大会上采取什么方式来进行表决，构成了股东对公司行使控制与决策权力的关键。股东表决的基础就是按资分配。其前提是所有投票者一律平等，每股一票。股东大会的表决方式一般有直接投票、累积投票、分类投票、偶尔投票和不按比例的投票五种。直接投票是指每股对公司的每项决议包括选举董事有一个投票权，掌握股东大会多数票的股东一般有权决定所有董事人选，而其他股东则无权决定任何一人当选董事。累积投票是指股东在决定董事人选时，每一股拥有与当选的董事总人数相等的投票权，并可以把所有这些票数集中投向其中意

人选上。分类投票是指公司发行在外的表决股为了达到其特定目的而作为独立单位进行投票的一种方式。采取这种方式通过一项决议，必须得到"双重多数"同意，即不仅要得到出席股东大会多数股票持有者的同意，而且要得到各类别股票中各自多数股权持有者的同意。偶尔投票，是指公司投票分成两个以上的条件下当发生公司章程规定的偶尔事件时，上述股票具有特定的投票权利，当公司偶发事件解决后，这类股票又回复到原有状况的一种表决方式。

2. 董事会的决策

第一，董事会的决策权。在股东大会闭会期间，董事会是公司的最高决策机构，是公司的法定代表。除股东大会拥有或授予其他机构拥有的权力以外，公司的一切权力由董事会行使或授权行使，不同国家的董事会的重大决策权有所区别，主要有：①制定公司的经营目标、重大方针和管理原则。②挑选、聘任和监督经理人员，并决定经理人员的报酬与奖惩。③提出盈利分配方案供股东大会审议。④通过、修改和撤销公司内部规章细则。⑤决定公司财务原则和资金的周转。⑥决定公司的产品和服务价格、工资、劳资关系。⑦代表公司签订各种合同。⑧决定整个公司的福利待遇。⑨召集股东大会。

第二，董事会的决策程序和方式。如果董事会的决议与股东大会的决议发生冲突，应以股东大会的决议为准。股东大会有权否决董事会决议以至于改造董事会。董事会会议分为普通会议和特殊会议。普通会议是规定定期召开的会议。特殊会议则是董事认为必要时召开的会议。参加董事会会议的人数只有符合法定人数，会议才属合法。只要由出席会议的董事法定人数中的多数通过的决议，就应视为整个董事会的决议。董事会会议的表决，采取每人一票方式，不得委托别人投票，但可以弃权，也可以不出席会议。在投票时，万一出现僵局，董事长往往有权行使裁定权，即进行决定性的投票。

（三）公司内部治理决策机制实施的主要途径

由于公司经营环境的多变和不确定性，以及公司内部各成员所持有的不同利益动机，公司决策是一个充满分歧、磋商、妥协、形成统一认识的过程。和其他决策形成一样，公司内部治理的决策也必须按照一定的程序来进行。公司内部治理决策程序一般可以分为决策准备、决策方案的产生、决策方案的评论和最终决定四个相互衔接的阶段。按照程序来决策是决策有序进行的前提。建立科学的决策程序，必须采取科学的方法和手段。

1. 及时、全面、准确地收集和处理信息是形成公司内部治理科学决策的必要前提

决策的准备阶段，就是公司决策者获取信息并对信息加工处理的过程。公司信息的来源主要有：第一，公司经营业绩、盈利、亏损、资产负债等。第二，来自供应商和消费者的市场信息。第三，同行公司和相关公司的经营状况和发展战略。第四，国家经济政策、有关法律及各种信息的发布等。

信息的收集必须全面、及时与准确，这对信息的分析和处理具有直接的影响。信息分析与处理的目的，一方面是为了掌握公司经营活动中的不确定因素，为公司做出内外环境及未来发展变化的预测，另一方面是对经营者的经营业绩做出科学的评价。

2. 优化决策方案是决策科学化的关键

决策方案是决定公司重大经营事项和内部高层人事变动事项等重大决策的股东大会和董事会的构想。决策方案的形成一般可分为三个步骤：调查与预测性研究、制订方案和进行可行性分析。由于公司经营环境的不确定性、信息的不对称性，公司决策方案客观上存在着多种可能性。因此，决策者必须对决策方案予以评价和比较，以选择出最优方案。评价、比较决策方案的标准必须以公司决策根本目标为依据，即要以最大限度地利用机会与规避风险来实现公司利益的最大化。

3. 决策的民主化是形成科学决策的保障

决策程序的最后阶段是方案的决策，即决策者对可供选择的方案做最终的选择。为避免最后决策的失误，在现代公司中，有关公司经营发展的重大问题和高层经营管理人员的人事任免一般采取集体决策的形式，按照少数服从多数的原则进行决策。作为公司的最高决策机构，股东大会和董事会对公司重大问题的决定，一般都是以表决的方式做出最终决定。股东大会按照一股一票的原则，而董事会则按照一人一票原则进行表决。

第五章 外部治理

第一节 公司控制权市场

证券市场是公司外部治理的一个重要组成部分。一方面，股票价格是公司业绩和治理能力的综合体现，高管对股价的关注促使公司治理能力的提高；另一方面，通过证券市场进行控制权配置是公司外部治理的重要方式之一，它对公司技术进步、产品结构调整、竞争能力提高以及生产要素的优化组合都具有重要的意义。本节将结合现代企业理论，首先介绍股票市场对公司业绩的反映，然后研究并购与公司控制权配置，最后结合公司内外部控制机制说明公司的反并购措施。

一、证券市场在控制权配置中的作用

证券市场是证券发行和买卖的场所，它是金融市场的重要组成部分，在金融市场体系中居重要地位。证券市场是资金调节和分配的枢纽之一，它集社会上的闲散资金于市场，使资金所有者能根据有关信息和规则进行证券投资。在一个有效的证券市场，经营业绩优良的企业能够吸引较多的资金发展企业，提高企业的价值。而经营业绩较差的企业难于吸收更多的资金发展企业，企业价值随经营业绩的下降而下跌，甚至陷入被并购或破产的境地。利用证券市场进行控制权配置是公司外部治理的重要方式之一。发达的证券市场对并购活动有重要的推动作用，主要体现在以下三个方面。

（1）证券市场的价格定位职能为企业控制权配置主体的价值

评定奠定了基础。企业控制权配置成功的先决条件是双方达成合理价位。资本市场上同类上市公司的价格则是并购价位的极好参照。在非上市公司的价值评估中，也往往参照同行业、同等规模的上市公司的市场价值。准确的价位为控制权配置的顺利进行奠定了基础，使得控制方通过资本市场价格看到控制权配置的必要性和可能性，也看到应该控制何种企业。

（2）发达的资本市场造就了控制权配置主体。一个企业为取得对另一个企业的控制权，往往需要大量的资本投入。发达的资本市场则为企业获得资本提供了充分的条件。例如，企业可以通过发行股票、债券等扩大资本规模，以便具备控制另一家企业的资本实力。同时，由于资本市场的发展，使一些夕阳产业的企业、陷入经营困境的企业、面临挑战的企业，能够通过资本市场的价格变化情况看出自身的不足，使它们产生联营或变现的愿望。同时，发达的资本市场也使企业产权流动极其方便。

（3）资本市场上投资银行等中介机构的职能多样化为企业控制权配置提供了重要推动力。近年来，投资银行等中介机构在企业控制权配置中扮演着重要的角色，成为企业控制权配置业务的重要操作者。在发达的资本市场，中介机构的经营范围朝多角化方向发展，从单一的融资，到审计、评估、咨询等，业务范围在不断扩大，但基本上是围绕企业控制权配置这一主线。从控制权配置计划的确定、寻找买方与卖方、评估企业价值、谈判、投标到最后交割，基本上都是在投资银行等中介机构的主持下进行的。这种中介机构既为企业控制权配置提供了方便，省去了许多烦琐的工作，同时也保证了控制权配置的科学性和合理性。

二、股票价格与公司业绩

美国芝加哥大学教授尤金·F. 法玛（Eugene F. Fama）将市场效率划分为三种形式：弱式、半强式和强式。三种形式的划分在于假定了不同的相关信息被渗透到证券价格中。其中，弱式效率

（weak efficiency）是指证券价格反映了过去的价格和交易信息，即仅仅使用历史价格进行图表和技术分析无助于发现那些价值被低估的股票；半强式效率（semi-strong efficiency）是指证券价格不仅反映了历史价格所包含的信息，而且反映了所有其他公开的信息，即通过使用和处理这些信息进行投资决策无法找到被低估的股票；强式效率（strong efficiency）是指证券价格反映了所有信息（包括公开信息和内幕信息），即任何投资者都不可能持续发现价值被低估的股票。

有效市场理论意味着证券市场价格是合理的，股票价格反映了所有与公司价值有关的公开信息。它说明，我们可以在其他条件不变的情况下，通过测度每一决策对股价应有的影响来完成使股东财富最大化的目标。

国外许多学者对股票价格与公司业绩的关系进行了研究。法玛、费雪、詹森和罗尔（Fama、Fisher、Jensen、Roll，1969），斯高斯（Scholes，1972），玻尔和布朗（Ball、Brown，1968），布朗和肯尼莱（Brown、Kennelly，1972），本斯顿（Benston，1967）等的研究成果表明，股票价格总是很快地且以一种公正的方式对各种事项（例如公司宣布进行股票分割，宣布发放股利、认股权，以及宣布中期或年度报表）做出反应，对公司公布收益信息的研究显示，股票价格甚至在公布日前的数月已有所反应。根据玻尔和布朗（Ball、Brown，1968）等人的研究，证券市场中的股票价格波动，往往是综合了许多信息的结果。例如，研究结果显示，公司发生会计变更后，即使新采用的会计方法比原来的会计方法能产生更高的报告收益，其股票价格也不会因此而有所上涨；相反，证券市场好像已经"洞悉"公司的收益数据是采用不同的会计方法计算出来的，并不受报告数据的"蒙骗"。

可见，尽管股票市场的涨跌和股价的高低不时受到诸多主客观因素的影响，但随着投资者的日益成熟和股票市场的日益理性化，个股股价的高低最终将取决于其内在投资价值，即公司的盈利水平和风险状况。

股价作为公司业绩水平和治理能力的体现，成为投资者了解上市公司的重要信号，促使高管关注并通过各种方式提高股价。尤其对我国，自 2005 年上市公司股权分置改革后，股价（市值）成了中国资本市场的全新标杆，并由此诞生出中国资本市场独特的"市值管理"概念。2014 年 5 月国务院发布《关于进一步促进资本市场健康发展的若干意见》，明确指出鼓励上市公司建立市值管理制度。为了推进上市公司市值管理，国务院先后出台了优先股试点、员工持股试点、鼓励上市公司兼并重组、现金分红及回购股份、提高中央企业信息透明度、回购新规等政策。股权分置改革以来，国资委先后提出对国有上市公司控股股东进行考核时考虑市值指标和鼓励上市公司进行市值管理。通过市值管理，上市公司不仅可以凭借优异的经营绩效、公司战略与公司经营层面前瞻的经营布局等举措影响外部投资者的预期，实现公司价值最大化；更重要的是上市公司可以将市值管理作为企业外部治理的工具，以市值来评价公司绩效和经理层的能力，并将其作为采取积极管理措施的依据，使股东更加关注与其私人财富相关联的市值，促进公司价值的提升。

但也有研究表明，证券市场存在着反常行为，这些市场反常行为与诸如公司规模、市盈率和价格／账面价值比率等系统因素有关，也和时间有联系（一月效应和周末效应）。这些市场反常可能是市场非有效性的反映。

如上所述，大量研究表明，股票价格最终将取决于公司的盈利水平和风险状况。但是，从某一时期来看，股票价格可能会背离其内在价值而大起大落。因此，公司应进行股票价值评估，并将评估价值与公司股票的市场价值进行比较。如果股票市场价值低于所估算的价值，管理层就需要改进与市场的沟通，以便提高市场价值。如果情况相反，那么认识上的相反差距可能意味着公司是一个潜在的被收购目标，需要通过改进对资产的管理来缩小差距。

缩小认识上的相反差距，途径之一是进行内部改进，即通过利

用战略上和经营上的机会，实现其资产的潜在价值。途径之二是确定增值有无可能来自外部机会，即通过资产剥离缩小公司规模，通过并购扩大公司规模，或者同时采取以上两种措施。

1. 估计内部改进的潜在价值

估计内部改进的潜在价值，关键是找出影响公司现金流量的价值驱动因素。价值驱动因素是指影响公司价值的任何变数。价值驱动因素在三个层面上是有用的：一般层面，将营业毛利和投资资本结合起来，计算投资回报率；经营单位层面，在这一层面，客户组成等变数非常重要；基层层面，在这一层面，需要非常具体地将操作性价值驱动因素与特定决策联系在一起。

找出价值驱动因素后，企业应按照一定的管理程序推行以价值为基础的管理。首先，公司应制定使公司价值最大化的战略；其次，公司从价值驱动因素的角度，将战略转化为长期和短期绩效指标；再次，制定行动计划和预算，以确定在未来年度为实现这些指标应采取的步骤；最后，确立绩效尺度和奖励制度，根据指标来检测绩效，并鼓励职工实现其目标。

2. 估计外部改进的潜在价值

一旦一个公司已进行了所有可能的内部改进，并进行了结构调整，就应考虑外部改进的可能性。外部改进包括资产剥离和寻求并购。资产剥离泛指通过出让资产改组公司的几种方法，它可以指出售具体资产，例如房地产；也可以指出售整个经营单位。并购是兼并与收购的简称，它是通过购买其他公司的产权，使其他公司失去法人资格或改变法人实体的一种行为。有关外部改进的基本内容，我们将在本章的后面部分予以说明。

三、兼并与收购

（一）兼并与收购的含义

从狭义角度看，兼并（merger）和收购（acquisition）这两个概念是有区别的。兼并是指两个或多个企业按某种条件组成一个新的企业的产权交易行为；而收购是指一个企业以某种条件取得另一个企业的大部分产权，从而居于控制地位的交易行为。在这里，所谓"以某种条件"通常表现为现金、证券或二者的结合。可见，兼并和收购两者之间的主要区别在于，前者指一个企业与其他企业合为一体；而后者则并非合为一体，仅仅是一方对另一方居于主导地位。

（二）企业并购战略

按照西方的并购理论，企业采用的并购战略通常有以下三种。

1. 波士顿顾问团法

波士顿顾问团（The Boston Consulting Group，BCG）强调两大主要思想：一是学习曲线，二是业务组合。学习曲线认为，企业掌握的累计性生产经验越多，其生产成本相对于竞争对手就越低。企业通过并购活动，不但获得了原有企业的生产能力和各种资产，还获得了原有企业的经验。业务组合认为，同时经营多种业务，进行业务组合，就是试图将有吸引力的投资部门（明星）与产生现金的部门（现金奶牛）结合起来，并且清除那些前景暗淡的部门（瘦狗），它有助于满足现金收支平衡的需要。可见，波士顿顾问团法强调了混合并购的重要作用。混合并购往往涉及新的经营领域，在这些领域中，经验往往是一种有效的进入壁垒。通过混合并购，混合一体化的各部分可以实现经验共享和有效业务组合，形成一种强有力的竞争优势。

2. 波特法

美国著名管理学家迈克尔·波特（Micheal E. Poter）强调，企业并购活动应当以存在市场进入壁垒或市场份额稳定的行业或业务领域作为突破口。其主要的战略选择有：选择一个有吸引力的行业或选择同时经营多种产品；重点放在降低成本以扩大销售或谋求提高质量以巩固市场份额；在对产品创造的重要环节进行控制时，必须占据有利位置；强调目标企业与本企业在经营业务上的相关性，以免出现差错。

3. 适应法

适应法（Eclectic Approach to Strategy）强调战略决策的步骤和顺序，即强调决策的过程，而非任何特定的目标。它认为正是通过周而复始的圆周运动，新思想才不断得以产生和精确。这种方法认为，究竟是强调生产能力还是投资与固定资产规模，是关注技术发展还是客户需求等构成了并购战略的基本问题。在环境不确定和竞争对手的行为和反应不确定的条件下，把资源和投资机会匹配起来。适应法的一个重要思想是承认产品变化、产品的多样化和产品差异的价值。美国经济学家鲁梅尔特（Rumelt）指出："这种思想的本质是，企业的竞争地位由一组独一无二的资源和关系所确定。而且，一般性管理工作的任务是，当时间、竞争和变化侵蚀了这些资源和关系的价值时，就对它们进行调整和更新。"

上述战略分析法至少在一定程度上涉及产业多样化问题。波士顿顾问团法主张产业多样化仅应当以相关领域为限，同时大力提高核心业务的生产能力，业务扩展应当随时间推移而逐渐进行。波特法则主张通过并购活动获得新的生产能力，再将其作为新的核心业务，以促进相关生产领域和企业进一步增长。适应法则认为，企业的兼并活动应当指向成长良好、盈利前景乐观且价格低廉的业务领域，但问题的关键是，我们如何才能在一个效率市场中有效地做到这一点。

当企业以现有经营能力或组织力量为基础制定多样化战略时，必须考虑以下问题：一般管理功能是否有效？公司能否在广泛的业务领域内提供专业技术人才？公司的财务计划与控制能力是否具有广泛通用性？公司在研究、市场营销和生产等方面是否拥有特殊能力，使公司能够向更广泛的领域扩展？公司通过对上述问题的分析，可以明确自身的强项和不足。为了弥补不足，公司必须明确自身应当寻求的特殊新能力。倘若公司不具备足够的进入其他经营领域的能力，就必须启用其他替代战略。

（三）并购活动成功的保证

美国著名管理学家彼得·德鲁克在 1981 年 10 月 15 日《华尔街日报》的编辑导言中，提出了成功并购的五条法则。德鲁克认为，近年来推动并购浪潮的根本动力来自财务方面（在高通货膨胀期，兼并活动增加），同时也主张合理的并购活动应当遵循五条法则。

（1）收购必须有益于被收购公司。

（2）必须有一个促成合并的核心因素。

（3）收购方必须尊重被收购公司的业务活动。

（4）在大约一年之内，收购公司必须能够向被收购公司提供上层管理。

（5）在收购的第一年内，双方公司的管理层均应有所晋升。

美国著名财务学家 J. 弗雷德·威斯顿（J. Fred Weston）等认为，如果从字面上解释，德鲁克法则可能存在过多限制，但德鲁克法则的精髓可归纳为两点。

（1）并购双方的业务必须具有一定程度的相关性和互补性。相关性和互补性既可以是一般管理功能的相关与互补，如研究、计划与控制及财务管理；也可以是更偏重于企业专用型的经营功能的相关与互补，如生产与市场营销。因此，在满足投资机会或生产能力之后还有现金流或管理能力剩余的企业，它便可以有效地并购那些由于财务或管理资源匮乏而无法实现其行业领域中的良好成长与盈利前景的企业。

（2）必须同时向两个企业的管理层实行精心构思的激励或奖惩制度，以使并购能产生效果，减轻企业因合并后的调整过程所带来的混乱。

威斯顿同时指出，并购中存在许多事与愿违的风险。若仅从战略计划的角度看，一家企业可能是理想的并购对象，但如果收购成本过高，并购也会出现负面回报。因此，在制订战略计划时，必须进行并购活动所创造价值的分析。

（四）并购失败原因分析

美国著名的管理咨询公司麦肯锡公司（McKinsey & Company）曾对美国的企业并购进行了事后分析。分析结果表明，61%的企业并购都是失败的，只有23%的企业并购是成功的，其余的则结果难定。究其原因，主要有以下四个方面。

第一，对市场潜力的估计过于乐观。一般而言，市场经受周期性衰退后会回升，公司也会时来运转，但收购若以此假定为基础，就是一桩危险的事。同样，若假定快速增长会无限持续下去，也同样会成问题。以上两个假定是企业并购中普遍存在的问题。

第二，对协同作用估计过高。接管市场竞争日益激烈，很容易导致出价过高，这时就需要通过"经营协同作用"填补巨大的缺口。如果收购方没能做出相应的改进，就会使收购方股东的回报下降。

第三，收购出价过高。在交易进行到最激烈的阶段，收购者可能会发现，很容易把价格哄抬到合理价值评估极限之上，使许多收购者付费过多。

第四，并购后一体化不利。虽然并购对扩展公司的技术和快速占领新的市场常常是非常有效的，但是兼并与收购并非没有问题，其主要问题是难以融合两种文化、经营哲学和管理风格。并购过程中，很容易中断与客户、供应商的联系，对企业造成损害。并购后，把两个不同的组织融合在一起也是一项艰难的任务。

图 5-1 是一个成功并购计划的典型模式。这一模式起始于并购前阶段，终止于并购后一体化。

（五）企业并购中的金融创新

20世纪80年代以来，公司并购浪潮使美国公司的融资方式发生了巨大变化。其显著的特征为：大量的兼并收购特别是大的并购计划往往通过大量举债尤其是垃圾债券来融资。这种方式又称为杠杆融资并购或杠杆并购。最常见的杠杆融资并购方式有以下三种。

1. 有目标公司管理层参与的杠杆并购

有目标公司管理层参与的杠杆并购（Management Buyout，

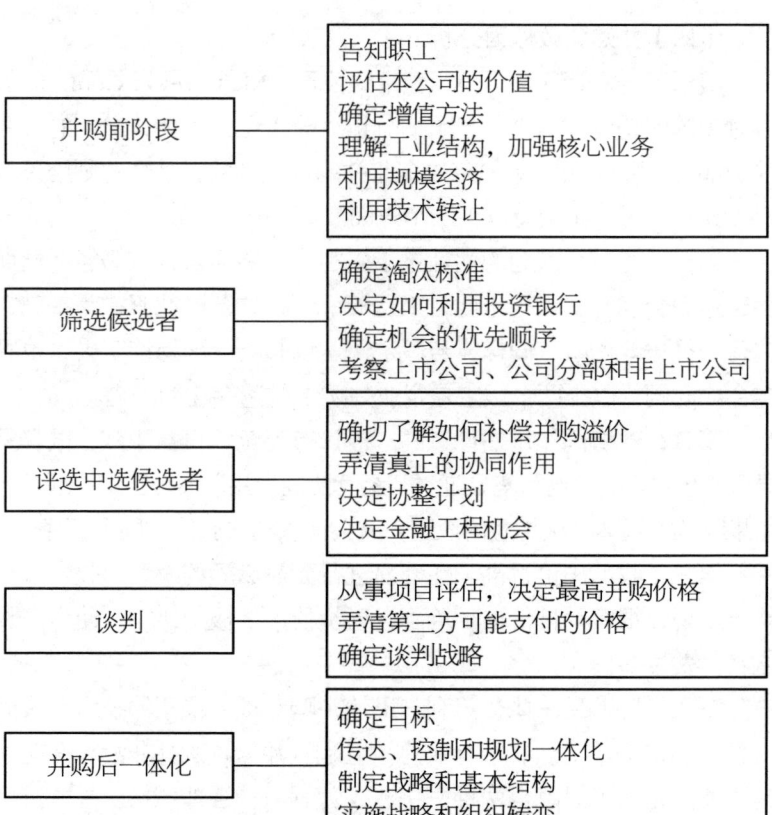

图 5-1　成功并购计划的典型模式

MBO）是指由若干投资者组成一个空壳公司，并通过大规模举债直接收购目标公司的并购行为。MBO 有以下特点：①并购方成员中包括目标公司的高层管理人员；②收购完成后，目标公司从上市公司变为非上市的私有公司；③由于收购活动是通过大量举债来完成的，新公司的债务比例远远高于一般的上市公司。

2. 无目标公司管理层参与的杠杆并购

无目标公司管理层参与的杠杆并购（Leveraged Buyout，LBO）比 MBO 更为广泛。在 LBO 方式中，不必保留目标公司原来的管理人员，也不一定将目标公司变为私有，并购完成后，并购方通常要对目标公司进行高层人事及业务重组。例如，分立或出售目标公司的某项业务，以此来收回资金，偿还收购融资时的高额债务。

3. 雇员持股计划

雇员持股计划（Employee Stock Ownership Plan，ESOP）是指目标公司的雇员通过一项特殊的信托协议借债购买本公司股票，并参与并购后的公司管理，所借债务用雇员的养老金偿还，并由目标公司做担保。在雇员退休或离开公司之前，股票一直由受托人保管。在美国，雇员持股计划有三项税收方面的好处：①雇员持股计划中所持股票的股息享受免税待遇；②雇员持股计划的债权人所获得的利息也只有一半纳税，因此，贷款利息也相应降低；③公司向雇员持股计划支付的现金或股票可以冲减公司的应税收入。

以上融资手段的特征是大量使用债务，一改以往追求目标资本结构的做法，相应使公司在并购后一直忙于降低债务比例。20世纪90年代以来，美国一些大公司因无法负担并购造成的大量债务而破产的事件使权益融资成为并购融资的新趋势。

四、公司防御与应变

（一）公司接管防御

在并购过程中，收购方的行为对目标公司可能会引起两种不同的反映：同意或反对。如果反对，将会产生并购的防御行为。防御的办法和手段是多种多样的，从所有权结构角度看，主要从以下三个方面考虑。

1. 公司投票权结构配置

在公司上市之前，公司的初始所有者有必要设计一种证券投票结构，以使未来的经营者时刻感受到来自公司控制权市场的适度压力，并确保经营者的更替在适当的时候进行。Grossman 和 Hart（1987）、Harris 和 Raviv（1989）指出：①当在职经营者或竞争者（或者双方）的个人利益不重要时，最优证券投票结构是单一种

类附带投票权的股票，即一股一票（one-share-one-vote）的投票原则是最佳的，因为一股一票会迫使想要获取公司控制权的人去取得与这控制权相称的公司股息流量份额。②如果在职经营者和竞争者都具有相当的个人利益，放弃一股一票规则就能提高公司控制权市场中的竞争强度，并能够提高公司的总价值。③把控制权配置给经营者，以允许他们享受其个人收益或鼓励他们实施关系专用性投资，也许是有效的。或者，初始所有者可以把个人收益连同投票控制权一起"售给"大投资者，以使该投资者可以在不冒被剥夺投票控制权风险的情况下实现个人利益。

2. 反接管条款

反接管条款通俗地称为驱鲨（shark repellent）策略。它是指采用修改公司章程等合法手段来防止敌意并购。在西方，反接管条款有以下四种类型。

（1）绝对多数条款。这一条款要求，包括控制权转移在内的所有重大交易活动，必须取得 2/3 甚至 90% 股东的同意。但在多数情况下，绝对多数条款有一条特别条款，该特别条款规定，董事会有权决定在何时、何种情况下绝对多数条款将生效，以保证管理层在接管谈判中的灵活性。

（2）公平价格条款。该条款规定，如果所有购买的股份都得到了公平价格，就可以放弃绝对多数条款。所谓公平价格就是在某一特定期间内标购者支付的最高价，有时还要求该价格必须超过目标公司的会计收益或账面价值所决定的水平。

（3）董事会轮换制。董事会轮换制可以在接管后推迟控制权的转移。例如，改变公司董事会选举的规则，每年只改选非常少量的董事，使公司的接管方至少两年后才能得到目标公司董事中的多数席位。

（4）授权发行优先股。公司董事会授权发行具有特别投票权的新股票，这种股票通常是优先股。在发生控制权争夺时，将优先股发行给对公司现有管理层持友好态度的其他机构，将优先股从融资手段变为一种防御敌意接管的武器。

反接管条款在美国的应用日益频繁，截至 1984 年 10 月底，标准普尔 500 家公司中已有 195 家采用了反接管条款。反接管条款对股东利益的影响是多种多样且充满矛盾的。多数的反接管条款会给股东利益带来损害。股东之所以会对那些有损于他们利益的反接管条款投赞成票，原因在于与这些条款做斗争的信息费用和交易费用要大于斗争成功所带来的收益。

3. 资本结构调整

从并购方角度看，理想的收购对象所具备的条件是：①与公司资产的重置成本或盈利能力相比，股价过低。②具有大量剩余现金、大量有价值的证券投资组合及较低的负债水平。③具有售出后不损害现金流量的附属公司或其他财产。④现有管理层持股比例较小。这些因素的组合将使公司变得更具吸引力。

为减少目标公司的吸引力，目标公司可采取以下措施进行资本结构调整：①增加负债比例，用尽借款能力，并使股票相对集中于支持管理层的股东或控股公司手中。②增加向股东支付的股利，从而减少现金余额。③在贷款合同中做出规定，被接管时要提前偿还贷款。④证券组合应具有流动性，多余现金要减少；营运中不断取得的现金应投放于能产生正净现值的项目或返还给股东。⑤多余的现金流量可用于收购其他公司，尤其是袭击者不希望要的企业。⑥对那些脱离母公司后并不影响其正常现金流的子公司，应该让其分立，或者为避免大量的现金流入，可让其独立。⑦对所有营运获利应做深入分析，以取得真实情况，盈利能力低的公司应分离出去。⑧通过重组或分立等办法，实现被低估资产的真实价值。经过上述调整，可以减少目标公司被并购的可能性。但是，这一调整会使公司在很大程度上丧失财务上的灵活性和公司承受风险的能力，也可能损害公司本身与同行业其他公司竞争的能力。

（二）公司应变

上述防御策略一般在并购成为既定事实之前运用，但并购一旦摆到桌面上，随着时间的推移，目标公司将处于更为不利的地位。并购方在调查研究并购目标、选择市场条件安排最有利的攻击时机等方面完全占有主动权，而目标公司必须在很短的时间内做出反应（例如，美国证券交易委员会对并购要约有效所规定的期限只有20天）。为赢得主动，目标公司必须及时采取应变措施。其主要的应变措施有以下四种。

1. 诉诸法律

目标企业的经营者为了阻止公开收购，经常以收购方违反各种法律、法规（如公开收购手续不完备，收购要约的公开内容不充分等）为由提出诉讼。诉诸法律是目标企业在遭到收购者突然袭击而措手不及时采取的应变措施。因为一旦提出诉讼，收购者就不能继续执行要约。而从提出诉讼到具体调查、审理，往往需要一段时间，这就给目标公司赢得了时间。

2. 定向股份回购

定向股份回购常被称作"绿色铠甲"或"绿色勒索"（greenmail）。其含义是指目标公司通过私下协商从单个股东或某些股东手里溢价购回其大部分股份。溢价回购的目的同样是要消除其他公司的敌意接管威胁。

与定向股份回购相联系的是签订停滞协议。停滞协议是一项自愿性合同，它规定股份已被回购的大股东同意在一定时期（如10年）内不再对目标公司做进一步的接管性发盘。如果停滞协议是在没有回购的情况下做出的，则大股东只是同意不再增持目标公司股票。

但也有实证研究表明，尽管绿色勒索交易本身降低了股价，但大股东最初购买股票的行为及相关的后续行为都可能给目标公司股东带来较高的回报。如果用定向回购来挫败接管企图，将给非参与股东造成更大的损失。为了保护股东的利益，美国一些公司制定了反绿色勒索章程条款。该条款要求管理层在回购公司股票之前，必须取得多数或绝大多数非参与股东的同意，以此禁止或阻止目标公司的溢价回购行为。

3. 资产重组与债务重组

目标公司采用资产重组的目的在于减少公司的吸引力，增加并购公司的并购成本。目标公司或是购进并购方不要的资产或部门，或是忍痛出售并购方看中的资产或部门，使并购方失去兴趣，达到反并购的目的。当然，经过资产重组后的企业的价值将会下降，其股票价格也往往随之下跌。

常见的资产重组策略是"皇冠上的珍珠"（crown jewels）策略。从资产价值、盈利能力、发展前景等几个方面衡量，经营最好的公司或部门被称为"皇冠上的珍珠"。这类公司或部门常常会诱发其他公司的收购企图。目标公司为了保全其他部门或公司，被迫将"皇冠上的珍珠"卖掉，以进行反并购斗争。它是目标公司通过出售有吸引力的部门与资产，从而实现资产重组，达到反并购目的的一种重要形式。

除此之外，进行债务重组的目的也是降低本公司的吸引力，增加并购方的成本。通过对债务的重新安排，使并购方在并购成功后面临巨额的债务负担。例如，目标公司可以通过发行新债券筹建资金，并购回本公司股票；将以前的债务重新安排偿还时间，使并购方在并购后立即面临还债的难题，这些都是反并购的重要手段。

4. 毒丸防御

毒丸（poison pill）策略是美国 20 世纪 80 年代出现的一种反兼并和反收购策略。毒丸防御策略要求兼并的一方必须事先吞下毒丸，方可实施兼并。毒丸策略一般是由企业发行特别权证，该权证载明当本企业发生突变事件时，权证持有人可以以非常优惠的价格将特别权证转换为普通股票，或者是企业有权以特别优惠的价格赎回特别权证。无论是哪种情况，该契约的股东都会获利，而企业本身却会受到损失，并购方企业自然失去兴趣。

毒丸防御策略增加了为兼并或控制目标公司而收购该公司股票的成本，从而增强了目标公司抵御接管标购的能力。但毒丸防御策略对公司管理层和股东将产生怎样的影响呢？对公司管理层而言，毒丸防御策略能抵御标购者的进攻，同时也能巩固管理层的地位。对于公司股东而言，其影响则是矛盾的，可能对其有利，也可能对其不利。有利在于：①毒丸防御诱使收购方与目标公司管理层进行谈判，董事会能将公司股票价格保持在一个较高的水平；②减少接管威胁，可以使经理进行更多的企业专项投资，激励经理人员为实现公司价值最大化而努力。不利在于：①毒丸巩固了管理层的地位，导致股东与经理之间的代理冲突；②对可能的标购起到了威慑作用，使股东失去了有利可图的向袭击者出售股票的基本权力，导致股价下跌。

五、公司剥离

与公司并购相对应的行为是公司剥离，即依照法律规定、行政指令或经公司自行决策，将一个公司分解为两个或两个以上的相互独立的新公司，或者是将公司的某个部门予以出售的行为。公司剥离是公司重组的一种重要方式，在实现股东价值最大化方面与并购具有同样重要的作用。

（一）公司剥离的方式

公司剥离主要有部门出售、股权分割和持股分立三种形式。

1. 部门出售

部门出售（sell-off）是指将公司的某一部分资产出售给其他企业。部门出售的主要目的或是取得一定数量的现金收入，或是调整企业的经营结构，以集中力量办好企业有能力做好的业务。美国的学术研究表明，出售资产的公司和收购与自己有关行业的公司，会造成股票价格提高，但收购与自己行业无关的公司，股票价格不会提高。实证研究表明，部门出售公布后，股东可获得少量收益（约为2%）。在决定是否将公司的某一部门出售时，应进行必要的投资分析，可以利用净现值方法或其他投资决策方法对出售该部门的收益与继续经营该部门的收益进行比较，以确定部门出售所得到的价值是否高于继续经营该部分资产预期可得到的现金净流量。

2. 股权分割

股权分割（spin-offs）又称资产分割，是将原公司分解为两个或两个以上完全独立的公司。分立后的企业各有自己独立的董事会和管理机构，原公司的股东同时成为分立后的新公司的股东。股权分割的动机与部门出售相似。但股权分割后，别的公司不会经营该分割出的单位，因此，不会出现公司重组中带有的协同效应。有可能的是，在不同的管理手段下，该经营单位作为一个独立的公司比原来经营得更好，股权分割就可能获得经济效益。但应注意的是，股权分割也是有成本的，因为股权分割必须发行新的股票，为股东服务又要花去费用；相对于一个独立的公司，有两个独立的公司又有新的代理成本。美国的实证研究表明，股权分割完成后可以使股东获得 5.02% 的非常回报。

3. 持股分立

持股分立（equity carve-outs）是在将公司的一部分分立为一个独立的新公司的同时，以新公司的名义对外发行股票，而原公司仍持有新公司的部分股票。持股分立与股权分割的不同之处在于：在股权分割时，分立后的公司相互之间完全独立，在股权上没有任何联系；而持股分立的典型情况是，持股分立后的新公司虽然也是独立的法人单位，但原公司继续拥有新公司的部分权益，原公司与新公司之间存在着持股甚至控股关系，新老公司形成一个有股权联系的企业集团。美国的实证研究表明，在持股分立公布后，公司股东可获得约为 1.8% 的增量收益。

（二）公司剥离分析

公司剥离分析始于对现有公司的市场价值进行评估，在此基础上加上从公司分立所获得的回报（经营单位作为独立的实体，分立后的市场价值与由现有母公司继续经营的市场价值之差，以及未划

拨总部成本的预期减少），减去公司分立所产生的纳税负担和失去目前公司这一保护伞提供的保护（如减税）所造成的预期损失。如差额为正，则公司分立是可行的；反之，则不可行。

美国财务学家科普兰（Copeland）指出，在分析公司分立时，必须注意以下几个相关的问题：①分立后，经营单位劳动合同的预期成本是提高、降低，还是未变？②管制因素是否有变化？如有变化，对现金流量有何影响？③税赋有何变化？④进入资本市场的成本有何变化？资本成本是否会受到影响？⑤若经营单位由另一公司拥有经营上的变化是否会导致现金流量增加？⑥公司分立是否是一项应纳税交易？如果是，能否改变其结构，以减少纳税？⑦公司分立能否导致管理上更好的刺激因素并因此增加价值？为什么？

他还指出，在每一种情况下，必须仔细考虑分立是否真的必要。还要分析如果公司继续经营该业务并对其加以改进，能否取得同样的回报。

第二节　机构投资者的战略选择

伴随着我国企业改革的逐步深化和公司治理由行政型治理向经济型治理转型，围绕规则、合规和问责进行的公司治理结构、机制建设大大提升了上市公司治理的合规性，但有效性偏低已成为制约上市公司治理改善的关键。提升治理有效性既需要上市公司和监管部门的共同努力，又需要机构投资者这一不可忽视的力量。

一、股份和股东的二重性

（一）股份的二重性
公司的股东由于持有公司的股份，因而具有相应的权利，包括议决权（主要为投票权）、要求董事承担说明责任的权利、股利分配权、新股认购权、剩余财产分配权、股份转让权等。以上权利可分为两大类：一为共益权，即与公司重大决策、管理等共同利益有关的议决权、参与公司治理权、要求董事承担说明责任的权利等；二为自益权，即与股东个人自身利益有关的股利分配权、新股认购权、剩余财产分配权、股份转让权等。

共益权一般通过股东大会行使，因为在股东大会上行使的议决权，如得到多数票的支持，就可以影响公司的重大决策，进而实现对公司的支配。自益权是与股东的个人收益密切相关的，股利的分配、股份的转让直接影响到股东的现时收益，新股认购权本身就可以转让，剩余财产分配权则是股东最后的收益权。由此，股份相对地具有支配和收益两个职能，或者以何种职能为主而称之为支配性股份与收益性股份。

作为支配性股份，其目的是通过控股等形式，实现对公司的管理、运营、市场占有等方面的支配，以及这种支配的维持和扩大。所以，这种持股不会因短期股利分配的多少或股价的波动而脱手，一般具有长期、稳定的特性，具有安定性。这里所说的股份的安定性是一个动态的、相对的范畴，主要是指公司运行中股权变动或不规则变动趋向于较小的态势，是对不安定性而言的相对稳定的状态或过程。作为收益性股份，其目的是股票的增值、股利的增分或新股的增发等带来的收益的相对增加。所以，一般来说，这种股份会随时因股价的波动、股利分配的多少、新股认购等因素而买进或卖出，因而具有短期、不稳定的特性，即具有不安定性，或者说投机性。因此，由股份的支配和收益两种职能可以导出其内在的安定性与不安定性（投机性）的二重性（见图 5-2）。

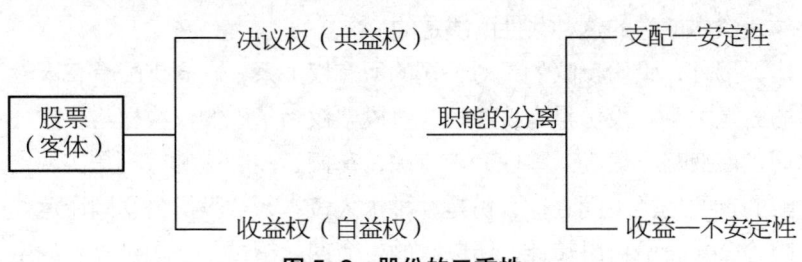

图 5-2　股份的二重性

同时必须指出，这种二重性的区分，并不是绝对的。一方面，对支配性股份与收益性股份相比总体上具有安定性的分析，并不排除个别支配股也具有短期性，或者部分收益股被长期持有的可能性。另一方面，不论是支配性股份，还是收益性股份，其内部各部分的安定性或不安定性的强弱也是不同的。从收益股的内部构造来看，一类是以股息红利和配股等收益（income gain）为主要持股目的，它的取得是一种投资行为，可称为投资股；另一类是以股价波动引起的买卖差价收益（capital gain）为主要持股目的，它的取得是一种投机行为，可称为投机股。作为投资股，一般至少要在分配股息红利前的一段时间里持有，如果要取得稳定的股息红利收益，则需要更长期持有。而作为投机股的买进或卖出，一般是在短期内决定的。当然，也不排除因与预期相反的价格波动的出现，而不得不较长期持有的特殊情况。但总的来说，投资股与投机股相比具有更强的安定性。

由于股票有着与实际资产分离的运行机制，其价格不仅仅受制于实际资产的运营情况，还往往受到公司信用、市场供求关系，甚至政治、投机等因素的影响，价格的变动也就更频繁、无规律。特别是市场上的股票交易，股价背离股票面值、实际价值成了常态。这种价格的易变性自然成为影响投资收益的一个重要因素，不仅影响投资者以收益为目的的证券交易和资产选择，而且是投机行为存在的一个重要条件。显然，对投资者或投机者来说，在这里，重要的不是股份的具体形态，而是它作为能带来收益的化身。由此可以看出，收益性是公司股权的首要的共同特点，股份的收益职能是由作为资本证券的这种共性所决定的。

另外，股份反映的是对公司的所有权关系，它同支配有着天然的血缘关系。股份具有议决权，以投票权为基础的议决权与决定公司发展战略、最高人事任命等有关，掌握、控制这种权利是实现支配的首要途径。而且，股份是一种永久资本，与股份公司同命运。因为公司股份可以转让，所以它的生命期就超过了公司创立者的生

公司治理（修订本）

命期而可以永久存在。这种长期的安定性是公司安定的保障，也是支配的基础。

（二）股东的二重性

股份的二重性是股份内在的客观职能（使用价值）。而这些职能的实现，或者说实际上以哪种职能为主来实现，则取决于股份所有者的行为倾向，主要是股东的持股动机。如果说股份的二重性已隐含了二重职能分离的可能性，那么具有不同持股目的的股东群体的存在，则使这种分离成为现实。

我们知道，最初的股东都是作为自然人的个人股东，根据持股的多少或比率通常被分为大股东和中小股东。从收益权上看，无论是大股东还是中小股东，其与持股数相应的收益权都是可以实现的，因而也是实在的；而其支配权的实现则不同。虽然通行的是"一股一票"的原则，但实际上只有大股东或股东联合持有的达到控股的股份，才能实现其支配权。而大量分散的中小股东持有股份的支配权，从其实现的意义上说并不是现实的，而只是潜在的、可能的。这从后来中小股东将以投票权为主的议决权委托给经营者或信托公司等可说明这一点。大股东通过控股，达到对公司的支配，甚至对实际资产的支配，尤其是当公司大股东既是公司的所有者，又是公司的经营者时更是如此，其持有的股份不仅是以支配为目的的证券，还是以收益为目的的证券，他们与公司共生存，因而具有较强的安定性，可以称之为安定股东。他们对股份的处理，要比其他股东考虑的因素多、周期长，具有连续持股的特征。除非极特别情况，一般不会在对公司不利的形势或条件下将股票脱手。相反中小股东只能以收益的提高为持股目的，是短期的、不安定的，可以称之为不安定股东。股东的二重性如图 5-3 所示。

安定股东与不安定股东是相对的。在公司发展的不同阶段和不同的市场环境下，同一股东可能会表现出不同的特性，即安定股东也可能表现出不安定性，在对公司不利的情况下抛售股票，获取股价收益；不安定股东也可能表现出安定性，出于经营上的考虑，长

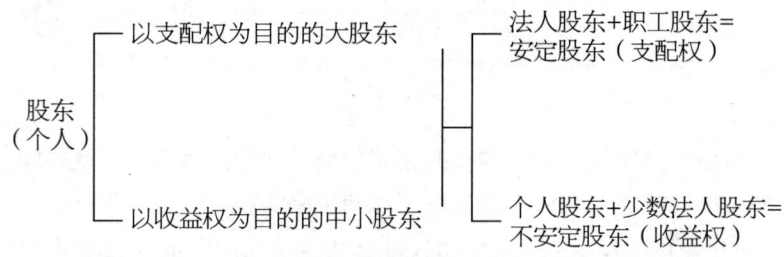

图 5-3　股东的二重性

期持有公司股份。事实上，对安定股东与不安定股东的界定也并不太容易。有一些拥有公司大宗股份的股东并不看重公司的支配权，更看重的是获取股票的买卖价差。部分原因是一些大股东由于时间和经验的不足，不能有效地行使对公司的支配权，进而不能确定公司未来的发展前景，只得转而追求股票的短期收益，使股份的安定性下降、不安定性增强。必须指出的是，安定性虽然在一定程度上保证了公司的长期稳定发展，但过度的安定性会降低公司的经营效率，这就要求在适度安定范围内的一定的不安定性（流动性）来提高公司的效率。

（三）股东的二重性对公司治理的影响

公司治理要处理的是公司资本供给者确保自己可以得到投资回报的机制问题。一般而言，一个理想的公司治理体制可以完成若干的职能。首先，它给经营者以足够的自由来管理好企业。其次，它确保经营者从股东利益出发使用这些自由去管理好企业。最后，经营者知道股东的期望是什么，股东有足够的信息去判断他们的期望是否正在实现。如果不能实现，他们有果断行动的权力。公司的治理权来源于所有权，可通过股东大会、机构渠道或董事会实现。

股东作为公司的资本供给者，他的行为取向直接影响公司的治理效率。根据我们前面的分析，一个成功的公司治理机制应该既能保证股东队伍的基本安定性，又有一定的流动性，以确保公司经营的效率。

公司的股东成员具有地理上的分散性，股东持股规模也有很大的差别，而且对公司所抱的期望也各不相同。股东成员可能是单个的私人投资者、公司雇员、大宗股权拥有者和机构投资者，如商业银行、养老金基金、投资基金、保险公司等。中小股东由于拥有股份较少，"作为距离相对较远的投资者"很少或不能有效地行使支配权。假如股东不满意，可以"用脚投票"，所以更多时候是以不安定股东的身份出现。从公司治理的角度来讲，分散的小股东一般没有监督和控制的积极性，原因有三：一是监管的权力（包括法律上和事实上的权力）有限；二是任何股东监管经营者都将投入一定的费用，这种费用是完全内在化的，而监管产生的收益在当前的条件下却是一种集体物品，具有完全的外在性，监管的投入和产出不对称；三是小股东拥有的股票数量较少，可以随时在股票市场上出让不中意的公司股票，避免治理失误带来的损失。

相对于中、小股东来说，由于公司的大股东的收益受公司业绩的影响很大，可以通过控股达到对公司的支配，因而有较强的安定性，常常充当安定股东的角色。但是，随着公司成长和资本份额的增加，以及国民财富的增加和越来越多的人投资于股票，最大股东所持有的有投票权的股票所占比例会不断减少，相应地造成对大公司的控制、支配权的下降。这时，大股东的不安定性逐渐增加。特别是在治理结构混乱、治理效率低下的大公司里，大股东对公司的影响有限，而又找不到代表股东利益行使支配权的代理人的话，只好把投资重点放在股票的价差收益上。不过，这类股东对"用脚投票"一般都十分谨慎。因为大宗股权的抛售会引起投资者对公司未来发展的不良揣测，进而对价格信号出现过敏反应，致使公司股票价格下降，反会造成价差收益的减少。

过去，机构投资者往往也被看作仅追求收益职能的投资者，其理由是：这些机构投资者宁愿通过"用脚投票"以减少其损失，也不愿介入并试图影响公司治理，因此很多时候表现出不安定股东的特性。但近几年来，机构投资者在公司治理结构中的地位和作用都有不同程度的提高，越来越多地扮演起安定股东的角色，表现出"关系型投资"的趋势。简单地说，就是进行长期投资，并监督企业的经营管理，在公司治理中发挥重要作用。虽然机构投资者平时对公司治理不甚关心，主要追求股票的投资回报，但它比散户更有能力去关心自己所投资的公司的治理状况，如有能力广泛收集信息并派人员参加股东大会等，特别是所投资的公司出现问题时，机构投资者可以行动起来对领导班子进行整顿。尤其是开发型的投资基金，随着基金规模的扩大和所持有公司股票的比重提高，大多数投资基金已被迫从短期的投资经营转向长期的投资经营。一是由于投资基金持有公司股票的数量增加而使监管经营者的投入产出比大大提高，监管的成本下降；二是投资基金持有公司的股票达到一定规模的时候，无论其初始目的是什么，由于规模庞大，其流动性不可能同中小投资者持有的那样高，因此就不得不采取积极约束的手段，即直接对公司的经营者进行监管。监管好公司的经营者已成为保证基金投资效益的必要前提。如在以投资基金持股为主的美国，持有公司相对多数股票的投资基金的管理人虽然并不时时刻刻干预公司的经营，但是在公司遇到重大问题和做出重大决策时，他们就自然而然地扮演了重要的角色。如当今最大的公司之一美国通用汽车公司在 20 世纪 80 年代曾经由罗哲执掌大权，由于其公认的能力和出色的业绩，罗哲在通用汽车公司几乎是不可一世，但是当他的一项措施极大地损害了公司形象时，华尔街两个最大的投资集团（他们是通用汽车公司最大的股东）就毫不留情地将罗哲赶下了总裁的宝座。可见，只要投资基金对公司的投资达到了一定比例，就不得不在监管公司的经营者方面发挥其作用，公司的治理效率也就必然因此而改进。

二、法人资本主义中的机构投资者

（一）法人资本主义的特征

最初股份制公司的股东主要是个人和家族，公司的股份也主要由这些个人和家族掌握着。但在"二战"后，股份制公司的股权结构发生了深刻的变化，主要表现在两个方面：一是个人持股者人数越来越多，公司股权日益分散；二是个人持股比率不断降低，以工商业公司为主体的公司法人和以商业银行为主体的金融机构逐渐取代个人或家族股东成为大公司的主要持股人，个人股东退到次要地位。

法人资本是不同于个人资本的新型社会资本形式，是各类个别法人资本相融合的产物。法人股东主要包括两大类，一类是工商业公司法人股东，另一类是银行金融机构股东，主要表现形式是交叉持股、互兼董事和信贷依靠。以这两类股东为主体的法人资本大量持有公司股份的阶段被称为法人资本主义阶段。

法人资本主义在日本、德国最为盛行。20 世纪 90 年代前半期，日本的银行持有工商业公司 22%~25% 的股份，工商业公司之间的相互持股率则是 24%~25%。在德国，银行持有工商业公司的股份为 22%~29%，工商业公司之间的相互持股率为 39%~42%。同时，银行金融机构股东也在各国得到了蓬勃的发展。在日本和德国，许多著名的大公司的相当一部分股票为银行集中持有。20 世纪 70 年代末 80 年代初，德国十大私人银行持有大公司股票合计达 51%~77%。同德国一样，日本的商业银行也是重要的机构股东之一，它们大量持有公司的股票。

法人资本主义之所以能在日本、德国发展起来，是因为当时其经济发展水平不高，对公司的持股限制比较少。这些国家工商业公司法人股东数量很多，而且公司股份大部分集中在这些公司法人股东手里，相互持股情况也比较多。随着国内资本市场的开放，为了防止国外资本的吞并、保护民族工业，不得不大力发展法人互相持股。而在英美等国，公司法人股东虽然在"二战"后也有较大发展，但由于这些国家认为公司法人持股会引起垄断，在法律上往往限制公司法人股东持股的规模，特别是严格限制工商业公司之间相互持股，因而公司法人股东相对较少。

（二）法人资本主义中的机构投资者与公司治理

正如前面所述，进入法人资本主义阶段以后，作为机构投资者的商业银行开始大量持有公司的股份。这样，它便有权行使自己对公司或公司经理的监控权，也就是参与公司的治理。根据法律规定，这种权力主要通过投票选举自己信任的董事，并通过董事会对公司经理实行控制与监督。董事会是公司唯一的，也是最重要的对公司经理及其决策进行监督与控制的机构，因为至少从名义上它拥有聘任、解雇公司经理的一系列权力。由于商业银行持有大量的公司股票，拥有大份额的股票投票权，因此，它在董事会中占据着重要的地位，对公司治理也起着不可低估的作用。但是也应看到，银行在较长时间内持有工商业公司的股份，股票的安定性增强了，流动性却降低了，不利于经营效率的提高。

在这种模式下，商业银行既是最大的股东，又是最大的贷款者。银行的双重身份，决定其必然在股东行使监控权力中发挥重要的作用。一般而言，银行持股不是一种短期投资行为，而是一种长期投资行为。银行持股不是为了买卖股票获取短期利润，而是为了同有关公司保持长期的、稳定的业务关系，因此具有安定股东的特点。由于银行持股是一种长期投资行为，为了保持其投资的安全性，所以自然很关心公司的生产经营与发展，加之银行具有股东和贷款者的双重身份，从而也为其行使监控公司的权力提供了重要的保证。

一般来说，银行作为公司的核心股东和主要的贷款者，不仅具有行使股东监控权力的动力，而且也具有行使股东监控权力的能力。作为主要的贷款者，为了保持贷款的安全性和有效性，银行必然会积极调查获取、及时掌握公司生产经营活动的有关信息，并对其贷款进行"事前""事中""事后"的监督。这样，作为公司股东的银行，借助于贷款和支付结算而拥有获取公司生产经营活动信息的天然优势。因而在公司所有股东中，银行的监督成本可能是最低的。加之银行还掌握着信贷控制这个有力武器，因而它完全有履行

公司治理（修订本）

股东对公司和公司经理重大活动实行监控的能力。

另外，单从公司股东的角度来看，银行的这种长期投资行为，是与公司的其他生产要素投资者，特别是公司员工的利益相一致的。所以，银行作为核心股东，可以较好地平衡各方面的利益，更有利于实现公司的所有生产要素投资者（也是公司的利益相关者）的投资收益最大化的宗旨，从而能够有效地调动所有生产要素投资者关心公司生产经营活动的积极性。

同时，银行作为公司的核心股东，它的这种长期投资行为对公司起着安定经营的作用，这样可以有效制止公司合并与收购事件的频繁发生，有利于公司的长期稳定发展。

综上所述，银行作为机构投资者拥有公司的股份，在"二战"后的相当长一段时期内，对有关国家的经济发展起到过重要的作用，尤其是日本和德国。银行持股在资本结构中一直扮演主要角色，但是亚洲金融危机爆发后，人们也开始对这种模式进行反思。

（三）亚洲金融危机对法人资本主义的冲击

始于 1997 年春夏之交的亚洲金融危机给日本、韩国、马来西亚等国的经济发展以极大的打击。短短几个月内，汇率大幅贬值，股指急剧下落，利率快速上升，大批工商企业、金融机构破产，国民经济陷入动荡、混乱的困境中。在这种情况下，人们开始思考这些国家传统的银企关系究竟对企业产生了哪些影响，它是否适合全球资本市场快速发展的趋势。

日本是法人资本主义盛行的典型国家，其银企关系具有明显的法人资本主义特点：①在为企业提供贷款的众多银行中，主办银行的份额最大。因而，主办银行是企业的最大债权人。②在持有企业股份的众多银行中，主办银行是其中最大的股东。③主办银行对企业可以进行人事参与，直接派驻人员监管企业的财务状况，并在必要时对企业的决策实施干预。④银行与企业间保持长期稳定的综合交易关系。⑤倘若企业出现经营危机，主办银行要积极采取救援行动，帮助企业走出困境。可以看出，这种银企关系极大地体现了法人资本主义的特征。银行和企业相互持股，从而使资本成为纽带，将银行和企业紧密地联系在一起，使他们一荣俱荣、一损俱损。

按照前面的分析，这种制度能使企业与银行有较为稳定的信用关系，便于企业的融资和银行对企业经营活动的监督，从而对公司的治理产生积极的作用。事实上，主办银行制度的实施，确实对"二战"后日本经济的恢复和发展起到了重要的促进作用。通过银行与企业相互持股、互为股东，建立起各自稳定的股东队伍，形成银企之间你中有我、我中有你的局面，从而使日本逐步建立起一个个以银行为中心的巨大企业集团。

但是，20世纪90年代以来，日本企业的竞争力有所下降，在亚洲金融危机中更是受到了极大的冲击，可以说与这种银企关系有着重大的关系。这种模式"将企业绑在银行上"，势必削弱企业与银行的利益制衡（许多健康的经济关系的建立，靠的不是两个利益主体之间的合作或勾结，而是靠双方利益上的冲突与制约），软化企业的预算约束，最终不仅造成企业效率低下，银行也被不良债务拖垮（樊钢，1998）。

1989年，美国著名国际经济学家保罗·克鲁格曼（Paul Krugman）在他的一篇文章中指出："亚洲金融危机的根本原因不是汇率失调，而是坏的银行制度。"可见，随着各国经济水平的提高、资本市场的完善，对于商业银行持有工商企业股份的法人资本主义形态的作用是什么，以及如何发挥作用都值得我们重新思考。

三、金融资本主义中的机构投资者

（一）金融资本主义的崛起

自20世纪90年代以来，以美国为代表的西方国家的股权结构发生了重大的变化，变化的标志是一些机构投资者逐渐崛起，成为大公司的主要股东，其中商业银行逐渐退出公司主要股东的行列，养老基金、共同基金、保险公司、投资基金等非银行金融机构

公司治理（修订本）

开始大量持有公司股票。以美国为例，20世纪90年代初期，美国13000多家机构投资者持有美国规模名列前25位的公司股票，而且持股比例大都在50%以上。2006年，规模最大的25家机构投资者的持股比例达到了71%，而根据美国经济咨询局（The Conference Board）2010年对全美100家大公司中机构投资者持股比例的统计，排名前50位和51~100位的大公司中，机构投资者持股占比分别为63.7%和70.3%。表5-1显示了2008年与2017年美国各类机构持有股票的情况，可以看出基金类持有大部分股票，其中共同基金持有最大份额的公司股票。

表5-1　美国各类型机构所持股票市值

单位：10亿美元

机构	2008年	2017年	涨幅比例（%）
共同基金	3736.3	10829.2	1.90
外国机构	1929.9	7079.7	2.67
ETF	438.3	2775.6	5.33
州及各地政府养老金	1299.1	2668.1	1.05
私有退休金	1275.0	2662.9	1.09
人身保险公司	191.3	508.7	1.66
财产保险公司	189.6	390.8	1.06
联邦政府养老金	86.8	323.8	2.73
做市商	109.2	224.0	1.05
州及各地政府	88.9	210.5	1.37
储蓄机构	33.8	131.7	2.90
封闭基金	72.3	109.2	0.51

数据来源：美国联邦储备银行资金流动账户。

之所以出现这种情况，一方面，欧美等国的资本市场在近几十年得到了快速的发展，各种非银行金融机构大量参与资本市场的投资；另一方面，也与本国的法律和制度有着密切的关系。美国1993年为了解决当时濒临绝境的银行的困难，通过《格拉斯－斯蒂格尔法案》（*Glass-Steagall Act*），要求商业银行与投资银行相互分离，商业银行不得直接持有工商企业的股票。如果商业银行持有公司的股票，必须事先得到美国联邦储备银行的批准，而且还必须是一个"消极的"股东，即不得参加投票和干预公司的活动。这样，基本上就把银行从公司的股东队伍中挤了出去。基于上述两种原因，法人资本主义时期曾经拥有大量公司股份的商业银行的持股地位开始慢慢地被其他非银行金融机构替代，金融资本主义开始飞速发展。

　　这些机构投资者的主要特点之一就是由专家来经营和管理基金，他们精通专业知识，投资经验丰富，信息资料齐备，分析手段先进，所有投资决策都基于对上市公司的深入分析和对宏观经济的详细研究，投资行为十分理性。而且他们一般采取稳定的投资战略，注重资本的长期增长，多采取长期的投资行为，因此一旦持有公司股票，往往具有安定股东的特点。更重要的是，这些机构资金的所有者与经营者之间是一种委托代理关系，而机构投资者作为公司的股东，与公司的经营者之间也存在着委托代理关系。这种双重的委托代理关系构成了金融资本主义的主要特点，即机构投资者大多不是公司股权的资金所有者，而是受托人，公司股权的资金所有者是个人投资者（只不过个人投资者不再决定资金的最终流向），法人资本主义中的机构投资者则大多是公司股权的资金所有者。

（二）金融资本主义中机构投资者的战略改变

　　过去，欧美等国的公司股东，包括机构投资者，主要通过证券市场上的股票交易活动来监督与控制公司与公司经理的活动。如果股东们对公司经营不满意，就会"用脚投票"，即卖掉自己手中的股票，于是经理就会被迫改善经营；如果公司经理的工作成效仍然不大，公司股票就会继续下跌，这样就有可能导致局外人通过竞争

购买该公司的大部分股票，从而达到收购该公司的目的（Bishop，1994）。这种情况下，公司股权的流动性较大、安定性较弱。养老基金、共同基金、投资基金等机构投资者的管理者认为他们的主要作用是实现基金的盈利，并通过连续地买卖股票来实现这个目标。他们既无时间、信息，也没必要关心他们短期持有的公司股票的长期增长情况，几乎也没有加入公司董事会的激励。另外，由于它们的投资比较分散，持有某一特定公司股份的比例往往很低，一般都在 1% 或 2% 左右，因而单独行事也很难控制公司经理的行为，这反过来又促进了机构投资者的短期投资行为。这时，投资者在公司治理中起到的作用很小。

欧美等国的大的机构投资者之所以表现为不安定股东，也与当时各国的法律制度的限制有关。例如，美国限制共同基金积极参与公司事务，规定不经过 SEC 的事先许可，不许串通公司的其他股东选举公司董事或对公司的事务施加影响。因此，共同基金实际上在公司董事会中没有自己的代表。为了减少风险，保证养老金给付，1974 年通过的《雇员退休收入保障法案》（ERISA）规定，不得将 10% 以上的资产投向缴纳养老费的公司；资产应分散化、多样化；如果基金试图控制工业公司，将失去免税待遇等。此外，缴纳养老费的公司由于害怕遭到其他公司的报复，也不希望旗下的养老基金积极介入其他公司的事务。1976 年通过的《哈特 – 斯科特 – 罗迪尼反托拉斯改进法》（*Hart-Scott-Rodino Antitrust Improvement Act*）规定，任何一个公司在另外一个公司进行积极性投资，必须向司法部（Department of Justice）和联邦贸易委员会做出说明（Blair，1995）。类似地，英国政府也对机构投资者大量持有公司股票，参与公司事务规定了许多谨慎原则。上述这些限制，决定了机构投资者在公司股东队伍里只能扮演一个不安定股东的角色。

但 20 世纪 90 年代以来情况有所变化，尤其在美国。首先，在政策上，美国劳工部裁定基金受托人应根据经济效益原则，在股东大会上认真行使投票权，切实履行信托责任。克林顿执政以后，劳工部把扩大养老基金在公司决策的影响列为优先目标，该部部长罗伯特·赖希（Robert Reich）宣称，基金受托人应有效地监督投资对象公司的就业状况。其他政府高级官员也鼓励基金参与公司的经营决策。其次，在法律上，1991年，SEC修改了有关规则，以使股东更容易在投票中形成能约束经理人员的决议。1992年，SEC又推出两项新措施，一是放宽代理权征集（proxy solicitation）限制，方便股东相互联系；二是要求公司董事会向股东披露更详尽的信息，特别是高层管理人员收入方面的信息。之后，机构投资者在公司发展战略、人事安排等重大事项的影响力越来越大。

目前，西方国家的企业越来越重视加强与投资者特别是一些机构投资者的联系和沟通，以保持公司经营的透明度，增强公司在资本市场上的良好形象。机构投资者为保证持续获利，也希望与企业建立一种长期信任合作的关系，通过各种方式加大对企业的影响力。美国第一大基金管理公司富达基金的总裁就公开表示："基金公司再也不打算成为沉默的股票持有者了。"从客观环境的变化和机构投资者自身的要求来讲，机构投资者参与公司股权投资的战略方向正发生着巨大的变化。

许多实证研究表明，频繁的买卖股票并不能获得市场平均水平以上的收益，长期持有增长型股票的收益更高（Lakonishok、Shleifer和Vishny，1992）。机构投资者不再像过去那样，一旦不满意公司的绩效，便抛出公司的股票。因为它们慢慢意识到，如果公司的事务令人怀疑，它们抛售股票的能力就会下降。因为其他机构投资者也知道这么做。这样，公司股权的不安定性（流动性）比过去有所减慢，安定性有了一定的提高。随之而来的是，越来越多的机构投资者开始采取长期投资策略，监督企业的经营管理，在公司治理结构中发挥积极作用。

（三）金融资本主义中的机构投资者与公司治理

实践表明，欧美等国的养老基金、共同基金等机构投资者的投资策略发生了巨大的变化，投资期限正在逐渐变长。显然，期限越长，监管公司的积极性也就越大，因而对企业的影响力也就越大，在公司治理结构中的地位也就越来越重要。基金资产一般比较庞大，能够并值得（这是因为"用脚投票"的成本在随着持股量的增加而上升）花费一定成本加强对公司和公司经理的监督，而且从中吸取的教训可以广泛用于它所投资的其他企业。况且，机构投资者还可以委托专业化的投资基金对有关公司进行监督。

但是，也有一些学者认为，对这种基金式的机构投资者的作用不能高估。首先，毕竟有很多机构投资者持股的目的还是以赚取股票价差收益为主，有一定的投机性，特别是在股市动荡的时候，它们往往急于抽离资金，对公司在经济困难时期的生存、发展尤为不利。其次，我们前面曾提到，机构资金的所有者和经营者之间也存在委托代理关系，再加上和投资对象公司经营者之间的委托代理关系，这种双重的委托代理关系在实际运行中偏离目标的可能性将大大增加，双层目标协调的难度也大大增加。因此，在实践中就可能存在以下三个方面的疑问。

（1）机构投资者对投资对象公司进行监管并采取行动的直接原因是什么？是为了实现机构资金所有者利润最大化吗？有可能不是，因为机构资金的管理者出于自身的考虑，为了保持良好的声誉，一般是以"满意利润"而不是以"最大利润"为目标，是风险逃避而不是风险中性的投资者。

（2）机构投资者对公司采取的行动是否会影响到其他中、小投资者的利益？有可能，因为如果作为大股东的机构投资者与公司的关系过于密切，便可能串通一气，损害中、小投资者的利益。

（3）为什么有时候会存在两个机构投资者对公司事务有分歧，进而采取不同行动的现象？因为机构投资者之间也存在激烈的竞争，在关键时候，他们还是以自身的利益为重，而不是以投资对象——公司的全体股东的利益为重。

正是因为上述问题的存在，20世纪90年代以来，美国的法律法规虽然进行了一些调整，但现有的法律法规仍然给机构投资者长期持股与进一步积极参与公司治理留下了障碍。根据有关税法，只有养老基金持有任何公司的股票都在 10% 以下，才能得到税收优惠。虽然机构投资者可以联合其他股东就关心的问题提出意见，但只要有十个以上的股东一起投票，就必须事先得到 SEC 的批准。这与美国的政治也有一定的关系。美国人向来反感财富过分集中，因而政治家总是设法迎合大众的情绪，通过制定法律来控制财富的过度集中（Bishop，1994）。

但是，也应看到，随着公司规模的不断扩大，股权结构的进一步分散，机构投资者纵使不能持有很高比例的股份，但它在公司股东队伍中的地位依然十分重要。如果它能正确处理金融资本主义中这种复杂的双重委托代理关系，就仍然能对公司的治理产生积极的影响。

20 世纪以来，开放型投资基金得到了很大的发展，它为我们鼓励机构投资者参与公司治理提供了新的思路。在开放型基金中，虽然在出资人与投资基金管理者之间仍是一种委托代理关系，但是法律规定出资人随时可以从基金管理者那里赎回自己的投资，实质上也就是终止这种委托代理关系，出资人的投资在这种关系中就没有被"锁定"。并且，法律规定开放型投资基金的管理者必须每天公布每份基金的净资产，投资者可根据这种公开的信息来决定是赎回投资、保留投资还是增加投资。如果开放型基金的管理者未能尽心尽力，投资收益达不到投资者的要求，所有的投资者都来赎回投资，基金的管理者就将失去管理收益。在这种约束下，以为出资人经营投资为职业的基金管理者就不得不尽心尽力。同时，基金的这种经营方式也使得投资对象公司的股票具有一定的流动性，因为基金的管理者受到作为股权终极所有者的广大个人投资者要求在尽可能短的时间内获得丰厚回报的制约，要不断改变投资组合，实现基金的优化配置，这反过来又可以促进投资对象公司经营效率的提高。因此，这种机构投资者可以在很大程度上纠正实际运行中双重委托代理关系的偏差。养老基金、共同基金和保险公司等其他机

公司治理（修订本）

构投资者虽然没有这种职能，但它们可以成为开放型投资基金的客户，虽然增加了委托代理层次，从而增加了作为终极出资人的代理成本，但是由于委托代理机制的健全和约束的强化，其减少的"道德风险"损失完全抵消了上升的代理成本。

因此，随着资本市场的完善，以投资基金、养老基金、共同基金和保险公司等机构投资者大量持股为主要特征的金融资本主义将会继续发展下去，并对投资对象公司的治理产生积极的影响。同时，为了保证双重委托代理关系中两层所有者——最终出资人和公司所有利益相关者利益的实现，机构投资者参与投资对象的公司治理要坚持一定的行为准则。这里，我们对机构投资者提出以下五个方面的建议。

（1）机构投资者应根据公司的基本盈利能力，认真选择投资对象，并提高投资份额。

（2）机构投资者应成为更积极主动的所有者，他们应定期与公司的高层管理人员会晤，全面掌握公司的发展战略。

（3）机构投资者也要接受监督检查，应公布在投资对象公司重大事项上的代理投票权和投资决策情况。

（4）养老基金和其他机构投资者应支持建立专司监督企业的投资基金，而不总是亲自担负监督之责。

（5）一些机构投资者不能进行过多的指数化投资，应集中资金直接投入少量公司，即使进行指数化投资，至少也要充分收集信息，对公司董事会和经理人员的表现做出准确评价（Blair，1995）。

第三节 金融机构：从参与外部治理到金融机构治理

经济高质量发展离不开金融业与实业的相互促进。金融机构作为金融业的重要微观主体，具有重大的资源配置权，其价值追求可能成为未来改变世界的巨大力量（李维安，2012）。然而，金融体系和金融机构的运营都极易导致风险累积，加之其极强的外部性，

一旦风险爆发则有可能造成大规模的金融危机（曹廷求等，2011；李维安，2014）。金融机构治理是人们反思亚洲金融危机之后，将公司治理应用于商业银行等金融机构这一特殊行业的直接产物。

在 20 世纪 90 年代以前，金融机构就已经与公司治理联系在一起了，但是人们更多的是从一般治理的角度提及金融机构，金融机构作为一种重要的监督力量，参与公司的外部治理。1997 年的亚洲金融危机增加了人们对金融业自身公司治理状况的关注，通过对金融危机原因的分析，人们开始认识到金融机构的公司治理状况对整个金融体系的稳定性至关重要。2008 年爆发的全球金融危机再一次向世人强调了完善金融机构治理的关键性，由于金融机构当事人在激励与约束上的不匹配、权利与责任上的不对等，以及监管者对金融机构治理风险的识别滞后、防范失当，缺乏公司治理层面约束的金融产品创新最终为各国实体经济带来了巨大的灾难。

1997 年亚洲金融危机的根源之一是新型市场经济国家的公司治理系统缺陷。2008 年全球金融危机表明，即使是法律和监管体系较为完善且执行力较高的发达国家，其金融机构整体的公司治理也潜存着巨大的系统性治理风险。金融产品和金融机构组织的不断变革，决定了金融机构的公司治理是一个与时俱进、不断更新的命题，不存在一种公司治理模式可以永久地满足不断演进的金融系统的需要。在我国，自 2003 年开始大规模改革以来，国有控股商业银行和保险公司在股权结构、外部环境和内部机制建设等方面做出了很多尝试和努力。我国金融机构治理的形式日益完善，但是功能和机制建设尚处起步阶段。金融机构上市是改革的必经阶段，但不是最终状态，新一轮改革亟待启动。坚持市场化的方向，减少政府对包括银行在内的金融机构的控制，形成合理的公司治理架构，是必然的趋势（周春生和梅建平，2010）。

虽然本章内容为外部治理，但多次金融危机为上市公司所造成的重大损失一再说明，只有在保障金融机构自身治理水平的基础上，才能发挥金融机构参与上市公司外部治理的作用。鉴于此，本

公司治理（修订本）

节首先从一般治理的角度，以银行为例，介绍金融机构如何以监督力量参与公司治理；之后，将金融机构作为治理的客体，围绕金融机构的治理风险，介绍金融机构自身的治理。

一、金融机构参与外部治理

（一）公司融资结构与银企关系

公司的发展离不开融资，如何筹集资金是现代公司经营决策的一项重要内容。公司究竟是以内部筹资为主还是以外部筹资为主，很大程度上决定着公司的发展和治理机制的模式。一般而言，给定投资机会，现代公司的融资渠道主要有以下三种途径：一是内部自主积累；二是对外发行公司债券；三是对外发行股票。现代公司资金的来源往往不是单一的，而是多种渠道的混合，而所有这些融资渠道所筹集到的资金总和就构成了公司的总资本。由于债券和股票在发行成本、净收益、税收以及债权人对企业所有权的认可程度都很不一样，在给定投资机会时，公司的筹资决策就是根据自己的目标函数和收益成本约束，选择适当的融资结构。

在股票市场上，公司的市场价值是由公司的总股本和债务价值共同组成的，其中股本价值等于公司发行的股票数量乘以股票的市场价格。所谓融资结构就是指公司各项资金来源的组成状况，例如债务在总资本中的比例。给定公司资本总额和内部人（一般经理人员）的股本投入，公司负债比例越高，对外部股本的需求越低，从而内部股本占总股本的比例就越高；反之，公司负债比例越低，对外部股本的需求越高，而内部股本占总股本的比例就越低。公司融资方式的选择决定公司的融资结构，从而影响公司的治理结构和治理效率的高低。根据融资方式选择的种类不同，出资方与公司之间的紧密关系也不同，由此形成了银企关系的诸多模式。一般而言，公司融资既可以是外部融资，也可以是内部融资；既可以采取直接融资方式，也可以采取间接融资方式。融资方式的选择呈现多样化，但就目前世界上主导的融资形式而言，公司融资方式主要有关

系型融资和"距离"型融资两种。

关系型融资是指出资者在一系列事先明确的情况下，为了将来不断获取租金而增加融资的一种融资形式。在关系型融资中，投资者通过自己监督企业投资决策来减少代理成本。这种融资方式在日本表现最为突出。与此相对应的是，一般非关系型融资就是"距离"型融资。在这种融资方式中，投资者并不直接干预经营战略决策，只要他们得到了合同规定的给付。当然保持"距离"型融资并不排斥干预，只是最初的投资者通过诸如资本市场或公司控制权市场之类的外部机制实现其干预。这种形式的融资在英美最为典型。

作为市场融资的两种基本手段，关系型融资和"距离"型融资反映了公司与融资者（银行）关系的密切程度，由此也就形成了当今世界上最为典型的两种银企关系模式——日德模式和英美模式。

（二）日德模式

日德银企关系模式以"社团"或"社会"市场经济为运行基础，银企间产权制约较强，企业以间接融资为主，银行在经济和企业经营中发挥重要作用，而资本市场的作用相对较小。在日德模式下，银行与企业的关系处于紧密状态之中，很多企业内部，一家大银行往往既充当主要的债权人，同时又是主要的股东。由于银行提供了巨额的资金，又同时拥有大量的股票，人事方面的交流也就成为必然趋势。这样一来，实际上银行已经部分地控制了企业的经营管理权，并对企业保持着密切的总体监督角色。我们把这种关系称为关系型银企模式，或称"主银行制"。

1. 主银行制

"主银行"概念最早是学者对日本企业和银行关系特征的一种概括性描述。日本著名经济学家青木昌彦根据对日本11万个年销售额10亿日元以上公司的调查发现，无论大小，绝大多数公司都有被称为"主银行"的银行。同样，无论大小，每一家银行都是某些企业的主银行。最强的主银行关系是在大银行与大公司之间。主银行制度又称主银行关系，它是银行与企业之间关系的总称。在

日本，一个企业从许多银行获得贷款，该企业股份也由许多银行共同持有。但有一个银行承担监督企业的主要责任，被称为主银行。因此，主银行一般是指对某些企业来说在资金筹措和运用等方面容量最大的银行，并拥有与企业持股、人员派遣等综合性、长期性、固定性的交易关系。在企业发生财务危机时，主银行出面组织救援（允许企业延期还本付息或提供紧急融资等措施）；企业重组时，银行拥有主导权。主银行还往往是企业最大的债权人和股东。以上这些行为与机构安排上的总和就构成了人们通常所说的主银行制度。因此，从本质上讲，主银行制是一种公司融资和治理的制度，该制度涉及工商企业、各类银行及其他各类金融机构和管制当局之间非正式的制度安排和行为。

2. 主银行制特点

主银行制作为日本、德国和韩国等国银企关系的基本模式，将银企双方紧密结合在一起。在长期的交易过程中，银行和企业关系呈现以下三个方面的特征。

第一，主银行是企业资金的最大出资方，银企之间存在债权债务关系。在日本，银行贷款一直是企业外部融资的主要方式，借贷联系便成为日本银行和企业间相互连接以保证银行中心地位的关键。对企业而言，重要的不是在稳定的市场环境下得到金融支持的大小，而是在市场形势变化时，取得信贷和其他优惠政策的把握，这就要求与银行保持长期而稳定的资金交易关系。

第二，银行持有企业股份并参与企业的财务管理。主银行通过信贷关系对企业的控制是表层的，仅仅是一种资金和风险控制的经济关系，其对工商企业更深层次的控制则在于资本结合股权的参与和人事渗透。主银行在必要时可以动员集团的信贷银行、保险公司、贸易公司和其他企业一起投票，有权要求公司在一定期限内公开详细的公司战略、经营情况，它不仅关心企业当前盈利能力，更注重企业长期的稳定发展。

第三，主银行有义务为企业提供信息，并派出自己的人事代表参与管理。主银行不仅为客户企业提供有关对资产处理、购买及介绍的商业伙伴服务，而且还向公司派遣内部董事。对银行来说，人事参与的目的主要有：①分担公司的业务风险。银行向公司派遣的都是与公司业务有关的专业人员，这样有助于加强公司的业务管理尤其是风险管理。②获得第一手信息。派遣管理人员的另一重要目的在于了解公司决策的过程，并不是要获得公司的各种一般性财务报表，而是要获取"第一手的信息"。这些信息对于银行来说，在业务上有使用价值，同时是承担企业风险所必需的。③确保派遣者的职位，以加强对公司发展战略制定与实施的控制。

总之，主银行制下的商业银行与企业之间不是简单的信贷关系，它包括企业与伙伴银行之间的融资、信息和管理等多重关系。

3. 主银行制的运行机制

日本、德国和韩国等国的主银行制在长期的实践过程中形成了一套有效发挥作用的内在机制。

首先，在主银行制中形成了通畅、准确的信息传导机制。战后日本经济运行的一个重要特点就是企业的自有资本率低而负债率高。在这种情况下，银行贷款给企业实质上是为企业提供了一部分风险资本，而企业为获得这部分资本，则必须及时、主动地向主银行提供内部经营信息。同时，主银行作为最大的债权人和主要股东，依据银企之间的交易合约，也定期收集企业的经营与财务信息，全面、正确地把握企业的经营状况。这样可以使主银行获得信息优势，先于他人发现其客户企业的经营问题，及时采取有效措施，迅速弥补企业决策失误造成的损失，并帮助企业扭转不利的经营局面。

其次，主银行具有有机治理机制。企业财务状况较好时，主银行只作为企业平静的伙伴而存在，向企业提供日常金融服务，听任经营管理者自主经营，几乎不进行直接干预、控制。当企业出现严重财务危机时，主银行对客户企业业务的参与则表现得最为突出，它拥有决定企业命运的强大的商业和法律地位。主银行对企业经营管理的干预，除了提供紧急贷款等紧急措施外，还可以根据实际需

公司治理（修订本）

要采取更换经营管理人员，直接派遣干部，乃至企业重组等综合性措施，由此形成了对企业经营管理者的有效约束。

再次，主银行制形成了有效的风险规避机制。主银行作为企业主要股东和最大债权人，在帮助企业规避风险方面处于有利的地位。许多单纯依靠自身努力难以为继的企业，在主银行介入经营后之所以能起死回生，是因为主银行除了可以果断压缩不合理的资产外，通过平时对众多借款企业的监督和信息积累，还可以积极推进企业向有发展潜力的领域转移，彻底改造企业的收益—风险结构。日本商法规定，即使企业事实上已经处于资不抵债的状况，如果银行提供紧急贷款，使该企业的商业票据能如期兑付，企业就不算破产，就不可冲销银行对该企业的贷款。银行只要对该企业前景看好，并且采取有效的救助措施，也不会因为银行介入企业的经营而使债权的偿还顺序后移。因此，一般来说，主银行在企业经营发生困难时，采取紧急融资等积极对策，常常是利大于弊。此外，主银行采取救助行动，除了可以取得避免其贷款余额损失的直接效果外，还可以维持和提高银行的声誉，以扩大存贷款余额。

最后，主银行制度形成了银行间、银企间的有效约束和协调机制。银行与企业间形成主银行关系，是一个双向选择过程。从总体的发展过程来看，银行和企业为追求自身利益所进行的双向选择经历了一个由信贷联系到资本结合的演进过程。在此过程中，信贷联系的加强是双向选择的前提，资本结合则是双向选择进一步深化的结果。从具体的双向选择过程来看，某几家银行与若干家企业结成主银行关系，既是某几次选择的结束，又是另外若干次选择的开始。正是在这种动态变化的选择过程中，形成了银行间、银企间有效的制约、协调机制。这一机制在主银行救助经营困难企业的过程中，表现得十分典型、明显。

4. 主银行制的相机治理

日本、德国和韩国等主银行与工商企业之间的关系，在本质上是一种基于投资性基金而形成的交易关系，这就是：主银行以股本或信贷形式向厂商提供资本，而厂商则将所获得的资本投入到经营项目上并具体负责日常管理工作。主银行与工商企业结成这种资金交易关系的最终目的是要获得预期最大利润。特别是作为资本信贷的所有者要求凭借其剩余索取权从企业创造的收益中获取应得的利益。然而这些目标的实现存在巨大的风险，这个风险不是来自别处，而是来自结成交易关系的双方。由于交易双方在达成契约以及契约执行过程中对各种有关信息的掌握具有不对称性和不完全性，这势必引发一系列影响契约的达成和顺利实施的问题。因此，这就需要一系列机制，以便投资者对投资项目的可行性、经理阶层的经营能力和决策水平、公司的经营绩效等进行监督和规划，从而维护自身的投资权益，保证契约的顺利实现。日本银行作为大公司的主要投资者，为了保护自身的投资权益，积极监督和干预公司的经营事务，克服由信息不对称和信息不完全而引发的各种问题，由此形成了独具特色的监督和控制机制。日本主银行对公司的外部治理主要是通过主银行的事前治理、事中治理和事后治理来进行的，这是日本公司外部治理机制运作的基本特征。

（1）事前治理指投资者对法人企业提出的投资项目的经济价值进行评价和考查。其作用在于克服投资者和法人企业内部治理在关于拟投资项目的利润和风险潜力及企业的管理和组织水平等重要信息掌握上的不对称和不完全，使交易双方在完全占有信息的基础上达成契约，从而避免"逆向选择"问题的产生。主银行作为大公司债券和股票的主要持有者，有条件、有能力对大公司进行事前监督或治理。虽然主银行并不是大公司信贷资本的唯一来源，但这并不妨碍主银行在事前治理中发挥主要作用。

（2）事中治理指资金注入企业后，投资者介入法人企业，直接检查经理人员的经营行为和企业的运营状况以及资金的使用情况。其作用在于克服由于投资者对经理制约和监督不力所可能引起的经理背离投资者利益使用资金的机会主义行为。事中治理实质是监督并控制公司经理阶层的行为和决策活动，使投资者或所有者对经理阶层的治理成为一种现场治理，即主要投资者直接决定公司经理人员任免，贯彻和体现投资者的利益和权力意志。

（3）事后治理指投资者检验厂商的经营绩效或财务状况，判断公司在出现财务困难的情况下能否继续长期生存下去，并利用这些信息决定是否对经理阶层给予可能的校正或惩罚。日本主银行对公司进行严格的事后治理，其特色主要体现在对绩效不佳企业的监督和处置上。

与美国、英国等不同，对于财务状况不佳、经营状况不良的企业，日本、德国和韩国等通过主银行机制来治理，竞争性的公司控制权市场几乎不存在，因而主银行控制的上市公司不用担心来自该市场的敌意收购的威胁。主银行事后治理的显著特征是治理过程不依靠法院，也不改变现有厂商的法律存在，在这里主银行取代了法院指定的清算人的位置。在日本，主银行对财务状况不佳的企业的治理是按以下方式进行的。第一，重新协商和安排贷款的偿还。当贷款企业由于出现财务困难而不能履行合同义务时，银行便出面对企业债务进行重新协商。第二，提供新的资本。除了重新安排债务，主银行还在提供紧急贷款或组织银行团体贷款以向企业补充新的资本方面起主导作用。出于与危机中企业的已有业务联系以及加强与其他企业联系的考虑，主银行会对经营危机企业注入新资本，以便使企业重新恢复生机和活力。第三，派遣经理人员。主银行还可通过将自己的人员安排到企业的关键岗位和主要部门，直接介入公司的重组过程，自主指定并实施各项旨在挽救企业的政策和措施。由于主银行用自己人控制了企业，主银行就可以在治理过程中发挥主导作用，可以保证公司的调整和安排符合自己的利益和要求。第四，制订恢复计划。在对经营危机的企业进行救助的过程中，通常都要制订一个挽救计划，该计划旨在制定企业打算采取的解决财务问题的各种政策。恢复计划通常是在主银行主持下制订的，这是由主银行的特殊地位决定的。

（三）英美模式

英美模式的形成和美国崇尚竞争和自由市场经济的思想观念密切相关，并且和该国长期形成的市场机制相吻合。在这种模式下，银行与企业的关系处于松散状态之中，银行不能持有企业股份，当然也就无法控制股份公司，只有在企业破产时银行才会临时接受股票以交换其贷款。银行对企业的资金业务以短期为主，一般不对企业做长期贷款。这样一来，尽管债权银行可以对企业施加一定的影响，但企业对自己的经营管理都能保有较大的自主权。我们可以把这种银企关系称之为"距离"型银企模式。

保持距离融资的一个很重要特征就是：如果他们得到了契约中所规定的报酬，投资者就不会直接干预公司的经营战略决策。当然，投资者不直接干预公司的经营决策并不排除投资者对公司的干预，只不过干预的形式有所不同而已。一般而言，当公司财务不良、经营不善时，最初投资者可以通过诸如公司控制权市场或法院主导下的破产机制来实现其干预。美国、英国等商业银行（委托其信贷部）作为公司最初的投资者之一，同样只能通过完善的资本市场来加强对公司的监督和控制，而不是对公司的经营决策直接干预。可以说美国、英国等商业银行对工商企业的融资是一种保持距离型融资而不是一种控制导向型融资。据此，我们认为以这种方式对公司融资并通过公司控制权市场或破产机制等对公司进行监督的银行就是"距离"型银行。可见，"距离"型银行的最重要的特征就是通过市场和法律而不是通过人事参与等直接干预来实现银行对公司的控制。这也是美国、英国等商业银行与日本、德国、韩国等国主银行制区别的所在。

1. "距离"型银行与工商企业关系

商业银行与工商企业的关系受到一系列因素的影响，例如受经济发展水平的影响、市场发育程度、金融结构、宏观调控能力，以及法律等制度安排的约束和规范。美国、英国等商业银行与工商企业的关系也不例外，种种制度和非制度的约束造就了现行模式下的

公司治理（修订本）

银企关系。特别是法律的约束和规范、市场的交易形式对于美国、英国等工商银行和企业关系的形成具有重要的影响，是促进"距离"型银企关系的形成和固定的直接因素。

从法律体系上看，西方国家分为两大法律体系，即英美法系和大陆法系。英美法系属于判例法体系，而大陆法系属于成文法体系，两者在法律原则、法律分类及法律解释等方面均存在很多差异，其银行法也受到两大法律体系的制约。因此，在银行与企业关系上，受法律体系制约的银行法在规定允许或禁止银行对工商企业的持股关系和人事渗透关系上具有很大差别，从而形成了不同模式的银企关系。与属于大陆法系的日本不同，美国法律在规定银行与企业关系方面，有着明显区别性的做法和习惯。美国银行法及其一系列相关法规限制了美国银行与企业关系的进一步发展，银行对企业的业务关系和控制关系只能表现在信贷规模和通过银行控股公司间接对企业实行股权控制上。据美国《银行持股公司法》规定，银行控股公司可以持有任何一方企业 5% 的股权。这样，银行控制公司就可以避开"银行"的定义，持有企业的股份并对企业进行监控。

受英国、美国等自由市场经济模式的影响，英国、美国等银行与企业之间的交易关系呈现出强烈的市场化特征。英国、美国等的银企关系以自由市场经济为运行基础，银企间产权制约较弱，而主要靠短期的债权联系并靠系统严格的法制来解决争端。企业资金首先来源于自我积累和直接融资，然后再求助于外部融资。在这种银企关系下，银行被严格禁止直接拥有工商企业配股权和对企业开展信用担保业务，以尽可能地排除风险。由于银行从企业那里得到的信息只是外部的公开信息，银行就不可能做到对企业的风险控制，因此，在申请贷款时银行会要求企业实行抵押或担保贷款。在这种情况下，对于那些经营绩效好的企业，由于其信用级别高、风险小，因而能够争取到大量贷款，各银行也乐意贷款。而对于那些经营不善面临危机的企业，则不管其问题性质如何，银行会敬而远之，以前的旧债主也会迫不及待地争相逼债，要求企业破产清算。

除了受法律市场交易行为影响，英国、美国等商业银行与企业的关系还受其制度安排的影响。例如市场经济体制、金融体制等。在美国银行与企业及资本市场机构的关系上，一是表现为企业资产负债率比较低。其中缘由大概受美国企业融资的"啄食顺序理论"理念的影响。美国企业受银行的约束比较小，同时由于大部分企业债务都是以公司债的形式存在，而公司债对决策的约束力又比较小，因此推断企业债务资金来源无论是在总量上还是在结构上都不构成对企业决策的有力影响。二是表现为企业筹资渠道多元化。在市场主导型的金融体制中商业银行与投资银行是分业经营的，双方在与客户的关系中利益冲突小，企业在筹资时自主权较大。三是表现为股票市场发达，上市公司数量多，机构投资者成熟，因此在利用股票市场实现对企业控制方面形式多样。

2. "距离"型银行的监督机制

美国经济学家托马斯·凯斯特（Thomas Costerg）认为，世界不同地区公司治理结构制度的主要差别之一在于金融机构，特别是商业银行与工业公司之间的关系。不同的持股主体导致监督的主体也有所不同，由此产生了不同的公司治理结构与市场约束，并影响公司的行为。在英美公司的所有权结构中，养老基金是金融机构中最大的持股者，而在日本和德国的金融机构中，银行和保险公司在所有权中占优势。与这些所有权的差别相联系，金融机构在公司治理结构中的影响力也具有很大差别。

英美等国实行以资本市场为基础的体制，公司对证券市场的依赖较深。长期以来，美国公司主要股东是个人股东，个人股占股票总市值的 55% 以上。而对于金融机构，尤其是银行，美国法律严格禁止其成为工业公司的股东，限制银行对公司的治理结构发生影响。而其他金融机构，如养老基金、保险公司、互助基金等虽然是美国最重要的股东（机构投资者），但由于他们只是股权的代理人，而非正式的所有者，再加上对其持股数量的限制，使他们在董事会中实际上没有任何代表。美国1933年通过的证券交易法规定，任何基金股东不能进入公司董事会或控制、影响公司的经营管理，以防止各基金操纵董事会，损害个人股东的利益。由此，长期以来，机构持股的目的更倾向于股息和红利，而对股票持有时间的长短，也仅取决于该种股票价格的高低及股金分红率的大小。

尽管英美等国企业内部监督作用有明显不足，但企业外部存在着一种有效的监督机制，即资本市场上的并购机制，由此对公司治理结构施加真正的影响和监督。当一个企业经营不善或表现欠佳时，公司的投资者，特别是股权持有者意识到其所持股票的收益会下降，就会出售其所持股份以逃避风险。股票持有者抛售股票必然导致股票价格下跌，而股价下跌则给其他投资者以较低价格收购企业股份的良机。只要企业股份被其他投资者收购到一定数额，企业控制权就相应转移，企业面临改组、重新设置管理队伍的危机。通过股价下跌而实现对企业的兼并，由此实现所有权的转移，这可谓股权市场对企业外部监督的"善意"并购机制。

由此看出，英美等国"距离"型银行通过股权市场对公司的监督是一种外部监督机制，通过对外部股权市场中公司控制权市场的争夺达到对公司的控制，推动公司效率的提高，并由此实现外部投资者对企业的监控。

二、金融机构治理

金融机构在公司外部治理中扮演重要的角色。而由于金融机构自身的特殊性，当其自身治理能力较低时，极易造成治理风险的爆发，并对其他公司治理乃至全球的经济发展造成极大损害。鉴于此，本节将金融机构作为治理的客体，首先介绍了金融机构的治理风险、股东治理和外部治理，然后简要介绍了金融机构治理研究中的一项重要内容：商业银行治理。

（一）金融机构治理风险

近十年来公司治理问题层出不穷，国内出现了德隆系事件、神马实业被掏空事件、娃哈哈集团几乎被法国达能控股事件以及黄光裕和陈晓的国美股权之争等事件，国外也出现了世界通信公司会计造假而倒闭以及 2008 年全球性的金融危机的爆发等。这些事件表明了治理问题的存在，而治理问题的累积，造成了治理风险的集中爆发。

1. 治理风险的界定

结合以往学者对治理风险的界定，本文提出，治理风险是指公司治理结构与机制安排不能适合现实的需要而造成利益相关者损失的可能性，按照作用于公司的方式分为内部治理风险和外部治理风险。其中，内部治理风险包括股权结构与股权性质安排是否科学（股权是否过度集中，股权是否过度分散，不同性质股东是否发挥了超出一般股东应有的作用），董事会的设置是否合适（一致性是否充分，是否存在断裂带），董事会运行调节能力是否具备（是否有行使决策和监督所必需的权力）及经理层的约束和激励是否恰当等；外部治理风险包括治理法律法规（中小投资者保护、诉讼等相关法律）、政府及非政府组织对治理行为的影响（政治关联问题、社区等利益相关者对公司治理实践的影响）等。

2. 金融机构治理风险界定

（1）治理风险是金融机构最大、最根本的风险。由于金融机构自身的特殊性，金融机构合约的不透明性导致其信息不对称更加严重，其结果是使金融机构对投资高风险项目或者金融衍生品盲目乐观。同时，金融合约的不透明使监管部门评估和监督更加困难。金融机构由于其相对薄弱的治理体系，而面临更大的治理风险和金融风险。

（2）金融机构主要的治理风险。金融机构的治理风险主要体现在以下三个方面。

第一，股权不相容性的风险。我国金融机构主要为国有金融机构，不同性质的股东利益导向不同，金融机构治理中不可避免的存在国有股东与战略投资者或其他性质股东之间的矛盾冲突，隐含着股权的不相容性风险。

第二，经理层缺乏制衡的风险。在超级股东的影响下，董事会权力配置错位，"一言堂"现象明显，并导致内部人控制的结果出现。

第三，外部监管力度不足的风险。国有金融机构在"行政级别"上并不低于监管机构，即使监管者能够识别金融机构潜在的治理风险，执行中也会存在一定的扭曲或滞后。

（二）金融机构股东治理

中国加入 WTO 后全面开放国内金融市场，并逐步探索金融机构改革，但目前中国的金融机构仍以国有控股为主体。国有控股金融机构处在政府有最足够的动力去实施有力的干预和控制的领域中，这种地位决定了其股东行为的一个重要特征，即超级股东的存在。

1. 超级股东概念

政府股东作为中国大多数金融机构的控股股东，其特征与其他股东相比具有一定特殊性，加之其独特的地位，使其成为"超级股东"。

超级股东的概念旨在强调政府的股东行为的双重性——政治性和经济性，以及政府股东的权力——它的决策影响力超出其股权份额或股东身份所赋予的权力界限。超级股东的存在，贯彻了中国二元治理结构的基本模式，即政治目标和经济目标并重但以政治目标为先导，行政手段和经济手段并行但以行政手段为保障，且行政目标越来越借助经济手段来实施。政府时常会根据自身在政治收益和经济收益方面的综合核算与权衡，突破其作为国有股东所拥有的有限经济权力，干预国有控股甚至国有参与控股企业的运营，以达到某些超越公司边界的社会性或政治性目标。

2. 超级股东的实施机制

政府的股东行为既有多重动机的驱动，又有执行机制的保障。政府作为金融机构的股东，既有股东所赋予的经济权利，又有政府所固有的行政权力。金融机构的财产权归国家所有，本身决定了国家能够对金融机构施加支配性影响。政府通过国有资产管理部门及

其任命的董事、监事和总经理，对企业的经营决策施加影响，以实现政府的政治经济目标。李维安（1996，2009）将政府股东的行政化特征概括为三个维度：经营目标行政化、资源配置行政化和高管任免行政化。经营目标行政化是政府股东多重目标的直接体现，资源配置行政化是手段也是结果，而高管任免行政化则是政府保证前两者得以实现的重要手段和执行机制。

政府干预金融机构，动机复杂、形式多样，有时其利益目标会与其他性质的股东发生矛盾，从而影响董事会的运行，并在投资决策中形成治理风险，削弱金融体系的稳健性。但是，改革开放以来历次金融危机的经验也表明，在我国特殊的经济治理体系中，政府作为超级股东发挥干预作用，在一定程度上有助于化解金融机构风险、帮助金融机构渡过难关。因此，需要建立政府股东的相机治理机制。政府股东需要在日常经营和发展过程中，秉持市场化原则，作为平等的一位股东，共同决策。但政府股东可以保留有条件的否决权，在面临较大金融风险时启动。

当然，优化金融机构中的股东治理，更重要的是优化我国国有控股金融机构所处的经济治理环境。当前，我国二元治理结构对中国经济发展所带来的不利影响非常广泛，其中一个重要的后果是，中央向地方政府的纵向分权虽然调动了地方政府的积极性，但随着市场的纵深发展，地方政府的负外部性行为将会溢出到整个国民经济，并最终由中央政府负担。一个重要的外部治理环境优化措施，是启动权力更加分散化的横向分权改革，政府逐渐放松其过强的控制力，着重调整政府分配金融资源的方式，使政府职能集中在金融市场规则、提供稳健的金融市场秩序方面，而不再直接干预金融机构经营决策。

（三）金融机构的外部治理

完善外部公司治理机制对降低金融机构风险承担有着非常积极的意义。但对于金融机构而言，其外部治理与一般企业相比具有一定的特殊性，本小节所述的外部治理是相对于内部治理而言的，主

公司治理（修订本）

要包括资本监管、市场约束、政府干预和和特许权价值。

1. 资本监管

金融危机后，以保护金融消费者为目标的行为监管理念深受各国推崇，各国金融监管部门普遍提出需要加大对金融机构的监管力度。巴塞尔银行监管委员会等国际银行业组织于 2010 年 9 月确定了《巴塞尔协议Ⅲ》新的资本监管框架，提出了严格的监管要求。国内监管部门吸收了《巴塞尔协议》的要求，并加强了对非信贷业务的监管。2008 年 12 月，中国保监会下达了《关于保险公司高级管理人员 2008 年薪酬发放等有关事宜的通知》，中国银监会也在 2010 年 2 月出台了《商业银行资本管理办法（试行）》。尽管监管已较为普遍，但仍有一定的局限性，因为金融监管的治理作用受到较多因素的影响，尚需更多的分析和讨论。

2. 市场约束

自 20 世纪 70 年代以来，银行监管所面临的环境发生了深刻的变化：金融全球化以及混业经营，同时各种金融创新工具和衍生品的推出也进一步增强了市场的复杂性，政府监管越来越力不从心。于是《巴塞尔协议Ⅱ》中正式提出并规定市场约束作为第三支柱，是对最低资本要求（第一支柱）和监管（第二支柱）的补充。市场约束机制就是通过建立银行业金融机构信息披露要求，调高其经营管理透明度，使市场参与者得到及时、可靠的信息，对金融机构进行风险评估，通过奖励有效管理风险、经营机构良好的银行，惩戒风险管理不善或效率低下的银行等方式，发挥外部监督作用，推动银行业金融机构持续改进经营管理，提高经营效率，降低风险。

3. 政府干预

政府干预是我国经济发展中一种比较普遍的现象。虽然政府干预在某些情境下是完全必要的，如界定和保护产权等，但是从资源配置和银行的风险承担方面，政府干预的负面作用常常也很明显。地方政府为了促进地方经济增长，有强烈的干预银行信贷

的动机；而地方在追求晋升锦标赛目标的同时，又要兼顾中央政府提出的维持稳定的目标。因此，地方政府一方面根据中央政策和辖区具体情况制定政策以维护稳定，另一方面也会通过干预银行信贷来谋求更多资源，以加快经济增长、扩大就业，获取经济增长绩效。

4. 特许权价值

在我国，监管当局对金融机构的准入条件进行了严格的规定，并通过审查和限制发放经营许可证的方式保证金融业经营的有序和稳定运行。行业准入限制带来的经营许可证价值就被称为特许权价值。金融机构经营不善导致破产时，就会失去这种能够获得未来超额利润的特许权价值。因此，管理层会主动加强自身风险业务的管理，保证机构运行，进而产生了风险自律效应。

（四）商业银行治理研究

商业银行治理是人们反思亚洲金融危机之后，将公司治理应用于商业银行这一特殊行业的直接产物。在我国，银行治理被视为新一轮国有银行改革的重心。自2003年开始的大规模改革以来，国有控股商业银行在股权结构、外部环境和内部机制建设等方面做出了很多尝试和努力。国有控股商业银行治理的形式日益完善，但是功能和机制建设尚处起步阶段。基于以上背景，本节聚焦治理风险这一核心概念，突出国有控股商业银行的特性，建立以最小化治理风险为目标的公司治理功能定位，完善以风险控制为核心的商业银行治理机制体系。

1. 商业银行治理研究的两个阶段

国际上对金融机构治理的理论研究经历了两个阶段。早期研究将金融机构作为一般公司对待，没有考虑金融机构的特殊性而直接将公司治理理论应用到金融机构身上。随着研究的深入，多数学者开始转而从金融机构特殊性出发研究金融机构治理问题。

Ciancanelli 和 Reyes-Gonzalez（2000）、Macey 和 O'Hara（2003）、Arun 和 Turner（2004）、Caprio 等（2007）是目前商业银行治理

公司治理（修订本）

的代表性研究。他们虽侧重点不同，但都试图从商业银行的金融契约、金融产品和银行产业等方面的特殊性出发来总结商业银行治理的一般规律。当前国外对商业银行治理机制的研究，主要包括商业银行股权结构与股东行为、商业银行董事会治理、商业银行高管人员激励机制、银行业竞争机制等角度。

国内关于商业银行治理的研究也在蓬勃发展。大量的研究主要集中在对国有商业银行治理结构特征、缺陷的描述（王廷科和张旭阳，2002），银行业改革所涉及的公司治理问题的分析和争论（王元龙，2001），股东治理、董事会治理治理等内部治理机制和政策环境、监管措施等外部治理机制对商业银行治理有效性的影响以及进一步的绩效和风险后果等方面。目前最新的研究聚焦于商业银行的绿色治理和数字治理，前者例如商业银行的绿色金融、服务双碳目标、环境信息披露等，后者则探讨了当前大数据背景下的数字金融、数字货币、数字资产等内容。从目前研究看来，从各个角度对商业银行治理的实证研究已经较为充分，但广为接受的商业银行治理的理论架构还相对缺乏。研究如何从更深层次推进，并更好地为实践中的商业银行治理转型服务，显得尤为迫切。

2. 商业银行治理与风险承担

金融机构由于其相对薄弱的治理体系，而面临更大的治理风险和金融风险。20 世纪 80 年代兴起的从公司治理角度探讨商业银行风险承担的研究已经受到国内外多个领域的关注，大量文献从公司治理的不同角度分析银行的风险承担。

20 世纪 80 年代，美国银行业出现了系统性的低盈利与高风险态势，2000 多家存贷机构倒闭，给纳税人造成约 4500 亿美元的损失。不同学者从不同角度提出了理论假说，主要有"道德风险"假说和"公司控制"假说。

（1）"道德风险"假说。Merton（1977）、Marcus 和 Shaked（1984）提出了著名的"道德风险"假说。其观点是，在固定费率存款保险制度下，股东是银行贷款的主要决策者，有动机从事高风险承担行为，从而将风险转嫁给存款保险机构。由此，"道德风险"假说是与存款保险制度相适应的。但当管理者持股比例较低时，股东对管理者的控制能力较强，从而使银行承担更多风险；随着管理者持股比例的增加，管理者基于前途与名誉的考虑会从事低风险承担行为；而随着持股比例的继续提高，管理者与股东利益趋于一致，银行风险承担将会增加。因此，"道德风险"假说认为商业银行风险承担与管理者持股比例呈倒 U 形关系。

基于这一假说，银行管理者的动机往往与股东、存款人不一致，管理者会滥用权力来获取超额薪酬、信用优惠和承担过度风险来谋取自身利益而损坏投资者的利益，所以我们应通过构建契约和治理结构来有效地解决上述代理问题。

（2）"公司控制"假说。与"道德风险"假说不同，Gorton和 Rosen（1995）提出了"公司控制"假说。该假说强调，银行的管理者才是贷款的主要决策者，股东虽然拥有解雇管理者的权力，但由于信息不对称，往往只能以事后报酬去判断管理者的好坏，且解雇管理者的成本会随着管理者持股增加而提高。当银行绩效不好时，存款保险制度的存在能让银行持续吸收存款，此时股东希望优秀的管理者能选择风险性计划，不称职的管理者选择安全性计划，以满足股东的利益。若管理者持股未高到足以和股东利益联结时，优秀的管理者若选择风险性计划，未来则有可能被解雇，但从事安全性计划，则保证永远不会被解雇；不称职的管理者若选择安全性计划会被解雇，但从事风险承担行为，却会被股东误认为是优秀的管理者，进而使整个银行风险升高。反之，当银行绩效良好时，管理者做出保守决定。一旦管理者持股超过某一标准，管理者反而重视银行绩效，而非个人前途或特权。因此，按照"公司控制"假说，在银行业整体状况不佳的情况下，银行风险承担与管理者持股比例呈倒 U 形关系。

上述两种观点实际上是从不同的侧面研究了银行业存在的两种不同的代理问题："道德风险论"研究的是银行股东的利益冲动，

希望承担更多风险并因此侵害存款保险提供者和债权人的利益；"公司控制论"研究的则是经典的委托代理问题。二者并无矛盾之处。虽然两种观点的理论基础存在差异，但都认为银行与监管机构或者银行股东与管理者之间存在风险偏好的冲突，完善公司治理可以达到风险控制的目标。

随着对商业银行信息披露标准的规范和水平的提高，商业银行数据获取门槛逐渐降低，催生了大量对于商业银行风险承担的实证研究，并对股东治理、董事会治理、高管治理等内部治理机制，以及宏观政策、资本监管、政府监管、政策不确定性等外部治理机制对商业银行风险承担的影响进行了较为详尽的研究。但理论研究或实证研究仍然缺少基于中国商业银行治理特征，能够被广泛接受的商业银行风险承担理论。结合中国国有控股金融机构转型、中小商业银行治理、"双碳"目标与绿色金融、大数据发展与数字金融等重要实践，构建分析银行风险承担的理论框架将是下一步的研究重点。

对金融机构治理的理论研究，以商业银行治理为主，而对证券公司、保险公司等其他金融机构治理的文献相对较少研究范式与理论较为接近，因此本节不再进行详细展开。

第四节　其他利益相关者

外部公司治理是一个较为宽泛的概念，涵盖内容较广。根据 Denis 和 McConnell（2002）、Gillan（2006）的总结，传统的外部公司治理机制主要包括投资者法律保护、控制权市场、经理人市场和产品市场等，这些机制会通过资本监管、市场约束、行政干预等多种途径影响上市公司自身。而随着现代工商企业的发展，公司规模的不断扩大、股权结构的日趋分散以及知识经济的兴起和人力资本重要性的提高，公司治理难以单纯依据商法和公司法所确立的股东权益唯一性来展开，利益相关者治理理论的研究应运而生。在

2019 年 8 月 19 日的美国"商业圆桌会议"中，181 名美国顶级上市公司 CEO 联合签署了《公司宗旨宣言书》，重新定义了"企业的使命"，一改往年股东至上的立场，将利益相关者放在了同样重要的位置。外部治理的边界也随之扩大，利益相关者治理成为外部治理不容忽视的一部分。

一、利益相关者的内涵

迄今为止，几乎世界各国的公司法都认定，股东是公司唯一的所有者，拥有至高无上的权力。然而，理论和现实的发展多多少少超出了法律制定者当初的预料。一方面，所有者的范围扩大了：公司的所有者不仅包括物质资本所有者——股东和债权人，而且包括人力资本所有者——劳动者，并且随着知识经济的发展和科学技术的进步，人力资本的作用越来越重要。另一方面，公司的责任增加了：公司运营不仅影响在公司做了各种专用性或通用性投资的所有者利益，而且影响其他利益相关者的利益，如顾客、供应商、当地社区居民、政府等，企业必须承担起更多的社会责任。这一转变促使学术界在反思传统的股东主权唯一论局限性的同时，从利益相关者的角度来重新审视公司治理问题。

斯坦福研究所（SRI）于 1963 年首次提出"利益相关者"（Stockholders）的概念，从相对狭义、单边的角度定义为"失去其支持会导致企业无法生存的群体"（Freeman、Reed，1983）。Rhenman（1964）对其进了补充，将 SRI 定义中的单边利益相关者扩展为双边关系，强调企业和利益相关者两者之间的互相影响，认为利益相关者是指那些为了实现自身目的而依存于企业，且企业为了自身的持续发展也依托其存在的个人或者群体，如投资者、员工等。而 Freeman（1984）则把企业的利益相关者界定为"任何能够影响企业组织目标的实现或受这种实现影响的个人或群体"。该定义从战略管理的角度，提出了一个普遍的利益相关者概念，不仅将影响企业目标的个人和群体视为利益相关者，同时还将企业目标实

现过程中受其影响的个人和群体也看作利益相关者，正式将社区、政府、环境保护组织等实体纳入利益相关者的研究范畴，大大拓展了利益相关者的内涵。

此后诸多学者对利益相关者进行了界定，归纳起来主要分为狭义和广义两种。前者狭义的概念基于 SRI（1963），从企业的立场对利益相关者进行界定，将利益相关者界定为在企业的活动中占有重要位置的个人或群体；而后者广义的概念基于 Freeman（1984），从利益相关者与企业的双边视角进行了界定，既包括有益于企业价值实现的利益相关者，也包含不利于企业价值实现的利益相关者。利益相关者的内涵如表 5-2 所示。

表 5-2　利益相关者的内涵

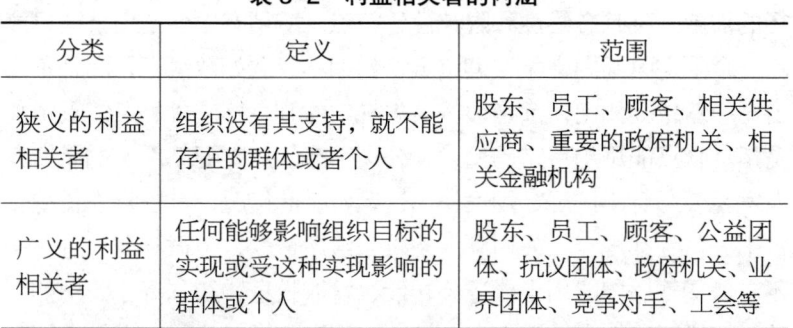

分类	定义	范围
狭义的利益相关者	组织没有其支持，就不能存在的群体或者个人	股东、员工、顾客、相关供应商、重要的政府机关、相关金融机构
广义的利益相关者	任何能够影响组织目标的实现或受这种实现影响的群体或个人	股东、员工、顾客、公益团体、抗议团体、政府机关、业界团体、竞争对手、工会等

资料来源：李维安，王世权.利益相关者治理理论研究脉络及其进展探析 [J].外国经济与管理，2007，29（4）：10-17.

二、外部治理中的利益相关者

除本章前述的资本市场、机构投资者以及金融机构外，许多其他利益相关者也在公司外部治理中扮演着重要的角色。根据前文对利益相关者内涵的介绍，本小节接下来的内容中，选取了债权人、员工，以及交易者和社区（包括客户、供应商、社区居民、政府等）三类受到较多研究的利益相关者，分别进行介绍。

（一）债权人

债权人是公司借入资本即债权的所有者。债权与股权不同，债权的义务人（即债务人）必须是特定的，且债权必须要由特定的义务人协助才能实现。

公司债权主要通过以下三条渠道形成：第一，公司贷款。这种债权要求公司按期还本付息，并履行贷款合同中规定的义务，如担保、抵押、接受贷款机构监督等。第二，公司发行公司债券。这种债权享有利息请求权和偿还请求权，即公司必须按一定利率偿付公司债券的利息和按期偿还公司债权。第三，商业经济活动的赊欠。这种债权要求公司必须履行交易合同中规定的义务。

公司贷款是公司为弥补自有资本的不足而向银行等金融机构进行的借款，具有有偿性和限定性的特点。所谓有偿性是指公司只能在一个限定时间内支配这笔资金，到期不仅要如数偿还，而且不论公司经营状况如何，都必须按事先规定的利息率支付利息。限定性是指贷款只能用于特定的用途，公司不能任意支配挪用。如果债权人发现公司有不按规定用途使用这笔资金的情况，有权收回贷款。各国公司法都规定，公司利润要首先偿还贷款，公司利润只有在偿还应付贷款后才能用于偿还公司债、发放股息和红利等。公司如到期不能偿还贷款，债权人有权按合同规定要求对公司资产进行清理变现或展期。

公司通过发行公司债券而形成的债务叫作公司债。公司债和股份一样，都是公司筹资的方式，所不同的是：第一，公司债所表示的只是一种债权，债权人无权过问发行者的业务；第二，公司债收取利息，是公司的固定支出，应在股利之前支付，当公司破产清算时，必须首先偿还公司债务，包括公司债；第三，公司债券的持有者（债权人）风险较小，除了获得固定的利息外，到期还可以收回本金；第四，公司债的利息可以进入费用，从而冲减利润而少交所得税。

公司债根据不同的标准可以分为不同的种类：①根据所享受

的利益是否确定为标准，可分为一般公司债与参加公司债。一般公司债是指有偿还期限并支付利息的公司债；参加公司债分为所得公司债和利益参加公司债，前者是以盈余作为条件而支付利息，后者是债权人除享受一定利率的利息外，还可以参加公司的盈余分派。②根据公司债是否可转换为公司股份为标准，分为可转换公司债和非转换公司债。③根据公司债的发行有无担保为标准，分为担保公司债和无担保公司债。④根据债券上是否记载债权人的名称，分为记名公司债和不记名公司债。⑤根据偿还期限可分为短期公司债和长期公司债。

总的来说，债权人和公司是一种合同关系，包括正式合同和非正式合同。由于债权人要承担本息到期无法收回或不能全部收回的风险，债权人和股东一样，拥有监督权，并在非常情况下拥有控制权，如在破产清算时。

（二）员工及其权利

公司员工作为公司人力资产的所有者，在现代公司中的地位和作用越来越重要：首先，现代企业之间的竞争最终都归结为人力资源的竞争，拥有知识和技能的员工是公司竞争制胜的决定性因素。无论产品的开发研制，还是生产销售，都需要依靠员工的智慧和经验。脱离了员工，企业寸步难行。其次，员工的知识和技能只是一种潜在的生产力，要将这种潜力发挥出来，必须给以一定的诱导和刺激，创造适宜的环境和条件，否则会影响公司的利润流量，甚至会使公司陷入深渊。再次，公司员工作为一种人力资产，具有一定的专用性。这种专用性将员工个人的命运与公司的命运紧密联系起来。他们与公司共荣辱、同患难，具有强烈的责任感和参与意识。只有保护和利用好这种热情，才能使企业充满活力。最后，随着科学技术的进步和知识经济的发展，将会涌现越来越多的知识型公司，在这些公司中，员工不仅成为人力资产的所有者，而且成为物质资产的所有者，即公司的所有者。

员工作为公司重要的资源和人力资产的所有者，应享有所有权。具体地说，应有以下权利：①剩余索取权。公司员工在按劳动合同和其他规定得到工薪报酬的同时，有权以奖金或其他形式参与公司税后利润的分配。②剩余控制权。公司决策对公司员工的切身利益有重大影响，因此员工应享有一部分剩余控制权，某些决策损害自身利益时便于及时采取对策。公司不能背着员工搞暗箱操作。③监督权。公司员工作为内部所有者（人力资产所有者）了解公司真实情况，掌握真实信息，能有效行使监督职能。④管理权。从人力资产所有者的意义上说，员工是公司的主人之一，因此，应享有一定的管理权，如提供合理化建议、自主管理、共同决策等。

（三）交易者和社区的权利

随着生产和交易的社会化，公司越来越成为社会的公司。他们不仅对客户、供应商、当地社区居民和政府等负有不可推卸的责任，而且在某种程度上，这些利益相关者也拥有监督和约束公司的权力，因为公司的运营与他们自身的利益密切相关。

1. 客户

客户是公司产品或服务的消费者。公司价值和利润能否实现，在很大程度上取决于客户的选择，这在买方市场的情况下尤其如此。此外，客户选择公司的产品或服务，同时也就获得了一组权利，这些权利主要包括以下四个方面。

第一，安全权。消费者在购买、使用商品和接受服务时享有人身财产安全不受损害的权利，消费者有权要求经营者提供的商品或服务符合保障人身、财产安全的要求。安全权是消费者应享有的最重要的权利，在许多国家的立法中得到体现。

第二，知情权。消费决策的做出，一方面取决于其需要，另一方面依赖于其对商品或服务状况的了解，两方面因素的结合，才使消费者与经营者进行交易活动。在现实生活中，消费者的消费需求是千差万别的，可满足某种需求的商品或服务也是多种多样的，消费者往往根据自己的需要、偏好、消费知识等，做出对自己最有利的选择。消费者要做出最有利于自己的选择，必须对有关商品或服务的真实情况有所了解，为此需要享有知情权。法律从保护消费者的一般利益出发，规定消费者有权根据商品或者服务的不同情况，要求经营者提供商品的价格、产地、生产者、用途、性能、规格、等级、主要成分、生产日期、有效日期、检验合格证明、使用方法说明书、售后服务等有关情况，或者要求经营者提供服务的内容、规格、费用等情况。

第三，自主选择权。消费者享有自主选择商品或服务的权利，也就是说，可以根据自己的需要和意愿选择商品或服务。具体包括：①消费者有权自主选择商品或者服务的经营者。②消费者有权自主选择商品品种或者服务方式。③消费者有权自主决定购买或者不购买任何一种商品，接受或者不接受任何一项服务。④消费者在自主选择商品时，有权进行比较、鉴别和挑选。

第四，求偿权。消费者因购买、使用商品或者接受服务时受到人身、财产损害，享有依法获得赔偿的权利，等等。

如果公司产品和服务令消费者满意，通常消费者会形成一种对公司产品的较强的偏好，要改变或取消这种偏好往往会给消费者带来负效用。

为了切实保护消费者的权利和利益不受侵害，消费者应拥有对公司的监督权。

2. 供应商

供应商是公司生产经营所需劳动资料和劳动对象即生产资料的供给者，这些生产资料包括：机器设备和工具；厂房、仓库、道路等基础设施；原材料、燃料、动力等。供应商是影子投资者，即他们的投资是由公司的产量或规模决定的，因而与公司休戚相关。

供应商与公司利益相关的程度，取决于三个维度：第一，交易规模，包括交易额度和交易频率；第二，合同期限；第三，资产专用性程度。

一般说来，交易规模越大，交易合同期限越长，供应商资产专

用性程度越高，供应商就越与公司休戚相关。公司运营良好，产量增加，规模扩大，对供应商产品的需求就会增加，供应商的日子就好过。反之，公司减产、停产或破产，对供应商会产生连锁反应，直接损害其经济利益，如生产线闲置、人员过剩、产品积压、货款收不回来等。特别是对那些做了专用性投资的、与公司签订了长期合同的大宗供应商来说尤其如此。因此，供应商为维护自己的利益，应当享有对公司营运的监督权。

3. 社区居民

公司的经营不仅直接影响所有者、交易者的利益，而且对公司所在社区的居民亦有重大影响。

第一，公司为当地居民提供就业机会，增加居民收入。公司经营好，当地就可以有较多的就业岗位，居民收入会增加，福利会提高；公司经营不好，当地居民的生活水平就会下降。

第二，公司的生产经营直接影响当地的环境，对居民的身心健康产生影响。如有的公司单纯追求盈利，忽视环境保护，大量排放废水、废气、废物，产生各种噪声；有的公司管理不严，跑、冒、滴、漏各种有害物质，对当地居民构成威胁。

第三，公司的扩张亦会对社区居民带来影响。譬如公司扩建可能要动迁居民，上新项目或许会带来污染，大量招雇外地工人会加剧当地公共交通、教育、住房、用水、用电、饮食等方面的矛盾，给居民生活带来不便，等等。

所以，社区居民为维护自身利益，应享有监督公司活动的权利。

（四）政府

严格说来，政府与其他利益相关者的地位不可同日而语。从经济方面看，政府的主要职能是：运用经济、法律等政策和手段调控国民经济运行，维护正常的交易秩序，并站在公正的立场上，调解所有者、管理者、劳动者之间及其相互之间的矛盾和冲突。之所以把政府看作公司的利益相关者，除了上述原因之外，还有以下三个方面的原因。

第一，政府的目标之一是促进就业，而公司是吸纳就业人员的主要部门，公司景气与否直接关系到"产业后备军"的多寡，从而关系到社会和政局的稳定。

第二，维持政府这架机器运转的主要"燃料和动力"是税收，而来自公司的各项税收是政府税收收入的主要源泉之一，公司经营不善或偷税漏税都会减少政府的收入流，从而使政府的运转失灵。

第三，政府庞大的购买清单和公共工程开支计划也需要公司来满足或实现，如何保证质量并按期交货是政府所关心的。如果公司出了"大麻烦"，势必影响政府的"政绩"。

政府作为公司重要的利益相关者，能够通过行政干预机制影响公司的外部治理。长期以来，我国公司治理水平的提升一直受制于相对滞后的外部治理，主要原因之一就是我国长期计划经济体制下形成的依靠行政力量而忽视市场和法治的思维惯性，使政府与企业的行为方式受制于"行政型治理"的路径依赖。我国企业特别是国有企业，包括并购、研发、对外直接投资等在内的多种行为都是在行政干预下完成的，企业习惯于接受行政干预却未必能够经受住市场的考验。我国公司从行政型治理向经济型治理的转型也体现在公司的外部治理上，外部治理需要政府的监督及行政的干预，但同样需要敬畏市场的力量，尊重市场的多元治理主体，发挥市场在资源配置中的基础性作用。

3

模式篇

　　不同的市场经济国家由于各自的经济发展道路、社会文化传统和政治
法律制度的不同，经过长期的公司发展历程和企业制度的演变，表现出不
同的公司治理结构和治理机制，公司治理机制的有效性也各具差异，由此
构成了不同的公司治理模式。从大类上分，这些模式可分为英美模式与德
日模式，前者以股东主权加竞争性资本市场为特征，后者则以主银行制和
法人相互持股为特征。另外，转轨经济国家的企业与东南亚家族治理模式
也表现出了与众不同的特征，本篇也将对这些模式做出较为详尽的描述和
发展趋势分析。

第六章　英美模式

英国和美国在政治、经济、法律制度和文化价值观等很多方面存在着诸多相似之处，虽然在公司治理方面存在一定的差异，但就其本质来看是一致的，学术界往往将英美治理模式作为公司治理的一个典型模式进行探讨和研究。本章将回顾英美公司治理的发展历程，探讨英美公司治理模式的产生原因，分析该模式的本质特征和有效性，进而对英美公司治理模式做出全面、客观和系统的阐述。

第一节　发展历程和产生原因

随着公司的产生和发展，公司治理的概念和方法不断演进。例如，自 16 世纪股份公司出现，即第一次使公司的所有者与经营者分离以来，人们就一直探讨如何使经理（公司管理者）对公司和股东更负责任的问题。当前，扩大公司信息披露的范围和真实程度，加强对管理者的行为控制，保护股东和其他利益相关者的利益已经成为各国公司治理普遍关注的热点问题之一。但对具体国家而言，囿于不同的公司发展历程和阶段，公司治理体现出不同的特点。英美公司治理模式的形成与英美两国公司的发展历史、社会背景、经济法律制度、文化习俗等有着密不可分的联系。研究英美公司治理模式需要回顾两国公司及有关公司治理的发展历程，沿着其历史发展脉络，可以更加清楚地看到英美公司治理模式形成的背景和产生的原因。

一、英国公司治理的发展历程

英国是最早产生公司的国家之一，在其公司形成、发展的几百年历史中，公司治理从最初的孕育到发展成熟经历了一个漫长的过程。这是一个对公司内的各种责任和权力不断进行调整的过程，目的是为了通过各种权力之间的制衡，维护利益相关者的利益，保证管理层决策的科学性，最终使企业获得发展。不过，正如经济学中所讲的制衡一样，对权力的绝对制衡只是一种理想状态，实现决策的科学性才是现实中公司治理竭力要达到的目标。英国公司治理的发展历程很典型地表现了公司治理的动态特征，当一种权力被约束后，其他权力将扩大直至成为新的制约对象。公司治理就是在这种针对不断产生的新问题和不断调整、探求新的权力制衡的途径中发展起来的。

公司治理中责任、监督、利益保护等概念的古老渊源可以追溯到 12 世纪、13 世纪的英格兰。那时英国尚处于原始公司阶段，出现了"行会"组织，这是对当地市场进行管理和控制的协会组织，它通过阻止无照营业者并确保市场每个成员都拥有公平份额的手段来保护个体成员的利益。行会除了保护自己的成员外，还通过规定标准保护公众的利益。由此我们可以看到公司治理中责任、监督、利益保护等概念的古老渊源。虽然这些行为并不是我们如今所谈的公司治理，但通过一定的机构、规章来达到权利的平衡，从而维护参与者利益的做法确实在一定程度上与公司治理的基本原理有相通之处。

14 世纪也有类似的组织出现，"商业冒险者公司"是将有共同利益的成员联合到一起的组织，有些类似于行会，它不是在自己的权利范围内进行贸易，而是一个制约机构，垄断、限制其成员的活动，此时的公司是在皇室的授权垄断之下。

16 世纪、17 世纪，英国的商业贸易出现了极大的繁荣。从 1553 年到 1680 年，先后有 49 个远洋贸易公司成立。它们从国王那里获得特许，专营海外某一地区的商业。因为公司的权力属于皇室，管理者也由皇室指定。此时的公司已有股份形式，但它只是一种松散的组织形式，最有代表性的就是东印度公司。

公司治理（修订本）

194

1599 年，东印度公司从近东公司中分离出来，并于 1600 年获得伊丽莎白一世的特许，定名为"伦敦商人在东印度贸易的公司"（The Company of Merchants of London Trading into the East Indies）。因为贸易特许在时间上是有限制的，到期后尚需申请延期，所以它最初只是一种临时性的松散组织，可能是以一次航行为限，也可能以几次航行为限。该公司按照合股原则筹资，按股金比例分配利润，经营结束后将股本退还投资者本人。

受东印度公司这样的贸易公司在筹措资金、利润分配方面所起的示范效应的影响，英国公司的数量迅速增加。从 1688 年至 1695年，先后有 100 家新公司宣告成立。1711 年，著名的南海公司成立，所有政府公债持有人都可以凭借政府债券来认购该公司的股票。其后股票价格剧升，又促使更多的公司涌现出来。仅 1719 年9 月至 1720 年 8 月，就新成立公司 195 家。由此可以看到英国公司通过股票筹措资金、进行利润分配的历史由来已久。在这种基础上发展起来的股权结构，以及随后证券市场的日趋成熟是直接影响其治理模式的一个重要因素。

18 世纪早期，英国的商贸活动首先盛行于独资企业和小型的合资企业。企业主和商人是典型的所有者，并为企业提供资金。面对新的机遇，企业主极力扩大企业的资金来源，从商人、地主那里筹措资金，由此出现了一批非法人公司，即联合公司。在这种形式下，一些成员经营公司，而其他成员则成为公司的股东或隐名股东。当公司处于财务困境时，所有股东都有承担公司债务的责任。可见，这一时期已经开始由原始公司向现代公司制度过渡。投资的吸引力使一些投资者甘愿冒着没有利润回报和承担经济责任的风险进行投资，但也造成投资者与经营者之间的权力失衡，损害投资者利益的诈骗行为不断出现。1720 年，为了取缔投机行为和诈骗活动，以保护投资者的利益，英国议会提出了《泡沫法案》（English Bubble Act），它通过防止拥有大量易转移的非法人公司股的方式来保护投资者。需要说明的是，《泡沫法案》是英国的首次公司立法，自此英国开始了运用法律手段规制公司中某种权限的做法。通过法律对公司进行不断的调整和规制是公司治理的一个重要手段，从另一个角度来讲，法律也是影响公司治理模式的重要因素。后来所形成的英美公司治理模式与两国的有关法律有着根本的联系。而且，公司治理的变革在相当程度上是通过公司法及相关法律的调整来实现的。

19 世纪，伴随着公司法的变化，创建、注册、治理和规范公司的方法也发生了变化。1825 年，由于《泡沫法案》的规定很不明确，因而被废除。为了解决这一问题，1834 年公司交易法颁布，规定公司所有成员必须公开注册。1837 年又颁布了一般公司法，规定了公司的法人性质和公司的注册程序。1844 年通过了股份公司法。该法律要求所有非法人公司都要进行注册和规范，这是一种政府干涉行为，其目的是保护投资者不受公司创建者欺诈行为的伤害。股份公司法明确了董事长、股东大会和审计员职责，但没有明确限定股东责任。该法案提出董事长要负责指挥并经营公司事务，指派秘书、职员和下属，定期召开股东大会，并指派一名主席来主持会议，要进行账目登记和决算。董事长要向股东提交决算表。审计员由公司任命，该任命必须向股份公司的登记部门进行注册。这些审计员要向公司股东汇报决算表。该法案为延续至今的公司注册、组建和规范奠定了基础。虽然早在 18 世纪末期人们就开始注意到股东的责任，但对股东的责任尚未限定。

19 世纪中期，英国公司法有了一个较大的转变。针对越来越明显的股东责任的问题，1855 年 8 月议会通过了一项对股份公司的股东责任进行限定的"有限责任法案"。这项法案属于现代公司范畴，它明确规定了股东只负有限的赔偿责任，由此奠定了现代公司制度的法律基础，确立了公司制的基本框架。在此基础上，1857 年和 1858 年进一步修定了这项法案。1862 年英国对以前的法律做了彻底修正，通过了《公司法》。该法律规定了建立公司的模式，按规定只要有七人或七人以上在协会章程上签字，就能组建一个有限责任公司。它规定章程中应包含注明有限责任字样的公司名称、注册地址、公司建立的目标、股东责任限定的说明和公司打算注册的数额。从那以后，这些建立公司的基本原则就没有改变。这项法律已属于现代公司法的范畴。1867—1877年，英国公司法又经过了若干调整。

股份公司的正式形成和快速发展是公司治理开始走向成熟的基础，因为股份公司带来的是经营权与所有权的分离，由此而产生的多种权力和利益关系是公司治理结构和治理机制设计的主要出发点。

19世纪末的工业高潮和20世纪初的经济危机之后，垄断组织开始在主要工业部门普及，股份公司成为加速资本集中、促进垄断形成和发展的有力杠杆。与此同时，还出现了公司合并运动，一些私营公司被合并为大的公众公司。股份公司大量向制造业扩展，成为国民经济中占统治地位的企业组织形式。20世纪初，在英国、美国、法国、德国等国家，股份公司控制了国民财富的1/4~1/3。不过，在英国这类合并形成的公众公司，并未导致"外部"股东获得资产控制权。总的来说，投票权掌握在企业的创办者手中。筹集外来资本主要是为公司的成长提供资金，产权的所有者才有投票权。

与公司治理相关的法律从19世纪末开始有了实质性的进展。一些早期的关于董事权利、义务的法案在1925年的有关法律条例中得到反映。20世纪以来，英国对公司法进行了多次修正，现行的英国公司法是以1948年的公司法为基础的。公司法规定了公司权力分配及公司权力制衡的基本框架。公司概念的兴盛及公司法的不断调整所带来的成果就是公司的大量增加。1983年年初，英国登记在册的公司已有807817家，其中既有大量的小公司，也有规模巨大的国际性公司，公司治理问题也随之日益突出。

进入20世纪80年代以来，随着经营者权力的过大和职权滥用问题的尖锐化，公司治理问题表现得越来越突出。在英国，有关学者较早就针对经营者的控制、董事会的职能、说明责任、审计报告

等问题开始了专门研究。1991 年 5 月，由英国伦敦证券交易所的财务报告厅组织成立了公司治理财务问题委员会。1992 年 12 月，该委员会正式发表了著名的卡德伯利报告（*Cadbury Report*）。该报告针对公司财务报告的程序、标准、说明责任、审计、董事会职责等问题进行了说明和探讨。这使英国成为最早对公司治理问题进行专门研究的国家之一。

英国财务报告理事会于 1998 年发布了《公司治理联合准则》，并在 2003 年、2006 年和 2008 年进行了修订。2003 年，英国政府修订了《公司法》，主要是要求公司在年度报告中必须披露参与设置高管薪酬方案的薪酬顾问姓名，以及薪酬确定所参照的对等团队。英国公司的机构投资者已经成为上市公司最大的股东，机构投资者可以控制管理层的过度行为。

2008 年金融危机爆发之后，英国政府于 2009 年 3 月针对金融监管发布了《特纳报告》（*Turner Review*），并于 2009 年 11 月针对英国银行业的公司治理发布了《沃克报告》（*Walker Review*），之后根据这两份报告全面修订了《公司治理联合准则》，并变名为《英国公司治理准则》。该准则强调公司治理不是遵从条款，而是要具有自我约束和自愿的机能。

二、美国公司治理的发展历程

美国虽然只有 200 余年的历史，却有 150 多年的公司发展史，其发展进程几乎与英国同步，而且其公司的规模、数量大大超过了其他国家。可以说当今的美国是现代市场经济发展最为成熟的国家，目前有各种公司 700 多万家，被称作"公司王国"。

19 世纪 40 年代以前，美国基本上还处于古典企业时期，私人业主式企业和合伙制企业在美国经济中占主导地位，公司制企业不仅数量少，规模也比较小。由于企业规模较小，大部分是单功能工厂制企业，因而都没有中间支薪经理阶层，其经营结构和管理方式非常简单，还谈不上什么组织结构，更谈不上公司治理。19 世纪

40年代起，随着铁路等现代交通运输工具的迅速发展，美国国内许多分散的地方市场迅速融合起来，形成了统一的国内市场，几乎与英国同步，现代公司也随之产生和发展起来。

19世纪下半叶，科学技术的新发现和新发明在工业上的广泛应用，以及激烈的市场竞争造成了美国公司规模和数量上的急剧增加。内燃机的发明和新的炼铁技术的使用直接推动了机械制造、轮船和铁路运输的发展。19世纪70年代后相继发明的发电机、无线电、电灯、电话、电车等为工业电气化提供了可能。新兴的工业部门如电力、石油、汽车、化工在此基础上发展起来。矿业、钢铁、运输等重工业部门日益居于统治地位。这些企业要求具有较大的规模，同时需要吸引大量的资金投入。这是股份公司得以发展的客观需要。为了扩大企业的规模和实力，企业纷纷采取股份公司的形式以期在竞争中取胜。美国虽不是实现股份制最早的国家，但是后来居上，股份公司的经济实力在美国经济中占绝对优势。

公司法在美国的发展和在英国的发展大体相同。在19世纪的后半期，各个州通过了简化公司组建过程的法案。法案规定，公司治理通过股东大会实现，股东大会有提名并选举董事会以及要求董事承担说明责任的权利。

美国的福特汽车公司和通用汽车公司的发展、变迁便是美国公司发展历程的缩影，由此我们也可以看到其公司治理的产生和发展的背景，以及公司治理在公司的发展中所发挥的作用。

福特汽车公司由于诞生在美国这样一个市场经济发达、股份制企业比较普遍的环境中，一开始便采取了股份公司形式。1903年，亨利·福特组建的福特汽车公司发行1000股股票，每股面值100美元，福特和煤炭商马尔科姆逊各拥有255股，取得了对公司的共同控制权。然而，即使这样一个起点高的现代企业，后来也出现了历史性倒退。1919年，已经发迹的福特以一亿美元买下了其合作者的全部股份，将公司变成了家族企业。他大权在握，公司的董事会只不过是福特手中的橡皮图章。1956年，虽然再次允许公司以外的人拥有公司股权，但福特家族仍然有 40% 的表决股权。这种大权独揽、缺乏监控与制约的公司治理结构导致了该公司后来严重亏损，并引起公司内外强烈的不满情绪。1979 年福特二世不得不将公司经营大权交给家族以外的菲利普·考德威尔（Phillip Caldwell），他本人于 1982 年退休，从此结束了这家公司长达 77 年的家族统治。

美国通用汽车公司的发展、变迁带有更浓厚的股份公司色彩。它的创始人威廉·克拉普·杜兰特（William Crapo Durant）本来是位马车运输业经营者。20 世纪初，颇有远见的杜兰特看好正处于初创阶段的汽车工业，于 1904 年买下别克汽车公司。1908 年，别克汽车年产量达到 8822 辆，成为全国很有竞争力的汽车制造厂家。同年，杜兰特宣布在新泽西州成立通用汽车公司，注册资本 24 万美元。此后，杜兰特不仅把别克汽车厂并入通用汽车公司，而且买进了多家汽车厂、数家卡车制造公司和一系列汽车零配件生产销售公司。1910 年，陷入困境的通用汽车公司向波士顿的李汉金斯银行和纽约的曼列格曼银行举债。两家银行提出的条件是，必须结束杜兰特"不在其位却谋其政"的统治方式，以委托投票方式产生公司领导。这样，通用汽车公司原有董事中有 11 名退休，杜兰特本人被迫放弃对公司的统治，从而使公司落入银行的手中。杜兰特离开通用汽车公司后自己创建了 5 家汽车厂，其中有著名的雪弗兰，利润颇丰。他在杜邦财团的帮助下大量收购通用汽车公司的股票。至 1916 年 4 月，他已掌握其普通股的半数以上，从而再次执掌通用汽车公司的大权，大银行家被全部逐出董事会，杜兰特一个人说了算，董事会形同虚设。这种家长制管理方式在创业初期发挥过积极作用，但随着公司经营规模的扩大，其弊端日益暴露。1920 年在经济危机中通用汽车公司再度陷入困境。杜兰特不得不退出公司，永远结束了他对这家企业的统治。此后通用汽车公司落入杜邦与摩根财团之手，成为拥有多个单位的大公司。在这个过程中尽管通用汽车公司采用了股份公司的形式，但从其统治者的身上不难看出传统企业管理方式的痕迹。从通用汽车公司的变迁我们可以看到独立的

公司治理（修订本）

公司法人地位对现代企业是多么重要。现代企业的永续性使国民经济运行的稳定性大大加强，公司治理则是公司永续性的基本保证。

有关学者在评述美国股份制的发展时说道，"从业主制、合伙制过渡到股份制，同时从家族统治过渡到两权分离，形成企业家和经理阶层，这是资本主义对生产关系的重大调整，对推动生产力的发展起着明显的作用。这两个转变在美国比英国和德国做得快、做得好，这是美国在 19 世纪末能迅速赶超英、德的重要原因之一。" ❶

严格地说，美国公司治理基本结构的形成始于"二战"前。作为特殊的历史事件，1919 年，密歇根州最高法院在道奇对福特公司的诉讼中所做的裁决，成为公司治理发展历程中的重要事件。这一裁决进一步明确了企业是为了股东的利益而组建运作，管理者不能无视股东的利益而滥用其权利。虽然在当时要想完全做到确保股东的利益有一定的难度，但尊重股东的利益已经成为被普遍接受的法律观点。

美国企业在实行股份制之后，逐渐形成了一支专业的、高质量的经营管理人员队伍，而且在对管理人员的培训教育方面也走在了前列。这使美国企业的竞争力得到极大的提高。但与此同时，经营者的权力也发展得越来越大，以至于经营者独断专行，所有者对经营者的权力失控问题日趋明显，从而使当时的企业出现"强经营者、弱股东"的组合。通过内部机制制约经营者权力虽然是一个方面，但董事会往往表现无力。

另外，由于美国证券市场发育比较早、也比较成熟，美国公司注重外部控制机制，即来自于股东的监控。美国的公司治理模式根植于 19 世纪末的公共证券市场。当新的工业公司为扩大生产规模而筹措资金时，他们可以选择主要从事政府债券和公共事业公司股票交易的证券市场。纽约证券交易所于 1792 年成立，它为当时美

---

❶　陈宝森. 浅议美国股份制的有益经验 [J]. 世界经济与政治，1997（12）：38–40，62.

国公司筹资活动起到了重要的中介作用。从 19 世纪到 20 世纪不断出现的金融危机导致了股票市场的大波动。其后，国会所做的调查发现了银行与投机者联手操纵市场，把存款人的钱借出去搞投机、向官员行贿等种种弊端，国会因此决定通过立法对证券交易所加强管理，建立了一套自我约束机制，监督向公众出售证券的经纪人的活动，成立了联邦证券交易委员会，执行新的联邦证券法，严格划清投资银行和商业银行的界限，同时更加严格地要求上市公司彻底公布财务状况并给局外人以更大的监督权。自此，股票和债券交易活动增长惊人，从 1976 年到 1991 年纽约证券交易所的成交量每年增长 15%。股东通过在证券市场上"用脚投票"买入卖出股票，或对企业进行购并接管等方式实现对经营者的监督。这种外部环境的变化，赋予 20 世纪 80 年代美国的公司治理以新内涵，使其又增加了许多防止敌意收购的新内容，如毒丸计划、绿色铠甲及秘密投票权的导入等。仅 1985—1990 年，通过恶意接管易主的公司股票价值就达 1400 亿美元。

　　股东监控机制也带来了经营者的短期行为。到 20 世纪 80 年代中期，美国政府决定鼓励持股人参加公司投票选举，即"用手投票"；一些大股东出于自身利益的考虑开始直接关注企业的经营；恶意接管几乎停止；机构投资者的迅速发展使其在股东监控机制中所发挥的作用引起了越来越多的关注；种种法律规制也做出了调整。20 世纪 90 年代以来，美国公司治理进入了一个变革的时期，其核心在于如何强化董事会的监督。

　　自 20 世纪 90 年代以来，美国的公司开始盛行股票期权制度，理论依据是股票期权有利于解决激励不相容的难题。2001 年美国安然公司的破产等事件促使美国国会于 2002 年 7 月颁布了《萨班斯－奥克斯利法案》，该法案强制要求公司必须完善内部控制制度，提出了公司治理中信息披露的新规则。2007 年 4 月，美国第二大次级房贷公司——新世纪金融公司破产，2008 年 8 月，美国房贷两大巨头——房利美和房地美股价暴跌。为应对金融危机，美国政府加强了对金融机构和金融市场的监管，并出台相关措施以保护消费者和投资者的合法利益。

在过去的 20 多年里，安然、世通、美国泰科、印度萨蒂扬等一系列企业倒闭事件，都将公司治理的讨论推向了前所未有的高度。

三、英美模式的产生原因

英美现代公司的发展是在 19 世纪中后期。科学技术的发展导致了经济规模的迅速扩大，这就需要把众多的劳动力和资本集中在一种单一的组织之中，组成一个富有成效的实体。在这种背景下，股份公司成为最适当的形式。在股份公司发展的初期，所有权与经营权的分离是不可避免的。尤其随着经济的发展，公司经营规模、范围的扩大，专业化的经理阶层出现，更加大了所有者与经营者的分离速度。由此而产生的利益冲突也出现了。公司作为法人，是市场经济的主体，它要求经营者追求公司利益的最大化。而公司的经营者作为自然人，也在追求自身利益的最大化。经营者为了满足自己的利益，就有可能滥用权力损害公司的利益，进而损害公司所有者的利益。这种利益的冲突可以说是公司治理形成的内在因素，也是各种公司治理模式共同的产生原因。造成公司治理模式之间差异的因素则来自特定的法律与制度、资本市场的发育水平、利益相关者的价值观，以及政治、文化和历史因素等。在前文关于英美公司治理的发展历程的叙述中，已经充分地说明了这一点。

第二节　英美公司治理模式的本质特征

一、英美公司内部治理结构的基本特征

公司内部的权力分配是通过公司的基本章程来限定公司不同机构的权力并规范它们之间的关系的。各国现代企业的治理结构虽然都基本遵循决策、执行、监督三权分立的框架，但在具体设置和权

力分配上却存在差别。

1. 股东大会

从理论上讲，股东大会是公司的最高权力机构。但是，英美公司的股东非常分散，而且相当一部分股东是只有少量股份的股东，其实施治理权的成本很高，因此，不可能将股东大会作为公司的常设机构，或者经常就公司发展的重大事宜召开股东代表大会以做出有关决策。在这种情况下，股东大会就将其决策权委托给一部分大股东或有权威的人来行使，这些人组成了董事会。股东大会与董事会之间的关系实际上是一种委托代理的关系。股东将公司日常决策的权力委托给由董事组成的董事会，而董事会则向股东承诺使公司健康经营并获得满意的利润。

2. 董事会

董事会是股东大会的常设机构。董事会的职权是由股东大会授予的。关于董事会人数、职权和作用，各国公司法均有较为明确的规定，英美也不例外。除公司法的有关规定以外，各个公司也都在公司章程中对有关董事会的事宜进行说明。公司性质的不同，董事会的构成也不同。在谈到公司治理问题时，常常要根据不同性质的公司进行分析。

为了更好地完成其职权，董事会除了注意人员构成之外还要注意董事会的内部管理。英美公司的董事会在内部管理上有以下两个鲜明的特点。

其一，在董事会内部设立不同的委员会，以便协助董事会更好地进行决策。一般而言，英美公司的董事会大都附设执行委员会、任免委员会、报酬委员会、审计委员会等一些委员会。这些委员会一般都是由董事长直接领导，有的实际上行使了董事会的大部分决策职能，因为有的公司董事太多，如果按正常程序进行决策，则很难应付千变万化的市场环境。也有可能因为决策者既是董事长同时也是最大股东，对公司事务有着巨大的影响力，所以不愿让太多的人分享他的决策权。在这种情况下，董事会是股东大会的常设机构，而执行委员会又成为董事会的常设机构。除这样一些具有明显管理决策职能的委员会外，有的公司还设有一些辅助性委员会，如审计委员会主要是帮助董事会加强其对有关法律和公司内部审计的了解，使董事会中的非执行董事把注意力转向财务控制和存在的问题，从而使财务管理真正起到一种机制的作用，增进董事会对财务报告和选择性会计原则的了解。报酬委员会主要是决定公司高级人才的报酬问题。董事长的直属委员会，由董事长随时召集讨论特殊问题并向董事会提交会议记录和建议的委员会，尽管它是直属于董事长的，但它始终是对整个董事会负责，而并不只是按董事长的意图行事。近年来，美国的有些公司又成立了公司治理委员会，用以解决专门的公司治理问题。

其二，将公司的董事分成内部董事和外部董事。内部董事是指公司现在的职员，以及过去曾经是公司的职员，现在仍与公司保持着重要的商业联系的人员。外部董事包括三种人，一是与本公司有着紧密的业务和私人联系的外部人员；二是本公司聘请的外部人员；三是其他公司的经理人员。外部董事一般在公司董事会中占多数，但一般不在公司中任职；内部董事一般都在公司中担任重要职务，是公司经营管理的核心成员，美国大多数公司制企业的内部董事人数为三人，很少有超过五人的。外部董事有的是私人投资者，它通过在股票市场上购买公司股票而成为公司大股东，但他们往往对公司的具体业务并不了解，大部分外部董事作为其他公司的代表进入公司董事会，而这些公司又常常是法人持股者。自 20 世纪 70 年代以来，英美公司中的外部董事比例呈上升趋势。从理论上讲，外部董事比例的增加会加强董事会对经营者的监督与控制，但是，英美大公司中同时存在的一个普遍现象是公司首席执行官兼任董事会主席。这种双重身份实际上使董事会在某种程度上丧失了独立性，其结果是董事会难以发挥监督职能。

3. 首席执行官（CEO）

从理论上讲，董事会有权将部分经营管理权力转交给代理人

代为执行。这个代理人就是公司政策执行机构的最高负责人。这个人一般被称为首席执行官，即 CEO（Chief Executive Officer）。在多数情况下，首席执行官是由董事长兼任的，即使不是由董事长兼任，担任此职的人也几乎必然是公司的执行董事并且是公司董事长的继承人。但是，由于公司的经营管理日益复杂化，经理职能也日益专业化，大多数公司又在首席执行官之下为其设一助手，负责公司的日常业务，这就是首席营业官，即 COO（Chief Operating Officer）。在大多数公司，这一职务一般由公司总裁（president）兼任，而总裁是仅次于首席执行官的公司第二号行政负责人。也有的公司，由董事长同时兼任公司的首席执行官和总裁。此外，常设一名首席营业官协助董事长兼任首席执行官的工作。此外，公司还设有其他一些行政职务，如首席财务官（Chief Financial Officer）等。在英美公司的行政序列中，以首席执行官的地位最高，其次为公司总裁，再次为首席营业官，接下来是首席财务官。在总裁以下，各公司还常常设有多名负责具体业务的副总裁，包括执行副总裁和资深副总裁。这些副总裁一般都负责公司的一个重要业务分部，或者是作为公司董事长和首席执行官的代表担任重要子公司的董事长兼首席执行官。由于首席执行官是作为公司董事会的代理人而产生，授予他何种权力、多大的权力，以及在何种情况下授予，是由各公司董事会决定的。首席执行官的设立，体现了公司经营权的进一步集中。

4. 外部审计制度的导入

需要注意的是，在英美公司中没有监事会，而是由公司聘请专门的审计事务所负责有关公司财务状况的年度审计报告。公司董事会内部虽然也设立审计委员会，但它只是起协助董事会或总公司监督子公司财务状况和投资状况等的作用。由于英美等国是股票市场非常发达的国家，股票交易又在很大程度上依赖于公司财务状况的真实披露，而公司自设的审计机构难免在信息发布的及时性和真实性方面有所偏差，所以，英美等国很早便出现了由独立会计师承办的审计事务所，由有关企业聘请他们对公司经营状况进行独立审计

并发布审计报告，以示公正。英美等国公司每年的财务报告书都附有审计事务所主管审计师签发的审计报告。政府的审计机构也在每年定期或不定期地对公司经营状况进行审计并对审计事务所的任职资格进行审查。这种独立审计制度既杜绝了公司的偷税漏税行为，又在很大程度上保证了公司财务状况信息的真实披露，有助于公司的守法经营。

二、英美公司外部治理机制的基本特征

公司治理与公司的股权结构有直接的关系。考察公司外部治理的基本特征主要是考察公司的股权结构及股东的监控机制。

股东监控机制主要指的是股东采用的激励与约束经理人员行为以及参与公司重大决策等的方式，这也是公司治理的一个核心机制。美国和英国的股东监控机制建立在英美高度分散的、流动的股权结构的基础之上，形成"市场控制主导型"的公司治理模式，与日德"主银行控制主导型"的公司治理模式形成鲜明的对照。

公司的股权结构尤其是股权结构中的大股东的构成状况是公司股东监控机制模式的基础。英美公司股权结构具有高度的分散性，这与英美强调股票在证券市场上的流动性是分不开的。

英美公司股权结构的分散性表现在以下三个方面。

第一，银行作为纯粹的资金提供者，难以在外部治理中发挥作用。因为银行的股份投资在英美，尤其是在美国，受到严格的限制，英美股权分散化和公司的融资方式直接相关。与其他发达国家不同，英美公司的融资方式是以直接金融为主，间接金融为辅，即公司主要是通过发行股票和债券的方式从资本市场上直接筹措长期资本，而不是依赖银行贷款。这一特点是由英美实行的金融体制所决定的，尤其是美国。虽然美国商业银行众多，约有 1.4 万家，但美国法律规定，银行只能经营短期贷款，不允许经营七年以上的长期贷款。这样，美国公司的长期资本就无法通过银行间接融资，而要依靠证券市场直接筹资。英美都是具有反垄断传统的国家，公众

一向反感由于财富集中和垄断而压抑公平竞争，政府为了迎合大众意愿，制定诸项限制持股人的法案。1863 年，美国国家银行法把银行限制在州的范围内，又立法将商业银行和投资银行分离开来，并对其持股份额进行限制。通过这些立法，银行的势力得到限制，同时也较早地造就了相当成熟的证券市场。美国 1993 年为了缓解当时濒临绝境的银行的困难，通过了《格拉斯－斯蒂格尔法案》，规定了商业银行与投资银行相互分离，商业银行自己不得直接持有工商企业的股票。如果商业银行持有公司的股票，必须事先得到美国联邦储备银行的批准，而且还必须是一个"消极的"股东，即不得参加投票和干预公司活动。这样，基本上就把银行从公司的股东队伍中排挤出去。1996 年，美国政府放宽了对商业银行经营业务范围的一些限制，但仍然禁止商业银行直接持有工商企业的股票。

从形式上看，英国对金融机构集中持有公司的股票虽然没有什么法律限制，但实际上却存在许多谨慎规则。例如，如果商业银行在一个公司持股较多，必须事先得到英格兰银行的许可；如果承受的风险大于银行资本金的 10%，也必须得到英格兰银行的批准等。和美国一样，英国的内部交易法也反对股票投资者为控制公司而大量持有公司的股票。

第二，迅速发展的机构投资者在外部治理中扮演着日趋重要的角色，但分散的股权仍限制其作用的发挥。在过去 20 年里，美国机构持股增长很快，机构投资者所占比例不断加大，但股权尚不集中。为了适应企业外部直接融资的需求，美国非银行的各类金融机构逐渐发达起来，各种养老基金、互助基金、保险公司、信托公司成为公司筹措资金的极其重要的中介机构。尤其是近几十年来，中介机构的持股率上升很快，使原先占有压倒优势的个人股东持股率持续下降，由 20 世纪 70 年代的 70% 以下降到目前的不足 50%；而各类机构投资者的持股率则由 20 世纪 50 年代的 23%、60 年代的 28% 上升到 70 年代的 37.8%。到 20 世纪 90 年代，机构投资者的总资产已由 1950 年的 1070 亿美元增加到 1990 年的 58000 亿美元。

机构投资者拥有美国全部大公司 60% 以上的股权。但是由于法律与公司章程的限制，各金融机构在每家公司的持股比例都不大，从而没能引起公司股权的高度集中。美国保险公司的股票投资受各州法律所制约。例如，纽约保险法规定生命保险公司只能将其资产的 20% 或盈余的 50% 投资股票，并规定保险公司投入到任何一家公司的股票不能超过其资产的 2%。另外，美国的反托拉斯法还反对公司间相互持股，美国的证券法也不鼓励任何投资者集中持有一家公司的股票。因此，尽管从总体上看，美国非银行机构持有公司的股票已超出一半，但法律的限制仍使美国公司的股权分布非常分散。英国的情况和美国的很接近。1975 年，英国机构投资者在资本市场上所持股份占 42.9%，到 1990 年增至 61.3%。

机构投资者不集中持有某一个公司的股票，除了法律的原因外，也是机构投资者出于自身利益的考虑而做出的合理选择。机构投资者为了分散投资风险，大多数将投资分散到多个公司，这就使他们成为多个公司的小股东（一般约占某一公司股份总数的 0.5%~2% 或 3%）。因此，对于公司的股权结构而言，机构投资者的加入并没有从根本上改变其分散性的特点。

第三，英美公司股票的个人持有者仍占很大比例，而且个人持股者一般都只持有某家公司很小额的股份。

英美股东结构的分散性特点决定了其股东监控机制的特征，即对英美公司高层经理人员的监督主要来自股票市场。也就是说，英美等国公司的外部治理机制主要是通过证券市场的股票交易活动来对经营者产生必要的压力。在 20 世纪 80 年代中期以前相当长的时期里，这种机制主要是通过两种途径来达到股东对公司经营的监督和控制的：其一，"用脚投票"，即股东们对公司经营如果不满意，股东就会卖掉自己手中的股票，基于此种压力，经理就会被迫改善经营。其二，恶意接管，即如果公司经理的工作成效仍然不大，公司股票价格就会继续下跌，这样就有可能发生局外人通过竞价购买该公司的大部分股票，从而达到收购该公司的目的。

总的来看，英美股东在对公司行使监控权上的表现比较消极。从个人股东的方面来看，这些小股东不具备控制或者影响董事会决策的能力。另外出于个人利益的考虑，个人股东对公司的监督也极少积极投入，之所以如此，是因为：其一，理性的冷漠，即当一个股东在投票决定对公司决策的赞成与否之前，为做出理性的判断而获得信息的成本要大于因此投票而获得的利益。其二，免费搭车问题，即在股权分散、股东各自独立的情况下，每一个股东都希望其他股东积极行使监督权而使自己获利，其结果是无人行使监督权。其三，公平问题，如果某些股东，尤其是大股东为自己的利益积极行使了股东权，那么因此获利的将是全体股东，积极行使股东权的股东为此耗费自己的成本，而使另外一些股东不劳而获，这种不公平也妨碍了股东积极行使投票权。

　　另外，从机构投资者来看，尽管它的出现为解决公司控制和监督问题提供了可能性，也克服了一般小股东不懂专业知识的弱点，但是至少到目前为止，还不能充分发挥它的监督作用。从事实来看，美国的机构投资者近年来已开始表现出某些股东的积极性，英国的机构投资者也在为保护股东利益做出努力，但总的来看，机构投资者仍处于消极股东状态。在美国和英国，大部分机构投资者不愿意陷入公司的经营和管理中，很少干预和影响公司经营者的人选。在英国，他们甚至很少投票，大部分机构投资者认为投票浪费时间且毫无意义。机构投资者表现出的消极股东状态主要出于以下四个方面的原因。

　　（1）对于机构投资者而言也存在着"免费搭车"的问题。只有同一个公司的大多数机构投资者联合行动，才可能达到真正控制公司董事会的目的。但集体行动的成本过大，它与投资者的收益相比是一个难以衡量的问题，而且每一个机构投资者都希望通过其他投资者的监督行为使自己获益。

　　（2）机构投资者的持股目的和投资标准是为了获取利润，为了向基金参与者支付收益，如养老基金支付养老金等。它们往往要在股票的股息率和其他的证券收益率（如存款利率、债券利率）之间做出权衡，在股票收益率高的时候买股票，在股票收益率低的时候卖股票。机构投资者还要根据股息、股价在各种不同的股票间进行选择，以购买良性股票。这样机构投资者就不会长期地持有一种股票。例如，美国机构投资者持有一种股票的时间从 20 世纪 60 年代和 70 年代的 7 年减少到 80 年代末和 90 年代初的 1.9 年。

（3）来自法律规定的限制。根据美国有关法律，保险公司在任何一个公司所持股票不能超过公司股票总值的 5%，养老基金会和互助基金会不能超过 10%，否则就会面临非常不利的纳税待遇，它的收入要先缴公司税，然后在向基金股东分配收入时再纳一次税。因此，一个机构投资者在一个特定的公司中，通常并不总是处于优势地位。一般每个金融机构持有一家公司的股票只在 1%~2%。因而其单独行事难以达到监督的目的。

（4）一些机构投资者或者委托经营人往往与其所持股份的公司有利益关系，甚至与它们所持股的公司有业务往来，这样它们在行使股东权时，多从本身的利益出发，而不是从所有股东的利益出发，与被监督的经营者容易保持一种暧昧的合作关系，因此难以承担监督之任。

尽管如此，应该看到机构投资者的出现为解决英美公司治理问题提供了可能性。机构投资者多由专业人员控制，他们有经营知识、专业技能、时间、精力和财力对所投资的公司实现有效的监督，同时所投资的公司经营得越好、发展越有前途，机构投资者的收益就越大、越稳定，也会带来自身的发展。基于这一点，机构投资者的治理是很有潜力的，当然，这种可能性要变为现实尚需要进一步的变革，以及排除不利的因素和障碍。

第三节　英美公司治理模式的有效性分析

一、内部治理的有效性分析

英美公司的内部治理有其合理性。董事会与经营者各尽其职，有利于经营者集中精力，排除干扰，搞好经营，提高公司业绩。另外，英美公司的经营者，特别是美国大公司的高级管理人员有相当的经营自主权，这样可以保持经营者的工作热情和创新力，这是公司得以发展的重要因素。

但是，与此同时，英美公司内部治理也存在着比较明显的问题。一般而言，根据法律规定，股东行使对公司经理和公司的监控权，主要是通过投票选举自己信任的董事，并通过董事会来对公司经理实行控制与监督。董事会是公司唯一的也是最重要的对公司经理及其决策进行监督与控制的机构，因为至少从名义上说它拥有聘任、解雇公司经理的一系列权利，因此，选举自己信任的代表进入董事会是股东主动行使自己控制权的主要方式。然而，英美公司的董事会常常被戏称为"橡皮图章"。之所以如此，主要是因为董事会基本上被公司总经理（首席执行官）所左右。来自公司内部管理层的董事会成员，是总经理兼董事长的下级，不可能对公司总经理做出尖锐的批评。而来自公司外部的董事会成员，因为是由经理推荐或由受经理操纵的提名委员会推荐的，所以也不可能对经理做出强烈的批评。另外，外部董事并非是全日制工作，对公司的生产经营情况的信息掌握得很不充分，因而也削弱了董事会控制与监督公司经理的能力。不过，从另一个角度而言，公司的总经理（往往兼任董事长）能实行高度的自主经营也可以说是英美等国公司保持竞争力的一个因素。公司治理需要解决的问题是如何在保持经营者工作激情的同时，对由于缺乏足够的监督机制而发生的大公司高层经理人员玩忽职守和谋取私利的问题进行控制。进入 20 世纪 80 年代以来，这个问题在英美表现得日益突出，也正是这个原因，公司治理问题越来越引起人们的重视。

在英美，现在对董事会的改进已成为一个重点，特别是如何发挥外部董事的实质性作用已成为人们关注的焦点问题。从理论上讲，内部董事和外部董事（执行董事和非执行董事）的设置对于监督整个决策过程而言是一个比较合理的结构。这种结构有利于决策

公司治理（修订本）

的事前监督、事中监督和事后监督，避免不必要的损失。但现实中存在的问题也很多，在实践中，内部董事和外部董事的角色尚定位不清。在许多公司中，外部董事只不过是公司根据法律所行使的一道必要程序，而未能发挥所设想的监督职能。同时还存在着谁来监督外部董事的问题。

二、外部治理的有效性分析

在英美公司治理模式中对经营者的外部监督是通过股东监控机制来实现的。对于英美模式股东监控机制的有效性，人们评价不一。客观地看，这种模式是在特定的环境和背景下形成的，它能够得到发展并且得以生存就在于它所具备的优势，即股权结构的分散性和证券市场的流动性，这表现为以下五个方面。

（1）这种模式强调股票在证券市场上的流动性。流动性好能够使投资者容易卖掉手中的股票，从而减少投资风险，保护投资者的利益，同时有利于证券市场的交易活跃、信息公开。

（2）证券市场流动性好有利于带来资源的再分配，市场中的资本容易重新得到优化组合，公司也就容易筹措资金。

（3）从社会整体来看，这种模式有利于避免由于一家公司的经营不力或环境变化等原因所带来的连锁反应。日本在泡沫经济崩溃之后所产生的连锁反应就是一个教训。

（4）股东通过自己在证券市场上的股票交易活动来控制、监督经营者，可以在很大程度上让经营者按自己的意志办事，经营者的创造力得以发挥。

（5）尽管对于"用脚投票"和并购接管所发挥的效力人们存在不同的看法，但客观来看，其积极的作用在于这种方法对经营者所产生的直接压力有利于其努力经营。同时，它可以保证资本市场的竞争性，约束经营者为股东的利益工作。当然，人们也在试图对此做出进一步调整，以期更有效地发挥其积极的一面，同时减小其负面作用。

虽然从上述分析来看，英美模式有它自身的优势，但它的缺陷也日益显露出来。其缺陷主要是股东的"用脚投票"和恶意接管对公司的长远发展产生的消极影响，这主要表现为以下三个方面。

（1）高度分散的股权结构造成了经营者的短期行为。由于股东判断企业经营优劣的标准主要是股息红利和股票价格的高低，公司经营者在股东追求短期利润和高分红率的巨大压力下，不得不以满足股东收益最大化作为经营目标。股东投资行为的短期性导致公司经营者把注意力集中在近期或季度性利润上，美国公司的经理和董事所得到的有关所有者预期的信息就是：如果逐月地提高盈利水平，股东就维持和增加投资；如果盈利下降，股东就出售股票，即用脚投票。在这种情况下，公司的经营者们面对激烈竞争的环境只能对短期目标更为注重，这种监督机制带来的直接后果就是损害企业的长期利益和发展。

（2）公司股权的高度流动性使英美公司资本结构的稳定性差。由于股东以追求投资收益最大化为目标，企业经营一旦出现波动，股份便不断转手，这不仅使公司的长期发展没有稳定的资产结构的保障，而且很容易造成企业兼并接管的动荡。在 20 世纪美国就曾产生过五次兼并高潮，即 20 年代、50 年代、60 年代、70~80 年代、90 年代，而且兼并和接管主要是通过收买股票进行的。兼并活动对公司经理人员具有极为重要的影响，因为公司被兼并接管后原班人马一般都被撤换，经理人员的人力资本因此受到损失。从积极意义的一面来看，公司控制权的易手可能是淘汰无能之辈的最好方式，而且迫使经理必须搞好经营，但也要看到对经理人员所带来的消极影响。公司的经营者要时刻面临着被接管的压力，如果经营无方就会随时被取而代之。这样就进一步促使公司经理人员将注意力仅仅集中于公司的短期效益上。公司的正常运作需要稳定的资本结构为基础，恶意接管给公司带来的动荡，难以使所有者和经营者保持长期的信任和合作，甚至使经理人员的行为更为短期化。

（3）公司收购在很多时候不利于经理人员积极性的发挥。公司收购在 20 世纪 60 年代曾被认为是监控经营者的有力方式，有些公司在被收购接管后确实提高了绩效，但也逐渐出现了相反的情况。特别是到 20 世纪 80 年代中后期，公司收购逐渐有作为掠夺财产的一种方式的趋向，一些公司在被收购后，被分割出卖，公司收购成为一种套利的行为。同时出现了小公司吃掉大公司，经营差的公司吃掉经营好的公司的现象。公司经营者公开地表示不喜欢恶意收购者，他们通过各种努力，特别是通过游说立法机构限制恶意收购。进入 20 世纪 90 年代后，恶意收购案几乎停止。但与此同时，经理人员的权力也随之再度膨胀。公司治理问题将如何得到进一步改进，人们正在探索之中。

　　为了克服短期行为，一种新模式正在股东与经营者之间形成。这种模式就是要投资者在一家公司成为拥有长期利益的投资者，而不是赚了钱就走的短期谋利者，由此形成一种更加紧密的利益共同体。同时，鼓励投资者、董事会和经理人员的合作，由股东中的积极分子监督企业的表现。这样做一方面是要解决以往英美模式所产生的短期行为问题，另一方面也是要进一步发挥对经营者的监督作用。人们试图在英美模式和德日模式之间取长补短的基础上，进行新的开拓和尝试。为此，20 世纪 90 年代以来，公司治理模式日益呈现出趋同化的特点。

第六章　英美模式

第七章　德日模式

德日公司与英美公司治理模式的不同之处在于治理结构、股权结构及股东监控机制等方面。本章首先介绍德日模式的产生背景和发展过程，就该模式的本质特征和治理效率等相关问题进行分析。

第一节　德日模式的产生背景与发展历程

一、德日模式的产生背景

德国和日本是内部治理模式和网络导向模式的代表。影响德日模式形成的主要因素有：有关法律和制度，政治、文化与历史，公司股东本身的偏好及行为能力，经济与资本市场的发展水平等。前两个因素最为直接，而后两个因素是通过影响前两个因素发挥作用。

1. 法律与制度因素

法律与制度对德日公司股权的构成，特别是大股东的构成和股权集中度起着决定性的影响。

（1）德日两国对金融机构的管制较为宽松。两国的金融机构在持有企业股权方面具有很大的自由度，这也是德日模式产生的关键原因。1987 年之前，根据日本《反垄断法》规定，商业银行可持有一家企业股份的上限为 10%，而 1987 年以后，这一比例下降为 5%（但却对超过 5% 范围的股票处理问题，设定了十年延缓期，这意味着对银行没有限制）。保险公司最多可持有一家公司 10% 的股

份，共同基金和养老基金在投资分散化方面不受任何限制。

德国在银行持股方面更无限制，相反，银行作为融资主体，深受政府政策、国家法律的保护。例如对非金融企业的股权投资只要不超过银行总资产额的15%，就无其他份额限制。根据德国实行的全能银行（universal banking）原则，银行可以提供从商业银行业务到投资银行业务的广泛服务（包括信贷、信托、证券投资等），可以无限量地持有任何一家非金融企业的股份。德国银行的平均持股率为9%，德国《反托拉斯法》也没有对其做出任何限制。

（2）德日对证券市场的限制过于严格。德日两国传统上对非金融企业直接融资采取歧视性法律监管。长期以来，日本债券市场只对少数国有企业和电子行业开放，而债券发行委员会通过细的会计准则对企业债券的发行设置严格的限制条件，因此日本的证券市场较为落后。

在德国，企业发行商业股票和长期债券必须事先征得联邦经济部的批准，而批准的条件是发行企业的负债水平在一定的限度以下，发行申请必须得到某一银行的支持，企业发行股票需征收1%的公司税。另外，企业在海外发行债券也受到严格限制，比如：商业票据和国内债券等的发行直到1989年才被批准，外汇债券和欧洲债券的境外发行则分别在1990年和1992年。股票市场交易的高额征税也是在1992年之后略有松动。

由于德日对企业直接融资采取过于严格的监管，从而使德日证券市场与英美证券市场相比，发展较为落后。

（3）德日在信息披露方面的规定不太严格。1989年，OECD曾对各国跨国公司合并财务报表进行了一次调查。在经营结果披露方面，被调查的53家美国公司中有34家公司完全符合OECD的规定要求，而被调查的23家日本公司只有2家公司完全符合要求，19家德国公司中居然没有一家完全符合要求。在内部转移定价披露方面，完全符合要求的美国公司占62%，日本公司只占10%，德国公司仍然没有一家。这一资料说明，德日在信息披露方面的规

定不太严格，其结果是外部投资者获得内部信息的机会减少，信息成本增加，影响其投资积极性，对企业直接市场融资产生了阻碍作用。

2. 政治、文化和历史因素

德日两国在政治上习惯于统治权的集中，德国在俾斯麦时代起就把经济的统治权集中于银行手中，而日本的经济控制权集中在少数的大财阀和家族手中。

德日两国在历史的发展中逐渐形成了独特的文化价值观。两国都强调共同主义，具有强烈的集体意识，善于凝聚力量，重视追求长期利益。德国被称为"合作的经理资本主义"，日本公司的集体主义更是举世皆知。在日本，以企业为中心，员工不仅在工作上，甚至是精神上也要依存于该企业，使得这种集体主义的行为已经超出一般营利团体的范畴，是建立在营利基础上具有浓厚共同体色彩的团体。它可以把员工个人利益与公司利益紧紧地结合在一起，使员工为了企业发展而拼命奋斗，直至退休。从公司的内外部环境来看，1/3 的公司社长由内部晋升而成，公司以权威的经营者为核心，通过日本式经营强化了公司的团结性。这种公司治理模式中，员工是否晋升为社长主要看其对公司是否忠诚，公司职工拥有权力，排除了股东追求短期利益的影响力。公司外部也存在共同体，其集体主义色彩也比较浓厚。主银行和同一公司集团内的公司通过互相持股等支持公司经营者和公司的行为，政府部门主导并保护公司集团和公司。这样，日本公司、公司集团和政府部门构成了三个层次的金字塔式关系，形成了独特的公司内外共同体。

德日两国都是后起资本主义国家，两国国内资源短缺，特别是日本，是一个资源贫乏的岛国，面临着生存与发展的巨大压力。两国既是"二战"的发动者，也是战败者，但战后经济得到了迅速恢复，可以说这些与两国的政治、经济高度集中密切相关。

公司治理（修订本）

218

3. 德日公司股东本身的偏好及行为能力

德日公司的股权分布之所以相对集中，除了法律与制度的限制，也与银行本身的性质、偏好及能力相关。一般而言，银行持股不是一种短期投资行为，而是长期投资行为。银行持股不是为了买卖股票获取短期利润，而是为了与有关公司保持长期稳定的业务关系。银行持股的长期投资行为，保证其投资的安全性，关心公司的生产经营情况。况且银行具有股东和贷款人的双重身份，也为其行使监控公司的权力提供了重要保证。

4. 经济与资本市场的发育水平

"二战"结束时，德日两国的经济都惨遭重创，企业恢复资金极其短缺，加之当时两国公司外部资本市场也不发达，以及政府对企业发行债券的严格限制，使得公司外部融资只能依赖银行贷款，这样就进一步为银行在股东监控公司活动中发挥主导作用提供了条件。

德日两国之所以允许银行和法人相互持股，也与当时两国经济发展水平不高相关。如战后日本为了加入 OECD，不得不开放国内资本市场，实行资本自由化。为了防止国外公司对日本企业收购，保护民族工业，日本也开始推进"稳定股东进程"，大力发展法人互相持股，这一措施有效地发挥了抵挡国外公司收购吞并日本公司的作用。

另外，德日企业集团的存在和发展是两国经济的重要支柱，而且银行集团与企业集团相互关联。这是德日公司治理模式生成的原因之一。

二、德日模式的发展历程

当代日本公司治理模式脱离于其前身——财阀集团或家族企业集团。二十世纪三四十年代，日本军政当局敦促家族银行合并，并且大多数公司指定一家主银行，并把银行当作政府基金流通的管道。在"二战"时，财阀集团起到了重要作用，因而日本当局容忍了财阀势力扩张，持股人对公司管理者的控制也大大减弱。企业的股份高度集中于少数财阀家族手中，财阀家族通过控股公司层层控制大批企业，从而形成了高度集中的"金字塔"式股权结构。战后初期，日本公司总资本共计323亿日元，其中三井、三菱、住友、安田四大财阀所控制的资本就高达79亿日元，占24.5%，而十大财阀所控制的资本高达114亿日元，占35%。

　　"二战"后，美国占领军总司令部认为企业所有权集中于财阀家族是日本战前经济体制的特征，并且与军国主义紧密联系在一起。因此通过解散财阀层级制所有权结构来消除家族控制，以及解除控股公司与子公司之间的层级控股关系，试图在日本通过"经济民主化"建立市场控制公司型的治理结构，最终使日本企业制度美国化。这样做，一方面，设计出一个以个人为中心的分散的所有权制度，通过市场和股东大会监督管理人员。当时在日本全国437亿日元的股份资本中属于高度集中、成为分散化对象的股份资本就高达181亿日元，占42%。然后，在美国占领当局主持下，对其进行分割。其结果是从业人员拥有股份38.5%，一般出售占27.7%，投标占23.3%，战时特别补偿税占7.4%，公司分割费占2.9%，偿还外国人财产为0.2%。❶ 经过战后解散财阀的民主改革运动，日本股权结构较战前发生了根本性变化，呈现出分散化的特征。另一方面，为了避免控制权再度集中，1947年实施的《禁止垄断法》禁止工业公司持有股份，并限制金融机构不得持有一个公司5%以上的股票。1947年颁布的《证券交易法》脱离美国的《格拉斯－斯蒂格尔法案》，禁止商业银行承销、持有和交易公司证券。此外，对金融机构按照框定的模式进行分工，即一个项目的"事前监督"委托给投资银行，"事中监督"委托给商业银行，"事后监督"委托给股票市场。这样将商业银行与投资银行分离。另外，在财阀解散的过程中，通过了1948年1月生效的《终止财阀家族控制法》。该

---

❶　青木昌彦，钱颖一. 转轨经济中的公司治理结构：内部人控制和银行的作用 [M]. 北京：中国经济出版社，1995.

公司治理（修订本）

项法律要求十大财团中有影响的官僚离职，而支薪职业执行人员取代了原来的执行人员接管最高管理层，占据经理位置。这种管理权的移交对日本大企业的公司治理产生了重要影响，即完全消除了外部董事。

1948 年年初，日本对与财阀有关的股票实行清算，第一优先购买被清算股票的权利给了公司的雇员，并为雇员购买股票提供金融支持。这样做，使以个人为中心的普遍所有权结构代替了以控股公司为中心的所有权结构。

1949 年，由于股票过度供给，公司的利润和利息较低，导致股票价格狂跌，雇员为了个人的短期利益纷纷卖出他们的股票，从而使雇员所有权的地位下降，于是日本政府同时提出几种方法来维持股票价格。首先是政府鼓励金融机构持股，其次是修改最初的反垄断法规。1953 年大幅修改了《禁止垄断法》，包括第 13 款，将金融机构的所有权限额从以前的 5% 提高到 10%。随着这一政策的变动，所有权结构从以个人为中心变为以机构为中心。1949—1955 年，个人所有权从 69% 降至 53%。而对这种所有权结构改变起最大作用的是金融机构，特别是保险公司和信托银行。同时，通过相互交叉持股而使内部成员公司联系紧密的企业集团在 20 世纪 50 年代出现了。到了 20 世纪 60 年代，为了防止恶意接管，集团内部相互持股得到了发展。

1950 年以后，随着日本经济的恢复与发展，公司所需的重建资金已不再通过股票市场筹集，而是由城市银行（私人金融机构）提供。与此相对，股本融资迅速减少，城市银行的贷款需要日本银行贷款支持。日本战后向城市银行提供的贷款在 1949—1950 年增加了三倍，这些来自城市银行的借贷方式被称为系列融资。这意味着最大的六家银行（三井、三菱、住友、富士、第一劝业、三和）和日本兴业银行通过日本银行大量借款，来满足同系列的公司近半数的货币需求。随着激烈的贷款竞争，主银行及其监督体系得以确定下来，形成了日本公司的治理模式。

第七章　德日模式

回顾历史，德国曾经是工人民主运动的发源地，根据 1952 年颁布的《企业组织法》规定，凡是雇用 5 人以上的私营公司都要设立职工委员会，因此，员工参与治理成为德国模式的特征之一。此外，德国至少从俾斯麦时代开始，银行就是德国公司治理结构的核心。俾斯麦曾通过银行促使经济增长。起初，银行只是公司的债权人，但当银行所放款的那家公司到证券市场融资或拖欠银行贷款时，银行就变成了该公司的大股东，银行可以持有一家公司多少股份，并无法律上的限制，只要其金额不超过银行资本的 25%（也有说 15% 的）。因此，企业和银行之间保持密切合作的关系，特别是"二战"后德国工业重建初期，银行成为企业资金的主要供应者，从提供贷款、认购风险资本到帮助发行股票、认购债券、提供流动资金，很快确立起在德国金融体系中的核心地位。

第二节　德日模式的特征

德日治理模式被称为银行控制主导型，其本质特征表现在以下三个方面。

一、商业银行是公司的主要股东

目前，德日两国的银行处于公司治理的核心地位。在经济发展过程中，银行涉足其关联公司的经营事务中，形成了颇具特色的主银行体系。某企业接受贷款的银行中排第一位的银行被称为该企业的主银行，而由主银行提供的贷款叫作系列贷款，包括长期贷款和短期贷款。

日本的主银行制是一个多面体，主要包括三个基本层面：一是银行—企业关系层面，即企业与主银行之间在融资、持股、信息交流和管理等方面结成的关系；二是银行—银行关系层面，即银行之间基于企业的联系而形成的关系；三是政府—银行关系，即政府管制当局与银行业之间的关系。这三层关系相互交错、相互制约，构成了一个共同有机的整体，其特征是以银行为中心的、通过企业的相互持股而结成网络。

　　1956—1960 年，日本公司向银行的借款占其全部资金来源的 73%，1971—1975 年则高达 89.5%，20 世纪 80 年代到 90 年代初，这一比例虽然有所下降，但是主银行作为公司最大债权人的地位并未动摇。另据资料表明，在日本公司的主银行中，排在公司前五大股东之列的约占 72%，排在第一、第二位的约占 39%。而主银行不在前 20 位股东的公司只有 11%。在日本的上市公司中，主银行既是公司的最大贷款者，同时又是公司最大股东的占 57%，如果再考虑到持有 22.6% 股权份额的个人股东，主银行则无可争议地成为左右公司的最大力量。1989 年日本上市公司的股东构成如表 7-1 所示。

表 7-1　1989 年日本上市公司的股东构成

股东	持股比例（%）
政府	0.7
金融机构	45.6
其中：银行	22.1
投资信托	3.1
年金信托	1.0
生命保险公司	13.1
非生命保险公司	4.2
其他金融机构	2.1
企业法人	24.8
证券公司	2.5
个人	22.4

股东	持股比例（%）
外国人	4.0
总计	100.0

资料来源：Fact Book. TOKYO Stock Exchange，1990。

在德国，政府很早就认识到通过银行的作用来促进经济的增长。银行开始仅仅是公司的债权人，只向企业提供贷款业务，但当银行提供贷款的公司拖欠银行贷款时，银行就变成了该公司的大股东，在德国，银行自己可以持有一家公司多少股份没有法律的限制，但其金额不得超过银行资本的15%。一般情况下，德国银行持有的股份在一家公司股份总额的10%以下。表7-2表明了德国十大私人银行1976年和1978年持有上市公司股票的比率和公司数量。

表7-2　德国十大私人银行持有上市公司股票的比率和公司数量

单位：个

持有比率	1976年	1978年
10%~25%（含）	17	20
25%~50%（含）	49	28
50%以上	11	3
合计	77	51

另外，德国银行还可以间接持股，即兼作个人股东所持股票的保管人。德国大部分个人股东平时都把其股票交给自己信任的银行保管，股东把他们的投票权转让给银行来行使，通过在储存协议书上签署授权书，股东和银行的利益分配一般被事先固定下来。这样银行得到了大量的委托投票权，能够代表储户行使股票投票权。到1988年，在德国银行储存的股票达4115亿马克，约为当时国内股票市场总值的40%，加上银行自有的股票（约为9%），银行直接、

间接管理的股票就占德国上市股票的 50% 左右 ❶。

　　商业银行虽然是德日公司的最大股东，呈现公司股权相对集中的特征，但是二者仍存在一定区别。在日本的企业集团中，银行作为集团的核心，通常拥有集团内企业较大的股份，并且控制了这些企业外部融资的主要渠道。德国公司则更依赖大股东的直接控制，由于大公司的股权十分集中，所以大股东有足够的动力去监控经理层。另外，由于德国公司更多地依赖于内部资金融通，所以德国银行不像日本银行那样能够通过控制外部资金来源对企业施加有效的影响。表 7-3 反映了德日不同投资者持有普通股的比率。

表 7-3　1990 年德日不同投资者持有普通股的比率

单位：%

股东	德国	日本
所有公司	64.0	72.9
金融机构	22.0	48.0
银行	10.0	18.9
保险公司	12.0	9.5
非金融机构公司	42.0	24.9
个人	17.0	22.4
外国人	14.0	4.0
政府	5.0	0.7

　　资料来源：根据德意志联邦银行月度报告、日本资金流量报告总结归纳。

二、法人持股或法人相互持股

　　法人持股，特别是法人相互持股是德日公司股权结构的基本特征，这一特征尤其在日本公司中更为突出。"二战"后，股权所有主体多元化和股东数量迅速增长是日本企业股权结构分散化的重要

---

❶　王刚. 公司治理结构的国际比较 [J]. 江淮论坛，1995（5）：33-40.

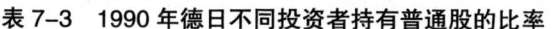

表现。但在多元化的股权结构中，股权并没有向个人集中而是向法人集中，由此形成了日本企业股权法人化现象，成为法人持股的一大特征。

据统计，1949—1984 年，日本个人股东的持股率从 69.1% 下降为 26.3%，而法人股东的持股率则从 15.5% 上升为 67%，到 1989 年日本个人股东的持股率下降为 22.6%，法人股东的持股率则进一步上升为 72%，正是由于日本公司法人的持股率占绝对比重，有人甚至将日本这种特征称为"法人资本主义"。

随着资本的自由化，日本公司有被外国资本并购的可能，为了防止这种情况的发生，日本公司从 20 世纪 60 年代开始互相持有股份。之后，日本公司为了公司的系列化、集团化扩张取得了更多的股份，其目的不是红利，而是建立长期稳定的交易关系，防止被收购及成功结束股东大会等。这种股份结构使公司经营者并不一味追求短期的利益和股价的增加而是重视公司的长期发展。由于德日在法律上对法人相互持股没有限制，因此德日公司法人相互持股非常普遍。法人相互持股有两种形态：一种是垂直持股，如丰田、住友公司，它们通过建立母子公司的关系，达到密切生产、技术、流通和服务等方面相互协作的目的；另一种是环状持股，如三菱公司、第一劝银集团等，其目的是相互之间建立稳定的资产和经营关系，如表 7-4 所示。

表 7-4　1990 年日本产业集团相互持股比例

集团名称	相互持股比例（%）
三井集团	18.0
三菱集团	25.3
住友集团	24.5
芙蓉集团	18.2
第一劝银集团	14.6
三和集团	10.9

资料来源：根据日本兴业银行调查报告（1991 年）整理。

总之，公司相互持股加强了关联企业之间的联系，使企业之间相互依存、相互渗透、相互制约，在一定程度上结成了"命运共同体"。日本公司股东压力较小，对日本公司经营者来说，追求股票价格上升的需要也较小，经营中更需要公司的稳定成长和长期利益。这也是日本公司在第二次世界大战后迅速成长的重要因素之一。

但是，德日法人相互持股并不是漫无边际的，而是公司与公司之间、银行与公司之间相互持股。1990 年，日本三菱集团的相互持股情况如表 7-5 所示，说明三菱集团企业内部的相互持股实际上使整个集团形成了一个股东大会。

表 7-5　1990 年三菱集团内部相互持股情况

单位：%

企业名称	三菱银行	三菱商事	三菱重工
三菱银行	—	5.0	3.6
三菱商事	1.7	—	1.6
三菱重工	3.0	3.2	—
三菱集团全体	18.1	25.5	17.2

资料来源：Industrial groupings in Japan，1990—1991[R]. 9th ed. TOKYO：Dodwell Marketing Consultants，1990：284-323.

三、严格的股东监控机制

德日公司的股东监控机制是一种"主动性"或"积极性"的模式，即公司股东主要通过一个值得信赖的中介组织或股东当中有行使股东权力的人或组织，通常是一家银行，来代替他们控制与监督公司经理的行为，从而达到参与公司控制与监督的目的。如果股东对公司经理不满意，则不像英美两国公司那样只是"用脚投票"，而是直接"用手发言"。但是，德日公司的监控机制与英美公司相比却有所不同。

1. 德国公司监控机制的特征

德国公司监控机制的特征表现在以下两个方面。

（1）德国公司的业务执行职能和监督职能相分离，并成立了与之相对应的两种管理机构，即执行董事会和监督董事会，也称双层董事会。依照法律，在股份公司中必须设立双层董事会。监督董事会是公司股东、职工利益的代表机构和监督机构。根据德国公司法规定，监督董事会的主要权责：一是任命和解聘执行董事，并监督执行董事是否按照公司章程经营；二是对诸如超量贷款引起的资本增减等公司重要经营事项做出决策；三是审核公司的账簿，核对公司资产，并在必要时召集股东大会。德国公司监督董事会的成员一般要求有比较突出的专业特长和丰富的管理经验，监督董事会主席由监督董事会成员选举，须经 2/3 以上成员投赞成票确定，监督董事会主席在表决时有两票决定权。由此来看，德国公司的监督董事会是一个实实在在的股东行使控制与监督权力的机构，因为它拥有对公司经理和其他高级管理人员的聘任权与解雇权。这样无论在组织机构形式上，还是授予的权力上，都保证了股东确实能发挥其应有的控制与监督职能。由于银行本身拥有大量的投票权和股票代理权，因而在公司监督董事会的选举中必然占据主动地位，根据 1976—1977 年的一份报告，在德国最大的 85 个公司监督董事会中，银行在 75 个监督董事会中占有席位，并在 35 个公司监督董事会中担任主席。❶ 表 7-6 详细说明了该情况。

表 7-6　1974 年德国银行拥有的公司监事会席位情况

单位：个

银行名称	（1）	（2）	（3）	（4）
储蓄银行	4	6	29	119
汇划中心	13	16	86	170

❶　冯根福.西方主要国家公司股权结构与股东监控机制比较研究 [J].当代经济科学，1997（6）：31-43.

公司治理（修订本）

银行名称	（1）	（2）	（3）	（4）
六大商业银行	91	100	405	483
地区银行	61	72	252	314
私人银行	49	38	170	185
合作银行	2	4	19	73
总计	220	236	986	1344

注：（1）是指银行担任监督董事会主席的情况；

（2）是指银行担任监督董事会副主席的情况；

（3）是指银行在上市公司监督董事会的任职情况；

（4）是指银行在上市公司、有限责任公司和其他所有规定设置监督董事会的公司监事会中的任职情况。

如果公司经理和高层管理人员管理不善，银行在监事会的代表就会同其他代表一起要求改组执行董事会，更换主要经理人员。由此可见，德国在监督董事会成员的选举、监督董事会职能的确定上都为股东行使控制与监督权提供了可能性，而银行直接持有公司股票，则使股东行使有效权力成为现实。

（2）德国监控机制有别于其他国家的重要特征在于职工参与决定制度。德国在历史上曾是空想社会主义和工人运动极为活跃的国家，早在 200 年前，早期社会主义者就提出职工民主管理的相关理论。1848 年，在法兰克福国民议事会讨论《营业法》时就提议在企业建立工人委员会作为参与决定的机构。1891 年，重新修订的《营业法》首次在法律上承认工人委员会。德国魏玛共和国时期制定的著名魏玛宪法中也有关于工人和职员要平等与企业家共同决定工资和劳动条件，工人和职员在企业应拥有法定代表并通过他们来保护自身的社会经济利益等规定。尤其在"二战"以后，随着资本所有权和经营权的分离，德国职工参与意识进一步加强，德国颁布了一系列关于参与决定的法规。目前，在德国实行职工参与制的企业共有雇员 1860 万，占雇员总数的 85%。德国的职工参与分为三

第七章　德日模式

种形式。

一是拥有职工 2000 名以上的股份有限公司、合资合作公司、有限责任公司。这种参与方式的法律依据是 1976 年通过的《参与决定法》。它涉及的主要是监督董事会的人选。监督董事会的人数视企业规模而定，在 2000~10000 名职工的企业有监督董事会成员 20 名。进入监督董事会的代表中，职工和高级职员按比例选举，但每一个群体至少有 1 名代表。

二是拥有 1000 名以上职工的股份有限公司、有限责任公司等企业的参与决定涉及董事会和监督董事会。董事会中要求有一名劳工经理参加。监督董事会的人数定为 11 人，席位分配的过程是，劳资双方分别提出 4 名代表和 1 名"其他成员"，再加 1 名双方都能接受的"中立的"第三方。其中"其他人员"规定为不允许与劳资双方存在任何依赖关系，也不能来自那些与本企业有利害关系的企业。

三是雇工 500 名以上的股份公司、合资合作公司等。规定雇员代表在监督董事会中占 1/3，在监督董事会席位总数多于 1 个席位时，至少要有 1 名工人代表和 1 名职工代表。职工代表由工人委员会提出候选人名单，再由职工直接选举。

这样职工通过选派职工代表进入监督董事会参与公司重大经营决策，即"监督董事会参与决定"，使得企业决策较为公开，有利于对公司经营的监督，同时有利于公司的稳定和持续发展。因为职工在监督董事会中占有一定席位，在一定程度上减少了公司被兼并接管的可能性。这也是德国公司很少受到外国投资者接管威胁的主要原因之一，从而保护了经理人员做出长期投资的积极性。

2. 日本公司监控机制的特征

日本银行的双重身份决定其必然在固定行使监控权力中发挥领导的作用。日本银行及其法人股东通过积极获取经营信息对公司经理实行严格的监督。一方面，银行作为公司的主要股东，在盈利情况良好的条件下，只是作为"平静的商业伙伴"存在；另一方面，如果公司盈利开始下降，主银行由于处于特殊地位，所以能够很早通过营业往来账户、短期信贷、与公司最高管理层商业伙伴的长期个人交往等途径获取信息，及时发现问题。如果情况继续恶化，主银行就可以通过召开股东大会或董事会来更换公司的最高领导层。

日本的董事会与美国很相似，基本上实行业务执行机构与决策机构合二为一。但是日本董事会的股东代表特别少，从总体上看具有股东身份的仅占 9.4%（主要股东为 5.7%，股东代表为 3.7%），而在上市公司特别是大公司中，具有股东身份的仅占 3.9%，其余大部分都是内部高层、中层的经理管理人员等，从董事会成员构成可以看出，董事会不是股东真正行使监控权力的机构。另外，从表面上看，日本公司董事会也没有银行代表，事实上并非如此，在日本公司董事会中，有一名以上董事担任公司主银行的前任经理，这是日本商业银行的通行做法。这位前任经理实际上是为主银行收集信息，并对公司经理实行严密监控，当对公司经理的经营业绩不满意时，可以利用股东大会罢免这些经理。

日本公司还通过定期举行"经理俱乐部"会议对公司经理施加影响。尽管"经理俱乐部"会议是非正式的公司治理结构，但它实际上是银行和其他主要法人股东真正行使权力的场所。在"经理俱乐部"会议上，包括银行和法人股东在内的负责人与公司经理讨论公司的投资项目、经理的人选及重大公司政策等。

第三节　德日治理模式的有效性分析

德日模式受经济、文化、历史及法律政策等因素的影响，具有区别英美两国治理模式的特征。既然德日模式能够生存与发展，就必然有其存在的必要性和独特的治理效率。

一、有利于实现"最优的所有权安排"

由于所有者、经营者、劳动者对公司经营的目标函数不一致，现代公司中拥有高度自主权的经理人员的行为就可能有悖于股东和职工的利益。因此需要强有力的监督力量对经理人员进行激励、监督和制约。"最优的所有权安排"就是指剩余索取权和剩余控制权的安排要相对应。在治理结构层次上则表现为收益分配和投票权的安排要相对应。而剩余控制权在治理结构层次上，不仅表现为股东是否具有投票权，而且更重要的是股东是否具有行使投票权的能力，以及对公司重大事务产生的影响力。

德日公司的核心股东，即商业银行，不仅具有行使股东监控权力的动力，而且具有行使股东监控权力的能力。商业银行不仅是公司股票的主要持有者，而且是公司的主要放款人。作为股票持有人，银行具有丰富的专业知识和经验，而一般股东缺乏时间和精力，因此银行能够对公司生产经营活动进行有效监督。银行作为公司的主要放款人，为了贷款的安全性和有效性，必然会积极及时获取和掌握公司生产经营活动的有关信息，并对其贷款进行事前、事中和事后监督。当公司经营欠佳时，银行可以介入甚至改换公司的经营者或经营策略，帮助公司摆脱困境。为了监督和指导公司经营，银行经常向公司派遣管理人员。这样，作为公司股东的银行借助贷款而比其他股东获取公司生产经营活动信息更有天然优势，所以，在公司所有股东中，银行的监控成本是最低的。正是由于德日两国公司股东构成中有大股东——商业银行，才确保了公司股东正常发挥监控作用。

二、有利于公司的长远发展

首先，德日两国公司的核心股东——银行是一个稳定股东，他们的投资是长期投资。这不仅有效制止了公司合并与收购事件的频繁发生，而且决定了公司经理及整个公司行为都是一种长期行为。这是因为银行既是公司的持股者，又是主要贷款者，所以银行主要关心的不是股息，而是通过与企业的贷款交易以及与此相关的各种金融交易来获取长期收益，并保证投资的安全。因此，银行不能不关注公司的经营状况，持有的公司股票较少交易出手，与公司持股

公司治理（修订本）

关系比较稳定，这对公司的长远发展是非常有利的。根据美国国家科学基金会的研究，德日公司在研发、厂房设备方面的开支都超过了美国。

其次，公司法人相互持股，不但没有造成垄断和侵犯股东利益，反而形成了相互控制、相互依赖的协调关系，成为促进公司长远稳定发展的强大推动力。一旦有联系的某企业发生困难，则由集团内主要银行出面，予以资金融通，其他成员企业也相应分担困难，如放宽支付条件、收购过剩产品、安排人员就业、派遣高级职员等，从某种程度上避免了企业倒闭，对整个集团的稳定经营与长期发展起到了极其重要的作用。

此外，还为职工积极参与公司治理提供了有效途径，使追求稳定的就业及养老保障成为职工致力于企业持续长远发展的重要因素。

三、有利于提高交易效率

首先，德日两国公司倾向于大量借款，意味着德日两国公司的债务成本较低，公司的流动性困扰小，因而更容易解决公司长期投资所需要的资金以及短期所遇到的财务困难。

其次，金融机构在一个企业中同时持有大量股权和债权有利于减少债务融资引起的代理成本。因此，日本企业的平均负债率高于美国企业。另外，金融机构所拥有的信息和管理优势有利于提高企业资产的经营效率和获利能力。在日本，凡是金融机构持有较大比例股权的企业，其生产力和获利能力都比较高。在德国，大企业的获利能力与德国前三大银行在企业中拥有的投资权比例也存在正相关性。

最后，相互持股的法人股权结构节约交易费用，提高交易效率。法人相互持股的一个重要功能就是把竞争分散的企业凝聚在一个企业集团内部，在集团内部，法人股权所有者不在乎股权控制和支配企业的经营活动，而是力图维持企业间长期稳定的交易关系，扩大交易量，节约交易费用。根据日本公正交易委员会的调查，日本企业集团内部的交易比例很高，从集团内部购买率和销售率来看，旧财阀系企业集团平均为 11.4% 和 10.2%，非财阀系企业集团平均为 5.2% 和 4.6%，六大企业集团平均为 7.6% 和 6.9%，特别是三菱集团相互持股比例高，其集团内购买率和销售率高达 16.9% 和 14.2%。即使是与集团外部大企业交易，相互持股企业与具有持股关系企业仍然具有优先交易的性质。具体而言，企业集团内企业与具有持股关系的独立系企业、系列企业、关系企业保持密切的交易关系。其交易额之大足以超过集团内部。例如，1989 年日本六大企业集团在最大 30 家销售企业当中，同一集团内销售额所占比重为 10.5%，国内关系公司（持股 10% 以上非集团内企业）销售额占 20.3%，海外关系企业销售额占 20.3%，购买率则分别为 15.2%、24.6% 和 28.1%。由此可见，以相互持股的法人股权结构为基础的企业集团内部，关系企业交易比例高达 1/3 以上。这正如 1990 年日本经济白皮书所指出的那样，稳定交易，建立长期关系，可以避免一次次寻找对象，决定交易条件，由此可以节约交易费用，提高交易效率。

第八章　东亚与东南亚家族治理模式

韩国、新加坡、马来西亚、泰国、印度尼西亚、菲律宾等国家的经济高速发展过程令全世界瞩目，并被称为亚洲奇迹。但与美国和英国、日本和德国等西方发达国家不同的是，作为推动经济高速发展主要力量的企业是通过家族治理成长发展起来的，具有鲜明的家族性，由此形成了典型的家族治理模式。本章主要对东亚的韩国及东南亚的新加坡、马来西亚、泰国、印度尼西亚、菲律宾等亚洲新兴工业化国家家族企业的家族治理模式的形成与发展过程、家族治理模式的特征、家族治理模式的有效性及发展趋势等问题展开研究。

第一节　家族治理模式的形成与发展过程

一、家族治理模式的含义

家族治理模式是指企业所有权与经营权没有实现分离，企业与家族合一，企业的主要控制权在家族成员中配置的一种治理模式。在这种治理模式下，企业的所有权主要控制在由血缘、亲缘和姻缘为纽带组成的家族成员手中，主要经营管理权由家族成员把持，企业决策程序按家族程序进行。这种治理模式的模型如图8-1所示。

二、家族治理模式的形成与发展过程

韩国和东南亚各国的家族企业所表现出的企业与家族合一，企业所有权与经营权主要由家族成员控制的特征，决定了对这些国家

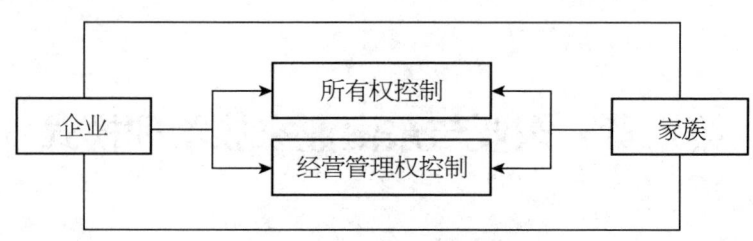

图 8-1 家族治理模式模型

家族企业治理模式形成与发展过程的研究应从三个维度展开，即企业维度、家族维度及所有权与经营权控制维度。企业维度主要依据企业生命周期原理将韩国和东南亚各国家族企业的成长发展划分为创业期、成长期和成熟期三个时期（见图 8-2）。

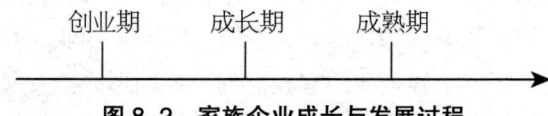

图 8-2 家族企业成长与发展过程

家族维度主要考察在企业生命周期的不同阶段创业者家族成员是如何进入并控制企业的（见图 8-3）。

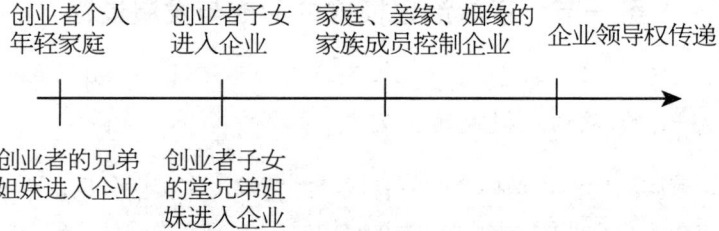

图 8-3 家族成员进入企业的过程

所有权与经营权控制维度主要考察处于不同生命周期的企业所有权和经营权是如何在家族成员之间进行分配的（见图 8-4）。

图 8-5 综合以上三个维度给出了家族治理模式形成与发展过程的概略模型。下面对家族治理模式的形成与发展过程进行具体分析。

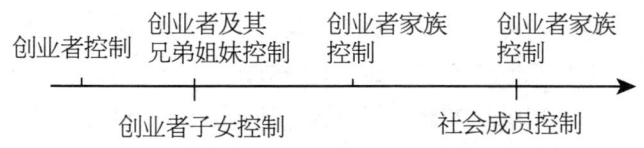

图 8-4　家族企业所有权与经营权转移过程

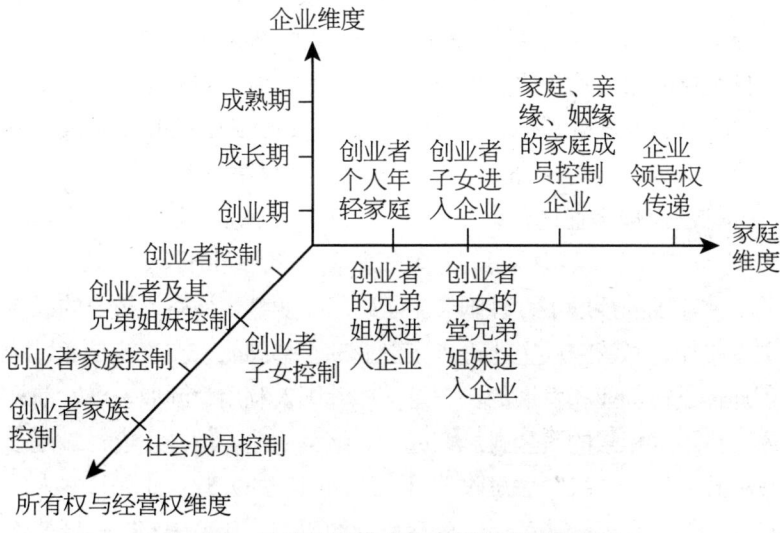

图 8-5　家族治理模式形成与发展过程模型

1. 家族企业的创业期

东南亚各国家族企业的创业期始于 20 世纪 50 年代之前，即东南亚各国处于西方列强的殖民统治时期。这一时期，华人移居东南亚国家主要基于两个原因。一是西方殖民者在殖民地开发时期从中国东南沿海地区招募劳工移居东南亚国家；二是中国东南沿海地区的居民为了谋生而移居东南亚国家。这些移居东南亚的华人，经过一段时期的努力和积累，开始在外国资本的夹缝中创办企业，家族企业进入了创业期。企业创立后，一些企业生存下来并有了一定发展，一些企业没有生存下来而消失。那些生存下来的企业，随着业务量的增加，企业规模的相对扩大，开始吸收自己从事其他活动的兄弟帮助其管理企业，或是从中国自己的故乡把兄弟招来协助其经营和管理企业；还有一些企业的创业者从一开始就把从中国来投奔自己的兄弟和其他亲人安置到企业，协助自己进行管理。在这一时期，企业的所有权基本上由创业者控制，创业者既是企业的所有者又是企业的经营者，家族的其他成员处于协助创业者经营和管理企业的地位。当然，这一时期，也有一些家族企业是由兄弟姐妹或堂兄弟姐妹共同出资建立并进行管理的，如1948年组建的马来西亚郭氏兄弟有限公司（郭鹤年家族企业）。还有一些家族企业是由家族创业者与家族外其他人员共同创办并进行管理，之后逐渐成为家族企业的。但这两种情况在家族企业创业期不占主导地位。

韩国家族企业的创业期始于"二战"或朝鲜战争结束后至20世纪60年代前。由于朝鲜战争的破坏，韩国经济陷入了困境。战后，在美国的援助下，韩国实施了以轻工业替代战略为核心的经济重建工作，私营家族企业进入了创业期。韩国的家族企业是通过两条途径进行创业和发展的。一是一些韩国人利用朝鲜战争爆发前从事工商活动积累的资金或从家庭父辈继承的遗产创办企业；二是李承晚政权把"二战"后没收的日本统治时期的公营企业和日本人的私人企业，在朝鲜战争后以分期付款的方式，几乎全部以较低的价格出售给了企业家、军政人员和其他人员，许多家族企业因此起家。这一时期，韩国家族企业或是由单个创业者自己创立的，或是由创业者与其兄弟、创业者父子、创业者夫妻共同创立的，或是由创业者与具有亲缘、姻缘关系的家族成员共同创立的，企业的所有权由创业者拥有或由创业者和参与创业的家族成员共同拥有，企业经营管理权由家庭或家族成员共同控制。

2. 家族企业的成长期

东南亚各国家族企业的成长期大体上是从20世纪50年代至70年代。"二战"后，随着西方殖民体系的崩溃，东南亚各国在20世纪50年代纷纷独立，外国资本逐步从东南亚国家退出，华人家族企业有了相对宽松的生存空间。华人家族企业通过购并、控股、参股形式，在控制了过去被西方资本控制和垄断的行业之后得到迅猛发展。同时，独立后的东南亚国家都采取了大力发展经济的战略，这为华人家族企业提供了有利的发展机会。基于上述两个方面的原因，华人家族企业进入了快速成长期，并逐步在一些国家经济中占据了主导地位，甚至在许多行业形成了垄断。在家族企业成长期，创业者家族介入企业和企业所有权的状况也发生了相应的变化。一种变化是，携带兄弟共同创业的创业者开始对企业所有权进行分割，把过去由自己单独控制的所有权分成多份，赠予自己的兄弟（但创业者所掌握的股权一般要多于自己赠送出的任何一份股权），形成了企业所有权在家族内部多元化的格局。创业者的兄弟开始分别掌管家族企业集团的某方面业务或管理集团下属的核心企业。同时，创业者及其兄弟姐妹的子女也已长大成人，这些子女纷纷加入家族企业集团，参与家族企业的经营管理。另一种变化是，一些属于独立创业者的企业，随着子女的成人并加入企业，开始形成创业者及其子女共同管理企业的格局。这些子女要么管理家族企业集团某一方面的业务，要么管理家族企业集团下属的核心企业。此时，家族企业的创业者也开始把过去由自己完全掌握的所有权进行分割，在创业者夫妻、创业者子女间进行分配，形成了企业所有权在家庭内部多元化的格局。

　　韩国家族企业的成长期始于 20 世纪 60 年代至 90 年代前。韩国于 60 年代实施的出口主导型发展战略、70 年代实施的重化工业化战略、80 年代实施的高新技术战略，使韩国家族企业实现了超常规的膨胀式的快速成长。从 60 年代后期开始，在家族成员控制大部分股权的情况下，韩国家族财团下属的核心企业纷纷上市，企业的所有权开始社会化。同时，随着多元化战略的实施，韩国家族财团所涉及的产业范围不断扩大，所控制的系列企业不断增多，有血缘、亲缘、姻缘关系的家族成员大量进入企业，并控制家族财团及其下属的系列核心企业的经营管理权。70 年代末和 80 年代，部分家族企业的领导权开始向家族第二代传递。

3. 家族企业的成熟期

东南亚家族企业的成熟期大体上是从 20 世纪 80 年代至今。20
世纪 80 年代以来，东南亚华人家族企业经营的产业层次不断提高，
在越来越多的高新技术产业领域崭露头角，多元化经营范围进一步
扩大。许多大型家族企业开始采用跨国公司战略，经营业务的国际
化程度不断提高。这一时期，随着国内外合资、合作范围的扩大，
上市公司数量的不断增多，华人家族企业公开化和社会化程度的不
断提高，在家族成员仍然控制企业所有权的情况下，家族企业所有
权出现了多元化格局。许多企业的领导权开始向第二代或第三代传
递。企业主要经营管理权仍然掌握在家族成员手中，但同时，来自
家族外的高级经营管理专门人才开始大量进入企业，并掌握了部分
高层管理职位。在部分家族企业，高层经营管理职位已主要被企业
所吸收的高级经营管理优秀人才所控制。

韩国家族企业成熟期始于 20 世纪 90 年代。20 世纪 90 年代以
来，韩国政府实施了"通过自由竞争，诱导产业结构升级和资源的
有效配置"的新产业政策。在这一政策指导下，韩国政府一改过去
自行确定重点产业的做法，主张由企业在竞争中选择"优势产业"
作为其"主力产业"，经政府批准后给予重点扶持。1997 年金融危
机爆发后，韩国采取了一系列产业政策和改革举措，包括重点对大
企业结构进行改革，取消政府在贷款、税收和融资等方面的优惠政
策，只允许大企业财团保留 3~6 个子公司等。同时，韩国《证券上
市条例》和《证券交易法》先后对公司董事会结构做出相应规定，
1998 年 2 月明确要求在韩国证券交易所上市的公司外部董事比例不
低于 25%，并要求设立审计委员会；2001 年 3 月要求资产超过两万
亿韩元的公司设立审计委员；2003 年 12 月提出资产超过两万亿韩
元的公司至少设有三名外部董事，占董事会成员的 50% 以上，并
由外部董事组成的审计委员会作为法定的审计机构。这些产业政策
和改革举措的实施，使韩国家族企业进入了成熟发展阶段。这一时
期，韩国家族企业所有权仍然主要由家族控制，企业主要经营管理

权在由家族成员把握的情况下，部分高层经营管理权开始向家族外优秀经营管理人才转移。一些家族企业的领导权开始向家族成员第二代传递。

三、家族治理模式形成原因

韩国与东南亚国家家族治理模式在形成原因上，既有共性又有各自的特性。

1. 韩国与东南亚国家家族治理模式形成的共性

儒教文化是韩国家族企业和东南亚华人家族企业家族治理模式形成的共同原因。韩国人和东南亚国家的华人长期生活在儒教文化氛围中，儒教文化的伦理道德规范便很自然地成为东南亚华人和韩国人根深蒂固的行为准则。因此，儒教文化中关于重视家庭，把家庭看作社会经济生活基本单位的思想，关于注重"和谐"，谋求"和为贵""家和万事兴"的思想，关于仁者"爱人"，把对亲者的爱摆在优先地位的思想，关于家庭和家族内应体现尊卑的伦理观念和思想，关于家庭或家族权力的传递应基于血缘关系的思想，关于重视包括血缘、亲缘、姻缘在内的人缘关系，任人唯亲和裙带关系的观念和做法，都对韩国人和东南亚华人有较强的影响，并在韩国人和东南亚华人中形成了稳固的家族观念。在创办和发展企业过程中，这种植根于儒教文化的家族观念便很自然地被韩国人和东南亚华人引入了企业，由此形成了企业的家族性，并在企业运营过程中形成了由家族成员共同治理企业的家族治理模式。

2. 东南亚家族治理模式形成的特殊原因

除了受儒教文化的影响外，东南亚华人家族治理模式的形成还受以下客观原因的影响。一是民族歧视。在东南亚国家独立前，华人由于长期受西方殖民主义者的歧视，因此只能采取家族成员共同创业的形式。东南亚国家独立后，华人作为少数民族又受到了所在国土著人的歧视，使华人在开展经济活动时只能借助于家族成员的人缘和人和的力量。二是东南亚国家土著人经济文化的落后。由于

长期受西方殖民主义者的压制，东南亚国家土著人文化素质相对较低，观念陈旧，经济落后。而华人在殖民统治时期形成了一定经济实力，积累了从事企业经营的经验，同时，华人一般都受到了良好的教育，文化素质较高。东南亚国家独立后，由于经济、文化和观念上的差距，使华人和土著人的合作受到了限制，这种情况促使东南亚华人企业只能采取家族治理的方式。三是政府对华人企业的控制。独立后，东南亚国家在不同时期都采取了限制华人企业发展的举措。为了保持企业的控制权，保守企业秘密以免引起政府不必要的限制，华人企业只能采取家族治理的模式。

3. 韩国家族治理模式形成的特殊原因

除了受儒教文化的影响外，韩国家族治理模式的形成还包括以下原因。一是长期以来工商业者的低社会地位。韩国是一个传统的儒教社会，工商业者几乎没有什么社会地位，工商工作是不受人们尊重的职业。因此，在 20 世纪 60 年代前，在韩国创办企业，只能借助家庭或家族的力量。20 世纪 60 年代朴正熙就任总统后，逐步提高了企业家的社会地位，使工商工作成了受人尊重的职业，人们对工商企业的观念也发生了变化，许多进不了政府机构的大学生纷纷到父母办的家族企业工作，使家族企业的家族性得到进一步加强。二是不倾向团结的民族特点。由于崇尚到政府机构任职，以及由此带来的人们对官位的无休止的争夺，造成韩国派系林立，使韩国形成了不团结的民族特点。因此，家庭和家族成员间所具有的团结和稳定的特点，也使韩国人在创办和发展企业过程中，会优先考虑和吸收家族成员。三是朝鲜战争后的国贫民穷。战后，韩国经济倒退，国贫民穷，资金非常短缺，创办企业所需要的资金很难通过其他渠道获取。因此，在家族企业的创业期，主要由家庭中的兄弟、父子、夫妻或家族成员共同出资，共同创业，共同经营管理企业，而家族便成为创办企业所需资金的主要来源。

第二节　家族治理模式的特征

国情和企业所处的成长与发展环境的差异，使韩国和东南亚的家族治理模式既有相同之处也有不同之处。在韩国和东南亚家族治理模式的特征中，有些特征无论是在形式上还是在内容上都是相同的，但也有些特征只是在形式上相同，在内容上却是不相同的。为了研究方便，本节把形式上相同的特征都归于韩国与东南亚家族治理模式的共性，至于内容上的不同则在阐述相关特征时加以区别说明。同时，有些特征只存在于东南亚家族治理模式中，也有一些特征只存在于韩国的家族治理模式中，本节把这样的特征归于韩国和东南亚家族治理模式在特征上的差别。以下从共性和差别两个方面分别阐述韩国和东南亚家族治理模式的特征。

一、韩国与东南亚家族治理模式的共性

1.企业所有权或股权主要由家族成员控制

在韩国和东南亚的家族企业中，家族成员控制企业的所有权或股权表现为五种情况。第一种情况是，企业的初始所有权由单一创业者拥有，当创业者退休后，企业的所有权传递给子女，由其子女共同拥有。第二种情况是，企业的初始所有权由参与创业的兄弟姐妹或堂兄弟姐妹共同拥有，待企业由创业者的第二代经营时，企业的所有权则由创业者的兄弟姐妹的子女或堂兄弟姐妹的子女共同拥有。第三种情况是，企业的所有权由合资创业的具有血缘、姻缘和亲缘的家族成员共同控制，然后顺延传递给创业者第二代或第三代的家族成员，并由他们共同控制。第四种情况是，家族创业者或家族企业与家族外其他创业者或企业共同合资创办企业时，由家族创业者或家族企业控股，待企业股权传递给家族第二代或第三代后，形成由家族成员联合共同控股的局面。第五种情况是，一些原来处

于封闭状态的家族企业，迫于企业公开化或社会化的压力，把企业的部分股权转让给家族外的其他人或企业，或是把企业进行改造公开上市，从而形成家族企业产权多元化的格局，但这些股权已经多元化的家族企业的所有权仍然主要由家族成员控制。上述五种情况中的每一种情况，在韩国和东南亚的家族企业中都大量存在，而且上述五种情况包括了韩国和东南亚家族企业所有权或股权由家族成员控制的基本概况。

2. 企业主要经营管理权掌握在家族成员手中

在韩国和东南亚的家族企业，家族成员控制企业经营管理权主要分两种情况。一种情况是企业经营管理权主要由有血缘关系的家族成员控制，另一种情况是企业经营管理权主要由有血缘关系的家庭成员和有亲缘、姻缘关系的家族成员共同控制。下面以印度尼西亚、泰国、马来西亚、菲律宾和韩国等国家的家族企业的个案为例进行说明。在印度尼西亚的盐仓集团中，自创始人蔡云辉1985年去世后，该集团由其妻任集团董事长，长子任副董事长兼总经理，主持领导集团的运营，四子任董事兼第一副总经理，掌管香烟制作配方及烟纸厂等业务，五子和六子分别任董事、经理（蔡云辉的二子、三子、长女、四女已亡），蔡云辉的侄子和外甥分别担任第二、第三副总经理，蔡氏家族成员几乎控制了盐仓集团的所有经营权。在泰国的陈弼臣集团，自1988年陈弼臣去世后，该集团的100多个系列企业分别由其长子、次子、第二任妻子及其所生的四个儿子和一个女儿分领域进行共同管理。在泰国的正大集团，其核心领导层由董事长谢国民及其三个兄长和九个堂兄弟共同控制。马来西亚的郭鹤年集团，除郭鹤年任董事长兼总经理外，协助其经营的还有一个兄长、四个堂兄弟、两个儿子等。在菲律宾的郑周敏集团，集团的主要领导权由郑周敏和其十四个子女中的九个共同控制（其余五个子女正在求学）。1984年，在韩国的韩进集团，集团创始人赵重勋任集团会长，集团的三大主力企业的重要职务均由其家属和亲属担任，其胞弟任韩逸开发公司经理，内弟任韩进股份公

公司治理（修订本）

司经理，长子任大韩航空公司专务，次子任韩逸开发公司专务，三子任大韩航空公司驻美本部长。20 世纪 70 年代，在韩国的锦湖财团，除第二代接班人朴晟客任财团会长外，其两个弟弟、三个堂弟分别担任财团的重要职务。20 世纪 80 年代，在韩国的现代集团，除集团创始人郑周永外，其一个胞弟、七个儿子、两个妹夫、长子的内弟和五弟的岳父分别在集团下属的系列企业中担任经理和会长等职务。

3. 企业决策家长化

由于受儒家伦理道德准则的影响，在韩国和东南亚家族企业中，企业的决策被纳入了家族内部序列，企业的重大决策如创办新企业、开拓新业务、人事任免、决定企业的接班人等都由家族中的同时是企业创办人的家长一人做出，家族中其他成员做出的决策也须得到家长的首肯，即使这些家长已经退出企业经营的第一线，但由家族第二代成员做出的重大决策，也必须征询家长的意见或征得家长的同意。当家族企业的领导权传递给第二代或第三代后，前一代家长的决策权威也同时赋予第二代或第三代接班人，由他们做出的决策，前一辈的同一辈的其他家族成员一般也必须服从或遵从。但与前一辈的家族家长相比，第二代或第三代家族家长的绝对决策权威已有所降低，这也是家族企业在第二代或第三代出现矛盾或冲突的根源所在。

4. 经营者激励约束双重化

在韩国和东南亚的家族企业中，经营者受到了来自家族利益和亲情的双重激励和约束。对于家族第一代创业者而言，他们的经营行为往往是为了光宗耀祖或使自己的家庭更好地生活，以及为自己的子孙后代留下一份产业。对于家族企业第二代经营者来说，发扬光大父辈留下的事业、保值增值作为企业股东的家族成员资产的责任、维持家族成员亲情的需要，是对他们的经营行为进行激励和约束的主要机制。因此，与非家族企业经营者相比，家族企业经营者的道德风险、利己的个人主义倾向发生的可能性较低，用规范的制

度对经营者进行监督和约束已经不再必要。但这种建立在家族利益和亲情基础上的激励约束机制，使家族企业经营者所承受的压力更大，并为家族企业的解体留下了隐患。

5. 企业员工管理家庭化

韩国和东南亚的家族企业不仅把儒家关于"和谐"和"泛爱众"的思想用于家族成员的团结上，而且还推广应用于对员工的管理上，在企业中创造和培育一种家庭式的氛围，使员工产生一种归属感和成就感。例如，马来西亚的金狮集团，在经济不景气时不辞退员工，如果员工表现不佳，公司不会马上开除，而是采取与员工谈心等形式来分析问题和解决问题，这种家庭式的管理氛围在公司中产生了巨大的力量。印度尼西亚林绍良主持的中亚财团，对工龄在 25 年以上的超龄员工实行全薪退休制，使员工增加了对公司的忠诚感。再如，韩国的家族企业都为员工提供各种福利设施，如宿舍、食堂、通勤班车、职工医院、浴池、托儿所、员工进修等。韩国和东南亚家族企业对员工的家庭式管理，不仅增强了员工对企业的忠诚度，提高了企业经营管理者和员工之间的亲和力和凝聚力，而且还减少了员工和企业间的摩擦和矛盾，保证了企业的顺利发展。

6. 来自银行的外部监督弱化

在东南亚，许多家族企业都涉足银行业。其中，一些家族企业的最初创业就始于银行经营，然后把企业的经营领域再拓展到其他产业；也有一些家族企业虽然初始创业起步于非银行领域的其他产业，但是企业发展到一定程度后也会逐步把企业的经营领域拓展到银行业。作为家族系列企业之一的银行与家族其他系列企业一样，都是实现家族利益的工具，因此，银行必须服从于家族的整体利益，为家族的其他系列企业服务。所以，属于家族的银行对同属于家族的系列企业基本上是软约束。许多没有涉足银行业的家族企业一般都采取由下属的系列企业之间相互担保的形式向银行融资，这种情况也使银行对家族企业的监督力度被削弱。

公司治理（修订本）

在韩国，银行作为政府干预经济活动的一个重要手段，是由政府控制的。一个企业的生产经营活动只有符合政府的宏观经济政策和产业政策要求，才会获得银行的大量优惠贷款，否则就很难得到银行的贷款。所以，韩国的家族企业为了生存和发展，都纷纷围绕政府的宏观经济政策和产业政策创办企业和从事经营活动。这种情况使韩国的家族企业得到了没有银行约束的源源不断的贷款。因此，在亚洲金融危机爆发前，除筹资功能外，银行在韩国只是一个发放贷款的工具，而对贷款流向哪些企业，获得贷款企业的金融体制是否健康则很少关心，从而使韩国家族企业受到来自银行的监督和约束力度较小。

7. 政府对企业的发展有较大的制约

韩国和东南亚的家族企业在发展过程中都受到了政府的制约。在东南亚国家，家族企业一般存在于华人中间，且掌握着国家的经济命脉；华人经济与当地土著经济之间存在着较大的差距。因此，华人家族企业经常受到政府设置的种种障碍的限制。为了企业的发展，华人家族企业被迫采取与政府及政府的公营企业合作、与政府公营企业合资，以及在企业中安置政府退休官员和政府官员亲属任职等形式，来搞好与政府的关系。而在韩国，政府对家族企业的制约主要表现在政府对企业发展的引导和支持上。凡家族企业的经营活动符合国家宏观经济政策和产业政策要求的，政府会在金融、财政、税收等方面给予各种优惠政策进行引导和扶持，反之，政府会在金融、财政、税收等方面给予限制。因此，在韩国和东南亚，家族企业的发展都受到了政府的制约，但在东南亚，政府对家族企业采取的主要措施是限制，在韩国，政府对家族企业采取的主要措施则是引导和扶持。

二、韩国与东南亚家族治理模式的差别

东南亚家族治理模式与韩国家族治理模式的差别主要表现在两个方面。一是东南亚家族集团主要采取金字塔型的控股公司形式控

制下属的系列企业。金字塔型的控股公司，是指以一个家族组织的控股公司为核心，按事业或地区持有下属几个公司的全部或大部分股权，再由这些公司分别控制更多的下属的子公司、孙公司。东南亚的家族企业正是通过这种层层控股关系把几十家甚至几百家企业纳入家族企业体系。在印度尼西亚、新加坡等国，投票权超过了表面上现金流所对应的权利，超过 2/3 的公司被一个股东独家控制。这种金字塔型控股公司结构如图 8-6 所示。图 8-7 和图 8-8 以个案形式图解马来西亚丰隆私人有限公司和菲律宾吴奕辉家族 85% 控股的 JG Summit 控股公司以控股方式控制的企业。二是东南亚华人家族企业受所在国土著人制约较大。在大多数东南亚国家，华人在经济上处于明显的优势，但在政治上却处于劣势。掌握国家政权的土著人为了土著人的经济利益，经常设置人为障碍限制华人企业的发展，使华人家族企业受到所在国土著人的较强制约。东南亚华人家族企业在发展过程中所受到的这一外部制约，在韩国的家族企业中并不存在，这是东南亚家族治理模式和韩国家族治理模式的一个显著不同。

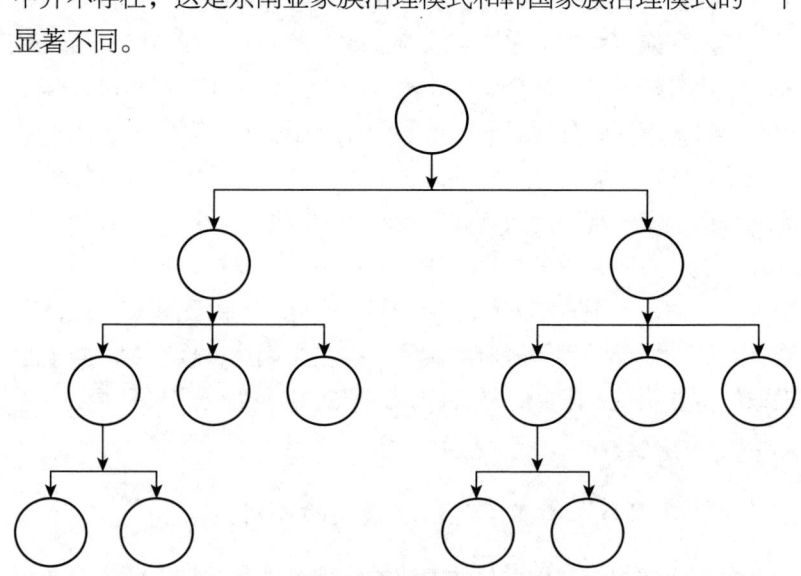

图 8-6　金字塔型控股公司结构

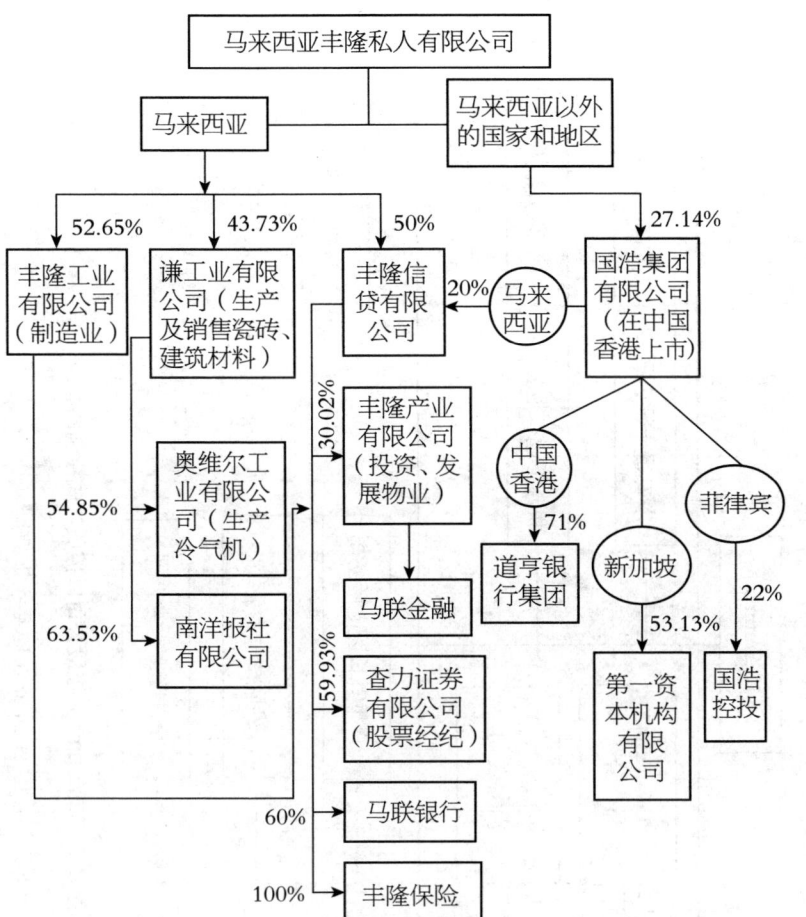

图 8-7　马来西亚丰隆私人有限公司以控股方式控制的企业

资料来源：丰隆公司 1992/1993 年度年报。

　　韩国家族治理模式和东南亚家族治理模式的不同点主要表现在对企业的家族外的管理层和员工的激励上。韩国家族企业对家族外管理层和员工的激励除了采取家庭式的管理方式外，还采用爱国主义精神来激励企业的管理层和员工。在 20 世纪 60 年代之前，韩国国贫民穷，但种族的单一性使全体国民形成了尽快改变贫穷落后面貌的强烈愿望，并由此形成了国民强烈的爱国热情和爱国精神。因

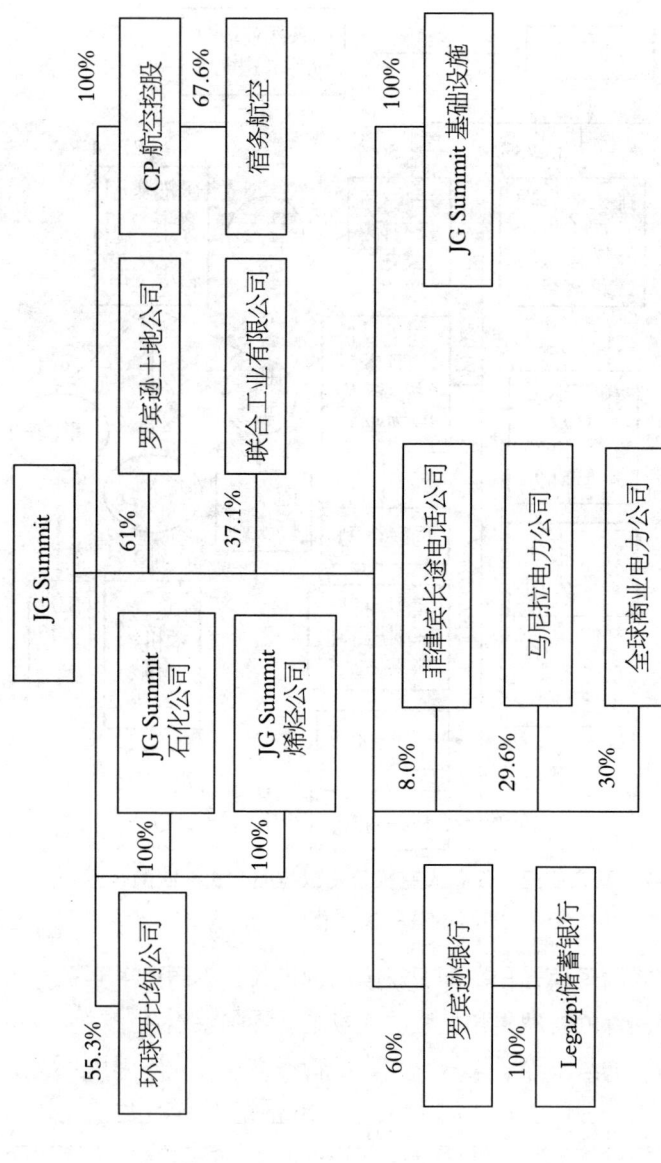

图 8-8　JG Summit 控股公司以控股方式控制的企业

资料来源：JG Summit 2019 年年报数据。

此，韩国家族企业经常用爱国主义精神来激发家族外管理层和员工的工作热情和团结精神，在企业中形成了建立在爱国主义基础上的家族成员和非家族成员利益的一致性，这也是韩国家族企业迅速发展的重要原因。用爱国主义精神来激励家族外管理层和员工，是韩国家族企业治理模式区别于东南亚家族治理模式的一个显著特征。

第三节　家族治理模式的有效性及发展趋势

一、家族治理模式的有效性

韩国和东南亚的家族治理模式对各国企业成长和经济发展发挥了重要作用。

1. 对企业内部控制的有效作用

家族治理模式对企业内部控制的有效性表现在三个方面。一是企业的凝聚力强。家族企业所具有的家族和企业合一的特征，使家族成员把企业资产视为家族财产，把企业的业务看作家族事务的一部分，形成了企业是家族的延伸和模拟的家族观念意识。在这种观念意识作用下，建立在血缘、亲缘和姻缘关系基础上的家族成员把家族内的伦理和情感带进并融入了企业，更容易为了家族利益而相互配合、团结奋斗，因此在企业内部形成了较强的凝聚力。二是企业的稳定程度高。在家族企业中，由于家族成员控制了企业的所有权和经营管理权，企业的核心层领导及企业下属的核心事业的领导由家族成员担任，使企业的经营管理层在亲情的制约下，必须按照家族的伦理道德规范行事。正是由于家族伦理道德规范的制约，使家族企业能够像家庭和家族一样存在并保持较高的稳定性。三是企业决策迅速。由于家族企业是在家族伦理道德规范制约下进行运作和管理的，因此，家族中辈分、资历、权威最高的成员便成为企业的最高领导人，他（她）可以独裁式地指挥家族企业的事业，并对家族企业的重大事务做出决策，这在一定程度上节约了决策时间，保证了决策过程的迅速性。同时，家族成员在利益、观念和对问题认识上的一致性，以及家族成员对作为家族和家族企业最高领导人所具有的绝对服从的伦理规范，使家族企业最高领导人做出的重大决策很容易为家族成员所理解，并能很快在企业中得到贯彻执行，从而避免了企业决策在执行过程中的扯皮和时间延误，这在一定程度上保证了企业决策在执行过程中和决策执行效果反馈时的迅速性。从以上三个方面可以看出，家族治理模式对企业内部控制是有效的。

2. 对企业成长和发展的有效性

韩国和东南亚国家家族企业的成长和发展过程可以从以下三个方面进行考察。一是家族企业从小到大的成长和发展过程。韩国和东南亚的家族企业都是在资金数额较少情况下建立起来的小型企业。经过几十年的发展，许多家族企业已经成为拥有资产规模达几十亿甚至几千亿美元的世界性大企业，其中印度尼西亚和韩国等国家的一些家族企业甚至进入了世界 50 强和 500 强的行列。例如，1985 年，根据美国《财富》杂志排的位次，在世界 50 家最大企业中，作为家族企业的韩国三星集团居第 42 位，现代集团居第 44 位；到 2018 年，韩国有 16 家企业进入世界 500 强，其中三星电子上升至第 15 位，而现代汽车下降至第 78 位。二是家族企业从单一经营转向多元化经营。经过几十年的发展，韩国和东南亚的家族企业的经营领域已从创业期小规模的单一经营发展为大规模的多元化经营。这些家族经营的产业少则几个，多则几十个。例如，韩国家族企业现代集团介入的主要产业有汽车、建筑、造船、钢铁、海运、机械、贸易、水泥、冶金、金融、电子工业等几十个行业，三星集团介入的主要产业有物产、石化、电子、化工、制药、重工、航空、汽车、证券、保险、出版、钟表、毛织、饭店等；马来西亚郭氏兄弟有限公司介入的主要产业有贸易、制糖、种植、酒店、房地产、广播、电视、报纸、码头、石化、饮料、饲料加工、粮油、保险、采矿等；新加坡丰隆集团介入的主要产业领域有水泥、房地

公司治理（修订本）

产、金融、酒店等；泰国正大集团介入的主要产业有农牧、食品、商业零售、电信电视、饲料、地产、金融、制药、汽机车、机械加工等十多个行业领域。三是家族企业的国际化经营。20世纪80年代以来，韩国和东南亚的家族企业国际化经营也有了较快发展。例如韩国企业在海外直接投资，1989年为5.7亿美元，2015年前三季度达到270.5亿美元，主要是由家族企业进行的；东南亚诸国的一些家族企业的业务范围已经延伸到亚洲、澳洲、欧洲、美洲等几十个国家和地区。截至2016年年底，新加坡累计对中国直接投资1238.7亿新加坡元，占新加坡累计对外直接投资总额的15.8%，其中新加坡华商集团成为新加坡对中国投资的重要力量。而新加坡企业2010年的海外营业收入占总营业额的比重就已增至74%。上述韩国和东南亚各国家族企业从小到大、从单一经营到多元化经营及国际化经营的成长和发展，虽然是许多因素共同促进的结果，但不可否认的是，家族治理模式在企业成长和发展过程中起了重要作用。

3. 对各国经济发展的有效作用

建立在家族治理模式基础上的韩国和东南亚各国的家族企业，对各国经济发展起了重要的推动作用。以韩国、印度尼西亚和泰国为例，1961年，韩国国民生产总值只有21亿美元，但此后的30多年间，韩国经济持续保持了8%～10%的年增长率，1997年国内生产总值达4000多亿美元，居世界第11位。2018年，根据世界银行统计，韩国名义国内生产总值（GDP）为1.6194万亿美元，在全球205个国家中排名第12位。这一经济奇迹的取得与家族大企业的贡献密不可分。20世纪70年代以来，家族大企业的销售额一直占全国销售额的70%左右，进出口额占工商企业进出口额的90%以上，2011年排名前20位的家族企业总资产占GDP的比重达到85.2%；截止到2017年7月，韩国前十大集团总市值占其股市总市值的比重达51.66%，其中三星集团股票市值占韩国股市总市值的30.83%。可见，在韩国经济中，家族大企业发挥了主导作用。在印度尼西亚，1990年华人家族企业集团所拥有的资本占全国总资本的 30% 左右；1991 年，华人家族企业集团的年生产总值约占国民生产总值的 20% 左右；2017 年的乐施会（Oxfam）报告称，印度尼西亚最富有的四大家族掌握了超过 250 亿美元的总财富，相当于印度尼西亚总人口中 40% 贫穷者的财产总和。在马来西亚，1996 年，华人企业控制着当地的建筑、制造、批发、零售和服务行业，2007 年 4 月，马来西亚十大富豪中华人有 7 位。在泰国，1986 年，该国商业、运输、金融、旅游、建筑等行业的生产总值达 4408 亿泰铢，占其国内生产总值的 40.9%，而这些行业中 70% 属于华人家族企业经营；2018 年，正大集团营业收入为 620 亿美元，约合人民币 4300 亿元，约占泰国 GDP 的 5%。

此外，韩国和东南亚各国的家族企业还对各自国家科技、文化、教育和社会发展发挥了重要作用。

二、家族治理模式的负面作用

韩国和东南亚国家的家族治理模式虽然在企业成长和发展过程中发挥了积极作用，但其负面作用对企业健康发展也产生了一定的消极影响。这主要表现在以下三个方面。

1. 家族企业任人唯亲可能带来的经营风险

家族治理模式虽然具有企业凝聚力强、稳定程度高和决策迅速等优点，但这是以参与管理的家族成员具有相应的管理才能为条件的。如果参与企业管理的家族成员经营管理能力较差，则不仅家族企业的上述优势发挥不出来，而且还会给企业带来经营上的风险，甚至导致企业破产倒闭。例如，韩国国际财团曾经是一个拥有 20 个系列公司的世界性大企业，1978 年位居除美国之外的世界 500 家大企业的第 418 位，1979 年跃居第 334 位，其纯利润增加幅度 1978 年居世界第 10 位。但就是这样一个在 20 世纪 70 年代末期还声名显赫的企业，却在 1985 年 2 月突然倒闭了。究其倒闭原因，比较重要的一个方面是，按其涉及的产业和经营活动的要求，国际财团的领导核心应该由一批具有管理才能的高级经营专家组成，但该财团却由缺乏管理才能的家族成员组成。国际财团因任人唯亲而非唯才导致企业失败的家族治理模式，是所有家族企业面临的随时可能陷入困境的一枚定时炸弹。

2. 企业领导权在传递给第二代或第三代后可能导致的企业分裂、解散和破产的风险

一些家族企业的创业者在把企业领导权传递给第二代时，如果承接领导权的第二代人选没有得到家族成员的拥护就会导致企业分裂。例如，20世纪80年代中期，泰国暹罗集团创业者陈龙坚把家族事业交由其女陈锦吟管理后，家族其他成员不满其所为，合力策动"宫廷政变"，把陈锦吟排挤出董事局，结果导致陈锦吟与其丈夫的 KTN 集团从暹罗集团分离出去，削弱了暹罗集团的力量。曾连续14年稳居韩国财阀企业第一把交椅的现代集团因"九王夺嫡"陷入混乱，最终四分五裂，将第一把交椅拱手让给了三星集团。还有一些企业，当家族领导权传递给第二代或第三代后，投资或经营失误也会导致家族的内讧和家族关系破裂，并最终使家族企业解散。例如，新加坡百年老字号的世界知名企业杨协成集团于1987年把领导权传递给第三代后，握有领导权的第三代的一系列投资失误，造成集团第一次出现亏损，使家族内部出现纷争，家族矛盾日益激化，导致家族内部分裂，并于1994年集团的控股公司杨氏控股公司解散，使集团的控制权（60%的股权）落入家族之外的他人之手。杨协成集团的衰败，在一定程度上可以说是家族治理的失败。也有一些家族企业的领导权在传递给第二代后，由于第二代对企业环境、自己的经营经验和管理能力缺乏正确的认识，往往采取急功近利的进攻型经营，从而导致企业破产。例如，1997年以来，韩国破产的起亚、韩宝等八大家族企业，都是由第二代经营的。2017年，世界排名第七、韩国排名第一的韩进海运宣布破产，而其跳水式衰落也与继任者的选择不当有关。

3. 家族企业社会化、公开化程度低对企业发展的制约

例如，在东南亚的一些国家，华人家族企业在所在国经济中

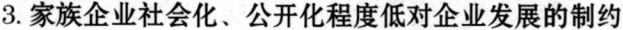

处于主导地位，但企业的所有权却为家族所控制，因而在当地土著居民的攻击和反对下，华人家族企业受到了政府的限制，其发展受到影响。在韩国，家族大企业财团在经济中的垄断地位，使得企业的社会形象欠佳，公众反垄断呼声日益高涨，企业的发展受到制约；同时，也正是由于家族企业的所有权社会化和公开化程度低，使得企业的融资渠道狭窄，企业所需资金主要通过向银行借款获得，企业运营只能通过高负债来维持。在东南亚，华人家族企业的负债一般都超过了企业的资产。而在韩国，家族企业的负债率更高，一般企业的负债率都达百分之几百，有的甚至超过百分之一千（见表8-1）。当银行拒绝融资时，企业会马上陷入困境，甚至破产倒闭。

表8-1　韩国主要财团负债率

财团	韩进	乐天	起亚	现代	乐喜金星
负债率（%）	1287	701	415	393	380
财团	韩国火药	三星	大宇	鲜京	双龙
负债率（%）	339	320	304	218	209
平均（%）	350				

资料来源：赵晓. 韩国财团向何处去？："新韩国"体制下韩国大企业的变革 [J]. 经济社会体制比较，1998（2）：27-34.

韩国1997年以来破产的家族企业就是由此原因造成的。20世纪90年代中期以来，发生在东南亚和韩国的金融危机，在一定程度上是由大型家族企业负债率过高引起的。而金融危机的爆发反过来又制约和影响了家族企业的发展。

三、家族治理模式的发展趋势

1. 东南亚家族治理模式的发展趋势

近年来，东南亚华人企业家族治理模式主要呈现出以下两个方面的发展趋势。

（1）家族企业的股权公开化和社会化程度逐步提高，是东南亚华人企业家族治理模式发展的第一个趋势。20 世纪 90 年代以前，东南亚华人家族企业股权公开化和社会化已经有了一定发展，但程度不高。股权公开化主要表现在政府和政府公营企业，以及当地土著私有资本参股华人家族企业、华人家族之间相互参股、华人家族企业与外资合资创办合资企业等有了一定程度的发展。股权社会化主要表现在一些华人家族企业为了筹措资金而安排自己的企业上市，或为了淡化家族色彩，树立"公众公司"形象，而刻意安排家族集团下属的几家企业上市，上述情况使华人家族企业股权社会化程度有了一定发展。

20 世纪 90 年代以来，在下述原因促使下，东南亚华人家族企业的股权公开化和社会化程度有了很大提高。第一，东南亚华人家族企业一般所涉及的产业结构水平偏低，使企业的发展空间受到了限制。20 世纪 90 年代以来，世界范围的科技发展突飞猛进，新产业的不断发展，为东南亚华人家族企业通过进入高科技产业以提升企业产业结构水平提供了机遇。但东南亚华人家族企业进入高科技产业却受到了资金短缺、管理经验不足和回避经营风险能力差等的制约。筹措资金、提高新产业管理经验和水平、降低经营风险的需要，迫使华人家族企业不得不采取合资、公司上市等股权公开化和社会化的形式。第二，由华人家族企业第一代或第二代建立起来的、对企业发展必不可少的与政府的密切关系，在家族第二代或第三代控制企业领导权后却在不断失去。这种情况迫使家族企业只有不断提高股权公开化和社会化程度，通过扩大股东基础和合作伙伴的形式，才能保证企业的稳定发展。第三，部分华人家族企业在第二代或第三代因内讧而导致企业分裂、解散的惨痛教训，迫使一些华人家族企业通过股权公开化和社会化的形式来寻求企业的长远发展。第四，随着社会的进步，华人与当地土著人的种族误解淡化，一些具有现代社会观念和文化素质的新一代企业领导人，开始冲破家族和种族的束缚，通过采取股权公开化与社会化的形式，把自己

的"家族事业"融入所在国的"民族事业"中。第五，经过几十年的发展，东南亚当地的土著人的经济力量有了显著增强，素质有了较大提高，这为华人家族企业通过扩大股权公开化和社会化范围，加强与当地土著人经济合作提供了可能。第六，近年来，东南亚诸国推行了贸易自由化政策，削弱了对本国民族工业的保护，从而使国际垄断资本纷纷涌入。提高与国际垄断资本竞争与合作实力的需要，也迫使华人家族企业采取股权公开化和社会化举措。

（2）企业经营管理权从由家族成员控制向由家族成员和非家族的经营管理人才共同控制转化，是东南亚华人家族企业治理模式发展的第二个趋势。东南亚各国独立以来，一些华人家族企业为了寻求政府对企业发展的支持，安排了少量政府官员的亲属及退休的政府官员，在家族企业集团下属的企业中出任董事局主席、董事或总裁。但这种吸收家族以外人员参与企业经营管理的做法，是一种出于政治原因而采取的对企业发展进行自我保护的无奈举措。近年来，东南亚华人家族企业基于保证企业长远稳定发展的理性考虑，大量吸收家族外经营管理的专门人才参与企业的经营管理，出现了由家族成员和非家族的经营管理专门人才共同管理企业的新趋势。下面以马来西亚杨忠礼集团为例来予以说明。在杨忠礼集团中，除杨忠礼担任董事局执行主席外，他的长子担任董事经理，另外三个儿子和长女分别担任董事和不同部门的经理，使集团在杨家牢牢控制之下。在董事局之下，集团还设有一个由 26 人组成的执行委员会，成员由具有经营管理才能的董事和各部门经理组成，除杨氏家族父子 6 人外，其余皆为家族以外的成员。委员会的职能是每星期定时开会讨论公司的业务和决策。由此形成了杨忠礼集团经营管理权由家族成员和非家族成员共同控制的格局。此外，一些以公司上市、合资、合作等形式与各种类型资本结合的华人家族企业，采用现代企业组织形式，通过成立董事会等形式来监督企业的运作；还有一些从事国际化经营的华人家族企业，为了适应海外业务的需要，采取了起用当地管理人员负责当地业务的举措。上述情况表

明，东南亚华人家族企业正在朝着由家族成员和非家族的经营管理人才共同管理企业的方向转化。

综上所述，东南亚华人企业家族治理模式在仍然以家族治理为主的情况下，出现了股权公开化和社会化、经营管理权由家族成员和非家族成员共同控制，企业外部股东、合资者、合作者对企业的制约和监督不断增强的趋势。

2. 韩国家族治理模式的发展趋势

韩国金融危机爆发后，金大中政府实施了以改革大财团经营结构、规范大财团经营行为为重点的经济政策。随后卢武铉、朴槿惠、文在寅等总统都声称要实行市场经济，提出"经济市场化""经济自由化""经济民主化"等口号，力图进行财阀改革，通过限制大企业集团，打击大企业集团的不正当竞争和违法违规行为，大力支持中小企业发展，以打造新的经济发展模式，消除大企业集团和中小企业之间的严重不平衡。这一经济政策的实行，使韩国家族企业的治理模式出现许多新的变化。

在家族企业内部治理方面，出现以下四个方面的变化。一是金大中政府继承了金泳三政府的"主力业种制度"，只允许大财团保留 3~6 个子公司。例如三星只经营电子、金融、物产和服务业，使原来的下属企业总数由 269 个减至 150 个。这一做法限制了韩国家族财团的势力，使家族内部治理范围由"章鱼足式"扩张向集中化转变。二是出现了所有权与经营权分离，吸收家族外优秀经营管理人才参与企业管理的趋势。例如，现代集团提出，把企业结构调整的核心放在所有权与经营权分离上，决定只由具备经营管理能力的优秀人才参与管理，其他人只能做大股东，不参与企业经营。三是金融危机爆发前，针对家族财团的经济垄断问题，韩国出现了要求家族财团建立外部理事制的呼声。金融危机爆发后，韩国按照国际货币基金组织的要求进行彻底的经济改革，向英美式的自由市场经济模式靠拢。2003 年 12 月，修订后的《证券交易法》提出资产超过两万亿韩元的公司至少设有三名外部董事，占董事会成员的 50%

以上，独立董事制度的引进使这一呼声变为了现实。四是政府改革大财团的一个重要举措是，要求停止财团内各企业之间相互支援资金和业务，限制关联企业投资数额，取消附属企业之间相互负债担保等，加强个别企业财务的独立性，这在一定程度上会削弱家族财团内部治理的力度。

在家族企业外部治理方面，已经或可能出现以下三个方面的变化。一是市场对家族企业的制约力度增强。韩国经济体制正在从政府主导经济向自由市场经济转变，企业也从依靠政府扶持的发展模式，向适应市场经济规律要求，凭企业的创造性和自律性机会均等地参与市场竞争的发展模式转变。随着市场经济体制的彻底实行，市场会对韩国家族企业发挥更大的制约作用。二是银行机构对家族企业的监督力度增大。金融危机爆发后，韩国政府采取了彻底根除政经不分的官本位金融制度，处理不良金融机构，在银行业扩大外资持股比例，严格限制财阀资本进入，实行金融市场化、民营化和自由化，取消政府在贷款、融资等方面给予大企业的优惠政策，成立金融监督委员会，并建立相应执行机构，负责监督金融机构。这些金融改革举措促使金融机构向大财团的贷款行为从政府干预走向市场主导。以市场为主导的金融机构必然会从自身利益出发，在对家族企业融资过程中发挥越来越大的监督作用。三是包括股东、债权人、政府机构和公众在内的社会监督强度提高。金融危机爆发后，政府在对大财团的改革过程中，引进独立的外部审查制度；为增强关联交易透明度，要求财团编制合并财务报表，如实公布主要财务信息，为更有效地杜绝内部交易的发生，政府引入司法程序，依法追究从事违法交易的家族商社会长的法律责任；同时，重新修订了会计准则，使会计制度与国际惯例接轨，提高企业经营的透明度，防止隐瞒不实经营情况。企业经营透明度的提高，必然会置家族企业于社会监督之下，形成家族企业的社会监督机制。

公司治理（修订本）

第九章　转轨经济国家的公司治理模式

在社会主义计划经济制度向社会主义市场经济制度转轨中，由于资源在政府与市场间的重新配置，导致了经济体制的根本性变革，进而引致了公司治理模式的变革，如何配置公司的控制权，设计出有效率的公司治理模式，已经成为转轨经济中的一个焦点问题。每一种治理模式都和一个国家的发展阶段、经济制度及社会风俗密切相关，所以转轨中的经济并不能完全照搬发达经济中的"经验"，必须考虑每一种公司治理模式的运作所需的特定条件，以及实现这些条件的最有效率的途径。从而也就决定了，在转轨经济中对有效率的公司治理模式的选择与探索的复杂性、艰巨性。

第一节　东欧国家的私有化改革及相应的治理问题

一、东欧国家传统计划经济体制的瓦解

1987 年东欧的中央计划经济国家（保加利亚、捷克斯洛伐克、民主德国、匈牙利、波兰、罗马尼亚和苏联），经济生活中最重大的事件无疑就是开始了一场彻底的经济体制改革。这些国家公开宣布将抛弃传统的计划经济体制，即严格的计划指标"层层分解"和物质资源用实物形式集中分配的体制，兴起了以市场为取向的自由化改革浪潮，改革的核心是强调市场机制在自我调控基础上自动实现平衡的可能性，从而为这些国家的私有化浪潮奠定了理论基础。

二、私有化浪潮的兴起和对股东主权的重新确认

转轨经济中的国家为建立西方式的市场经济，实行了大规模的私有化，以达到提高经济效率、公平分割财产和增加财政收入的目标。在实施私有化方面，东欧国家的做法主要有以下三种。

（1）财产退还及补偿，就是将原政府在执政时期没收的财产（包括土地房屋、工厂等）物归原主或给予补偿。

（2）小企业私有化，将中小企业通过拍卖、租赁等形式实现私有化。

（3）大企业私有化，通过内部私有化、外部私有化、无偿分配等形式对大中型国有企业实行私有化。

从东欧国家私有化进程来看，财产退还及补偿已经完成，企业私有化也取得了突飞猛进的发展。捷克共和国通过投资券私有化等手段，使 80% 的国有资产实现了私有化。在俄罗斯，企业私有化成为俄罗斯经济改革的中心环节，这一点可从 1992—1994 年俄罗斯工业企业私有化的进程中得到反映，如表 9-1 所示。

表 9-1　俄罗斯工业企业私有化进程表

时间	私有化进程重大事件
1992 年	小企业私有化 46000 家，通过拍卖、招标实现，主要对象是商业和服务业内的中小公司
1992 年	8000 多家大企业转为股份公司
1993 年	政府通过私有化证券把 1.46 万亿卢布国有财产无偿地分给俄罗斯公民
1993 年	小企业私有化 73000 家，大企业私有化 13000 家
1994 年	3000 多名前国营企业的职工转为私有企业的雇佣工
1994 年	14000 家大中型企业改造成为股份公司，其中有 10000 家企业以证券拍卖的方式完成向股份公司转变
1994 年	产生 4000 万股东，100 多万小企业家

在私有化浪潮的推动下，企业的产权主体发生了根本性变化。在中央集权的计划经济体制下，国家代表广大人民行使对企业的控制权，职工虽然可以通过职代会等民主机构参与对企业的管理，但是在信息不对称的情况下，这种控制只能流于形式。事实上，企业的控制权仍掌握在各级政府部门及其代理人手中。随着计划经济向市场经济转轨，尤其是大规模的私有化，使企业控制权逐渐从政府转移到机构及个人股东手中，股东主权得以确认，并在此基础上试图实现有效的公司治理。

在传统的股东主导的治理模式中，对经理层的监督和控制主要是由外部治理机制实现的。而外部治理机制作用的发挥，依赖于有效率的资本市场、控制权市场和经理人市场。但在转轨经济体中，资本市场、控制权市场和经理人市场均不完善，从而使"内部人控制"问题突出。

三、"内部人控制"问题突出

1. "内部人控制"滋生于体制转换

内部人控制是伴随着计划经济体制向市场经济体制的转轨而出现的。计划经济体制下，职工（包括经理人员，下同）的择业自由受到限制，但是由于名义上职工是企业的主人，职工从企业不仅获得工资收入，还获得医疗保险、住房、养老金等福利待遇，因此，职工强烈依赖于雇用他们的企业。随着计划经济体制的终结，职工可能面临失去其既得利益的威胁。对于公司化改革，他们往往抱有抵制的态度，要想使大规模私有化进行下去，一个有效的办法就是把企业资产一部分白送或折价量化给他们。例如，在波兰，即使在计划经济体制彻底改革之前，由雇员选举的15人组成的企业理事会已经取得了相当于市场经济中公司董事会的实权地位，他们控制了任命经理、审批合同和制订年度计划等重要权力。转轨阶段一开始，在以市场为基础的私有化方案付诸实施之前，工人捷足先登，掌握了对企业资产的控制权。最常见的国有财产转手的方式是，有活力的国有企业并不是被公司化，而是被"清算"，一家新的公司租下或买下它的大部分资产，原企业的大多数工人则成为新公司的股东。在俄罗斯，根据私有化方案，在企业全部股份的 51% 限度内，职工可以以相对低的价格购买企业股份。管理人员可以从工人手中或市场上买回本企业的股份，以此来增加自己的持股份额。另外，参与股权认购证拍卖的投资基金在任何一家私有化的国有企业中的股权份额，被限定在 10% 以下。第一次股东大会应在私有化一年内召开，在此之前的董事会完全由原企业的经理人员和工人组成。这些措施都有利于内部人特别是管理人员在企业中建立起牢固的控制权。

在俄罗斯、波兰、捷克等国，经济转型的结果形成了畸形的"内部人控制"的公司治理。以俄罗斯为例，根据俄罗斯联邦经济部对工业企业所做的调查，1994 年俄罗斯全部大中型股份公司中，内部人、外部人和国家持股的比重分别为 50%~60%、12%~25%、15%~20%；到 1999 年，这三者的比重大致保持在 46%、42%、7% 的水平。内部人控股企业一直是转型期间的主导企业类型。1995—2001 年，管理者控股企业占全部股份公司总数的比重从 7% 直升至 25%，而职工控股企业的比例从 52% 下降至 28%。到 2003 年，管理者控股企业超越普通职工控股企业的规模，达到 38% 的比例。俄罗斯转轨期间主要特征是内部人所有权优势长期保留；外部人股权逐步上升，但迄今为止尚无法取代内部人成为主导所有权类型；内部人构成出现了较大变化，工人持股大幅下降，管理者份额则大幅攀升；国家股稳步下降。概括而言，在内部人控制的公司类型中，工人已经逐渐丧失所有权的主导地位。而经理人在法律上的控制权已经逐渐形成。

2. 转轨经济中薄弱的金融体系难以抑制"内部人控制"

虽然东欧各国都实现了中央银行与商业银行的分离，但是其金融机构仍然有待发育，金融中介参与治理也相当有限，难以抑制"内部人控制"。金融体系力量薄弱的另一表现是：转轨经济中的企业相互之间正通过广泛利用商业信用，以及在越来越大的程度上交叉持股而建立着联系。在缺乏可供选择的外部融资来源的情形下，商业信用可暂缓财政紧缩对企业造成的影响。

3. 转轨经济中易变的宏观经济形势和脆弱的政治体系对"内部人控制"起到了推波助澜的作用

宏观经济形势不佳、政权不稳固、法律不健全等转轨经济国家中普遍存在的现象，对正在兴起的私人部门和试图筹措外部资金的刚刚私有化的企业产生了很大的影响。为了回避由这些现象造成的高度不确定性带来的风险，牢牢控制住既得利益是最佳选择。共同的利益追求使经理与工人很容易结成联盟，分割、占有、控制由其经营的企业资产，形成"内部人控制"。

四、内部人控制的表现及其治理

（一）内部人控制的表现

转轨经济中内部人控制的加剧导致所有者的意志甚至利益被架空，所有者的资产被蚕食、转移或流失。内部人把企业作为谋取自身福利的工具，采取各种措施实现个人福利的最大化。这些措施包括：通过大量举债等方式，摆脱所有者的控制；耗费资本于非生产性项目以提高工人的福利；只建机器设备比例高的工厂以便提高人均产出，对那些冒风险的创业项目则退避三舍；在向债权人还款和向股东付息之前，为自己提供超出竞争性标准的报酬；在团队生产的场合尽量少付出劳力，搭别人的便车等。

内部人控制的出现，使企业外部股东的利益受到损害，企业的持续成长受到影响。因为任何有关战略决策方面的外部压力，只要可能对内部人就业保障及其他利益产生不利影响，就会遭到掌握着大量资产份额的内部人的强烈抵抗。所以如何设计出有效率的治理模式，加强对"内部人控制"的控制，已经成为转轨经济国家所面临的共同难题。

（二）对"内部人控制"的治理

"内部人控制"本质上就是代理问题，对这一问题的解决应立足于东欧国家的国情。由于当时东欧国家的企业资金非常短缺，围绕融资方式的变革设计治理机制以控制内部人是较优的选择。当企业经理进行某项决策却没有充足的内部资金加以实现时，企业不得不依靠外源资金。然而为了降低外源融资的成本或者有时完全是为获得资金，企业必须使其关于特定方式使用所投入的资本的承诺以及偿还投资者的承诺成为可信的承诺。内部人面临的困境在于为了提高信誉，他们要么必须确认投资者在特定情况下对企业的资产和现金流量具有所有权（如通过提供抵押品），要么放弃对投资决策的一部分控制权。既然融资成为内部人必然的选择，那么在融资过程中所产生的某种控制机制，就能对转轨经济中"内部人控制"的控制发挥作用。融资过程中所产生的控制机制基本有两种：基于债权的"契约治理"和基于股权的"相机治理"。

1. 基于债权的"契约治理"

"契约治理"的特点在于投资者不直接干预企业经营战略决策，投资目的仅在于得到契约中规定的给付。当企业无力支付融资契约规定的给付时，他们可以行使融资契约中规定的权利处置抵押品。

对于公司而言，资产的流动性越高，可以筹措到的资金量就越多，因为抵押品的存在，会对企业与其投资者的谈判地位造成影响。同时，投资者对企业信息的掌握来自于完善的市场环境中独立的审计机构，法律规定这些机构公布的信息必须是客观、公正、真实的。而且，外部融资被局限于通过法院强制执行的，即可信的有效契约范围之中。所以，这是一种在不健全的法律环境中，通过以企业可流动的资产作为抵押品的契约来对内部人进行控制的治理机制。

但是，在转轨经济中，产权模糊以及对某些特定资产转让的禁止强化了资本市场缺乏流动性的状况。同时，在转轨经济中的许多企业里，几乎没有什么可以在合约中加以规定的抵押资产。另外，市场环境的不完善，也是转轨经济中的重要特征。所有这些都表明，基于债权的"契约治理"并不是转轨经济中有效的治理机制，因为它得以有效运作的条件在转轨经济中目前还并不具备。

2. 基于股权的"相机治理"

相机治理的特点在于，投资者拥有公司的股权，通过直接干预公司的经营决策来进行治理。当公司经营状况良好时，投资者袖手旁观。当公司状态不佳时，投资者则进行必要的控制，包括否定无效率的决策，或是通过行使控制权促使有效率的决策予以实施。当企业管理层不执行投资者要求的行动时，投资者便对之进行改组。在这种方式下，作为投资者的金融机构特别是银行，不仅仅是资本的提供者，更在公司治理中起着至关重要的作用。由于它与贷款企业的密切联系使它们有更大的机会得到内部信息，也使它们在其他贷款人的心目中成为"委托监督人"。作为一个搜集顾客信息的中心，它们能给在公司中具有重大利害关系的投资者提供重要信号。这一点在转轨经济中尤为重要，因为转轨经济中不完善的市场环境，使外部投资者难以得到企业的充分信息，而信息的收集成本又很高。基于股权的"相机治理"能有效地解决这个问题。

3. 东欧国家以银企关系为核心的治理模式的构建

由于东欧转轨经济国家中银行部门的市场化程度比较低，银行中大多数的决策仍是集权式的。如俄罗斯，企业偿付能力的变化和政府的救助密切联系在一起，从而使银行对企业监控的激励机制弱化，再加上实施有效的监控所必需的信息和技能都相对匮乏，故在现实中，银行在公司治理中的作用微乎其微。所以，从控制"内部人控制"的目的出发，必须对银行进行必要的改革。

在转轨经济中，由于大量不良资产组合的存在，使金融体系变得愈加脆弱。同时由于缺乏必要的激励机制，故银行通常在贷款业务上把关很松且无意监控企业，因为它根本就没有来自倒闭的压力。所以，要想使银行在公司治理中扮演关键的角色，就必须要满

足两个条件：①只有在资本金充足、贷款结构合理时，银行才能充分发挥治理作用。否则就有陷入债权人消极状态的危险，因为企业的破产申请会暴露出银行财务状况的脆弱。②银行还必须在其资源配置决策中不受政府干预。避免政府"强迫"银行向效益差的企业贷款是至关重要的。近年来，许多东欧国家中的银行贷款实际上是隐性补贴。为了达到国际货币基金组织规定的预算赤字指标，各国政府削减了正式补贴，但是仍通过银行系统提供隐性补贴。由于政府强迫银行向效益差的企业贷款，政府造成银行的财务状况恶化引致了债权人消极状态。银行也缺乏对企业项目进行筛选的动力，因为银行知道一旦破产会受到政府的救助。上述条件清晰地表明，要想使银行体系正常地发挥作用，必须采取改革措施。

　　首先，进行以金融重组为起点的商业化改革。金融重组，包括重新注资以符合最低资本充足性的要求，将坏账存量和新的信贷流量加以区分。商业化的目的在于给银行以动力使之按利润最大化原则进行经营。

　　银行重新注资能够提高资产质量，恢复清偿能力，支撑公众信心。但前提必须是对银行与企业实行硬约束。例如，捷克的一次性重新注资就得到预算硬约束和快速私有化的保证。俄罗斯和爱沙尼亚在银行重组之前先推行私有化，并将坏账存量和新的信贷流量加以区分以改善银行的贷款结构，加强银行的监控动因。波兰在1993年早期重大的注资充实银行资本金之后，政府有意将银行引入重组过程。3000多家具有不良贷款的企业被划分到9家"目标"银行的特别处理部门，这些银行和这些负债企业被要求在短时间内制定出贷款处理协议，否则，一些企业将面临清算。200多家企业被准予暂缓处理，并得到逐渐减少的补贴。一般而言，东欧国家政府在债务重组中扮演了重要角色，因为对多数企业而言，政府是其最大的所有者，同时，因企业欠交税收，政府也是企业的优先债权人。为了使当事各方达成协议，政府通常必须放弃其旧股权和优先债权地位。此外，当其他债权人减免企业债务时，政府作为债权人也对企业欠政府的债务做了相应减免，并参与债权和新股权的转换。

其次，政府停止对银行信贷分配决策的直接干预。达到这一目标的一个简单易行的方法是将银行私有化。另一个方法是消除政府干预银行分配决策的动机。政府应当通过财政预算对企业进行必要的补贴，而不是通过银行信贷资金，这就可以使这些补贴的运用能够得到更好的监控。担保银行贷款是向这些企业提供补助的另一种可选方式。但那样一来，企业得到融资的同时却不能受到监控。

政府加强对金融的监管是必要的，但应谨慎对待。没有监管，滥用权力的现象将随处可见，公司治理也将归于无效。但是，当资本金充足率要求提高得过快时，也容易造成信用危机，对具有坏账的银行将变得严厉，而不是过于宽松随意。同时，要使银行在公司治理中起建设作用，限制银行间的"恶性过度"竞争是必要的，它有助于减少银行体系涉足公司治理而可能产生的体系脆弱性。

第二节　中国治理模式转型：从行政型治理到经济型治理

一、行政型治理

在传统的中央集权的计划经济制度下，中国国营企业的治理模式属于典型的行政型治理模式。它最大的特点就是政企不分，企业治理行为行政化。如图 9-1 所示，在这种典型的行政型治理模式中，国家作为国有资产的代表者，不仅拥有对国有资产的所有权，同时还掌握着国有资产的经营权。这种两权不分强化了政企不分，从而使政府作为国家管理者的职能与国有资产所有者的职能并存，国家管理的行政职能与企业治理的经济职能合一，导致企业治理行为的行政化。行政型治理模式表现为经营目标行政化、资源配置行政化和人事任免行政化三个方面。

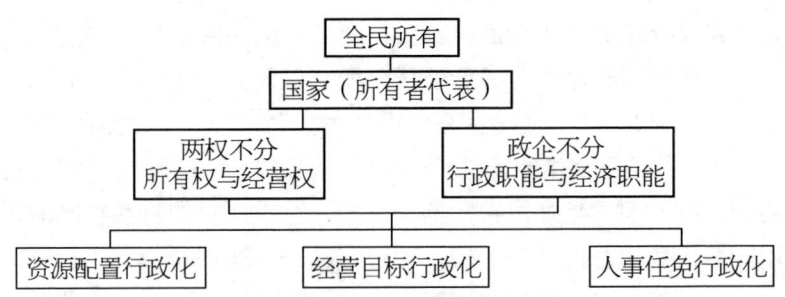

图 9-1　计划经济下典型的行政型治理模型

资料来源：李维安．对计划经济制度下企业治理制度的考察 [J]．三田商学研究，1996，39（2）：125-141．

在资源配置上，中国政府掌握着大量的行政资源和经济资源，且拥有资源配置方面广泛的自由裁量权（周黎安、陶婧，2009）。而这些资源是企业生存和发展必不可少的。正是基于资源配置的行政化，政府得以对企业施加干预，使政府与市场的边界趋于模糊。而行政化配置资源也促成了大量僵尸企业的存在，以及中小民营企业融资难、融资贵等问题。在行政干预的手段下，国有企业在融资、政府补贴、上市、自然资源占有等方面都享有无可比拟的政策"偏饭"，使得国有企业与非国有企业之间竞争难以公平，违背了竞争中性原则（戚聿东、张任之，2019）。

在经营目标上，国有企业既要考虑经济效益，又要考虑社会效益（何炼成、白永秀，1998），从而导致国企的经营目标二重性。而国有企业承担的诸多政策性负担有损企业经济效益（廖冠民、沈红波，2014），也带来了国有企业预算软约束（林毅夫，2006）等问题。同时，国企的政策性负担也阻碍了混合所有制改革的进程。刘春和孙亮（2013）研究发现，国企部分民营化后政策性负担显著增加，对其经营绩效产生了负面影响，从而使民营资本在考虑进入国有企业时有所顾虑而阻碍混合所有制改革的实施。

在人事任免上，我国国有企业领导人往往由政府部门指定，其评估、任期、升迁等均由政府部门决定，其身份不仅仅是一个企业管理人员，更是国家机关的工作人员。同时，政府对国有企业管理层的薪酬进行了管制（吴联生、林景艺、王亚平，2010）。而且，政府在对国企高管业绩评价中存在主观行为，会考虑其政策性负担。刘青松和肖星（2015）则发现，国企高管晋升与业绩不相关，而与承担的社会责任正相关。行政化任免、行政化薪酬、行政化考核等一系列行为导致国有企业的经营机制与市场机制格格不入，阻碍了国企的发展活力。

企业治理行为的行政化主要表现为资源配置行政化、经营目标行政化、人事任免行政化，概括地说就是"内部治理外部化，外部治理内部化"。

"内部治理外部化"，即本应由国有企业内部治理履行的决策职能却由外部治理主体决定。具体来看，内部治理外部化主要体现在行政任命与考核、高管对调及兼并收购等方面。从国有企业高管任命考核来看，政府部门往往在国有企业领导人的决定中扮演着重要角色，国企领导人不仅仅是传统意义上企业的管理人员，往往还具有行政级别（吴联生、林景艺、王亚平，2010），其业绩考核也常常根据行政任务作为评估依据。国企集团母公司层面的正职领导人，包括党委书记、董事长、总经理，一般由上级党委任命考核；对于副职高管，一般由国资委任命考核（戚聿东、张任之，2019）。此外，由于行政化任命，所以我国国企高管"对调""互换"现象很常见。诸如电信、石油、航空、冶金、电子等行业都曾出现过同行不同企业之间的大面积"高管对调"现象，而且这种现象越来越常态化了（戚聿东、张任文，2019）。此外，政府在企业的兼并收购中也施加了很大的影响力。兼并收购本是公司内部的投资决策，但政府出于多方面的考虑，往往对国企的并购加以干预（张新，2003；李增泉等，2005；陈信元、黄俊，2007）。一方面，陈信元和黄俊（2007）发现，政府通过兼并重组帮助地方经济困难的国企脱贫解困，从而使兼并收购成为其转嫁责任的一种方式。另一方面，政府部门往往通过并购形成大型企业集团以彰显政

绩和带动地方经济发展。

"外部治理内部化",即本应由外部治理主体履行的诸多职能,却由国有企业内部治理承担。外部治理内部化主要表现在企业办社会、承担诸多政府行政任务等方面。出于就业稳定,我国国有企业往往具有过高的冗员率(Dong、Putterman,2003),承担着大量退休职工的养老、医疗等费用(廖冠民、沈红波,2014)。

二、行政型治理的转型

行政型治理的直接后果就是企业的非效率,企业失去应有的活力,并产生高昂的治理成本。所以我国最初的国有企业改革指向就是如何增强企业活力。虽然当时还没有明确国有企业改革的目标模式,但是,塑造独立的市场竞争主体的必要性已经被大家所认识。

比较恰当描述中国改革进程的一句话就是"摸着石头过河",它准确地反映出中国改革的特点:渐进式转轨。而中国企业治理模式的演变,也是以塑造独立的市场竞争主体为起点,经过了一个从"集权"到"放权"的渐进改革过程。

(一)以扩大企业自主权为特征的"放权让利"改革

在我国长期的计划经济管理体制下,企业已经成为政府的附属物,缺乏必要的权利,失去了应有的活力。所以,必须对中央集权式的企业管理模式进行改革,来塑造独立的市场竞争主体。

从20世纪70年代开始,我国开始了在计划经济体制的总框架未做变动的情况下,进行以对企业放权让利和强化物质激励为主线的改革试验。

(1)扩大企业自主权的试点。1979年5月,国家经济委员会、财政部等6个部门在京、津、沪三地选择首都钢铁公司等8家企业,进行扩大企业自主权的试点,以明确规定企业对国家应承担的责任。如在完成国家计划之外,还规定企业在生产计划、产品销售、劳动人事、技术改造等方面有一定的自主权。同时实行国家与企业在利益分配上的利润留成制度,允许企业在全面完成国家计划

公司治理（修订本）

的前提下，提取计划利润分成和增长利润分成。

（2）放权让利改革的全面实施。1984年5月，国务院颁发了《关于进一步扩大国营工业企业自主权的暂行规定》，要求在十个方面扩大企业的自主权，1992年7月颁发的《全民所有制工业企业转换经营机制条例》确认企业享有14项经营自主权，即企业经营决策权、产品劳务定价权、产品销售权、物资采购权、进出口权、投资决策权、留用资金支配权、资产处置权、联营兼并权、劳动用工权、人事管理权、工资奖金分配权、内部机构设置权、拒绝摊派权。

放权让利改革在一定程度上调动了国有企业的积极性，但其并未触及行政型治理模式的实质。第一，它没有解决原有治理模式低效率、高成本问题。"放权让利"的改革思路企图在保持原有的"社会大工厂"模式基本框架下改善各经济单位的营运状况，并未解决国企产权问题。第二，改革虽给予企业更多的自主权，但与资源配置的行政化相矛盾，因而"放权"必然遇到很大阻力，很难放下去。第三，由于无法协同企业经理人员与企业目标的一致，所以"利润留成制度"无法形成有效的激励机制，"内部人控制"问题依然存在。

所以，这种改革的思路没有突破计划经济的思维定式，企图在原有模式的基础上，通过"加强经济核算""放权让利"增强物质刺激的办法来调动积极性，达到存利去弊、使之具有活力的目的，结果不但没有找到根本的出路，反而由于制度安排的不合理和激励的不兼容，陷入了放权不足造成企业仍然缺乏充分自主权去优化资源配置，放权太多又造成"内部人控制"的困境。

（二）以赋予企业剩余索取权为特征的"企业承包制改革"

在"放权让利"的改革没有收到预期的效果而人们迫切希望找到一种能够"搞活"企业制度的情况下，企业承包制得到了人们的青睐。所谓承包制，就是指所有者（发包人）将自己的财产交给承包人经营，双方达成协议，保证所有者得到固定均衡的收益，超额部分则归承包方所有或按比例在双方之间分配。在经营过程中，发包人对承包人的经营决策事宜不予干涉或基本不予干涉。承包制的实质是一种层级制的产权安排，即由下一级所有者在支付定额租或分成租的条件下，从上级所有者取得部分产权，在此基础上建立自己的经济，对经营结果享有剩余索取权。

1987 年年底大约 80% 的国有大中型企业实行了承包制。到1989 年，几乎所有的国有企业都实行了承包制。企业承包制改革在增强企业活力、塑造独立的市场竞争主体方面向前迈进了一步，但仍没有从根本上改变行政型治理模式的本质，只是从局部进行了改革。承包制本身存在的制度缺陷，以及在转轨经济中制度体系的不健全，使得承包制这种改革又带来了新的问题。

承包制的制度缺陷主要在于其处理关系的二重性上。

第一，委托代理关系，就是指作为企业的所有者与企业经理人员之间的委托代理关系。具体说，就是上级主管机关作为所有者的代表，把管理职权委托给厂长、经理，而政府对企业的最终经营结果负责，改变了计划经济体制下政府对企业直接、全面的干预，形成了除日常生产管理活动，其余一切重大决策均由政府做出的格局。

在这种制度安排下，企业行为仍然是一种行政化的治理行为。只不过政府对企业的控制，由过去对具体运用多项实物指标进行度量，转而控制投入产出的货币收益，即控制企业的经营利润，企业的长期发展、固定资产投资、改变生产方向等决策仍然由政府做出，企业厂长、经理只是这些决策的执行者和日常生产活动的管理者，没有完全的决策权。在这种体制下，难以培育出保证科学决策的治理机制，因为企业的所有者（业主）只存在于企业外部，在企业内部由于所有者缺位而他们的代理人（经理人员）既缺乏足够的决策权，又对企业财产的保值增值缺乏足够的关心，所以企业的决策失误和决策不及时仍然是难以避免的。

第二，共享利润关系。国家作为发包者与承包者的利润共享，是承包制中最有特色的一种制度安排。它的实质是把一部分企业产

权，即剩余索取权交给承包者，这使承包人可以分享剩余收入（利润），并以此来保证承包者和发包者一致的利益目标取向。

但是在这种体制下，产权界定不是更加清晰，而是更加模糊，因为给予企业承包者以分享盈利的剩余索取权，就意味着在同一份工业资产上有两个所有者：一个是场内所有者，即拥有占有、使用、处置权的"企业"；另一个是场外的所有者，即掌握着最终所有权的国家。这样，承包者事实上掌握着足够多的特权，当由这些特权带来的其他收益大于其剩余收益时，"共享利润"的激励机制难以发挥作用。同时，由于信息的不对称、"逆向选择"和"道德风险"问题，进一步导致了"内部人控制"现象的加剧。通过以上分析，我们可以看出，国有企业的承包制，可能是我国经济体制转轨过程中出现的"内部人控制"的最高形式。

从"放权让利"到承包制的实施都没有使国有企业走上良性成长之路，关键在于没有形成一个有效的治理机制，企业仍然保持着行政型治理模式。但这一时期的行政型治理模式与典型的行政型治理模式还是有所区别的，因为在这一时期企业的所有权与经营权通过契约所维系的代理关系得到了分离，但问题的实质在于这种契约是一种行政化的契约。所以，我们不妨把这一时期的治理模式称为转型时期的行政型治理模式。

转型时期的行政型治理模式是建立在政府主导型产权制度基础上，通过行政型契约所维系的治理模式，它是计划经济制度的产物，主要表现为政府控制企业的资源配置、经营目标和人事任免，考核企业的经营状况，评价企业经营者的经营业绩。在这种模式下，它的外部治理主体是作为企业所有者的国家，国家拥有对企业的剩余索取权，负责对企业进行监督，所以，它的外部治理结构，就是各级政府主管部门对企业进行监督、评价并控制企业经营者的任免权。而其内部治理则是在企业内部形成的三权制衡的治理结构：一是厂长（经理）负责企业的日常经营管理；二是书记（党委）负责组织人事工作，并对企业的经营状况进行监督；三是职工

代表大会，它是职工参与企业民主管理的重要机构。行政型治理模型如图 9-2 所示。

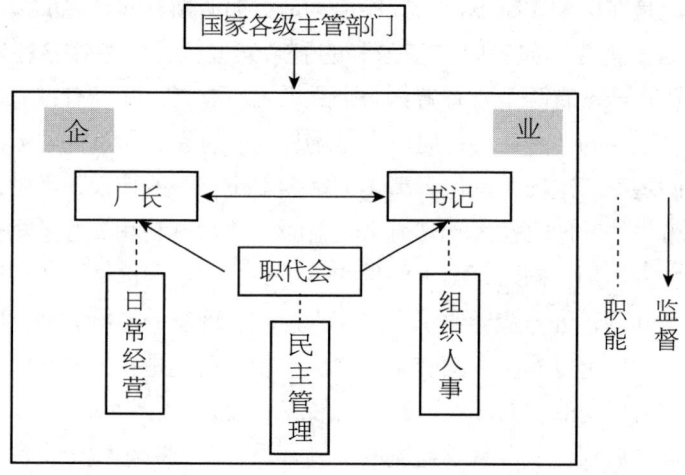

图 9-2　转型时期的行政型治理模型
资料来源：李维安，《中国的公司治理》，税务经理协会出版社，1998 年。

要想这种治理模式有效率，必须具备三个条件：

（1）政府能够对企业进行有效的监督。

（2）厂长（经理）是位有道德的人。

（3）书记（党委）、职工代表大会能充分发挥作用。

然而，在现实中，这三个条件很难具备。第一，在扩大企业主权增强企业活力的改革过程中，政府处于企业之外，企业的控制权事实上处于经营者的手中。由于信息的不对称，政府无法判断企业经营业绩的变化是由外部环境变化引起的，还是由经营者主观因素引起的，这样就无法对经营者正确地实施奖惩措施，从而缺乏对企业的有效监督。第二，厂长（经理）是经济人，他们追求自身利益最大化，在缺乏有效监督的情况下，难免产生逆向选择和道德风险问题，所以第二个条件也很难成立；第三，党委书记与厂长（经理）可能有着一致的目标取向，从而弱化了党委书记对厂长（经理）的监督作用。而职工因其工资、福利及升迁的机会被经营者掌握，导致职代会很难发挥监督作用。

由上述分析可以看出，行政型治理模式的缺陷是内生的，是由其产权制度决定的，必须对这种产权制度进行改革，建立经济型治理模式，来重塑国有企业治理机制。

（三）建立现代企业制度

党的十四届三中全会通过《中共中央关于建立社会主义市场经济体制若干问题的决定》，开始建立社会主义市场经济体制，让市场发挥对资源配置的基础性作用，并开始根据市场经济要求，建立现代企业制度，标志着经济型治理模式正式导入国企改革。1993 年《公司法》首次将"法人治理结构"明确表述为股东大会、董事会和监事会三个公司机构及其相互关系，并于 1994 年年底开展现代企业制度试点工作，国务院要求在 1999 年年底前让国有大中型骨干企业初步建立现代企业制度；而国企的持续亏损和亚洲金融危机促使中央做出"抓大放小"的决策，并自 1998 年进行"改革、改组、改造和加强管理"（简称"三改一加强"）的"三年脱困"攻坚，在 2000 年年底使国有大中型企业初步建立起现代企业制度。这标志着经济型治理模式开始导入我国国企治理。

（四）建立国资监管体制

在我国社会主义市场经济体制初步建立和成功加入 WTO 的背景下，党的十六大报告提出进一步深化国有资产管理体制改革的总体部署，十六届三中全会通过的《中共中央关于完善社会主义市场经济体制若干问题的决定》也提出要更大程度地发挥市场在资源配置中的基础性作用，并认为"产权是所有制的核心和主要内容"，由此催生了国有资产监督管理委员会代表国家履行出资人职责，管人、管事、管资产相结合的国有资产监管体制，并开始推进国有资本投资公司试点、混合所有制经济试点、董事会授权试点等重要的治理改革举措。在明确"发挥市场在资源配置中的决定性作用"后，我国进入进一步全面深化改革阶段，而在国企改革方面，主要

推进了以下五个方面的工作：一是，进行分类改革，按照中共中央、国务院《关于深化国有企业改革的指导意见》的要求，将国有企业界定为商业类和公益类，使国有资本进一步向重要行业和关键领域集中；二是，推进战略重组，进一步向优势企业集中，国务院国资委监管的企业目前已经降至 97 家；三是，处理"僵尸企业"，贯彻"三去一降一补"的供给侧结构性改革；四是，贯彻"做强做优做大国有资本"的要求，进一步推进高质量发展；五是，完成中央企业由"企业"向"公司"转变的历史过程，根据《中央企业公司制改制工作实施方案》要求，2017 年年底中央企业全部完成改制任务。

三、当前阶段：行政经济型治理

不同于中东欧国家的瓦解式转型，中国企业推行渐进式改革，从行政型治理到经济型治理是一个长期的过程，这使当前中国国有企业治理呈现出行政型治理与经济型治理相互交织并存的特征，即行政经济型治理。

对国有企业行政经济型治理模式的认知经历了从"二元并存"到"交织并存"的演变。李维安（2002）提出在中国公司治理转型的进程中，形成了行政型治理与经济型治理环境并存的状态，其主要表现形式为两种环境不同程度的组合与匹配，而不同的组合模式对应了中国公司治理不同的演进阶段，最早提出中国公司治理的演进是行政型与经济型治理的不同组合。之后，李维安和郝臣（2009）进一步分析了行政型治理与经济型治理交织下所面临的"治理困境"，认为二者交织容易造成"经济型治理"外壳下的"行政型治理"或其变形，进而造成行政型治理实质上的残存。

行政经济型治理主要表现为行政性成分和经济性成分不同程度的组合与匹配，而不同的组合模式对应了中国公司治理不同的演进阶段。行政型治理向经济型治理转型呈现出渐进性、双重性、间断均衡性及路径依赖特征。在经济型治理体系建立的过程中，国有企

业行政型治理弱化的过程相对滞后。在以政府为控股股东的国有企业中，有效实现公司治理转型，依赖于配套制度的建设。深化公司治理改革面临的诸多问题，如企业去行政化、去官员身份以及分离社会组织职能等，如果没有相应的政府治理配套改革，就难以有效推进。中国政府治理改革的进程相对于公司治理改革来说，起步较晚，这使行政型治理的弱化呈现"迟滞性"特征。所以，在当前国有企业中呈现出一种"强行政型治理，弱经济型治理"的行政经济型治理模式。

中国公司治理的转型，其目标就是强调政府对"经济型治理失效"下的适当介入与干预，追求的是在危急时刻恰当地运用行政型对经济型治理失灵的脉冲效应和"相机治理"（李维安、邱艾超，2010）。

中国国有企业在现代企业制度探索的道路上不断前行。然而，国有企业的上述改革并未从根本上解决政企合一、权责失衡的问题，国有企业仍然保持着行政化的运作机制，导致外部治理虚化，内部治理弱化，强化了"内部人控制"。具体表现如下。

（1）股东控制机制行政化。在这些企业里，股东控制仍是政府控制，政企合一问题在实质上没有得到解决，从而产生了政企合一与市场机制、政府控制与"内部人控制"之间的矛盾，使企业的经济行为常常表现为行政行为。比如各地政府盲目引进、重复建设，地方政府领导好大喜功，盲目铺摊子，"政府唱戏，企业搭台"，以高成本的投入却得不到应有的效益，从而导致国有资产的流失。企业的最高权力机构股东大会，除了在制定分红方案时起到有限的作用外，在选举董事会方面，事实上并未享有应有的权力。长期以来，政府部门直接向国有公司派遣董事、董事长，甚至直接委任总经理、副总经理。有的企业党委书记、董事长、总经理"一肩挑"，失去了制衡。国资委所属96家央企中，近一半企业的正职领导由中央任命和考核；副职领导则由国资委任命。国有企业领导人更多的是对上级党委和政府负责，而不是对市场和企业负

责。曲亮等（2016）也提出国企董事会存在"一把手决策、行政化严重、独立性较弱"等问题。政府通过任命的政府官员对企业发号施令，而由于国有企业独治化，内部治理失去制衡，使国有企业成为政府实现各种政策目标的工具、发号施令的"漏斗"（项安波，2018）。

（2）内部治理机制弱化。近年来国有企业的取向是在增强企业活力、塑造其独立的市场竞争主体的地位，在政府不断放权给企业的同时，却没有相应地建立起与市场经济相适应的监督体系与代理机制，从而出现"所有者缺位"，并强化了"内部人控制"。首先表现为企业的内部监督机制形式化。一个有效的内部治理结构能够维护内部监督机制的有效运作，从而保证企业的科学决策。而目前大多数的股份制企业都缺乏这种内部监督机制。如职工没有有效的途径来参与企业的经营管理，难以形成对经营者的来自职工方面的监督压力。同时监事会的成员，大多数都是企业内的会计、审计、政工人员，他们往往能够和经营者共谋，从而失去监督动力。再加上多数企业中，总经理和董事长都由一人兼任，更使得董事会的监督流于形式。其次表现为企业的激励机制弱化。因为在目前的多数股份制企业中，工资仍沿袭过去的行政级别工资制度，同工不同酬的现象仍很明显。同时由于工资"刚性"，使得目前的这种工资制度难以形成有效的激励机制。有些企业企图通过职工持股来强化激励，但是，职工持有本企业的股票往往是很平均的，所以靠"红利"也难以发挥激励作用。对经营者来说，其报酬主要是月薪形式，很少采用年薪制，这样就等于提前预付了"购买"其经营能力的报酬，从而失去了必要约束。而且，行政级别工资很难反映出企业家的真正价值，往往导致贪污舞弊现象的发生。

（3）外部治理机制虚化。政府控制机制在信息不对称的环境中难以有效地发挥监督的作用，无法对"内部人控制"进行积极地控制。而当时中国资本市场、控制权市场和经理人市场尚待完善，外部治理机制难以发挥有效作用。

四、对经济型治理的探索及理论模型设计

在政府控制这种产权制度下，行政型治理是一个必然的产物，其本身存在的缺陷，也是由其赖以存在的产权制度所内生的，所以必须对国有企业的产权制度进行改革，为构筑经济型治理创造条件。

（一）对经济型治理模式的完善

尽管我们在经济型治理探索的路上迈出了可喜的一步，但必须清醒地看到，在现实经济中我们试图建立的经济型治理的种种模式，仍然存在许多缺陷和不足之处，需要我们进一步去完善。

行政型治理向经济型治理转型，即从以往的企业所有权和经营权高度统合，各级政府部门直接监管企业运营的政企合一的行政型治理，逐步向所有权与经营权分离、政企分开，在现代企业制度的法人治理结构下，外部通过资本市场、产品市场、经理人市场和法律法规，内部通过股东会、董事会、监事会机构，对企业实施监管的经济型治理方向转型。中国公司治理转型的过程是现代企业制度不断完善、企业治理逐步摆脱行政化、理论研究逐渐丰富的过程。

1. 国有企业治理转型

回顾国有企业制度改革 40 多年的发展历程，伴随着经济体制的变化，国有企业治理模式也发生了深刻的变化。

国有企业股份制改造后，形式上建立了以公司制为前提，以股东主导型产权制度为基础的现代企业制度。国有企业从整体上看，公司治理模式从以往的所有权和经营权高度统合，各级政府部门直接监管企业运营的政企合一的"行政型治理"，逐步向"内外治理机制协同"、监管部门等机构对企业充分监管的"经济型治理"方向转型。但是，政府既是国民经济的管理者，也是企业国有股东权利行使者，这一双重身份形成的"治理困境"，易造成集团治理"漂亮的外衣"与"经济型治理"外壳下的"行

政型治理"或变形，进而造成行政治理实质上的残存，如图 9-3 所示。

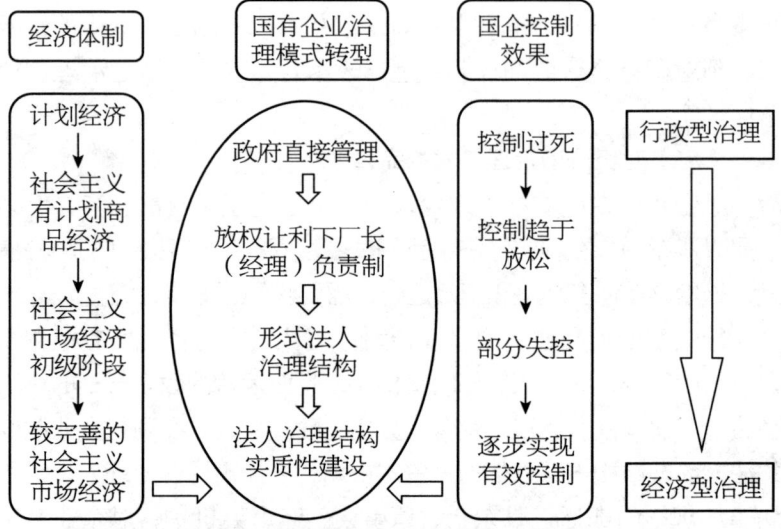

图9-3　中国国有企业的公司治理转型

资料来源：李维安，郝臣.中国公司治理转型：从行政型到经济型 [J].资本市场，2009（9）：113.

2. 民营企业治理转型

民营企业的发展同样经历了从"行政型治理"向"经济型治理"逐步演进的过程，如图 9-4 所示。该过程表现为：非正规公司"红帽子"阶段的"官商结合"，行政联系依赖阶段的"亲密资本"，以及市场化、制度化和规范化阶段。

无论国有企业还是民营企业，都在经历着从行政型治理向经济型治理转型的过程，如图 9-5 所示。然而，在当前中国企业行政型治理放松的同时，经济型治理却未及时确立。因此，行政型治理一旦放松，企业常常陷入内部人控制状态；而企业一旦出现问题，很大程度上又依赖强有力的行政型治理。由于经济型治理体系的缺失，企业常在"内部人控制"与强有力的行政型治理之间摇摆。因此，以制度改革为背景的中国情境下的主要公司治理问题是：行政干预过多，但是经济型治理尚未确立，二者之间未能形成高度的相机性与互补性。

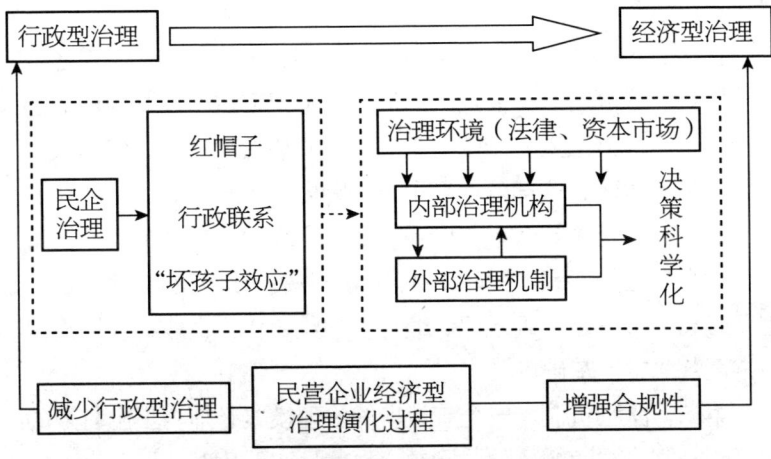

图9-4 中国民营企业的公司治理转型

资料来源：李维安，郝臣. 中国公司治理转型：从行政型到经济型 [J]. 资本市场，2009（9）：113.

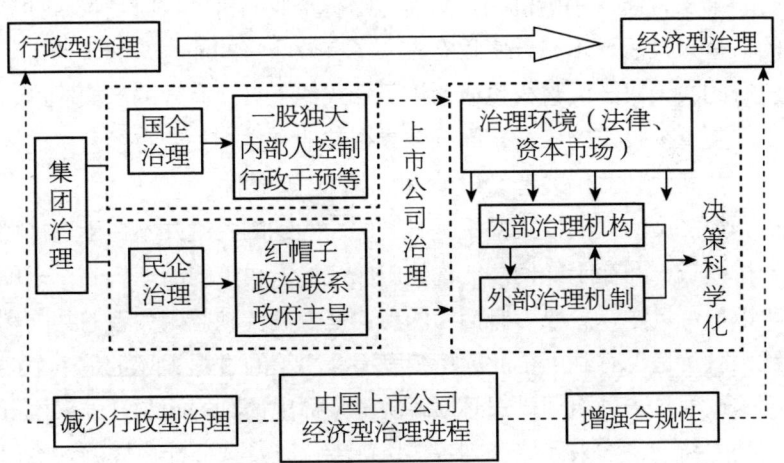

图9-5 公司治理转型：从行政型向经济型

（二）经济型治理理论模型设计

"经济型治理"就是指建立在股东主导型产权制度基础之上的治理模式，它必须具备保证科学决策、持续经营的运作机制。这主要包括以下几个方面。

第一，产权机制。企业行为的物质基础是法人财产，就是出资者投资形成的资产与债权人的债权以及无形资产共同组成的法人财产。企业凭借法人财产获得相对独立的法人财产权，成为人格化的独立法人实体，这样就杜绝了外部因素（政府）对企业经营的直接干预，提高了决策效率，增强企业对市场的应变能力，从根本上解决政企不分的问题。同时，为测定企业资产运营的绩效奠定了基础，有利于出资者正确地评价经营者的业绩，为企业的长期规范和正常运营奠定了基础。

第二，激励机制。一个有效率的治理模式必须内生出有效的激励机制来解决"道德风险"问题，也就是实现政府、经营者、职工三者经济目标的一致，即在利益和动机上的一致，使任何"偷懒"动机和机会主义行为都会损害共同利益，从而实现激励相容。

第三，监督制衡机制。当前对国有企业而言，政府是唯一独立的监督人，信息不充分使政府失去了有效监督的能力，而普通职工应有的决策权、监督权也成为流于形式的工具。有效的产权制度，不仅要重视股东的权益，而且要重视其他利益相关者对经营者的控制，为其他利益相关者参与企业的监督创造条件。

经济型治理的模式并不是唯一的，问题的关键并不在于选择哪一种模式，而在于如何才能构建出保证科学决策的治理机制。一项决策是否科学，一般可概括为两点：是否符合利益相关者的共同利益，以及是否有利于企业的持续发展。决策的过程实际上是一个谈判的过程，一种治理模式必须解决谁来提出谈判的问题，谁来执行谈判的结果，谁来评价谈判者与执行者，以及选择什么样的评价程序。这些问题就是前面提到的激励、监督、制衡等治理机制的具体化。所以，我们把保证决策的科学性作为切入点，是基于利益相关者共同治理的逻辑起点和"共同决定"的原则，来构建经济型治理机制。

1. 内部治理机制的构建

内部治理机制的构建应以发展多方监督主体为基础，追求决策的共同参与与监督的相互制约。

（1）强化非执行董事的独立性，切实发挥独立董事的监督作用。监事会的监督往往是一种事后的监督，非执行董事可以由大股东聘请的专家、学者来担任，也可以由有着丰富经验的企业家来担任。

（2）通过外部监事加强对企业的监督。外部监事就是指由本公司外部专业的审计人员、会计人员来担任企业的监事会监事。目前，大多数公司监事会成员几乎都来自企业的内部管理层，这样的监事会难以有效地发挥对企业经营者的监督作用，所以通过引进外部监事，加强对企业的有效监督是非常必要的。目前，需要解决的问题是如何确定外部监事的产生机制，才能使这种形式更能有效地发挥作用。

（3）建立有效的激励机制。激励机制是解决委托人与代理人之间关系的动力问题，即委托人如何通过一整套激励机制促使代理人采取适当的行为，最大限度地增加委托人的效用。一个有效的激励机制应该实现激励相容，调动管理层的主观能动性。一个有效的内部治理机制的构建，要求在发展多方监督主体的同时，辅之以必要激励机制来保证利益相关者目标的一致性。

2. 外部治理机制的构建

外部治理机制是指金融机构、企业法人、资本市场和经理人市场等公司外部的治理机制。外部治理机制能够对内部人形成足够的约束和激励。当然，它发挥作用是需要条件的，一是要存在一个有效率的具有评定公司价值、转移公司控制权功能的资本市场。二是要通过其他一些制度安排，比如竞争性的经理人市场等。然而目前在中国，这些都是稀缺的，所以，我们要创造必要的条件来构建企

业的外部治理机制。

（1）培育和发展资本市场。目前我国资本市场尚不完善，规则不够明晰，监督不够严格，缺乏价值投资者，股市投机氛围浓重，股价不能正确反映公司的价值，难以产生对企业有效的外部治理。针对现状，必须采取有力措施，将资本市场引向健康发展的轨道。通过资本市场的资源配置功能，实现企业的优胜劣汰，对管理层施加压力，促使其努力经营企业，如若不然，可以通过控制权接管机制实现对企业管理层的更换。

（2）建立现代化经理人市场。企业家是现代公司的重要人力资源，所以必须改变公司经营者由行政部门委派的办法，建立一个调节功能强、覆盖面广、高层次的企业家市场。第一，需要建立企业家市场的有关法规，规定企业家市场行为；第二，以市场竞争筛选企业家，通过市场公开、公平的竞争和市场检验，直接沟通人才供需双方，形成优胜劣汰机制；第三，健全企业家市场的中介组织，促使企业专门管理人才的合理使用和流动，同时，健全企业家评价系统。

（3）改革银行体制重建企业与银行的关系。目前普遍存在银行借贷对企业软约束问题，导致企业吃银行的大锅饭，所以必须改革目前的银企关系。如果吸收德国和日本银行与企业关系的经验，中国也可以实行一种主银行体制，并使银行能够成为企业部分股权的所有者。当然，这只是一种设想，改革的关键在于如何发挥银行在公司外部治理中的作用。由于中央政府对专业银行存在很强的行政控制，更多地依靠行政手段分配信贷，所以，中国现有的银行体系在公司治理中难以发挥作用，必须要进行改革。这主要从两方面入手：①现有专业银行商业化。将专业银行变成商业银行的关键步骤是实行公司化。银行的公司化能够为银行重新注资，并在股票市场上发行新的银行股。②建立新的商业银行。建立新的商业银行有几个好处：新银行开始运转时能够形成新的治理管理结构；不存在困扰现有银行的呆账问题；没有政策性贷款义务；必须为求发展而与现有银行展开竞争。所以，新商业银行会对现有银行产生竞争压力，对让银行有动力监督企业绩效、在外部治理中起积极作用而言，竞争是至关重要的。

基于上述分析，我们可以设计出经济型治理的理论模型，如图 9-6 所示。

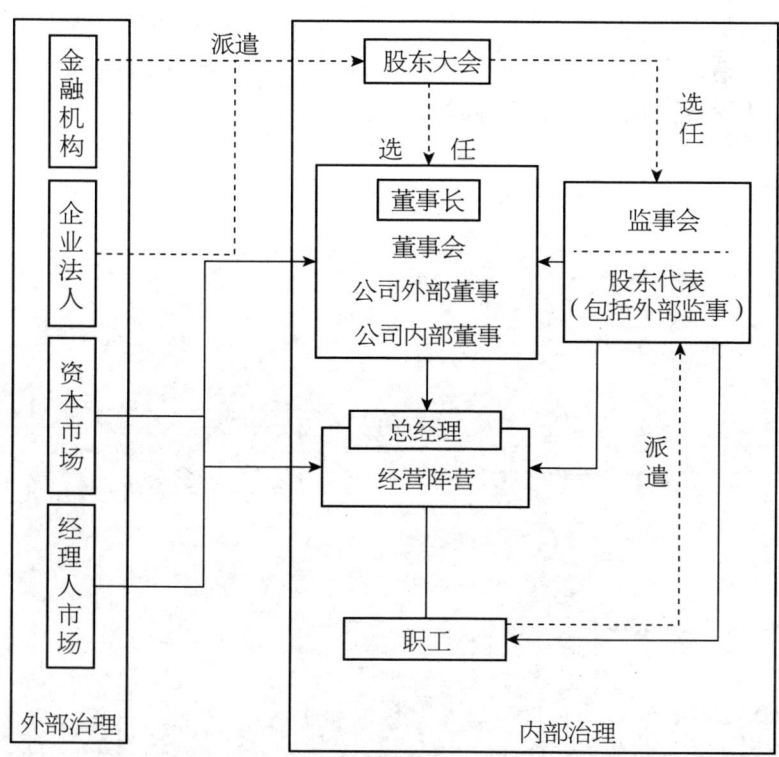

图 9-6　经济型治理模型

注：——————→　接管压力　⋯⋯⋯⋯→　监督

资料来源：李维安，《中国的公司治理》，税务经理协会出版社，1998 年。

从内部治理来看，董事会处于决策的核心地位，其中内部董事（包括执行董事和职工董事）负责决策的提出，外部董事（非执行董事）对整个决策过程及执行过程进行监督与评价；监事会处于监督评价的核心地位，通过引入外部监事、职工监事，强化监督与评价的能力；由各级经理人员组成的经营阵营及广大职工是理所当然的决策执行者。

从外部治理来看，银行通过掌握公司的一部分股权，对公司进行相机治理；企业法人的持股，构筑了公司安定性的结构，强化了公司持续经营的能力；来自股票市场、企业家市场的接管压力和代理人之争，形成有效的外部治理机制。

第四篇

4

发展篇

　　随着实践的发展，公司治理的研究不断深入，产生了许多新的公司治理问题。随着公司规模的扩张，如何对子公司的有效管控，发挥集团协同效应，需要构建科学的集团治理机制；网络经济催生网络治理、平台治理等新型治理方式；统筹公司治理、社会治理、政府治理的绿色治理成为推动公司可持续的重要命题。科学评价上市公司治理质量的需要也推动着公司治理评价研究的深入发展。本篇对公司治理评价研究的最新成果进行了较为全面的介绍。公司治理是一个新兴学科，也面临着发展方向的选择问题。最后希望通过对当前公司治理研究趋势的把握，指出未来需要进一步研究的重点方向。

第十章　新兴治理

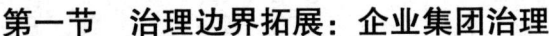

本章着重介绍了当前一段时间，公司治理研究领域成长较快、引领公司治理发展方向的集团公司治理、网络治理和绿色治理。随着科技水平的不断提高，企业规模不断扩大，企业治理的边界也逐渐超出单个法人治理边界，形成企业集团治理；从组织形态的变迁来看，网络型组织成长为继科层式组织、市场之外的新型资源配置方式，要求加大对网络治理规律的探索；资源环境约束使得如何打造企业、自然、社会和谐共生的绿色治理成为新形势下公司治理理论和实践创新的又一重要课题。

第一节　治理边界拓展：企业集团治理

企业集团是多个法人企业通过建立某种联系（如股权关系）而形成的关联企业组织。我们认为，可以从功能上对企业集团中的成员企业与单一企业组织进行区分，研究企业集团的公司治理问题应该从公司治理的核心功能谈起。

一、公司治理核心功能的转变

公司治理是现代企业制度的核心。转轨经济中出现的"内部人控制"问题，使权力制衡成为公司治理的主要功能。考察企业制度先进国家的公司治理研究的理论发展，我们认为，仅注重权力制衡难以保证企业持续发展，应以决策科学为公司治理的核心功能，展开公司治理的改革方案设计与实践应用，在先进的体制平台上构造具有国际竞争力的现代企业。

（一）公司治理核心功能的转变

1. 改革的深入对科学的公司治理提出了要求

在计划经济向市场经济转轨的过程中，企业公司化、产权股份制被认为是塑造现代微观经济主体的根本途径和可行方法。1993年后开展的以公司制改造为主要内容的现代企业制度构建工作，使我国的大多数企业在形式上基本实现了向"现代企业"的转换。但是这一过程并未带来企业整体绩效的显著提高，即使是作为现代企业制度典型的上市公司也面临着"内部人控制"等问题。如何把握现代企业制度的内涵，找出决定企业经营成败的关节点因素，构筑支撑企业持续发展的体制平台，已经成为企业改革的中心问题。正是在这一背景下，公司治理作为现代企业制度的核心，受到日益广泛的重视。塑造"股东大会—董事会—经理层"三维主体为基本内容的公司治理结构，实现企业内部的权力制衡成为我国下一步企业改革的普遍观点。公司治理核心功能的准确定位，关系到公司治理改革实践的成败，对这一问题进行理论上的探讨就显得十分必要和迫切。

2. 公司治理核心功能：决策科学

借鉴国际上公司治理的成熟经验我们自然会想到，在市场经济发达的国家，作为现代企业典型代表的股份公司在20世纪就已出现，以股东大会、董事会、管理层三个基本主体形成的公司治理结构早已存在，权力制衡机制运作成熟，并以"英美模式""德日模式"等形式被规律化地加以总结，公司治理应该是一个早有定论的课题。然而，20世纪80年代中期以后，尤其是90年代以来，国际学术界和实业界又纷纷兴起研究公司治理的热潮。但是，他们研究的焦点不单是公司的治理结构，也不仅仅是如何对经营者进行有效监督的权力制衡问题，而是主要集中在如何保证企业的科学决策和提高绩效的问题上。这种关于公司治理核心功能认识的转变，主要基于以下原因。

第一，20世纪80年代中期以后，尤其是90年代以来，股权呈现出向以券商、保险、社保基金、私募股权投资等大型机构投资者快速集中的趋势。据统计，美国资本市场的机构投资者持股比例从1950年的6.1%上升到2013年的61.6%❶。由于持股数额巨大，使消极的"用脚投票"不再成为有效的选择，机构投资者专业知识的具备和争夺公众资金的中介角色都使其有能力、有意愿参与公司的经营以保护甚至主动扩大他们的利益，机构股东积极主义兴起。随着机构投资者队伍的崛起，近年来越来越多的机构投资者通过代理其他中小股东发起临时股东大会，否决或要求公司更改或执行一些重大经营决策，如兼并收购、业务剥离、董事会变更等。机构投资者的崛起，改变了注重权力制衡的传统治理模式赖以存在的"所有者不在"的前提，决策成为所有者、经营者共享的权利。但通常机构投资者并不谋求过度干涉企业的日常管理，更多的是进行战略参与，鼓励公司建立具有开放性的决策体系，以使其具备相机治理的能力。公司治理的核心功能随之由权力制衡转移到决策科学。

第二，科技型公司治理变革创新的要求。进入21世纪，以互联网、电子商务、人工智能等新型科技和商业模式为特征的新经济蓬勃发展。科技型公司成为经济舞台上的主角。由于科技型公司对于管理创新、技术创新的依赖，加之科技型企业决策的复杂性空前提高，决策的手段、方式亟待改进成为支撑企业持续发展的重要基础。相应的要求公司治理结构、治理机制做出相应变革，以激发核心人力资本的积极性和创造性，增强公司凝聚力。传统的基于科层组织结构、常规决策的制衡为主的治理模式迫切需要向适应柔性组织结构、非常规决策的决策有效性为核心的治理模式转型。

第三，信息技术的发展及其应用促进了公司治理核心功能的转换。借助于信息技术，即使是小股东也能便捷地向公司表达自己的意见或就某些问题形成共识，股东深入地了解财务信息、战略信息

---

❶　童卫华. 机构投资者与公司治理：新趋势和研究展望［J］. 证券市场导报，2018（6）：26-31.

甚至企业具体运行状况亦成为可能。传统的公司治理模式赖以存在的股东参与形式——长时距、高成本、注重财务信息——发生了极大变革,股东(及其他利益相关者)能够直接对公司的决策过程进行了解和参与,而不需通过对管理人员个人品格的依赖保证决策科学,避免了由此而来的经营震荡。可见,信息技术的应用促进了决策科学取代权力制衡成为公司治理的核心功能。

可以看出,投资者机构化、企业竞争国际化、企业生存社会化、沟通信息化等促使以股份公司为代表的现代企业建立开放式的治理体系,通过利益相关者的参与强化决策的科学性,实现企业在激烈竞争、变化快速的环境下的生存和发展。公司治理的研究重点已从治理结构转向治理机制,公司治理的核心功能正在从权力制衡转向决策科学,把握这一趋势可以帮助我们在企业改革中,更好地思考公司治理改革的逻辑、途径和手段,以实现制度上的后发优势,从而能够在同一平台上展开同国际先进企业的竞争。

(二)权力制衡:低效治理的原因分析

传统的公司治理重权力制衡,即强调对管理人员的控制。这种治理模式源于股份所有权的分散化和专业经理阶层的出现。在所有者"缺位"的情况下,经营才能的专有使管理人员成为决策的中心,实际上控制了公司。因而,实现所有权对管理人员的控制就成为公司治理的核心功能。在这种类型的治理模式中,典型的权责构架是:管理人员控制公司的领导权并对决策负责,董事会的作用是雇用高层管理人员,监督他们的工作,在公司业绩不佳时解雇他们;股东的唯一作用是当公司经营糟糕时,通过卖出股份放弃对董事会的支持,我们称这种强调管理层人员控制的公司治理为管理型公司治理(managed corporate governance)。

着眼于权力制衡的治理模式,难以实现对管理人员的有效控制。经营活动的风险性特点以及以减少风险为主要任务的使命决定了企业必然赋予管理人员相当程度的随机处置权,使他们能灵活机动地处理在变化的市场环境中企业经营过程可能出现的问题,及时改变或调整企业活动的内容与方式，保证企业经营与市场环境的协调。随机处置权的赋予必然为权力主体对管理人员的控制造成障碍。这样，在管理型公司治理中，通常是管理人员承担了公司的决策职能，而股东和董事会却远离公司的决策过程。

　　管理型公司治理具有内生的不安定性，其根源是在管理人员独占决策权力的前提下，封闭的决策程序容易造成决策失误，而不是权力失衡导致公司经营的不利，"突然震荡—安定—突然震荡"成为企业经营的常态。以权力制衡为核心功能的管理型公司治理难以满足公司持续发展的需要，成为一种低效的治理模式。因此，需要寻找更为有效的治理模式，治理型公司治理如图 10-1 所示。管理型公司治理和治理型公司治理的治理机制比较：①在管理型公司治理中，治理机制以层级制形式展开（股东大会→董事会→管理人员）与管理机制相结合部分为最高管理者，整体呈现为链状治理形态。最高管理者处于决策中心地位，治理机制只是被动展开，加上链状治理的单向性，"突然震荡一安定一突然震荡"成为企业经营的常态；②在治理型公司治理中，治理机制围绕决策展开，开放式的决策体系使股东、董事、管理人员充分参与，形成网状治理形态。治理关注的焦点不是管理者的个人能力，而是决策科学，即决策正确性和决策校正的速度。

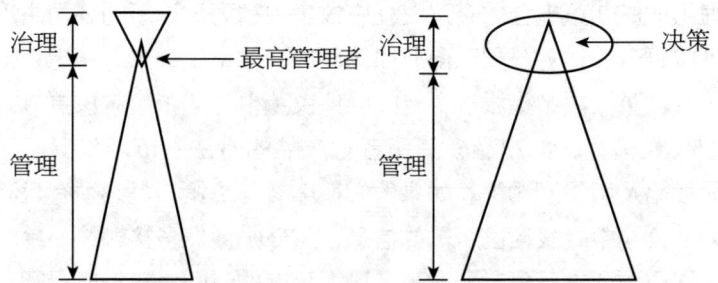

图 10-1　管理型公司治理与治理型公司治理的治理机制比较

（三）决策科学：有效治理的目标取向

　　与管理型公司治理对应的治理模式是以提高决策的科学性，

而不是以监督管理人员为其核心功能。所谓提高决策的科学性，就是减少错误决策的可能性，增加校正决策的速度，其途径是使决策过程成为开放的体系，鼓励股东和董事充分地参与。股东、董事、管理人员三部分人基于其能力（或决策资源）进行的充分参与，是公司治理有效运行的基础：董事能帮助经理做出最优决策，股东能够直接对经理人员及董事会说明他们对于公司决策的意见。来自于股东和董事的参与有助于缓解公司易于产生决策失误的行为问题，促进决策公开化，即通过鼓励争论、充分交流信息、激发新思路，降低坚持错误观点的可能。如果股东和董事参与决策过程，即公司治理有关的三部分主体都有了发言的机会，那么这种强调决策参与的公司治理就称为治理型公司治理（governed corporate governance）。

构造治理型公司治理，首先要重新定义董事的角色。在决策过程中，董事会必须积极参与，而且这种参与应该是有效率的。为了实现这一目标，就得对董事会做出大的变革。过分强调独立性是不必要的，因为这只会鼓励袖手旁观而不是积极参与，对于董事有效参与制定科学的决策并无帮助。

董事会需要在五个方面实施变革：①董事会成员必须是专家。董事会应由精通公司及其所在行业财务、生产、法律等知识的专家合理组成。②董事会的会议议程应该集中精力讨论新的公司决策，而不应过分关注对公司以前业绩的评估。如董事会可以考虑为公司的每一项重大决策指派一个专门的评议董事。③董事应该更有效地获取公司信息，如产品、消费者对产品的看法、市场状况、重大公司战略及组织问题等。如果他们期望参与决策，就必须有足够的权力从公司中寻找自己所需的信息，应鼓励他们多接触第一手的资料。④应该要求董事对公司事务投入足够的时间。每年只召开少量的董事会会议，对有效参与决策毫无意义。⑤对董事参与公司决策应该有一定的激励措施，除非成功的服务与丰厚的回报相联系，否则不可能希望他们承担塑造和挑战公司决策的艰巨任务。总之，改革的目标是使董事会成为决策主体的一员，而不是一个消极的监护人。

在对董事会进行改革的基础上，管理人员、董事和资本市场之间的沟通也必须改善。外部的大股东，即那些对公司有长期利益的战略投资者，能够而且愿意对公司的决策提供有价值的意见，董事会和管理人员必须直接听取他们的意见。公司需要采取一定的措施在股东、董事会、管理层之间构建正式化的沟通渠道，一个有效的方式是董事任命程序的改革。过去董事的任命通常在实质上听命于公司的内部人，但是董事应该代表外部股东和外部市场的利益和意见。

值得一提的是，在日本和德国治理模式中，监督董事会（supervisory board）单独承担了监督的职能。由于监督董事会监督的范围主要是公司的财务业绩和守法状况，监督的性质侧重于事后监督，在公司治理核心功能向决策科学转向的过程中，监督董事会的功能将并重事前监督、事中监督、事后监督，即决策的全程监督。在这一意义上，决策科学推动了国际公司治理不同模式间的融合。

这样，即使在公司运行良好时，不同的意见也能充分交流。一旦出现难题，董事会同管理层齐心协力，加上股东的有效参与，公司将不用承受业绩的剧烈下滑、组织的彻底改造而平稳、迅速地克服困难（见表10-1）。

到目前为止，我国公司治理的理论研究普遍认为公司治理的核心功能是通过分权制的治理结构达到权力制衡。从我国企业改革的实践看，企业正在经历着由行政型治理向经济型治理的过渡，构建企业本位的权力制衡体系确实具有立竿见影的现实意义。但是从企业改革释放经营自主权的内在逻辑上讲，公司治理必须处理好"一统就死、一放就乱"的矛盾。解决问题的关键是将公司治理的核心功能定位于决策科学，以此展开公司治理的具体改革措施，同时进行企业自主经营和有效治理两项工作，辅助企业由行政型治理向经济型治理过渡。

表 10-1 管理型公司治理和治理型公司治理的区别

管理型公司治理	治理型公司治理
董事会的作用： 雇用、监督、在必要时解雇管理人员	董事会的作用： 培育有效的决策，纠正失误的决策
董事会的特征： （1）有足够的权力以控制管理人员实施评价程序 （2）重视外部董事的独立性，确保管理人员能够被公正地评价 （3）具有能使外部董事无偏见地、有效率地评价管理人员业绩的工作程序	董事会的特征： （1）有足够的专业知识使董事能够对公司决策附加价值 （2）激励机制的存在确保董事愿意为公司的价值创造做出贡献 （3）具有鼓励公开争论、交流信息、关注股东利益的工作程序
董事会的政策： （1）总经理与董事长不兼任 （2）举行没有总经理出席的董事会会议 （3）由独立董事组成的委员会负责评价总经理业绩 （4）为外部董事配备独立的财务或法律顾问 （5）具有判断总经理业绩的明确标准	董事会的政策： （1）董事必须是精通企业经营相关知识的专家 （2）规定每个董事服务于公司的最低时间 （3）董事能够从公司中得到期望的信息 （4）对新的公司决策指定专门评议董事 （5）与大股东存在定期的交流 （6）为董事制订丰厚的期权计划

二、企业集团的治理机制与模式

（一）企业集团治理的治理机制

1. 关联公司间的协作机制

相对于个体企业而言，企业集团是多个独立的法人企业通过复杂的股权联系等正式关系以及社会联系等非正式关系构成的有机协作体系，其中股权关系是企业集团赖以维系的基本纽带。体系内部既存在着科层结构，企业之间也存在着关联型市场交易关系。根据科斯（1937）的观点，与利用价格机制进行资源调配相似，通过选择企业家的权威，企业在组织内部进行资源配置，所以企业可以选择价格机制或企业家的权威来配置资源。通过利用企业间形成的关系，可以有效降低企业扩张的交易成本。企业集团中错综复杂的企业间关联使得企业运营行为已经超越了企业的"法人边界"，这样，以法人治理结构为基础的治理机制已经难以与这种行为相匹配。为了发挥企业集团的整体优势，集团内部必须建立科学的治理机制，即从横向来看权责明确的关联协作机制，以及从纵向来看层次分明的组织控制机制。

（1）信息交流。在关联公司之间，可以通过董事长会议进行信息的交流与沟通。董事长会议就是各关联公司的董事长、总经理组成的协调彼此关系的委员会。该委员会定期举行会议，交流科技、经济、政治情报。通过董事长会议使分布在不同产业部门或不同国度的高级管理者掌握的信息互通有无，并将分别掌握的经营经验、管理技巧等软资源彼此交流。董事长会议还可协商高级管理者的人事任免调整，以及针对其他竞争者在战略上采取协调行动。

（2）高级管理者互派。在企业集团内部，高级管理人才的横向调动是分配关联公司间的经营管理人才、促进成员公司稳定的关联关系的重要手段之一。关于高级管理人员的派遣，是指同一企业集团的高级管理者或骨干职工被派遣成为其他关联公司的高级管理者。在关联公司中，除派遣高级管理者之外，各成员公司的高级管理者还可以通过彼此兼职，以直接施加影响力，来巩固彼此间的关联关系，促进协作的长期发展。在美国、德国等国，企业高级管理者兼任的现象亦很普遍，但它不是在相互持股型企业间关联关系的基础上兼任，而是个人之间的关系或暂时的融资关系的兼任。在欧美诸国，特定的兼职高级管理者一旦死亡或者退休，企业之间高级管理者的兼职关系就随之而消失。而在相互持股型关联公司中，企

业之间关联关系长期存在，而人的关系的相互结合是为这种企业之间长期存在的战略关系服务的，通过人员纽带来加深彼此间的了解与沟通，以减少摩擦成本，促进协作效率的提高。

（3）关联交易。关联交易是指母公司或其子公司与在该公司直接或间接拥有权益、存在利害关系的关联公司之间所进行的交易。在国外，关联交易是在跨国公司、母子公司制及总分公司制得到广泛运用时出现的。由于关联交易具有降低交易成本、优化资源配置、实现公司利润最大化等优越性，所以上市公司在扩张和资本运营过程中普遍采用这一形式。由于关联公司间的交易较外部的市场交易更具有稳定性、长期性、持续性，所以它又进一步巩固了成员公司间的关联关系，成为关联公司间重要的协作机制。随着信息化、计算机化的发展，更有让这种交易关系固定化的趋向，随着企业网络的建成及完善，在关联公司间会形成对物流、现金流的统一管理和更为简单的计算机结算，这一切会更大幅度地降低交易成本，带来效率的提高。

在西方发达国家，关联交易常常用于节约交易成本和合理避税。在亚洲的一些家族企业和官营企业中，关联交易则被用作在母公司与子公司之间转移利润或掩盖亏损。在我国，关联交易常常发生在上市公司及其母公司、关联公司间。由于我国正处在经济体制转轨过程中，所以上市公司关联交易较其他市场经济国家更复杂、更频繁。

2. 母公司对子公司的控制机制

对子公司权力的配置，一个极端是子公司可能仅仅为管理上的需要或基于一种长期发展的考虑，其董事会在治理上没有任何实权；另一个极端是子公司可能有很大的自主决策权，其董事会可以依据公司章程负责公司指挥、经营管理、监督和说明责任，母公司实际上像一个距离遥远的外部股东。在这两个极端之间存在着广泛的选择范围，概括一下，可以把母公司对子公司的控制行为归纳为间接控制、直接控制、混合控制三种类型，至于采取哪一种行为有效率，取决于母公司的治理目的和子公司的资源禀赋及战略地位。

（1）间接控制。间接控制是指母公司只是通过子公司的董事会对子公司的经营活动进行控制，母公司的控制力仅在董事会这一层次体现出来。在这种模式中，母公司与子公司的联系是董事会，母公司通过取得董事会的人数优势或表决优势继而取得控制权，在子公司重大经营活动及总经理和重要管理层人员的聘用上通过董事会起控制作用，在子公司的董事会中，来自母公司的董事均为非执行董事。其优势在于：

1）由于母子公司之间完全以资本为纽带，使母公司的退出或融资机制非常有效。子公司发展得好，母公司可以通过上市、重组等方式使子公司增设股东、增加资本，推动子公司发展。子公司发展得不好，母公司也可以通过资本市场将子公司出售以减少损失。

2）母公司是子公司的资本所有者，而产品经营权完全下放到子公司，这使母公司可以完全专注于资本经营和宏观控制，有利于母公司的长远发展，减少管理成本，同时也减少了母子公司之间的矛盾。

3）由于子公司股东是多元化的，这使母公司可以选择一些与子公司业务方向有关的企业共同投资入股子公司，加强对子公司的经营支持和帮助。

在间接控制中，由于代表母公司的董事均为非执行董事，因此，加强对子公司财物的外部监控就显得尤为重要。同时，建立快速信息反馈渠道，母公司应通过派人进驻子公司，经常听取子公司的汇报，并要求子公司采取定期书面报告等形式，增加子公司的信息来源渠道，同时建立快速的反应机制，及时解决相应的问题。

（2）直接控制。母公司对子公司实施直接控制，就是指子公司的董事会成员均为来自母公司的执行董事，且由母公司董事会直接提名子公司的高管层，母公司的职能部门对子公司的相关职能部门实施控制和管理。母公司对子公司的财务、人事和经营活动进行

全面控制。子公司的主要产品和经营方向由母公司指定，子公司的决策由母公司决定。其优点在于：

1）控制距离较短。实施母公司对子公司的直接控制，使母公司的经营决策在子公司能够得到最迅速有效的实施。

2）信息完全，控制反馈及时。母公司的职能部门与子公司相应的职能部门的控制关系，使母公司能够及时得到子公司的经营活动信息，并及时进行反馈控制。

3）子公司的经营活动得到母公司的直接支持，母公司能够最有效地调配各子公司的资源，协调各子公司之间的经营活动，对发挥母公司与子公司的整体经营能力，有良好的组织结构基础。

运用直接控制机制时应处理好母子公司集权与分权的关系，母公司应着重于宏观决策，研究制定公司的总目标、总方针、总政策，将业务经营权下放到子公司，同时要完善对子公司管理层的激励机制，使子公司管理层能够与母公司保持目标一致，调动他们的积极性。

（3）混合控制。混合控制就是指母公司让子公司的管理层人员参股子公司成为子公司的股东，子公司的管理层人员进入子公司的股东会及董事会等决策机构，这样，母公司与子公司的管理层人员在经营决策及子公司的经营总目标制定方面共同研究决策。子公司的董事会为母公司与子公司管理层相互协商共同决策提供了有效的机制，公司的重大经营决策在董事会上做出决定，由子公司的管理层人员负责实施，所以子公司的信息可以及时反馈到董事会。其优点在于：

1）子公司的管理层人员参股子公司，成为子公司资产的所有者，母公司与子公司管理层人员的目标完全一致，子公司管理层人员通过股份分红取得相应的收益，使子公司管理层人员有强大的动力全力投入子公司的经营。

2）子公司管理层人员同时也是子公司的资产所有者，使子公司的盈亏与之切身相关，有效地避免了"内部人控制"的现象。

3）由于子公司管理层人员参股子公司，促使他们专注于子公司的长远目标和发展潜力，而非追求短期利益，这对子公司的长远发展有积极的意义。

运用混合控制应特别注重培育子公司董事会和谐的气氛，协调子公司管理层人员与母公司董事人员目标的一致性，防止子公司各自为政，对母公司整体利益漠不关心，同时，应注意协调子公司之间的关系，使子公司之间能互相协作，共同关注母公司发展，发挥整体优势。

（4）比较及使用范围。上述三种母公司对子公司的控制类型各有优缺点，有必要将三种控制机制详细地加以比较，如表 10-2 所示。

表 10-2　控制类型比较

比较项目	间接控制	直接控制	混合控制
管理层次	中等	最多	中等
管理跨度	中等	最大	中等
风险承担	子公司	母公司	母公司／子公司
组织复杂性	中等	最复杂	中等
组织正规化	低	高	低
组织集权化	子公司	母公司	母公司／子公司
适用规模	大	较大	中等
命令链强度	弱	强	中等
信息对称性	小	大	中等
子公司激励	中等	弱	强
决策过程	分权	集权	相对分权
目标制定	子公司	母公司	母公司／子公司

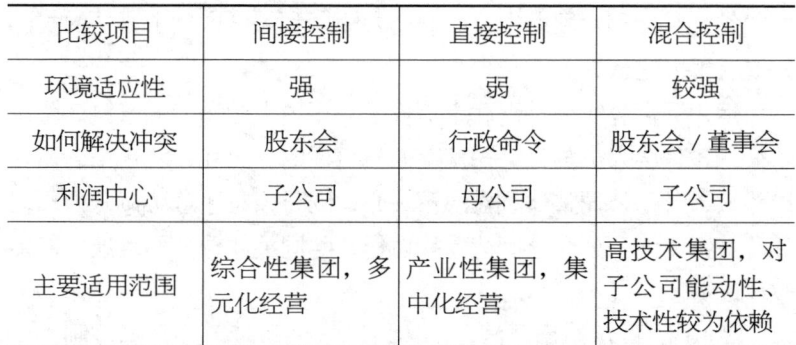

比较项目	间接控制	直接控制	混合控制
环境适应性	强	弱	较强
如何解决冲突	股东会	行政命令	股东会 / 董事会
利润中心	子公司	母公司	子公司
主要适用范围	综合性集团，多元化经营	产业性集团，集中化经营	高技术集团，对子公司能动性、技术性较为依赖

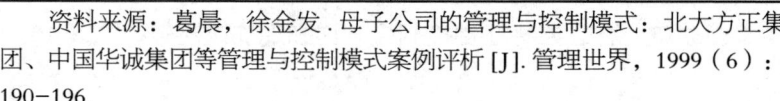

资料来源：葛晨，徐金发.母子公司的管理与控制模式：北大方正集团、中国华诚集团等管理与控制模式案例评析 [J].管理世界，1999（6）：190-196.

从表 10-2 可以看出，不同的控制机制必须要结合不同的组织结构、组织规模及经营战略。间接机制更适用于实施多元化战略的综合性企业集团；直接控制机制比较适用于产业型集团或实行集中化经营的集团；混合控制机制常常适用于高科技企业集团，因为在高科技企业集团中，子公司的学习能力对母公司来说至关重要。

3. 利益相关者的保护机制

在强调公司社会责任的今天，其他利益相关者保护的问题越来越受到人们的重视，保护中小股东立法的呼声日益高涨。但是，也有学者指出不能因为保护中小股东的利益而损害大股东正常治理公司的利益，这实际上是一个如何在保证效率的前提下实现公平的问题。有限责任制作为推动生产力发展的法律杠杠，随着经济活动的日趋复杂，也受到人们的质疑。

对一般的投资者而言，如果不能确知将来会从大股东那里得到什么待遇，就会影响他投资股份的积极性。因此，大股东要做出不榨取中小股东、保证其投资收益的承诺。问题在于大股东和小股东之间作为一种契约关系，因无法预见将来发生的所有情况，也就不可能把与这些事项一一对应的针对中小股东的特定条款写到契约里

公司治理（修订本）

去。这样，大股东要取得小股东的信任就变得困难，因为契约难以形成对大股东行为的约束。因此，作为大股东行为约束的替代，保护中小股东的立法就有其存在的价值。

（1）债权人保护：法人资格否定。债权人作为外源资金的提供者，是子公司重要的利益相关者。在正常经营的情况下，子公司在贷款契约的约束下对债权人负有还本付息的责任，母公司的行为不会对子公司的债权人产生负的外部效应。当子公司面临破产时，母公司对子公司的资产只承担有限责任，即使破产财产不能抵补贷款本息，债权人也不能向母公司追索，母公司的权利受到法律的保护。但如果母公司利用有限责任制度，通过关联公司之间的交易，恶意转移子公司的资产，通过破产来侵害子公司债权人的利益，就会产生保护债权人利益的问题。

有限责任就是指股东仅以其出资额为限对公司债务负责，从而使公司以股东出资形成的公司法人财产独立承担责任。有限责任制度保障了企业的投资者在其资本投入之外不再承担企业的债务责任。有限责任制度同样适用于企业集团，即母公司对子公司的债权人承担有限责任。

从有限责任存在的环境来考察，有限责任赖以存在的前提条件是公司应具有独立的法人人格。何谓独立的法人人格？这里至少要具备两大要素：一是独立的意志，二是独立的财产。❶ 然而，在企业集团情形下，由于控制因素的存在，子公司虽然在法律形式上仍然保持着"独立存在"，但是事实上，子公司的独立性是受母公司的意志左右的。

尽管有限责任制度在保护债权人利益方面存在不足，但这不是制度本身的问题，它的产生是为了解决分散投资风险、降低投资交易成本，正因为这一功能，有限责任制度促进了经济的自由竞争和

---

❶　施天涛.关联企业法律问题研究［M］.北京：法律出版社，1998：220.

飞速发展。法律的发展在于进一步完善有限责任制度，因此，公司法人人格否认制度的产生不是偶然的，它与公司有限责任是辩证统一不可分离的两个方面，保证了有限责任制度不会走向自我否定的反面。

（2）法人人格的否认：揭开法人的面纱。在英美法系国家，"揭开法人的面纱"是法院用来处理企业集团中母公司对子公司承担责任的重要原则。这是指当母公司滥用子公司的独立法人人格，损害公司债权人和社会公共利益的时候，法院将抛开子公司的独立法人人格，将子公司的行为视为隐蔽在子公司背后、具有实际支配能力的母公司行为，母公司将对子公司债权人承担相应的债务责任，并不仅以投资额为限。有人对它的作用做了一个形象的比喻，即在分离实体论（separate entity）的观点支配下，"揭开法人的面纱"理论相当于一个安全阀（safety valve），随时可以使法院在认为必要的情况下，动用这种例外，揭去隔在母子公司之间的法人面纱，对母公司追究债务责任。

《公司法》第20条关于"股东滥用权利的责任"中明确规定，公司股东滥用公司法人独立地位和股东有限责任，逃避债务，严重损害公司债权人利益的，应当对公司债务承担连带责任。滥用股东有限责任的行为主要有规避契约义务行为和回避法律义务行为，滥用公司法人独立地位的行为主要有资产混同行为和资本不足行为。

（3）揭开法人面纱在母子公司中适用原则。在母子公司中存在控制与被控制的关系，当母公司对子公司实施过度控制而使其丧失独立的法律人格时，将适用于揭开法人面纱原则，母公司对子公司债务承担无限责任。判断过度控制有三点：一是母公司能够连续、持久、广泛地完全支配子公司的经营；二是母公司出于私利行使控制权损害子公司；三是母公司控制子公司对子公司的债权人或少数股东造成损害。关于具体操作，学术界围绕以下两个原则展开讨论。

1）实质合并原则。实质合并原则（substantive consolidation

公司治理（修订本）

306

doctrine）是在母公司或子公司破产，或母子公司同时破产时，确定母子公司债权人应如何分配各公司的财产以及确定赔偿顺序时遵循的一项原则。其目的在于实现公司集团中各个公司的债权人行使分配破产财产的权利时的公平和正义。当母公司破产时，子公司财产作为母公司财产的一部分，无论母公司对子公司是否实施控制，母公司的债权人都可以就这部分财产享有求偿权。一般情况下，母公司应通过转让或拍卖子公司中的股权收回这部分财产，用于其债权人之清偿。在全资子公司的场合下，当母公司破产时，子公司承担母公司的债务。当母子公司同时破产时，母公司存在对子公司的过度控制，将母子公司的财产与债务合并计算，使母子公司的债权人公平受偿。

2）深石原则。深石原则（deep-rock doctrine）是美国法院在审理泰勒诉标准电气石油公司案中的涉诉子公司——深石石油公司时创立的。即根据母公司是否有不公平行为，而决定其债权是否应劣后于其他债权人或者优先股股东受偿的原则。当子公司资本不足，且母公司对子公司存在过度控制及不当经营，在子公司破产或重整时，母公司偿债顺序在子公司优先股东权益之后。

（二）企业集团治理模式

集团治理的目标是通过一定的管控模式构建，协调集团公司利益相关者的利益，保证集团决策的有效性和科学性，进而实现集团公司经营目标。良好的集团公司治理机制是通过母子公司之间合理的职能权限划分，对集团进行有效的管控。核心在于通过规则设定实现不同治理机制的耦合。从对子公司定位来看，可以将企业集团的治理模式概括为战略管控模式、经营管控模式和财务管控模式。

1. 战略导向型管控

战略管控模式下，子公司作为集团的战略业务单元，承担集团发展的战略使命。战略业务单元是公司中的一个单位或者职能单元，它是以企业所服务的独立的产品、行业或市场为基础，由企业若干事业部或事业部的某些部分组成的战略组织。战略业务单位必须在公司总体目标和战略的约束下，执行自己的战略管理过程。整个集团在统一的集团发展战略布局安排下，各自着眼于自身优势形成的战略定位的差异，独自运作同时又有一定的协作，形成差异化发展格局。子公司作为战略业务单元，拥有独立的组织机构、业务运营及财务管理职能，享有投融资决策、高管任免、经营计划制定等自主权。公司的董事会在集团公司的控制之下，主要发挥战略决策和专家咨询职能。

战略导向型控制模式下，子公司董事会及其下属专业委员会对于集团治理模式成败起到关键作用。建立健全以子公司董事会为核心的集团治理机制需要注重：

（1）战略制定的科学性。应当充分吸收子公司意见和建议，采用自上而下和自下而上相结合的思路制定公司战略，减少战略失误的风险。

（2）完善子公司董事激励机制，提升子公司董事胜任能力。

（3）重视对子公司战略绩效的评价。

2. 经营导向型管控

经营导向型控制模式，直接移植职能式组织结构管控模式，强调部门之间的合理分工、各司其职、步调一致。集团内部市场化程度较低。集团总部往往集成了销售、财务、人事等庞大的职能机构，对口统一管理下属企业的相应职能部门。为保证集团经营方针的贯彻，子公司董事会、高管层往往由总部人事部门统一任免，下属企业高管层普遍存在与集团总部管理层交叉任职现象，集团内部自上而下形成等级明确的较为固定的岗位晋升体系和薪酬制度。子公司董事会承担了较大的经营管理事务，战略职能较少或者缺失。经营导向型控制模式下，一定程度上避免了不必要的讨价还价、机构重叠、预算松弛等成本，有利于提升治理效率，保证经营目标的实现。在集团成长初期，面临治理能力和资源约束等限制，采取经营导向型控制模式可以很好地应对市场风险的冲击。

长期来看，经营导向型管控模式难以适应快速发展的市场环境。一方面，随着公司规模增长，组织机构膨胀增加带来管理幅度倍增，对高管层的决策能力提出巨大挑战；另一方面，集团条块分隔，信息沟通不畅，也会带来治理效率下降。此外，经营导向型管控模式，权力较为集中，组织缺乏灵活性，阻碍了集团内部组织变革和业务流程再造，进而不利于集团的创新发展。

3. 财务导向型管控

随着资本市场的完善和发展，机构投资者崛起，特别是大型金融控股集团的形成，促使了以追求投资标的财务回报为特征的财务导向型治理模式的形成。根据有效市场假说，当市场充分有效时，股价充分反映了公司运营的情况，该种模式下，集团不追求对子公司的控制权，而是强调通过资本市场运作，实现投资资本的自由进退和保值增值。集团根据股价涨跌对集团的经营状况进行及时而准确的判断。当公司股价下跌时，集团总部通过对董事会进行改组或者出售公司股权对公司高管进行变相惩罚，而当股价上升时，集团总部通过股权激励、增持股份等形式对高管进行激励。财务导向型管控的最大特点是对子公司充分授权，强调董事会的独立性及胜任能力。该模式下，母公司往往成为资本运作平台，不干涉子公司的日常经营安排，子公司董事会实现完全市场化运作，具有较大的经营自主权。

理论上，财务导向型控制模式集团治理成本最低，以市场价格引导资源配置，经济效率最高。然而，现实中市场有效性难以达到完全有效，即便是资本市场最为发达的美国，其有效性程度也仅仅达到半强势有效，而我国股票市场则逐渐呈现弱势有效的特点。所有权与经营权分离的背景下，管理层具有追逐自身利益、违背股东财富最大化的动机（Jensen、Meckling，1976）。因此，财务导向型管控模式集团也会加强对公司董事会的建设。如通过提交股东提案、与管理层私下协商、行使股东诉讼权利以及发动行业力量联合救助公司等方式，扩大公司治理参与。然而，这种治理参与的最终

目的仍然是获取投资收益。

有研究学者发现，加利福尼亚州公共雇员退休基金（CalPERS）通过与 Texaco 公司的谈判，Texaco 公司最终同意任命一个代表养老基金利益的人选进入董事会。还有学者研究了机构投资者（TIAA-CREF）与目标公司之间的直接谈判，发现在谈判过的 45 家公司里，有 71% 的公司与之达成协议，从而避免了公司向股东邮寄提案进行投票表决。

4. 治理模式比较及选择

不同治理模式具有不同的特点。表 10-3 从治理目标、集团总部功能、战略管理、资本运营、资本计划与财务控制、业绩管理、高管任免方面对不同治理模式进行了对比。不同治理模式之间既有区别，也存在一定联系。例如，不同治理模式的集团总部都存在着一定的财务职能，在经营导向型治理模式下，总部承担更多的财务核算职能，而在战略导向型、财务导向型控制模式下，总部的财务职能更多地体现为监督及投融资服务。在业绩管理方面，财务目标往往是战略管理目标的一个重要组成部分，因此不能将各种治理模式完全割裂，从整体上对集团治理行为进行全面分析有利于对公司治理模式做出准确的判断。

集团治理层应当根据集团组织结构及经营方式特点，选择适合集团发展的治理模式。现实中，许多集团并不是采取单一管控模式，而是采用混合模式。治理模式的选择需要根据集团战略定位、子公司持股比例以及集团治理能力高低而定。在集团发展生命周期的不同阶段，治理模式也不是一成不变的。随着集团发展战略变化，对子公司的管控导向会发生变化。例如，当业务整体走向衰弱时，会转向财务导向，寻找退出机制；当弱小子公司能力发展，能够成为独立的运作平台，往往从经营导向转向战略导向等。集团可以根据不同股权结构及子公司业务的独立性强弱进行分类管理。

表 10-3　三种企业集团公司治理模式比较

比较内容	战略导向型	经营导向型	财务导向型
治理目标	• 战略资源优化配置 • 协调的管理 • 界面管理 • 经营者队伍管理	• 所有企业战略和操作 • 操作控制，功能和业务领域优化 • 市场份额增长	• 不区分业务领域的收益最大化 • 红利／资金回收 • 单个企业的高质量
集团总部功能	• 财务 • 集团控制 • 战略计划和实施控制 • 管理者资源发展	• 中央财务 • 中央采购 • 中央市场营销／销售 • 科研中心 • 销售／生产协调 • 集团服务	• 财务 • 法律 • 集团财务 • 参股管理
战略管理	• 审查和批准战略计划为主	• 审查经营计划为主	• 审查财务报告为主
资本运营	• 以快速壮大实力，提升整体价值为原则	• 以扩大规模，完善业务配套为原则	• 以单个业务投资收益最大化为原则
资本计划与财务控制	• 审查和批准主要项目开支、分配资金	• 指导每个主要资本项目的准备工作，为项目安排落实资金	• 提供每项业务所需资金
业绩管理	• 考核战略管理目标实现程度	• 确定详尽的财务和经营目标，考核整个业务的业绩	• 审核整体的财务目标／结果
高管任免	• 选派专职董事，主导董事会战略委员会的运作	• 选派总经理，直接参与详细的考核和提拔各级管理人员的活动	• 在董事不称职时进行干预 • 一般不干涉高管任免

案例：淡马锡集团治理模式

1. 淡马锡集团简介

成立于 1974 年的淡马锡控股（私人）有限公司（以下简称"淡马锡"）是新加坡最大的全资国有控股集团，新加坡政府对其拥有100% 的股权，其营业收入占到该国国民生产总值的 13%。从 1974 年成立初投资组合总值仅为 3.54 亿新加坡元到 2013 年的 2150 亿新加坡元，淡马锡控股的股东总回报率达到 16%。国家股东的年均分红率超过 6.7%。2005 年 10 月 25 日，淡马锡公布了截至 2005 年 3 月 31 日的账目，投资组合市值比 2004 年同期增加了 15%。集团掌握新加坡政府对企业的投资，管理新加坡所有的政府关联企业。旗下知名企业包括新加坡航空公司、星展银行、新电信，也在中国建设银行、中国民生银行、中国银行等金融机构持股。如果把新加坡比喻为亚洲经济皇冠的话，淡马锡控股则可称为皇冠上最耀眼的明珠。

2. 淡马锡集团治理模式特点

（1）法人治理结构。法人治理结构方面，淡马锡依照新加坡公司法和其他相关法律法规来操作。公司法规定公司在董事会的领导下经营其业务。董事会下设常务委员会、审核委员会及领导力发展和薪酬委员会三个专门委员会。其中独立董事占绝大多数，以保证董事会的独立性。董事会与经营层分设，高级经理层由董事会聘任，对董事会负责，董事会对其进行考核和监督。淡马锡的 10 名董事中，有 4 名是由财政部提名并经总统批准的，不在企业拿薪酬；6 名独立董事来自企业，独立董事一般负责董事会中专门委员会的工作。这些董事大部分是商界人士，既不是公务员，也不是党员，而且通常都避开新加坡的相关企业，只有董事长是前政府要员。这样使董事会职权明确，相互制衡，有效做到公正和独立。总裁不担任董事长职位，不是审核委员会委员，也不介入其自身的业

绩评估和薪酬的决定。

（2）淡马锡集团战略管控。淡马锡实行"积极股东"的管理手法，即"通过影响属下公司的战略方向来行使股东权利，但不具体插手其日常商业运作"。作为股东，淡马锡严格按照市场规则，监督属下企业，不参与被投资公司的投资、商业和运营决策。这些决策由他们各自的管理团队来制定，并由各自的董事会监管。淡马锡把对旗下企业的工作重点放在建立企业的价值观、企业的重点业务、培养人才、制定战略发展目标，并争取持久盈利增长等宏观工作上。

在集团管控核心理念的支持下，能根据市场发展需要，适时调整和更新对企业的管理模式。淡马锡控股（私人）有限公司在"少而精"的管控理念的前提下，始终重视适应不同时期、不同市场情况发展的要求，不断调整对所属关联企业的管理模式。其中，将关联企业私营化就是近年来淡马锡根据市场发展要求而做出的重要调整。

淡马锡董事会成员和新加坡财政部长也定期审查并访问关联企业，以加强对这些公司的监管。淡马锡董事会为其管理层提供指导和方针。董事会决定各个委员会、总裁和管理层的授权范围，批准经审核过的年度报告。在总裁回避的情况下，董事会审核其业绩和360度评估报告。

（3）市场化人才选聘及激励机制。新加坡对国有企业一向坚持能者居其位的用人原则，任命有能力的人，确保决策过程透明化。淡马锡董事会成员和总裁的任命由财政部部长牵头，各政府部长及专家组成的提名委员会推荐，并须经总统同意。

淡马锡董事会由政府官员、企业高管及社会人士三方组成。淡马锡并不直接任命所投资公司的管理者，而是由属下公司积极工作，向国际寻求合适的经理人。鼓励所属企业到境外聘请专业董事与职业经理人是淡马锡的重要政策。政府官员来自不同部门，包括总统府、财政部、贸易发展司等；下属企业高管则是业绩突出、声

誉好的资深管理者；社会人士包括私营企业家、学者及其他专业人士。三类成员在合作的同时相互制衡。董事任期不超过3年，期满有资格被续聘。另外，这些董事的选聘和薪水都是完全市场化的，如果表现不好，则几年后不再续聘。

淡马锡控股董事会一般实行市场化的薪酬激励。除官方成员不从淡马锡领取薪酬外，其他董事一般按照市场原则进行物质激励。为了达到保值增值目的，董事会必须向总统负责并确保每次投资的交易价格公允。

（4）淡马锡集团财务管控。淡马锡主要运用股东的权利来影响下属企业的业务和策略方针，淡马锡和其他投资者行使权利主要通过及时完整的财务报告。所有关联公司除了向淡马锡呈交一年一度的财政报表外，也定期汇报业务的发展情况。

在适当考虑政府产业政策的前提下，淡马锡以市场为导向，以盈利为经营目的，以绩效指标进行资本的运营。企业战略的主体思维是效益优先，以一种投资者的眼光运作企业。在淡马锡的树形组织方阵中，除了全资、控股企业之外，还有着在世界许多国家和行业的投资。它并不是一个一味强调核心竞争业务的企业，而是要抓住市场中最有创造活力、最有盈利潜力业务的企业。

三、特定企业集团的治理问题

（一）国有企业集团治理

1. 国有资产管理体制改革的困境

我国传统的中央集权型经济体制的主要缺点在于：缺乏竞争的动力、协调机制的僵化。缺乏竞争的动力即吃大锅饭问题，这个问题比较明确。对中央集权体制下的经济协调机制的批评，一是中央集权太多、管得太死，对微观管得太多；二是企业自主权太少，没办法根据市场环境的变化灵活地调整决策，导致供求脱节，丧失自我发展功能。这两方面结合起来，即中央过度集权与企业依赖政府，就压制了市场。简政放权、让市场机制发挥经济调节的作用，

就成为改革的最明确的特征和目标。

　　人们在强调市场机制时，常常忽略了另外一个方面，即社会主义传统经济中，非政府的正规组织也是很弱的。在中央集权体制下，不仅缺少市场，同样缺少真正的企业。市场不起作用，是因为政府直接管理企业，政府直接管理的结果，是政府必须建立系统的科层组织。因此，非政府的正规组织便无法发展，表现在经济协调系统上的组织框架方面，则是在政府与市场之间缺少整合程度较高的公司型企业。

　　市场经济中的公司型企业与计划经济中的政府系统，都不是一个单一组织，而是一个多层级的体系。这样，我们就能揭示出一个非常重要的，但常常为人们所忽略的事实——中国经济中的企业，常常只相当于西方所说的企业的一个基层单位，之所以如此，源于两种经济体制在中观决策层次上的区别：在中国，中观决策者是宏观决策者的延伸，都属于政府组织；而在西方市场经济中，中观决策和微观决策同属于一个系统，属于非政府的组织。所以，中观决策单位的政府化是一大弊病。这样，公司治理结构的重构就有必要深入到市场结构和政府结构内部层次的讨论中。在这个角度上，企业集团的构建对我国公司治理问题具有特别重要的意义。

　　在现实的国有企业改革中，企业集团的作用也日益凸显。一方面，单纯的放权让利固然改善了管理效率，但并不能使企业自动适应社会化大生产协作的要求。社会化大生产协作要求企业不仅仅具有经营的积极性、主动性，还要求企业随着经济技术、竞争环境的变化而灵活地对资源进行联合、重组，在我国计划经济下形成的重复建设、单个企业实力不强、企业间协作关系薄弱等问题都需要尽快解决。另一方面，虽然国家向企业转移越来越多的权力和责任，但为了保护所有者的利益，政府还要或多或少的介入到企业经营中；直接进入数量庞大的企业进行直接治理，在人力、时间、机构设置、管理能力等方面都是难以达到的。现实中出现的企业国有资产的出资人代表难以明确和到位，大企业缺乏自我发展的自主权，

难以成为有竞争实力的市场主体，政府与企业之间的资产经营责任不清等问题表明，必须在国有资产管理体制改革上有大的突破。

解决这些问题的关节点在于以企业集团为平台，构建企业运营的屏蔽机制、协调机制。即通过资产的授权经营把政府的行政力量隔离在企业集团经营之外，通过企业的集团化运作建立有效的中观协调机制。大型企业集团的组建能够：①加强企业间协作，提升经济集约化水平，塑造支持国民经济发展和参与国际竞争的基干力量；②在我国由计划经济向市场经济转轨的过程中，支撑国有企业的市场化重建、企业治理模式由"行政型企业治理"到"经济型公司治理"的转换。

2. 行政型治理的内部化和集团治理机制虚化

我国企业集团的发展是从20世纪80年代开始的，企业根据生产发展的需要，并在政府的干预和引导下，进行横向经济联合，形成企业集团的雏形。1991年、1997年国务院先后批转的《关于选择一批大型企业集团进行试点的请示》《关于深化大型企业集团试点工作意见的通知》及其相应配套政策的实施标志着我国企业集团建设的正式启动和蓬勃发展。但是，我国企业集团建设的实际效果总体上并不理想，集中体现在三个方面：①行政型治理内部化。政府对企业的行政型治理由企业外部移入到集团内部，在人事任命、经营决策、资源配置等方面对企业干预过多，政府行政机制替代了企业集团内部治理机制，造成企业集团发展面临难以克服的体制性困难。②企业集团内部连接纽带脆弱。相当一部分企业集团基于比较松散的生产协作基础、行政划转或行政干预、行政性部门翻牌等而组建，只存在形式上的简单资本关联。企业之间基于战略协同或资源共享以获取企业集团的整体优势还未能成为企业集团组建的根本性指导原则。③企业集团治理机制虚化。由于行政型治理的内部化和企业集团整体性功能的缺乏，企业集团普遍存在集权过度或分权过度的简单化治理特征，保障成员企业良性发展、实现企业集团整体优势的集团治理机制，难以实现结构合理、功能完善，治理机

公司治理（修订本）

制呈现典型的虚化状态。

即使是我国现阶段较为完善、典型的一些企业集团，在治理上也存在着较为突出的问题，即普遍由集团内二级经营机构负责人组成的议事机构充当集团总部的战略决策班子，或者是最高决策者借助人事兼任实现个人化决策。这种组织安排似乎减少了组织层次，但实际上有很大的局限性。原因在于，这样的高层决策班子实际上只是一个二级机构负责人的联席会议，在需要总部就集团所面临的战略性问题做决策时，"联席会议"的成员容易从自己所管单位的角度考虑问题，导致集团的战略决策活动变成了下属机构和部门领导人之间争夺资源或权力的过程；个人化的决策更是难以保证决策的科学。现代意义的企业集团，应该实现"统""分"有机结合，在成员企业恰当分工的基础上，集团总部承担着专业化的战略职能。

（二）金融控股集团治理

1. 金融控股集团发展

近年来，我国金融业市场化程度不断提升，经营模式由分业经营转向综合经营。一些非金融企业通过发起、并购、参股等多种形式投资控股多家、多类金融机构，形成了金融控股公司。根据全球多元化金融集团公司联合论坛颁布的《对金融控股集团监管原则》，金融控股公司"是在同一控制权下，完全或主要是在银行业、证券业、保险业中至少两个不同的金融行业大规模提供服务的金融集团公司"。根据母公司是否有具体的实际经营业务可以划分为混合金融控股公司和纯粹金融控股公司。混合金融控股公司的母公司有自己的经营业务，而纯粹金融控股公司的母公司没有自己的特有的事业领域，仅仅是一个公司经营战略的决策部门。其主要职能是监督管理，有投资功能，主要负责收购、兼并、转让和子公司股权结构变动，协调内部资源及新领域投资等。2019年7月，中国人民银行公布《金融控股公司监督管理试行办法（征求意见稿）》（以下简称《办法》）。《办法》中将金融控股公司定义为"依法

设立，对两个或两个以上不同类型金融机构拥有实质控制权，自身仅开展股权投资管理、不直接从事商业性经营活动的有限责任公司或者股份有限公司"。《办法》明确金融控股集团是指金融控股公司及其所控股机构共同构成的企业法人联合体。

我国各种类型金融控股公司并存，形成区别于发达国家的典型特征。

一是平台主体和资本来源多样化。我国既有金融机构跨业投资形成的综合化金融集团，又有中央企业集团、地方国企、民营企业、上市公司和互联网企业等非金融企业发起或投资并购形成的金融控股集团。

二是产权结构较为单一。当前我国金融控股公司普遍存在产权结构单一、所有者缺位（主要是国有金融控股公司）、代理链条较长等问题。除部分由大型企业集团和民营企业参股的产权多元化金融企业外，其他以国家及各级地方财政、国资或政府设立的资产经营公司作为主要出资人的金融企业也普遍存在产权结构单一、所有权虚置的问题。导致公司治理主体结构失衡，委托人监督失效，控股股东滥用控股权、中小股东"搭便车"现象等多发。

三是股东大会代表性不够广泛。许多金融控股公司存在国有股一股独大现象，股东大会流于形式。我国的国有资产是通过多层次的委托代理来实现的，委托代理链较长，即使是代理人存在国有资本增值保值的意图也很难通过金融控股公司母子公司的股东大会贯彻到整个金融控股公司的日常经营活动中。

四是母子公司职能定位模糊。我国的金融控股公司母子公司没有按照金融控股公司的架构独立地履行自己的权利范围。一些金融控股公司往往沿袭计划经济的做法，对子公司干预过多，剥夺了子公司的独立决策权和经营管理权，严重妨碍了子公司的正常运作。有的金融控股公司对子公司过度放权，母公司丧失了对各子公司的控制权，致使无法协调各子公司的资源，不能形成控股公司的协同效应和规模经济，不利于金融控股公司整体竞争力的实现和优化。

2. 金融控股集团监管模式

（1）合并监管模式。合并监管模式是指不同金融机构和金融业务均由统一监管机构负责监管，以英国、韩国、日本为代表。英格兰银行负责货币政策、宏观审慎管理与微观审慎监管，在其内部成立金融政策委员会（FPC）负责宏观审慎管理，并下设审慎监管局（PRA），与金融行为局（FCA）共同负责微观审慎监管。韩国金融监督委员会为政府决策机构，在其内部设立金融监督院具体执行金融监督委员会制定的政策，对金融机构开展调查和现场检查等。日本金融厅是金融控股公司的唯一监管主体，由其负责对金融控股公司所开展的各项金融业务实施统一监管。合并监管优势主要为：一是成本优势。合并监管可节约人力和技术投入，降低信息成本，改善信息质量，获得规模效益；二是提供统一公平的监管制度，避免监管重复与分歧；三是能迅速适应新的金融业务，避免监管真空；四是所有监管对象被置于同一监管者的监管之下，监管者责任认定非常明确。但合并监管也存在缺陷：一是缺乏竞争，易导致官僚主义；二是因监管机构统一，难以体现和适应不同类型机构和业务之间的区别。

（2）分业监管模式。分业监管模式是指将金融机构和金融市场按照银行、证券、保险等划分为几个领域，每个领域分别设立专业监管机构负责监管。以德国为代表，联邦金融监管局合并原银监局、证监局和保监局，设置了六个业务部门，依照相关法律法规履行对德国金融业的监管职能。与合并监管相比，分业监管具有监管专业化和监管竞争优势，监管机构对各自的监管对象有一套自成体系的监管目标、监管重点和方法论，易取得良好监管绩效。但监管机构庞大，监管成本较高，协调性差，容易出现监管真空和重复监管，且对创新业务还可能产生优先监管的争议。

（3）伞形监管模式。伞形监管模式是合并监管和分业监管的改进模式，指定一个牵头监管机构负责综合监管，在多重监管主体之间建立及时磋商和协调机制。如美国联邦储备理事会负责金融混

业集团综合监管，并按金融集团分类，不同类型集团分别接受不同当局的集团层面监管。与合并监管相比，它保持了监管机构之间竞争与制约，同时各监管主体在各自监管领域内得以发挥自己专业优势；与分业监管相比，它降低了多重监管机构之间协调成本和难度，并能在一定程度上避免监管真空和交叉及重复监管。此外，伞形监管通过牵头监管机构组织协调，各监管部门相互交换信息和密切配合，提高监管效率，最终达成对金融控股公司总体上和不同层面的有效监管。

3. 金融控股集团治理特点

（1）金融控股集团股权结构特征。股权结构是金融控股集团公司治理的基础。股权结构是指集团母公司总股本中不同性质股份之间的比例及其相互关系。根据不同的股权集中程度可以将金融控股集团的股权结构分为股权高度分散、股权高度集中和股权相对集中三种类型。

股权高度分散型的金融控股集团没有大比例持股的股东，由于股权分散，每个单一的持股人对公司的直接控制和管理能力都非常有限，所以没有一个股票持有者能够对公司具有相对控制权。股权相对集中型是指金融控股集团有较大的相对控制股东，同时还有其他大股东。这种股权结构的公司中有至少两个较大股东，但又没有任何一个的股权大到具有控股能力。因此，大股东操纵下的关联交易比较困难，同时几个较大股东反而都会有监督的积极性。股权高度集中型是金融控股集团拥有一个绝对控股股东，该股东有对集团的绝对控制权。由于这种类型的金融控股集团小股东获取信息进行监督的成本远远大于从监督中得到的收益，因此小股东没有监督金融控股集团的积极性，只能"用脚投票"。

一方面，高度集中型股权结构下，中小股东监督大股东的动机和成本都较高，大股东利用控制权损害中小股东的利益的现象较为普遍。另一方面，随着股权集中度的提升，所有权与经营控制权的分离降低，大股东主动监督管理层的动机会提升，有利于强化对金

融控股集团高管的监督和制约。从整体上看，最终有利于公司的长期发展。因此，应当鼓励和支持金融控股集团母公司高比例控股子公司，但同时应正确处理好子公司中小股东和债权人的利益平衡。母公司作为整个集团的战略中心，其战略意图容易实现，治理向管理的跨界也使代理成本降低。

（2）金融控股集团董事会构成特征。董事会由股东大会选举的董事组成，对股东大会负责，代表公司利益行使职责。按照《公司法》对规范的公司治理结构的明确要求，董事会是公司治理的主体，是公司发展战略的制定者和决策者，是公司经营管理的监督者，公司的生存、发展和壮大都与董事会息息相关。由于控股母公司是整个金融控股集团的战略制定中心和战略监督中心，子公司必须服从集团整体战略，所以，子公司董事会既是集团战略在子公司层面的传导者，同时也是子公司管理层实施集团战略的监督者。

现代公司治理结构的基本特点是所有权与经营权分离，实现出资者和经营者各司其职、相互制衡的运行体系。从金融行业发展经验来看，金融合约的复杂性使金融控股集团比一般的上市公司的信息不对称程度更高。因此，增强董事会的独立性，强化对高管层的监管具有特别重要的意义。例如，韩国在金融控股公司董事会结构方面，要求董事会内至少选任外部董事 3 名以上，同时外部董事要占董事总数的 1/2 以上；金融控股公司必须设立监事会，在籍的监事会委员中外部董事要占 2/3 以上，同时委员中要有 1 名以上的总统令规定的会计专家或财务专家。

（3）金融控股集团内部关联交易特征。关联交易是金融控股公司风险传染的主要载体。与银行类和保险类金融集团相比，非金融企业主导的金融控股公司往往涉及更多行业，既有经营实体的企业，又有银行、保险、证券等金融企业，因此关联交易对手方更多，交易不确定性更大，关联交易更隐蔽，风险识别难度更高。而且这类金融控股公司内部股权、治理架构相对复杂，可能既存在外部股东与集团管理层面的委托代理关系，又存在集团母公司与子公司之间的委托代理关系，还存在子公司之间交叉持股形成的委托代理关系，导致关联交易难以有效识别。由于缺乏信息披露方面的制约，内部关联交易往往信息不透明，易出现刻意隐瞒或藏匿关联关系，如将关联方关系变成非关联方关系等行为。有的金融控股公司通过交叉持股、母子公司上下游交易等形式，腾挪各种资金关系和股权关系，进行不正当利益转移。如金融控股集团通过母子公司、子公司与子公司之间销售和回购等关联交易，利用税率差异和会计政策减轻或逃避纳税义务等。

因此，对于金融控股集团的关联交易应当进行清晰界定与分类，列举重大关联交易行为认定标准，严格控制关联交易杠杆率，对单个关联交易规模和公司总关联交易规模参照资本情况进行比例限制。对股东及关联方实施穿透式监管也是世界上较为通行的做法。

第二节　网络组织与网络治理

21 世纪，信息技术的迅速发展与广泛应用催生出新型经济，也对企业组织产生深远影响。信息和知识成为企业有价值的、难以被模仿的战略资源，特别是在竞争日益激烈的情况下，信息、知识及其应用能力逐渐取代传统物质资源、资本资源等成为企业获取竞争优势的关键。企业关键资源的转变也对组织结构及其治理模式提出了新的挑战。与此同时，新的世界观应运而生，它强调合作性，在经济领域主要表现为通过"双赢"的竞合解决问题。作为新世界观产生基础的信息技术革命，知识、信息、网络、创新成为竞合环境下企业有效运作的基本平台。社会责任的要求、经济环境的变化以及信息通信技术的迅猛发展使组织存在的目的、价值和方式也要相应转变，信息技术的革命催生了孕育已久的新的组织模式——网络组织。

近年来有关网络组织研究的文献成倍增长，虚拟企业、战略联盟、企业集群、供应链等跨边界的合作已成为经济实践中的新亮点。网络组织毕竟是一个新型的组织形态，它区别于传统的层级组织，也不同于市场交易，实际上是介于企业与市场之间的一种制度安排，国外也有学者称之为中间组织。这一组织如何有效治理一直是学术界未能给予特别关注的问题，例如网络组织治理的必要性及治理的条件、机制、特征、平台等。这些问题所关注的核心是如何保证网络组织有序运作，如何充分挖掘蕴藏在合作企业之间的潜在价值，以及如何使合作各方所希望出现的协同效应转变成现实。

一、网络治理的概念与内涵

制度经济学中，网络是和市场、层级并列的资源配置方式。基于交易费用理论，新制度经济学提出市场和科层组织之间的中间环节是节约交易费用的手段。这种介于市场和科层之间的混合模式作为一种新的组织安排模式能够提高交易专用性资源利用的效率，理论界将其称为网络组织模式。自 20 世纪 90 年代提出该概念以来，学者们不断进行研究，深化并明确了网络概念的内涵。

从组织网络角度，最早提出市场、企业与网络三分法并将网络看作一个独立交易模式的是 Powell（1991）。他认为中间观的混合模式既不精确又过于静态，而且不利于我们解释不同合作交易模式的有效性。Larsson（1993）对其进行了发展，提出了著名的"握手"观点，指出科层是"看得见的手"，市场是"看不见的手"，网络组织模式的协调则是两者的"握手"。"网络"概念的发展催生了"网络治理"这一新型治理模式。

Jones、Hesterly 和 Borgatti（1997）在其论文《网络治理的一般理论》（*A General Theory of Network Governance*）中综合了理论界对网络治理的 9 种描述，认为网络治理是一个有选择的、持久的和结构化的自治企业（包括非营利组织）的集合，这些企业以暗含或开放契约为基础从事生产与服务，以适应多变的环境、协调和维护交易，并进一步指出这些契约是社会性联结而非法律性联结。进而

他们将传统的交易费用理论的三个维度扩展到包括任务复杂性的四重维度，认为资产专用性、交易频率、环境不确定性与任务复杂性共同构成了网络治理的理论基础。Bryson 和 Crosby（1993）认为网络组织治理是在单个组织无法独自完成各自使命的情况下，如何设计有效的制度。Milward 和 Provan（2003）提出（网络组织）治理是一个与为管理规则及联合行动创造条件相关的较为宽泛的概念，通常包括企业、非营利组织及公共部门的代理人。Alstyne（1997）从计算机科学、经济学和社会学三个理论学科角度阐述了网络组织的不同特点，但是他也认为，不同理论科学角度存在一些共同的主题，包括稳定性与灵活性之间的平衡、专用性和通用性之间的平衡、集权和分权之间的平衡等。

国内学者对网络治理概念的界定中，李维安等（2003）认为网络治理有两条线路，即利用网络进行公司治理（网络作为公司治理的工具）和对网络组织进行治理（网络组织成为治理行为的对象）。孙国强（2005）认为，网络治理是以治理目标为导向、治理结构为框架、治理机制为核心、治理模式为路径、治理绩效为结果的复杂运作系统。综合以上研究和观点可以看出，网络治理是通过网络手段和工具，对关键资源拥有者（网络结点）的结构优化、制度设计，并通过自组织和他组织实现目标的过程。网络组织的治理远不是通过少数几个环节或子系统所能解决的问题，它涉及治理的环境、边界、目标、结构、模式、机制与绩效等多个方面，而且各个方面密切联系、交互影响，因而是一个复杂的大系统，本身也需要系统性创新。

可见，早期关于网络、网络组织和网络治理内涵的界定偏向于从其形成和动机方面着手，而之后及近期对其定义更着重其运行特点、治理要素和治理过程。这也反映了理论界对组织网络研究关注点的变化和路径特征。

值得注意的是，文献研究中的两个概念——网络组织和网络治理，学者们并没有对其进行严格的区分。从狭义角度说，两者是不同的概念：网络组织这一概念强调组织网络化发展和运作的结果，强调组织之间合作形成的网络形态，是一个静态概念；网络治理强调运用明示或隐性暗含的契约对网络组织进行治理，是一个动态概念。从广义角度说，网络治理是网络组织的治理特征：网络组织作为一个双边或多边契约，其持续运作和维持需要对其进行治理，以获得协同效果。从这一意义上讲，网络组织这一概念已将治理特征包含在内，网络组织和网络治理具有一致性。

二、技术网络治理

在信息社会，技术网络是企业有效运作和取得较高绩效的基础。技术网络会影响公司治理和经济治理的方式，包括企业间的交易方式、公司治理的发展及组织创新模式等。

（一）对交易方式的影响

信息技术及技术网络的发展改变了传统的交易模式，电子交易和电子商务模式被实业界广泛采用，其理论模式和现实存在的问题也成为学术界研究的热点，主要包括电子商务市场交易中的治理机制及电子市场的运行问题。有关电子市场治理机制的研究主要集中在对声誉机制、价格机制的分析。例如，声誉机制会影响互联网商品的价格，电子市场（淘宝网）交易中声誉机制的作用，搜寻成本对电子市场声誉机制的影响，搜寻成本及其与声誉的相互作用对互联网市场价格的影响机制，C2C 网络交易中的交易方信用评价模型与评价方法。有关电子市场的运行问题包括关系营销策略对网络交易信任的能力维度、可信性维度、善意维度的影响机理，网上市场与传统市场的产品价格对比，消费者与网络商店的关系价值对顾客忠诚的影响机理、电子市场与传统渠道同时存在情况下供应链的契约设计等。

互联网对传统市场及其营销体制和营销实践产生很大影响，特别是电子商务市场的发展需要与之相匹配的治理机制和运行机制，虽然已经有学者对其进行了分析，但还不够深入。目前从理论角度

分析，电子市场作为一种市场治理模式需要进一步完善；从实践角度分析，中国的相关法律及电子市场的制度还不够健全，电子商务这一新型商务模式如何在转型市场经济国家有效运行和发展还值得进一步研究。

（二）从治理工具到治理对象

在信息和知识密集型企业，信息技术是企业的重要资产之一。IT 资产包括企业所有的信息、知识、流程、标准、IT 人才、IT 社会资本等，是企业的战略资源，影响企业核心竞争力。IT 价值的实现不仅取决于是否拥有好的技术，更在于如何用好这些技术，使其真正发挥价值。因此，IT 治理随之出现。IT 治理需要通过董事会、高管层的 IT 决策提升公司的 IT 价值，并进一步改变公司资源和决策权力的配置。IT 治理是组织信息技术活动中决策权力、责任的配置及相应机制的形成过程。不同的组织层次应拥有不同的决策权力和责任，并且通过机制建设保证决策权力和责任的适当归属。有效的 IT 治理，必须能够明确 IT 利益相关者的权利和责任，与公司的战略相匹配，有效利用各种信息资源，以及对 IT 投资进行计划和评价。随着企业对 IT 治理重要性认识的加强，IT 决策开始进入董事会。

如今，IT 治理已经引起了理论界和实践界的注意。然而，当前关于 IT 治理还存在一些问题，有待进一步深入探讨，例如 IT 治理如何包含于公司治理的框架之中，IT 治理的有效性如何，IT 治理如何发挥作用，以及 IT 治理效用的评价如何等，特别是在中国这样的转型经济体中，IT 治理应当如何适应中国公司治理的现状。

（三）对组织创新治理方式的影响

技术网络的发展和普及不仅影响企业间交易的方式，也影响企业产品、技术创新和财富创造的模式，使传统的创新模式突破企业边界，企业开始从外部获取创新要素和资源。开放创新（open innovation）作为创新资源优化配置的方式也是基于互联网应用的一个热点。IBM、思科、宝洁等都很注重开放创新理念及其实践在提高企业创新绩效中的应用。开放创新是基于技术网络和企业间合作网络，各种创新要素互动、整合、协同的动态过程。该过程中要求企业与所有利益相关者之间建立紧密的合作联系，以实现创新要素在不同企业、个体之间的共享，构建创新要素整合、共享和协同的网络体系。开源软件、威客模式、维基创新、众包等成为开放创新和大众创新（mass innovation）的典型模式，宝洁公司、加拿大黄金公司成为企业开放创新领域的先驱，学术界也对这一问题进行了众多研究。可见，基于互联网的开放创新不仅改变了人类创新发展的模式，提高了创新的效率和效果，同时在理论界从网络视角为创新理论的研究提供了新鲜证据，丰富了创新理论的内容，扩展了组织创新治理的模式。

三、组织网络治理

（一）网络治理目标

公司治理目标不仅仅是利益相关者之间的相互制衡，更重要的是实现公司决策的科学化。网络治理是公司治理的延伸，其目标也不仅仅在于网络运作过程的治理，更重要的是获得网络协同效果。网络治理目标不仅包括治理过程目标，如信任的建立、协同效应的达成等，还包括网络组织运行结果目标，如资源配置的优化、共享价值的创造；同时，治理过程目标能够保证和促进治理结果目标的实现。从本质上说，网络不是自发的关系，而是建立在有意识的协调努力基础之上，如果没有这种协调努力，网络就将解体。因此，协调是网络治理的基本目标。

网络治理的另一重要目标是要维护网络的整体功效、运作机能，以及参与者间的交易与利益的均衡。孙国强（2003）提出网络治理目标包括三个方面：一是增进信任，防范"道德风险""搭便车"等机会主义行为；二是提高网络组织的运行质量，保证网络组织有序运作；三是促进结点协同互动，挖掘蕴藏在结点之间的潜在价值。因此，网络治理的终极目标不仅包括资源的优化配置、企业及市场运作效率的提升，还包括协同创新和创造共享价值。

（二）网络治理结构

1. 与层级治理和市场治理的比较

网络治理与层级治理和市场交易有着明显的区别。在市场交易中，交易者以价格为中介协调各自的活动，实现彼此资源禀赋的重新配置。而层级组织可以通过设计组织规章、程序，有效地利用分散的信息，通过一定的组织设计在参与人之间实现生产性任务的分工。在网络组织中，合作结点之间的交易是基于充分信任的互动合作，合作者必须遵守业已建立的行为规范和其他合作者对它的期望，指导它们行动的是网络结构所决定的行为标准。

在市场交易中，交易所得是清晰的，相对而言信任并不重要，合约的执行依靠法律来支撑；在层级组织中，沟通出现在雇佣合同背景之下，组织内部交易的方式与背景主要由个人在正式的层级权力结构中的地位来确定。然而，网络交易是在互动过程中无限的序贯交易，制裁通常是规则性的而不是法律性的。如果说价格竞争是市场的核心，行政命令是层级的核心，那么信任与合作则是网络的核心。如果说市场治理是充分竞争的，层级治理是高度僵化的，那么网络治理则赋予了以信任与弹性为基本内容的丰富内涵。网络治理与层级治理、市场治理的比较如表 10-4 所示。

表 10-4　网络治理与层级治理、市场治理的比较

比较内容	层级治理	网络治理	市场治理
治理基础	规章	信任	价格
核心内容	命令	合作	竞争
治理特征	高度僵化	充满弹性	充分竞争

2. 利益相关者治理的拓展

共同治理的思想来源于利益相关者理论。该理论认为，企业的目标不能仅限于股东利益最大化，而应同时考虑其他企业参与

人，包括职工、债权人、供应商、用户、社区及经营者的利益。共同治理是指企业的物质资本所有者与人力资本所有者共同拥有企业的所有权，一起行使企业控制权，就企业的生产经营做出决策，并一起分享企业剩余。简单来讲，共同治理就是所有利益相关者都参与公司治理，都应通过一定的契约安排和治理制度来分享企业的控制权。该理论为网络治理研究提供了理论上铺垫。然而，共同治理在网络治理中发生了几点重要异动，具体体现在以下几个方面：第一，分析的逻辑起点发生了转移。公司治理的逻辑起点是某一公司，集中在一个点上，而网络治理的逻辑起点是由诸多利益相关者所组成的网络整体，由点通过线拓宽到面。第二，利益相关者的治理方向多元化。公司治理是利益相关者对某公司的单向治理，而网络组织的合作结点互为利益相关者，是利益相关者之间双向或多向的互动治理。第三，治理行为出发点发生变化。公司治理是从关心自身利益出发强制执行合约，而网络治理则是从关心网络整体利益（协同效应）出发的自我履行合约，合作利益的分享是追求整体协同效应的逻辑扩展。第四，治理边界的变化。公司治理中的利益相关者都有参与治理的权力，理论上公司治理结构将是一个无法确定边界的结构，因而也是一个无法确定和行使职能的结构（黄少安、宫明波，2002）。而网络治理中的利益相关者主要是指向网络投入专用性资产的合作结点，而不是细化到结点的利益相关者，因而就不存在网络治理边界无限扩展的情形，经验也提供了足够的支持。如图10-2与图10-3所示，利益相关者参与的共同治理在传统意义上的公司治理与网络治理之间已存在明显区别。

尽管有关层级组织治理的研究在不断深化，有些学者已认识到协作与外部网络逐渐成为企业实现外部协调的主要方式，社会资本可能同实物资本、人力资本同样重要，并提出外部网络化趋势对层级治理结构已产生明显的影响，从而使层级治理由公司内部延伸到公司外部的利益相关者。但是，其研究的出发点是层级治理如何适应网络化发展的需要，仍未突破以单个公司为研究对象的分析框

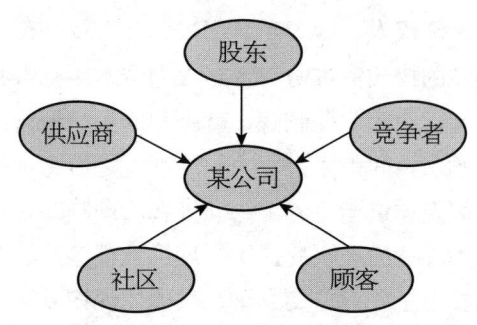

图 10-2　公司治理中利益相关者的共同治理

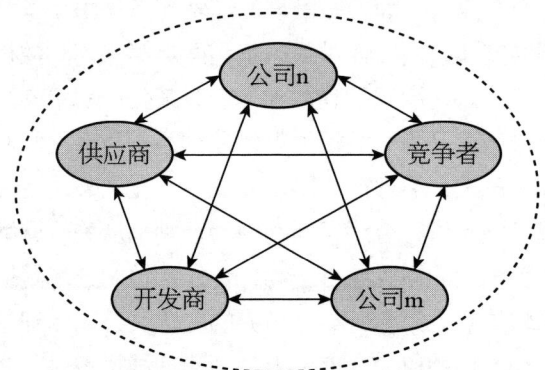

图 10-3　网络治理中利益相关者的共同治理

架。网络组织是介于企业与市场之间的一种独立的组织形态，网络治理的对象一开始就是网络组织整体，而不是其中的某个结点。正如组织社会学家 Perrow（1986）所指出的，组织网络的研究必须注意的问题之一是组织网络分析的重点是整个组织网络，不是组织网络内部的某些特定的组织。可以认为，网络治理的研究丰富和发展了利益相关者理论，将单个利益相关者与公司的双边关系拓展到多元结构，探讨多层面的调节与互动关系。

从知识的分散性来看，网络中的权力随知识的不同而分散在不同的结点中，分散式的自我治理成为网络治理的必然特征。从相互依赖关系来看，在网络组织中，合作者将其核心资源与功能提供出来，与其他合作者协作互动，形成了一个可以共享的资源与活动的集合，其目的是获得单个行为者所不可能获得的合作收益。所以，从网络整体来看，合作结点都有内外资源相互融合的特征，客观上构成治理的共同主体，网络治理的一般模式就成为一种合作结点共同参与的共同治理模式，但由于各结点参与治理的方式与程度有所差别，因而在具体治理实践中表现为一定的差异性。Burns 和 Wholey（1993）发现网络组织的利益相关者可能会对网络成员接受共同规范施加制度压力。杨伟文和邓向华（2002）对虚拟企业公司治理的研究表明，在虚拟企业中所有成员为了共同的目标，将在生产、运输和使用过程中放弃部分传统以换取分享的收益。合作伙伴在一定程度上成为利益相关者，要参与虚拟企业的治理，要求实现一定程度的共同决策与共同治理。由此可见，网络治理与共同治理的互动特征回答了谁是网络治理主体这一问题，属于哲学里的"群众史观"，即诸多合作结点共同参与、联合互动创造了奇迹。

（三）网络治理机制

网络治理机制指维护结点之间联系以促使网络有序、高效运作，对结点行为进行制约与调节的资源配置、激励约束等规则的综合，其作用是维护和协调网络合作，通过结点间互动与共享，提高网络整体的运作绩效。Powell（1991）提出，网络组织的治理机制包括信任、学习和创新机制。Jones、Hesterly 和 Borgatti（1997）认为，网络的社会机制包括限制性进入（restricted access）、联合制裁（collective sanctions）、宏观文化（macroculture）与声誉（reputation）。Hakansson 和 Sharma（1996）从网络的观点来研究战略联盟，提出信任、利益分配等机制是联盟成功的基础。Grandori（1998）提出企业之间关系的协调与学习机制。孙国强（2003）在 Jones、Hesterly 和 Borgatti（1997）的基础上，提出网络治理的微观机制，包括学习创新、激励约束、决策协调和利益分配。他在扩展 Johanson 和 Mattsson（1987）关系模型和互动模型的基础上，利用系统科学理论构建了以关系、互动与协同为主要内容的三维治理逻辑模型，并分析了治理机制与治理逻辑之间的关系，使网络组织的治理实践落脚到治理逻辑的平台之上。

由此可见，网络治理机制包括信任、学习、利益分配、协调、声誉、文化、激励机制等，不同的机制在网络组织运行中所起的作用不同，有些提供了一种合作的环境与氛围，从行为规范方面调节合作者的行为，有些建立了互动合作过程的运行准则，保证彼此之间有效合作和网络组织的高质量运行。为了构建网络组织治理机制的体系，需要将性质相近的机制归为一类，使同一类中的机制具有高度的同质性，不同类之间的个体具有高度的异质性。

为此，本书将治理机制分为两类，即信任、声誉、联合制裁、合作文化属于行为规范方面的宏观机制，学习创新、激励约束、决策协调、利益分配属于运行规则方面的微观机制。据此我们构建出网络组织治理机制的体系，如图 10-4 所示。信任机制不仅是网络组织的形成机制，而且是网络组织治理的基础。声誉在密切联系的合作关系中是一种专用性投入，快捷的信息传播使合作各方更加注重自己及合作伙伴的声誉。联合制裁及其变形规则的博弈机理的存在形成了一种对机会主义行为的威慑。合作文化有助于规范合作者的行为和促进合作创新。学习创新既是网络组织治理的灵魂，也是优势互补和协同发展的前提。决策协调实现了基于知识的分散决策与网络构架下有效协调的均衡。公平有效的利益分配机制是网络组织存续与发展的基本保证。

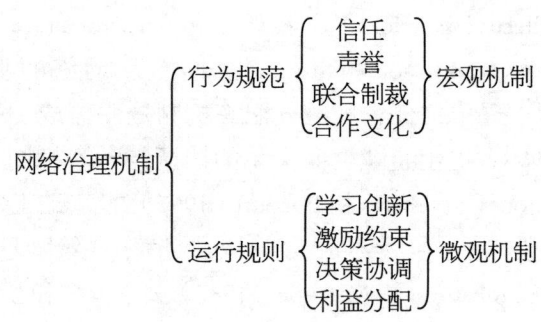

图 10-4　网络治理机制的体系构成

1. 宏观机制在网络治理中的作用

（1）信任机制的作用。网络组织是由信任关系所支撑的自组织结构，合作伙伴之间的信任是维系关系的基础和产生互动的条件，缺乏信任不仅导致合作关系的失败，而且还可能出现负协同。Bradach 和 Eccles（1989）提出协调经济活动的三种方式：价格、权威和信任。网络组织的"黏合剂"既不是价格信号，也不是行政命令，而是信任。信任可使人们在社会没有权力和市场的前提下从事合作，是维系网络中成员间效能与存活的主要影响因素，为技术上和法律上相分离的企业创造了合作解决问题而不是讨价还价的条件，因而成为赢得合作行为的一种很重要的治理工具。信任是网络组织形成与运作的基础，它联结合作各方，提供必要的弹性，降低交易成本和合作关系的复杂性。信任会影响合作者对网络关系的承诺、对突发事件的反应、对冲突的解决方式等。不信任是对经济活动的一种变相"征税"，而信任必然替代昂贵的监控程序。合作伙伴间建立起信任关系，就不需要签订明确契约来规定成员的互动行为方式，非正式治理机制因此而逐渐被接受。信任水平与接受非正式合约的倾向正向相关，与网络治理的非财务绩效（质量的改进、产品面市时间的缩短等）显著正相关。

网络的维系超越了产权的约束，趋向于以信用度量作为网络紧密度的衡量标准。信任作为一种软治理，之所以能治理交易，原因在于合作伙伴以此为基础能发展出一种交易规范或相互认同，从而有足够的激励抑制机会主义行为。

信任在信息交换和知识创新的社会关系中是一个重要的联结与桥梁机制，基于信任的重复交易为具有长期合作关系的合作者提供了分享机会和有价值的信息渠道，成为网络成员共同创造价值的基础。因循守旧、等级森严的组织容易压制信任，助长内部竞争与分歧，而在网络组织中，信任成为将合作者结合在一起的情感黏合剂。信任不可能在真空中存在，必须嵌入关系网络之中，关系运作是建立和增强信任的基础，反过来信任是建立互赖合作关系的条件。关系意味着相互的义务，而义务感会使人做出值得信任的行为。

由此可见，信任不仅是合作关系形成的催化剂，也是彼此之间互动合作和取得协同效应的基础，更是网络组织健康运行不可缺少的行为路径。因此，信任机制是网络组织治理逻辑的基础性机制，它贯穿于治理逻辑的全过程。

（2）声誉机制的作用。关于"囚徒困境"问题的一个著名解决方式是声誉机制。博弈论认为，在重复博弈中，合作的结果有可能达到，其实现机制之一便是博弈双方信誉，它为双方提供了一种良好的期望，鼓励双方的合作行为，并有利于吸引新的交易伙伴。网络合作是基于信任的长期合作，受骗方实施的终止未来所有与对方交易机会的"冷酷战略"将可能遏制参与人的行骗动机。

经济学家认为，合作者不采取机会主义行为的一个重要原因是害怕自己的声誉受到损害。稳定的网络合作关系恰恰提供了一种有效的"监督"机制来强制企业维护自身的声誉。网络成员之间的强联结关系构成了一个紧密合作的网络关系，信息的流动在网络中通常是畅通和重复的，任何采取欺诈行为的信息会在网络中迅速传播，其后果是该成员受到孤立，失去成员身份和获取网络资源的资格，这就意味着未来市场机会的丧失和获利能力的下降。

在企业网络化合作中，银行往往扮演着一个重要的角色，成为网络中的一个关键结点。这一点不仅可以从日本银行对企业的深度介入中可以看到，而且在意大利中小企业簇群与银行的关系以及美国硅谷银企关系中也较为普遍。在银企合作领域，我们会看到一种实施承诺的激励，即银行对其声誉的关注。银行的未来收益取决于其良好的声誉，这会促使它采取行动以维护其声誉；如果银行不履行其救助承诺，其声誉将遭受损失，并因此失去未来有利的贷款机会。

（3）联合制裁机制的作用。联合制裁是对那些违背共同规范的成员予以集体处罚，它通过呈现违规的后果来定义可接受的行为，通过加大机会主义成本来降低行为的不确定性，进而对交易起到保证作用。政府可借用权力对那些违规者实施制裁，从而保证公共福利不受侵害，但政府、法庭等属于网络组织运行的外部环境。网络组织的有序运作、合作关系的顺利发展虽然离不开也不可能离开这些外部环境的制约，但本书的重点在于网络治理的内在机制，用威廉姆森的语言来说，它属于治理制度而不是制度环境。

没有制裁措施就很难把违规者驱逐出去，整个网络组织的发展与运作就会遇到致命的威胁，参与者之间的非合作博弈、追求短期利益就会带来"柠檬市场"效应。联合制裁在网络组织治理中具有不可替代的重要作用，其博弈机理不仅体现在互动的过程之中，而且形成了一种对机会主义行为实施严厉惩罚的威慑作用，使得机会主义者不敢贸然以牺牲长期利益为代价去破坏业已形成的合作关系，以及谋求短期的既得利益，从而保证了合作结点行为的合作性和非投机性，致使互动朝向产生正协同的方向发展。

（4）合作文化机制的作用。网络合作文化的形成是一个漫长的过程，伴随着网络组织的形成而产生，伴随着网络组织的发展而完善。合作结点的社会嵌入特征催生了社会资本的生成，从而为合作文化的形成提供了条件。在长期的合作交易中，具有协作创新基因的文化因素微妙地改变了合作者之间相互博弈的格局，一旦在合作结点之间形成特定的文化信念，在长期利益的驱使之下，它将会对成员行为产生深远的影响，使其具有某种路径依赖。

网络组织决定了它难以像层级组织那样实施单一的文化管理，尤其是短期合作中更不允许花费更多时间来培育十分完善的组织文化。网络结构的建立使信息传递具有直接性、广泛性、集中性、实用性和互动性，使相关信息在成员间通过交流成为集体记忆的一部分，从而奠定达成共识的基础。因而可以促进人们在工作中相互信任、沟通，并增进他们对具体事务深入、广泛的了解，在相互协调共同治理的基础上促进彼此交流，不断磨合边界内部各结点的经营理念，使其在治理过程中产生相互依赖的精神寄托，进而促进具有信任性、合作性、学习性和整体性的相互信任和协作创新的合作型文化或网络型文化的生成，促成边界内外的"文化落差"。网络合作中的对外排他性与对内锁定性的"厚内薄外""内松外紧"战略就是这种文化落差的具体体现。

2. 微观机制在网络治理中的作用

（1）学习创新机制的作用。网络学习过程的另一个特点是自组织学习。学习作为一个社会过程，为共同参与提供了一个用自组织描述组织学习与理念创新的平台，亦即网络学习是自发的而不是由任何个体设计的，在自发持续互动中实现进化。由于高质量的内部联结代表着多维的关系，它允许组织成员交换更专业化的信息，因而思想、非重叠性的理念及其应用被放大或扩展成一个自然出现的关系的一部分。不同理念的聚合产生了新的理念，反过来，新理念在网络中释放并经过再次理解与完善，一个所需要的行为共识就会逐渐出现。创新常发生在企业知识的空隙处，而当网络将企业联结在一起时，不同知识的共享就能产生新的思想。因而不同知识与技术的叠加是创新的源泉，创新源自于叠加部分的调和与放大。丰田之所以能保持持续的竞争优势，正是因为丰田及其供应商具有动态学习能力，并能比竞争者学习得更快，它们把知识岛屿连接起来成为自我组织的知识共享网络。

技术创新的网络模式观将技术创新过程设定为社会过程，而且是一个非线性的动态过程，一项技术创新由11个要素构成，这些要素并非是一种线性组合的关系，而是一个网络化的系统，是一个在推动过程中进行的有目的的交互选择的过程。通过组织化市场对内部资源进行有效组织，实现要素与"关系性租金"共享，从而保证从投入到产出的全过程的节约。网络组织是一种群体集约化的经营战略，能实现企业群体经营管理整体优化的效能。企业间的网络合作关系在维护与促进创新的社会系统中起着关键作用，给知识型员工提供了一个没有上级强制与外部权威的宽松环境，也成为运用知识和技术创新的工具，水平沟通与相互义务使合作者有足够的激

公司治理（修订本）

励去交互学习和传播信息，使交互式的叠加创新成为网络合作的重要创新来源。合作结点之间的互动过程就是学习与创新的过程，通过不断地吸取对方的知识与技术尤其是默会知识，在不同优势资源相互叠加的基础上，实现大于独立运作的协同效应。所以，学习创新机制是治理逻辑的灵魂。

（2）激励约束机制的作用。网络组织是多元化与专业化的对立统一体。经济层面的激励使具有专精核心能力的独立利益主体之间密切协作共同进化，不仅避免了技能基础与核心能力培育的"空洞化"，而且实现了"双赢"或"多赢"，这种共赢性与共生性是"激励相容"原理在网络组织运作中的体现。人文层面的激励为合作各方创造了一个相对宽松的工作环境，该环境没有等级的压制与功利，对人们经济的、社会的和自我实现的需求不再以职位高低为标准，而是以工作绩效为标准。交易伙伴在关心网络组织整体的经济活动的基础上追求自身利益，并分享经营成功所带来的利益。经济与人文层面的激励是推动治理逻辑由关系到互动、由互动到协同的三个环节不断转化的助推器。

彼此之间的依赖关系使合作各方的经济行为具有明显的路径依赖特征，即依赖关系强化了自我约束能力，关系本身也具有约束力。尽管网络组织成员之间不一定存在隶属关系，但相互之间的经济性和社会性联结规定了成员的权利与义务，相当于对企业行为增加了新的约束。网络中一个特定企业的行为主要由它与其他企业的关系所"控制"，而不是企业的内部要素或外部要素（市场），反过来，整个网络的行为由企业联结的具体方式来"控制"。网络制约活动，反过来又被活动所定型。自我履约实际上是参与者为了避免"沉没成本"损失的自我实施的"单边协议"。参与者为了扩展利益机会，向网络投入了作为抵押品的不可回收的专用性资产，从而构成可信承诺，这种共同抵押对合作各方的行为构成了有效约束。在一定程度上讲，"道德维度的自我协调"与"规范结构"依赖的是合作者之间的暗含契约，它有效地克服了企业提高资产专用

性所引起的垄断性租金和专用性准租金，具有抑制败德行为、维护长期合作关系的显著作用，是一种理性约束。

（3）决策协调机制的作用。在信息不对称和不完全契约模型中，最优的经济效果可以通过将决策权配置给能对合作成功产生最大边际效果的代理人来实现。一方面，分散的所有权需要有分散的决策权来减轻源自信息不对称带来的代理问题并与投资激励相匹配。网络组织的财产所有权分散到各个合作伙伴之间，而不像传统公司那样集中于一个企业之内。因此，客观上要求决策权必须相应分散，是分散基础上的群体决策和分布式的决策协调。另一方面，网络组织是核心资源的集成，各成员企业将自己的具有"专用性"特征的核心资源提供出来，从而通过有序叠加产生交互作用，实现聚变，创造新的价值与超常规的竞争优势。资源配置范围扩展到合作者的核心资源，是社会资源的整合，其产权特征表现为"部分让渡"。其实，与网络合作密切相连的社会资源本身就具有公共物品的性质，不可能被某个个体所独自拥有，个体可通过网络加以利用。所有权的部分让渡与共同拥有又使分散决策中的相互协调成为可能。

网络组织通过互动来实现协调，一些结点直接通过双边关系互动，而其他结点通过关系系统来互动。互动的过程就是协调的过程，协调既是互动的条件又是互动的函数。互动交易过程不仅是一个学习过程，也是一个适应过程，合作成员需要相互学习适应。分散的决策保证了决策的科学性，分散基础上的协调形成了多结点共同治理的互动特征。合作结点借助先进的技术条件及时沟通，将具有专用性的信息、知识等资源提供给网络，合作结点分享这些具有"公共物品"性质的资源，并进行策援式的相机协调。

（4）利益分配机制的作用。企业之间之所以热衷于合纵连横的网络化协作，其根本原因在于，网络化协作既可避免过度市场竞争而陷入"囚徒困境"，又可将部分市场交易内化为协作网络内部交易而节约交易费用，更为重要的是不同合作者共同投入各自的核

公司治理（修订本）

338

心能力和优势资源，形成资源共享、优势互补，并通过交互作用产生高于平均水平的协同效应。企业网络化协作是一种创造价值的协作，是一种多主体、多过程和反复进行的多向网络化合作。博弈论认为，在重复博弈中人们会选择合作行为，追求集体理性而避免个体理性。协作者共同追求网络整体利益最大化，则各协作者都有机会获得比独自运作更多的利益，从而实现帕累托改进。协同利益的多寡客观地决定着协作的深度与广度，由于合作成员的经济实力有差异，所以从经济权力关系上看，企业间的作用往往并非完全对等和可逆，有可能出现经济关系不平等。但是，如果利益分配不均，合作者的投入与其所得不能匹配，就会挫伤合作者的积极性，甚至会人为地割断已有的经济联系，加剧企业间的经济摩擦和封锁。利益分配是否公平合理，直接关系到网络组织的经营成败与发展前景，许多合作最终不欢而散，就是因为相互争权夺利所致。因此，分配机制对网络组织来说十分关键，如何协调双边或多边的经济利益关系，在合作者之间合理分割网络整体利益，是网络治理中不可回避的关键问题之一。因此，利益分配机制在治理逻辑中扮演着重要的角色，发挥着不可替代的功能。

　　"没有规矩，不成方圆"的古训同样适应于网络合作，行为往往发生在一定的规则框架内，规则框架为决策与行为提供了指导和合法性，为参与者对过往行为的评价提供了理性基础。协同原理的普适性与协同效应的客观存在性是不容置疑的，但协同效应的大小在现实中却有天壤之别，其中的关键就在于，实现协同效应的方式方法上的差异或协同效应产生机制上的不同。在这一意义上，网络治理机制就是协调效应的产生机制，只有建立合理的治理机制才能产生功能耦合和长期的整体竞争优势。因而，正确有效的行为规范、运行规则的机制制约、网络关系的建立、互动合作行为的产生以及协同效应的获得，为充分挖掘蕴藏在结点之间的潜在价值和有效配置社会资源提供了基本保证。

　　根据上述分析，治理机制成为企业网络化互动合作的制度基础，从而使网络治理落脚到关系、互动与协同的治理逻辑之上，为网络组织的有序运作提供了一个关系平台。由此可构建出网络治理机制与治理关系模型，如图 10–5 所示。

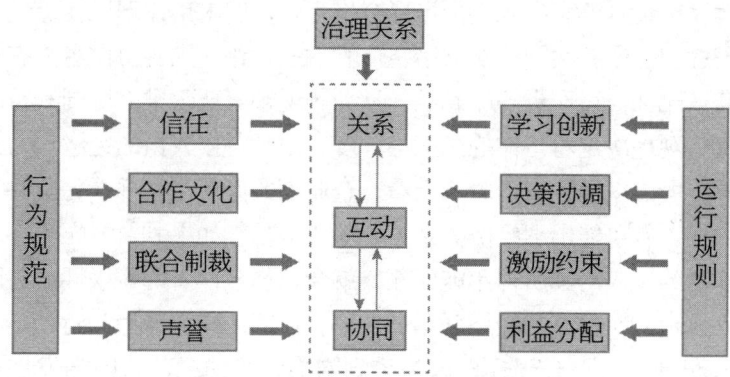

图 10–5　治理机制与治理关系模型

四、技术网络与组织网络的融合

在企业现实的运作过程中，技术网络、组织网络和社会网络并不是相互独立的，而是相互融合的。技术网络基础上的信息流是网络组织的血液，它带给网络组织营养与能量，企业网络组织及公司治理的健康发展需要技术网络来支撑信息的流动。个体是企业最基本的组成单位，企业网络的形成、构成及治理会受到企业中个体之间社会网络关系的影响。另外，以互联网为核心的技术网络的发展也改变了个体社会网络关系的表现形式和治理方式。

移动互联网时代来临，技术网络、组织网络和社会网络深度融合，催生了互联网金融、平台企业治理（肖红军、李平，2019）、区块链（徐忠、邹传伟，2018）等新兴商业业态。这对传统治理造成冲击的同时也为公司治理提供了新的手段，启发了对新兴商业模式有效治理的思考。移动互联网时代带来的公司治理变革，主要表现为以下四个方面。

第一，降低公司治理成本，致使新的股东主体、社群主体应运

公司治理（修订本）

而生。新的股东主体开始焕发活力，移动互联网络群体及社会化媒体成为公司外部治理的关键主体。第二，助推公司治理进入"大数据"时代，新的治理手段开始出现。基于公司治理大数据，对潜在外部治理主体和投资者进行分析，有助于倡导"精准治理"，更好地适应顾客和投资者这两个"上帝"。第三，驱动公司治理权力重组，新的治理模式得到创新。对于网络组织来说，"垂直化"治理模式已经不再适用移动互联网时代，需要调整以技术核心为主的管理层在治理链条中的位置，探索向"扁平化"治理模式发展创新。第四，强化信息自披露和非官方披露，弱化公司治理链中的信息不对称。

第三节　人与自然和谐共生：绿色治理

近几十年来，环境问题愈发严重，促使人们重新认识并思考人类和自然的关系。2015 年 12 月，195 个缔约方代表在法国巴黎达成了历史性协议《巴黎协定》（*The Paris Agreement*），标志着我们已经认识到人类有可能成为自然生态的毁灭者，必须在面对一个地球的宇宙观下，形成新的"天人合一"绿色治理观，以实现人和自然的包容性发展。

生态环境和自然资源作为特殊的公共产品，决定了绿色治理在本质上是一种由治理主体参与、治理手段实施和治理机制协同的"公共事务性活动"。而生态破坏与环境污染的跨国界性及经济、政治和社会活动的全球化，意味着"公共事务性活动"具有全球性特征，践行绿色治理不能仅局限于一国之疆界，而应形成一种全世界共享的价值观，即超越国别的绿色治理全球观。在此背景下，绿色治理问题已成为越来越多国家发展政策的关注点，并日渐演变为一个国际性的研究和实践课题。

目前，虽然一些国际性组织也提出了资源和环境保护方面的许多倡议或宣言，为区域内的绿色发展提供了一定方向，但就如何规范各利益相关者行为，以及在具体实践环节如何操作等内容尚不清晰。这使各国的绿色行动仅局限于单一主体自发的绿色管理、绿色行政等层面，企业、政府和社会组织等往往各自为战。所以，如何重塑绿色治理的主体结构，建立绿色治理的有效机制，并在实践领域积极倡导全球范围内的绿色治理准则，进而开展绿色治理评价，已经成为目前绿色治理研究的关键问题。

一、国际性的前沿课题：绿色治理

（一）绿色治理的演进脉络

1987 年，联合国提出了可持续发展的理念，1992 年的联合国环境与发展大会上，可持续发展成为世界共识。可持续发展是指"既满足当代人的需要，又不对后代人满足其需要的能力构成危害的发展"。与传统发展观相比，可持续发展主张经济发展应当充分考虑自然资源的承载能力，但是可持续发展观仍旧是人类中心主义的发展观，强调需要修正人类控制自然的模式。

绿色经济的概念最早源于 1946 年英国经济学家希克斯（Hicks）提出的绿色 GDP 思想。他指出，只有全部资本存量并不随时间减少而保持不变或增长的发展方式才是可持续的。随后肯尼思·艾瓦特·鲍尔丁（Kenneth Ewart Boulding）指出，地球经济系统像一架宇宙飞船，属于一个孤立无援的系统，靠不断消耗自身的资源而存在，只有实现可持续发展，地球才能够得以生存。根据先前研究，大卫·皮尔斯（David Pearce）等首次在《绿色经济蓝图》中提出"绿色经济"，他们认为经济和环境互相影响，将环境融入资本的投资中有助于解决经济增长和环境之间的矛盾。国内学者夏光认为，绿色经济是指能够同时产生环境和经济效应的人类活动，即有利于环保，同时也有助于获取经济效益。联合国环境规划署将"绿色经济"界定为一种有助于改善人类福祉和社会公平，而且能够大大降低环境风险和生态稀缺的经济。2012 年，联合国在可持续发展大会上指出，绿色经济是实现可持续发展的重要工具之一。

绿色增长这一概念最早出现在 2005 年召开的第五届环境与发展部长会议上，会议指出绿色增长强调环境可持续性的经济进步和增长，用来促进低碳的、具有社会包容性的发展。世界银行的研究指出，绿色增长是一种环境持续友好、具有社会包容性的经济增长方式，以最大化利用自然资源、最小化环境污染为主要目的。OECD 将绿色增长定义为高效利用自然资源的一种发展方式，以追求经济增长、防止环境恶化、防止生物多样性丧失和不可持续为目的。与可持续发展观和绿色经济相比，绿色增长更具包容性，开始关注发展目标的多元性。

　　从可持续发展到绿色经济再到绿色增长，表明理论界和实践界逐渐开始关注经济、社会和自然的协调发展。区别于上述发展理念，绿色治理提升了自然环境的主体地位，将自然环境摆到了与人类同等的地位，开始认识到生态系统所拥有的自然资源是有限的，可能根本不能承载人类因欲望无限而形成的生产力，因而需要重新认识人类与自然的关系，从自然角度考虑人类生存及长远发展问题，即需要形成新的"天人合一"的绿色治理观。

　　（二）绿色治理的基本内涵

　　结合上述绿色治理的演进脉络，我们认为绿色治理本质上是一种由治理主体参与、治理手段实施和治理机制协同的"公共事务性活动"。绿色治理在内涵上主要有以下三个特征。

　　第一，绿色治理强调充分考虑生态环境的可承载性。通过创新模式、方法和技术等在生态环境承载能力范围内促进社会经济的可持续发展。

　　第二，绿色治理强调绿色的效果指向。"绿色"是生命的象征，是大自然的基色，强调绿色是一切经济活动、政治活动与社会活动的生态约束和评价标准。

　　第三，绿色治理突出制度性。通过制度层面的顶层设计，对包括人类和自然的整个系统中的资源予以改造和重置，将"绿色"融入国家的政治、经济、社会和生态等系统的各个方面和运行过程之中。

（三）绿色治理的理论解释

1. "天人合一"观与自然资源基础观

中国古代很早就产生了"天人合一"的思想，如老子提出的"人法地，地法天，天法道，道法自然"，庄子提出的"天地与我并生，而万物与我为一"。这些朴素的"天人合一"观念，要求把人与天地万物看成一个相互联系的有机整体。除此之外，Jensen（2012）等也阐述了自然与人类和谐统一的观点。

资源基础观认为，企业的竞争优势主要来源于其所特有的资源。Hart（1995）把自然环境要素引入资源基础观，强调企业实施环境污染防治、针对环境的产品全面管理、可持续发展等环节，实际上是企业构建可持续竞争优势的过程，从而拓展了传统的资源基础观。Hart（1995）进一步指出，污染预防的战略目标是最大限度地杜绝资源浪费，产品全面管理旨在减少产品在整个生命周期中的总成本，可持续发展的战略目标是减少环境问题给企业发展带来的负担。自然资源基础观已经开始关注合理配置和使用自然资源，为解释"绿色治理特别强调生态环境的可承载性"的观点奠定了基础。

2. 生态响应观与利益相关者理论

生态学本是研究生物有机体与其所处的环境之间的相互关系的科学。然而，20世纪60年代以来，原本属于自然科学的生态学逐渐在社会科学的领域内活跃起来，进而产生了一系列与经济、政治和伦理相联系的科学。生态响应观试图解释企业与生态环境的关系，认为企业为了生存与发展，必须对生态环境的变化做出响应，而这种响应受到利益相关者的压力的影响。

利益相关者理论认为，企业是各利益相关者缔结的一系列契约。这就意味着企业的利益不仅仅是股东的利益，更是各个利益相关者的共同利益，因而企业的发展要综合考虑股东、债权人、经营者和员工、供应商和客户、政府、社区和公众等多方的利益诉求。

生态响应观和利益相关者理论启示我们，人类的生存与发展要积极回应自然环境的影响，而这种回应受到政府、企业、社会组织和社会公众等众多利益相关者的影响。在绿色治理过程中，人类积极回应自然环境，以"绿色"为约束条件，与自然环境演化并综合考虑多方利益相关者的利益是核心要义。

3. 自主治理理论

埃莉诺·奥斯特罗姆（Elinor Ostrom）及其他学者通过提炼大量案例，运用新制度经济学的理论和方法，对公共资源中个人所面临的各种集体行动困境展开研究，建立了公共治理和自主治理理论。同时，以此为基础形成了一套分析公共池塘资源问题的制度与发展框架，为面临公共选择悲剧和集体选择困境的人们提供了自主治理的制度基础。

奥斯特罗姆（Ostrom，1990）指出，公共领域存在多种治理机制的可能性。她认为，政府集中控制和完全私有化都不是解决这类问题的灵丹妙药。政府缺乏公共资源和公共事务的充分信息，政府实施监督、裁决和制裁的效率较低、成本较高，而公共服务和公共资源使用上的非竞争性又决定了私有产权在大多数时候是不可能的。许多成功的公共资源制度冲破了政府与市场僵化的分类。生态环境作为公共池塘资源，具有较强的外部性。奥斯特罗姆的自主治理理论为生态环境研究以及政府、市场与社会关系的研究提供了很好的理论框架。虽然对其他治理模式的分析相对较少，但理论和分析框架仍为绿色治理的研究提供了较好的分析框架。

二、绿色治理的关键：多元治理主体

作为一种公共事务性活动，绿色治理要求从系统观出发，识别治理系统中各主体的关联性，综合考虑各方的利益和诉求，因而识别治理主体是关键。已有研究表明，政府、企业、社会组织以及社会公众共同构成了绿色治理的多元主体，各主体通过平等、自愿、协调和合作的关系，共同推动绿色治理目标的实现。

（一）企业：绿色治理的关键行动者

企业是主要产品的生产者、原材料的消费者和就业岗位的提供者，由于主宰着污染密集型产业，拥有较大规模和实力的企业组织更有能力去破坏或者改善环境，所以企业便成为绿色治理的关键行动者。通过实施绿色治理的"最佳实践"活动，企业可以显著降低经营活动对环境造成的负面影响，从而提高自身的竞争地位。如果企业没有建立"绿色治理"的措施和目标，甚至与该原则相违背，将难以实现从"高投入、高能耗、高污染、低产出"模式向"低投入、低能耗、低污染、高产出"模式的成功转变，难以实现企业的可持续经营。因而，企业越早实现"绿色治理"，也就越早地掌握了未来竞争的主动权。目前先行企业已经开始重视或者正在逐步探索"绿色治理"，从企业战略制定、产品研发设计、市场营销、日常管理到财务会计等环节都渗透着绿色治理的理念。此外，有些企业还通过绿色治理技术的引进或创新积极参与绿色治理实践，这不仅有助于企业增强市场竞争力，还有助于实现环境与经济的同步发展。

当然，在企业运营过程中，如果忽视环境保护和资源效率，就会受到来自利益相关者的压力，利益相关者的压力是企业积极践行绿色治理的另一个重要驱动因素。诸如来自政府、竞争对手、股东和企业员工等利益相关者的压力，都是企业参与绿色治理的重要驱动因素。以政府为例，来自政府的环境管制对企业起着重要作用，企业必须遵守政府等相关部门所制定的有关绿色治理的规章制度。

（二）政府：绿色治理的政策供给者

政府是绿色治理的顶层设计者和政策制定者，为企业、社会组织和社会公众等其他主体参与绿色治理提供制度与平台，这主要体现在两个概念上，一个是绿色新政，另一个是绿色行政。

政府是新政策的主导者。2008年12月11日，联合国秘书长潘基文提出"绿色新政"的概念，呼吁各国政府在投资方面转向能够创造更多工作机会的环境项目，在应对气候变化方面进行投资，促进绿色经济增长和就业，以修复支撑全球经济的自然生态系统。绿色新政是对环境友好型政策的统称，主要关注环境保护、污染防治、节能减排、气候变化等与人和自然可持续发展相关的重大问题。2015 年 3 月，中国政府发布的《关于加快推进生态文明建设的意见》通过节能减排、环境治理等政策措施，缓解资源约束、生态恶化和经济增长缓慢等问题，最终实现绿色增长。这实际上就是一种绿色新政。当然，推行绿色新政不仅要求政府确立减排目标和全球环境责任承诺，还需要通过持续的行动和实践来证明自己的环境效力和环境竞争力。例如，通过加强"绿色新政"所涉及的环保部门、工业部门、技术创新组织的机构整合重组、利益功能协调、政策执行监管，把"绿色"融入所有部门及相应政策领域；在环境政策立法已经较为完备成熟的基础上，重点加强绿色发展和生态文明的具体制度建设，加强环境革新政策的实施效果与效率，等等。

除了绿色新政之外，政治学中研究较多的另一个概念是绿色行政。绿色行政强调在处理生态环境问题时政府自身必须做到节约成本、控制消费和提高效率等。绿色行政是一个以政府为中心，并通过社会相互协作来治理生态环境问题的参与式、战略化的环境管理方式。通过绿色行政提高政府自身的绿色治理能力，有助于推动国民经济由绿色转型迈向绿色增长。虽然仍以政府为主导，但绿色行政已经开始注重为其他非政府主体（如企业、社会组织、媒体、公众和专家学者等）提供平台基础和政策支持。

（三）社会组织：绿色治理的倡议督导者

随着非政府组织的影响力不断增强，社会组织等非政府力量在解决生态环境问题方面所发挥的作用也在逐渐加强。作为独立的第三方，社会组织是绿色治理的倡议督导者，诸如环保团体等社会组织基于社会价值观和道德规范，通过对价值和事实判断对企业和政府的绿色治理行为进行鉴别，并通过采取相应的行为给企业和政府施加压力。例如环保类社会组织要求企业承担绿色治理责任，他们的倡议督导行为包括劝说（环境保护对企业有益）、要求（环境保护是企业的责任）、直接对抗和破坏（绿色激进行为）等内容。在实践中，一些比较有影响力的社会组织在绿色治理过程中也确实发挥了倡议督导的实际作用。例如，1991 年，国际标准化组织成立了"环境战略咨询组"，将环境标准化问题提上议事议程；1996 年，该组织颁布了与环境管理体系及其审核有关的 ISO 14000 系列标准，引起各国政府和企业界的重视；绿色和平组织发起了环保行动，号召消费者抵制壳牌石油的产品，以抗议壳牌石油将 Brent Spar 石油钻井平台沉入距离苏格兰海岸 150 海里处的大西洋里。

（四）社会公众：绿色治理的广泛参与者

绿色治理主体不仅包括企业、政府和社会组织，还包括社会公众，社会公众是绿色治理的最广泛的参与者。

积极培育支持环境政策革新的社会公众，加强绿色治理方面的公民教育，能够为绿色治理的发展提供坚实稳固的社会基础。这是因为社会公众能够通过公众舆论赞同或反对企业和政府的绿色治理行为，而作为消费主体的社会公众也能够通过购买行为（购买和抵制）对企业的绿色治理行为施加压力。

三、绿色治理的核心：有效治理机制

有效的绿色治理要求从整体角度综合考虑各方的利益、诉求和责任，因而除了要识别多元化的治理主体之外，还需要构建基于治理权分享的治理机制。

（一）协同治理机制

生态环境是一个"公共池"资源，具有非常强的外部性，涉及几乎所有社会和经济活动的参与者。因而解决生态环境问题是一项系统工程，需要建立政府顶层推动、市场利益驱动、社会组织和社会公众参与联动的"三位一体"协同治理机制。政府、企业、社会

组织和社会公众等利益主体之间的协同将打破传统的政府自上而下的线性管理模式，形成一种动态开放的治理系统。已有研究表明，绿色治理需要综合运用行政手段、市场机制和政策措施等多种工具，即实现政府、市场和社会的协同。

首先，政府作为绿色治理的政策制定者，需要综合运用行政手段和政策措施等多种政策工具，通过管辖权和制裁权作用于企业等其他治理主体，使其遵守政府等相关部门所制定的规章制度；与此同时，政府制定和颁布绿色治理相关政策时，需要听取社会不同利益群体（企业、社会组织和社会公众）的意见，要与利益相关者进行平等的对话协商。其次，企业作为绿色治理的关键行动者，需要建立绿色治理架构，进行绿色管理并培育绿色文化；还需要通过市场机制和市场手段，积极将绿色治理的成本内部化，支持政府推行绿色治理政策。再次，社会组织作为独立的第三方，在加强自身规范化、专业化运营，完善绿色治理机制的同时，需要积极发挥自身的专业优势，在绿色治理过程中发挥监督、评价、协调、教育、培训及引导等作用。最后，社会公众作为广泛的参与者，需要积极参与联动，不仅需要充当好监督者的角色，更要体现绿色治理主体的责任感和正义感，以切实行动实现人与自然的包容性发展。

（二）网络治理机制

在网络中，公共和私人的集体行动主体以一种非科层的形式连接起来，协调利益和行动。Provan 和 Milward（2001）认为，组织间网络已成为提供公共服务的一种常见方式，并从社区、网络组织和参与者的层次分析了网络治理的形成。Goldsmith 等（2004）在《网络治理：公共部门的新形态》一书中指出，网络治理主要指通过公私部门合作、非营利组织和企业等广泛参与提供公共服务的一种全新的治理模式。在这种模式下，政府角色发生了很大变化，从传统的管理人民、控制社会向协调资源转变，行政管理序列更为扁平，参与的部门也更为广泛。

网络治理机制凸显了政府、社会组织和个人通过协调和共治实

现公共利益的途径，对绿色治理最大的好处之一就在于降低了治理成本，提高了绿色技术转让和应用的可能性。通过网络治理机制，绿色治理的一个可行路径是构建网络化协作平台，通过政府补贴、市场定价及社会奖励等公私部门的合作，促进技术等绿色治理资源在网络节点间广泛自由流动，形成互信与共赢的合作氛围，最终实现绿色治理的目标。

四、绿色治理的实务指南：《绿色治理准则》

2008 年 12 月召开联合国气候变化大会后，"绿色经济"作为企业走出金融危机阴霾以及经济转型的途径和契机，"绿色管理"成为企业管理发展的新趋势。政府也在执政过程中积极践行绿色理念，实行绿色行政，打造绿色政府。然而，单一主体参与的绿色治理行动效果依然欠佳，亟须倡导以"共同责任、多元协同、民主平等、适度承载"为核心理念的绿色治理准则。

2017 年 7 月 22 日，第九届公司治理国际研讨会暨 2017 年中国上市公司治理指数发布会在天津南开大学举行，南开大学中国公司治理研究院"绿色治理准则课题组"在会上发布了全球首份《绿色治理准则》，就绿色治理的主体识别、责任界定、绿色治理行为塑造和协同模式等提供指导。此后，在各方的支持和帮助下，课题组在充分研讨的基础上，又完成了《绿色治理准则》的研究报告。

《绿色治理准则》通过一系列规则来谋求建立一套具体的绿色治理运作机制，以推动治理主体的绿色行为，保护生态环境，促进生态文明建设，实现自然与人的包容性发展。认识到各国、各组织正处于绿色治理的不同阶段，《绿色治理准则》既能为绿色治理基础较为薄弱的国家、地区和组织所使用，也能为具有较好绿色治理经验的国家、地区和组织所使用。

（一）《绿色治理准则》的内容和特点

《绿色治理准则》由引言、原则、企业、政府、社会组织和公众等六部分构成，主要内容包括：①"引言"提出《绿色治理准则》制定的背景及其必要性；②"原则"提出绿色治理的内涵、主体、机制及其基本准则；③分别从企业、政府、社会组织和公众的角度具体阐述绿色治理的准则和规范。

在结构上，《绿色治理准则》由两大部分组成：一部分为绿色治理准则，即正文；另一部分为绿色治理准则解说，通过对绿色治理准则进行解释性说明并提供支持性意见，便于读者理解和操作。

《绿色治理准则》是一种规范，虽然不具备强制性，但对处于各个发展阶段的国家、地区或组织均具有指导意义。《绿色治理准则》的具体特点如下：第一，指导性，作为指导性规范，该准则对全球性绿色治理实践具有指导作用；第二，实务性，该准则是介于绿色治理理论和相关法规之间的具有操作性和实践意义的准则；第三，前瞻性，该准则充分考虑了生态环境的可承载性以及人与自然的包容性发展，是一种符合发展规律的崭新理念，具有前瞻性；第四，普适性，该准则不限定国别，适用于全球各个发展阶段的国家、地区或组织。

可以预见，《绿色治理准则》的制定与倡导，将有助于在全球范围内形成一种人与自然包容性发展的共享价值观；《绿色治理准则》的贯彻与实施，也将有助于各国和各区域根据自身的生态环境承载能力，通过创新模式、技术和方法促进社会经济的健康发展。

（二）《绿色治理准则》正文摘录

1. 原则

（1）绿色治理是以建设生态文明、实现绿色可持续发展为目标，由治理主体参与、治理手段实施和治理机制协同的"公共事务性活动"。

（2）各国应根据自身和国际区域的生态环境承载能力，通过创新模式、技术和方法促进社会经济健康发展。绿色治理是一种超越国别的共同治理观，应从全球视角进行理解。

（3）治理主体包括形式、结构和成员各不相同的政府、企业和社会组织及公众。

（4）应秉承"多元化治理"的秩序观，从系统观和全球观出发，识别治理系统中各主体的关联性，综合考虑各方利益和诉求，建立政府顶层推动、企业利益驱动和社会组织参与联动的"三位一体"的多元治理主体协同治理机制，如图10-6所示。

（5）绿色治理应遵循"共同责任、多元协同、民主平等、适度承载"的原则。

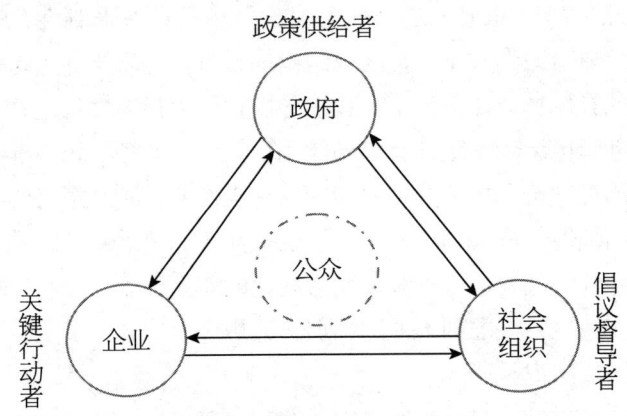

图10-6　绿色治理主体框架

2. 政府：政策供给者

绿色治理强调主体间平等、自愿、协调、合作的关系，政府是绿色治理的顶层设计者和政策制定者，为其他主体参与绿色治理提供制度与平台。

（1）应在政治、经济、社会活动中设计制定与本国环境承载现状相匹配的绿色治理相关法律法规，并保证制度体系的运行实施。

（2）应承担起相应的主体责任，拟定本国绿色经济战略，并评估相应活动对生态环境的影响。

（3）应科学合理地规划城乡发展，制定并实施相配套的绿色城乡战略，探索地区建设与管理的新模式。

（4）应建立绿色治理的监督、评价和问责机制，确保自身与其他绿色治理主体的行为合规。

（5）应以适当方式及时公告周知绿色战略，并接受多方主体的监督。

（6）应为其他治理主体的绿色治理活动提供相应的平台、标准和体系。

（7）应广泛普及传播绿色治理的相关知识，推进社会生态教育，使其成为国民教育的组成部分。

（8）应秉承绿色发展理念，建立和完善与绿色治理目标相符合的组织架构和权责分配体系。

（9）应在绿色治理领域积极开展国际合作，以实现全球绿色治理目标。

3. 企业：关键行动者

企业作为主要的自然资源消耗和污染物排放主体，是绿色治理的重要主体和关键行动者。企业应建立绿色治理架构，进行绿色管理，培育绿色文化，并在考核与监督、信息披露、风险控制等方面践行绿色治理理念。

（1）应基于绿色治理理念完善公司治理架构和管理体系。

（2）应在企业生产经营的各个方面进行绿色管理。

（3）应逐步培育绿色文化，践行绿色治理理念。

（4）应对社会、经济和环境的影响承担与自身能力相匹配的环保责任。

（5）应清晰、准确、充分披露其决策和活动对社会和环境的已知和潜在的影响。

（6）应接受适当的监督，并对监督做出及时的回应。

（7）为防止意外或不可预见的消极影响而采取必要的风险控制措施。

（8）应建立旨在提高环境治理能力的内部控制机制，逐步探讨实施环境会计，为内部控制提供有价值的会计信息。

（9）应在公司战略发展目标中明确各层级员工的环境治理责

任和义务，建立有助于提升环境竞争优势的职工薪酬激励机制和晋升机制，激发全员参与环境治理的积极性和有效性。

4. 社会组织：倡议督导者

社会组织作为独立的第三方，在加强自身规范化、专业化运营，完善绿色治理机制的同时，通过积极承接政府相关职能的转移并发挥自身的专业优势，可以进一步改善绿色治理的结构与环境，紧密联系各治理主体，以实现对其他主体在绿色治理过程中的监督、评价、协调、教育、培训及引导等作用。

（1）应明确自身在绿色治理中的角色，创新与完善自身的治理结构和治理机制，通过发挥自身的专业优势，在国内外范围内发挥更为积极的作用。

（2）应积极规范自身运营，组织业界相关人才开展专业技术、职业生涯、法律法规的培训活动，提高自身治理意识与专业管理能力。

（3）应积极参与制定生态文明建设、环境保护等领域的发展规划、经济技术政策、行业技术标准。

（4）应为政府、企业和公众提供权威、独立和客观的环保信息、咨询和建议等服务。

（5）应发挥专业优势，进行绿色理念与知识的宣传、教育和普及。

（6）应积极加强国际合作与交流，通过协同制定具有高度普适性的绿色协定，构建惠及全球范围的绿色治理协同网络。

5. 公众：广泛参与者

公众是最广泛的绿色治理主体，公众参与生态文明建设是基础性的绿色治理机制。

（1）应树立绿色观念，践行绿色生活。

（2）应作为监督者，监督其他绿色治理主体的行为。

（3）应作为环境保护的宣传者，助力绿色理念的普及。

五、绿色治理的评价：中国上市公司绿色治理指数

绿色治理作为一个新的重大课题被提出（李维安，2016），推广与落实《绿色治理准则》，有效评价绿色治理的实际效果，准确把握现阶段我国绿色治理的基本情况与水平，需要秉持绿色治理的核心理念与原则，以《绿色治理准则》（李维安等，2017）为框架，构建绿色治理指数，从而可以客观地反映作为多元治理主体绿色治理的现状以及面临的挑战。中国上市公司绿色治理指数正是针对绿色治理过程中的企业这一关键行动者的绿色治理现状和能力的量化，具有重要的理论创新和实践指导意义。

（一）中国上市公司绿色治理指数研发历程

中国上市公司绿色治理指数的研究发展呈现为渐进式的动态优化过程。具体来说，上市公司绿色治理指数的形成经历了三个阶段。

第一阶段：研究并组织制定《绿色治理准则》。2003 年，南开大学中国公司治理研究院首次发布了中国公司治理指数（CCGI），并连续发布至今。面对近年来生态环境问题的日益凸显，结合治理思维，李维安教授率先提出并深入研究了绿色治理的范畴和内涵。2016 年 11 月 16 日，李维安教授在第四届尼山世界文明论坛发表大会主题演讲，首次提出绿色治理的系统概念。经过近一年的研究，2017 年 7 月 22 日，第九届公司治理国际研讨会暨中国上市公司治理指数发布会上发布了全球首份《绿色治理准则》，就绿色治理的主体识别、责任界定、绿色治理行为塑造和协同模式等提供指导，并在会上进行充分研讨，征求国内外专家学者意见，最终完成《绿色治理准则》的研究报告，并出版《绿色治理准则与国际规则比较》。

第二阶段：构建"中国上市公司绿色治理评价指标体系"。

以《绿色治理准则》研究报告为依据，历时一年研究整理，并经反复修正，提出"中国上市公司绿色治理评价指标体系"，围绕绿色治理评价指标体系，召开多次研讨会征求专家学者意见。根据前期的研究结果和专家学者的建议，最终将绿色治理指标体系确定为 4 个维度，具体包括绿色治理架构指数、绿色治理机制指数、绿色治理效能指数和绿色治理责任指数，合计约 100 个评价指标。

第三阶段：正式推出中国上市公司绿色治理指数和《中国上市公司绿色治理评价报告》。基于评价指标体系与评价标准，构筑中国上市公司绿色治理指数，2018 年 9 月首次发布"中国上市公司绿色治理评价报告"。报告应用中国上市公司绿色治理评价系统第一次对中国上市公司（截至 2018 年 4 月 30 日在巨潮资讯网上披露 2017 年社会责任报告的中国上市公司的数据）进行大样本全面量化评价分析，之后逐年发布年度绿色治理报告。

（二）中国上市公司绿色治理评价体系

在借鉴相关研究成果的基础上，南开大学中国公司治理研究院绿色治理评价课题组以科学性、系统性和可行性等原则为指导，以国际公认的公司治理原则、准则和《绿色治理准则》为基础，综合考虑我国《公司法》《证券法》和《上市公司治理准则》，借鉴已有成熟上市公司治理指数（南开大学公司治理研究中心公司治理评价课题组，2004；Li，2018）来设计中国上市公司绿色治理评价指标体系（见表 10–5）。

表 10–5　中国上市公司绿色治理评价指标体系

指数	绿色治理评价 4 个维度	绿色治理评价各要素
中国上市公司绿色治理指数	绿色治理架构	绿色理念与战略
		绿色组织与运行

指数	绿色治理评价 4 个维度	绿色治理评价各要素
中国上市公司绿色治理指数	绿色治理机制	绿色运营
		绿色投融资
		绿色行政
		绿色考评
	绿色治理效能	绿色节能
		绿色减排
		绿色循环利用
	绿色治理责任	绿色公益
		绿色信息披露
		绿色包容

资料来源：南开大学中国公司治理研究院"中国上市公司绿色治理评价系统"。

此评价指标体系侧重于公司绿色行为，强调公司绿色理念的嵌入、绿色信息披露、利益相关者的利益保护等，从绿色治理架构、绿色治理机制、绿色治理效能和绿色治理责任 4 个维度，设置 12 个二级指标，具体有约 100 个评价指标，对中国上市公司绿色治理的状况做出全面、系统的评价。

（三）中国上市公司绿色治理状况

编制 2019 年中国上市公司绿色治理指数的样本是截至 2019 年 4 月 30 日在巨潮资讯网上披露 2018 年社会责任报告的上市公司，剔除 2019 年新上市的公司，最终确定有效样本为 888 家。其中主板 669 家，含金融机构 66 家，主板非金融机构 603 家；中小企业板 157 家，含金融机构 5 家，中小企业板非金融机构 152 家；创业板 62 家。本部分以 2019 年中国上市公司绿色治理指数为分析对象

第十章　新兴治理

来反映中国上市公司绿色治理状况。

1. 中国上市公司绿色治理总体描述

如表 10-6 所示，在 2019 年评价样本中，上市公司绿色治理指数平均值为 55.51，较 2018 年的 55.27 提高了 0.24；中位数为 55.19，比 2018 年的 54.87 提高了 0.32。2019 年上市公司绿色治理指数最大值为 69.48，最小值为 41.30，样本的标准差为 4.31。

表 10-6　2019 年公司绿色治理指数描述性统计

统计指标	绿色治理指数
平均值	55.51
中位数	55.19
标准差	4.31
偏度	−0.17
峰度	3.94
极差	28.18
最小值	41.30
最大值	69.48

资料来源：南开大学上市公司绿色治理数据库。

2019 年中国上市公司绿色治理指数平均值为 55.51，从指数来看，上市公司绿色治理仍有比较大的改善空间。绿色治理指数的标准差为 4.31，比 2018 年的 5.41 有所减小，表明治理水平整体上差异较小。从绿色治理四大维度来看，绿色治理责任平均值最高，为 57.42，说明上市公司在绿色公益等外部性绿色活动中表现较好，社会责任感和包容性较强；绿色治理效能维度次高，为 57.15，说明上市公司在节能减排和循环利用方面表现也相对良好，而绿色治理机制和绿色治理架构的平均值相对较低，仅为 54.93 和 55.39，反映出上市公司在绿色治理机制和架构顶层设计方面较为薄弱，还有很大的进步空间。与 2018 年各维度平均值相比，四个维度均有所提升，分别提升了 1.29（绿色治理架构）、0.10（绿色治理机制）、2.06（绿色治理效能）和 0.68（绿色治理责任）。各维度绿色治理指数如表 10-7 所示。

表 10-7　2019 年上市公司绿色治理指数各维度描述性统计

项目	平均值	中位数	标准差	极差	最小值	最大值
绿色治理指数	55.51	55.19	4.31	28.18	41.30	69.48
绿色治理架构	55.39	54.30	4.78	22.03	50.00	72.03
绿色治理机制	54.93	54.43	3.54	18.32	50.01	68.33
绿色治理效能	57.15	56.29	4.82	25.51	51.97	77.48
绿色治理责任	57.42	56.87	3.35	18.68	50.00	68.69

资料来源：南开大学上市公司绿色治理数据库。

第十章　新兴治理

2. 中国上市公司绿色治理分行业分析

如表 10-8 所示，从行业分布平均值来看，绿色治理总体状况在行业间存在一定的差异。住宿和餐饮业，采矿业，水利、环境和公共设施管理业等行业绿色治理指数平均值较高，依次为 58.12、57.32 和 56.38；文化、体育和娱乐业，农、林、牧、渔业，综合，信息传输、软件和信息技术服务业等行业绿色治理指数平均值较低，分别为 52.55、52.96、53.14 和 53.22。就行业内绿色治理表现差异而言，住宿和餐饮业，文化、教育和娱乐业，卫生和社会工作等行业内部差异较小；采矿业，建筑业，水利、环境和公共设施管理业等行业绿色治理表现行业差异较大。

3. 中国上市公司绿色治理分控股股东性质分析

表 10-9 的描述性统计显示，集体控股上市公司绿色治理指数平均值最高，为 56.65；外资控股和国有控股上市公司绿色治理指数平均值分别为 56.42 和 55.94；其他类型上市公司绿色治理指数平均值为 55.49，职工持股会控股上市公司绿色治理指数平均值为 55.20，民营控股上市公司绿色治理指数平均值为 54.89；社会团体控股上市公司绿色治理指数平均值最低，为 51.66。与 2018 年相同，国有控股上市公司绿色治理指数平均值继续高于民营控股上市公司。

4. 中国上市公司绿色治理分地区分析

各地区公司绿色治理指数描述性统计结果如表 10-10 所示。四川、青海、内蒙古、西藏、新疆、甘肃、陕西、广西和宁夏等西部地区上市公司绿色治理指数平均值较高，分别为 58.14、58.13、58.01、57.18、57.09、56.81、56.70、56.50 和 56.30；黑龙江、吉林、湖南、贵州、江西、安徽和福建等地区上市公司绿色治理指数平均值较低，分别为 50.36、53.06、53.35、54.01、54.30、54.31 和 54.40。此外，还有广东、云南、上海、北京、天津和河南上市公司绿色治理指数平均值高于全国平均值（55.51），剩余其他省份平均值低于全国平均值。

5. 中国上市公司绿色治理分市场板块分析

如表 10-11 所示，在 2018 年上市公司绿色治理评价中，按照市场板块对样本公司进行划分，主板上市公司绿色治理指数位居首位，平均值达 55.65；金融机构板块绿色治理指数平均值为 55.36；中小企业板绿色治理指数平均值为 55.31；创业板上市公司的绿色治理指数平均值最低，为 54.86。主板上市公司绿色治理指数高于全国平均水平，而其他三个板块上市公司绿色治理指数均低于全国平均水平，有待提升。

表 10-8 2019 年按行业分组的样本公司绿色治理指数描述性统计

行业	数目	比例（%）	平均值	中位数	标准差	极差	最小值	最大值
农、林、牧、渔业	10	1.13	52.96	53.80	5.09	17.37	41.30	58.67
采矿业	32	3.60	57.32	56.78	6.36	25.40	44.07	69.48
制造业	456	51.35	55.95	55.89	4.53	25.64	42.13	67.77
电力、热力、燃气及水生产和供应业	48	5.41	55.86	55.61	4.33	20.91	43.77	64.68
建筑业	27	3.04	55.40	55.20	5.48	25.04	41.39	66.43
批发和零售业	42	4.73	55.47	54.71	3.22	15.22	47.64	62.86
交通运输、仓储和邮政业	44	4.95	55.94	56.10	3.66	17.48	45.39	62.86
住宿和餐饮业	2	0.23	58.12	58.12	0.27	0.38	57.94	58.31
信息传输、软件和信息技术服务业	47	5.29	53.22	52.69	3.29	20.14	42.86	63.00

续表

行业	数目	比例（%）	平均值	中位数	标准差	极差	最小值	最大值
金融业	71	8.00	55.36	54.87	2.54	10.75	50.90	61.65
房地产业	50	5.63	54.60	54.95	3.75	19.23	41.82	61.05
租赁和商务服务业	9	1.01	54.11	52.70	3.20	8.71	51.36	60.07
科学研究和技术服务业	7	0.79	54.65	54.35	3.23	9.10	50.55	59.65
水利、环境和公共设施管理业	8	0.90	56.38	55.73	5.36	12.85	50.23	63.08
卫生和社会工作	4	0.45	54.47	55.39	2.05	4.30	51.41	55.71
文化、体育和娱乐业	24	2.70	52.55	52.06	1.36	4.64	50.77	55.41
综合	7	0.79	53.14	52.43	3.82	12.33	47.56	59.89
合计	888	100.00	55.51	55.19	4.31	28.18	41.30	69.48

资料来源：南开大学上市公司绿色治理数据库。

表 10-9 2019 年按控股股东性质分组的样本公司绿色治理指数描述性统计

最终控制人性质	数目	比例（%）	平均值	中位数	标准差	极差	最小值	最大值
国有控股	485	54.62	55.94	55.57	4.19	27.35	42.13	69.48
集体控股	4	0.45	56.65	56.81	1.15	2.67	55.15	57.82
民营控股	349	39.30	54.89	54.85	4.45	25.76	41.30	67.06
社会团体控股	5	0.56	51.66	53.79	5.76	14.64	41.82	56.46
外资控股	26	2.93	56.42	56.47	4.14	18.16	45.10	63.26
职工持股会控股	2	0.23	55.20	55.20	2.46	3.47	53.46	56.93
其他类型	17	1.91	55.49	54.66	3.58	12.21	51.28	63.49
合计	888	100.00	55.51	55.19	4.31	28.18	41.30	69.48

资料来源：南开大学上市公司绿色治理数据库。

表10-10　2019年按地区分组的样本公司绿色治理指数描述性统计

地区	数目	比例（%）	平均值	中位数	标准差	极差	最小值	最大值
北京	118	13.29	56.05	55.88	3.96	22.55	44.17	66.71
天津	18	2.03	55.74	55.13	3.77	15.77	48.50	64.27
河北	15	1.69	55.02	56.73	5.38	15.78	44.72	60.50
山西	10	1.13	55.33	55.18	3.90	15.02	47.09	62.11
内蒙古	6	0.68	58.01	58.32	4.09	10.42	53.07	63.49
辽宁	20	2.25	54.81	55.58	3.81	16.93	41.82	58.76
吉林	9	1.01	53.06	53.79	3.14	10.25	47.75	58.00
黑龙江	6	0.68	50.36	51.60	3.82	10.11	43.77	53.88
上海	100	11.26	56.21	55.65	3.69	20.46	45.97	66.43
江苏	61	6.87	54.74	54.87	4.01	20.16	42.92	63.08
浙江	82	9.23	55.06	54.94	3.90	23.19	41.96	65.15

地区	数目	比例（%）	平均值	中位数	标准差	极差	最小值	最大值
安徽	26	2.93	54.31	54.45	5.62	24.09	41.39	65.48
福建	67	7.55	54.40	54.30	4.65	26.44	41.30	67.74
江西	13	1.46	54.30	52.73	5.37	17.62	45.84	63.47
山东	39	4.39	55.36	55.18	4.89	21.36	44.83	66.20
河南	33	3.72	55.51	55.08	3.98	19.16	43.82	62.98
湖北	21	2.36	54.62	55.57	4.86	19.60	43.37	62.98
湖南	17	1.91	53.35	53.30	3.73	16.07	44.07	60.14
广东	110	12.39	56.28	56.02	4.40	23.89	43.87	67.77
广西	7	0.79	56.50	55.56	4.03	12.24	50.66	62.90
海南	11	1.24	55.20	55.57	4.00	13.81	44.97	58.79
重庆	12	1.35	54.58	54.85	3.15	9.39	49.78	59.17

第十章　新兴治理

续表

地区	数目	比例（%）	平均值	中位数	标准差	极差	最小值	最大值
四川	22	2.48	58.14	56.53	5.48	20.21	49.27	69.48
贵州	9	1.01	54.01	53.76	4.10	13.60	45.10	58.70
云南	15	1.69	56.13	56.22	4.12	15.47	48.36	63.83
西藏	3	0.34	57.18	57.82	2.55	4.97	54.37	59.34
陕西	12	1.35	56.70	56.08	3.86	11.46	51.68	63.15
甘肃	5	0.56	56.81	56.30	5.76	12.59	50.26	62.85
青海	4	0.45	58.13	58.05	6.62	14.54	50.94	65.48
宁夏	3	0.34	56.30	57.72	3.86	7.31	51.93	59.24
新疆	14	1.58	57.09	55.75	3.73	11.70	52.68	64.38
合计	888	100.00	55.51	55.19	4.31	28.18	41.30	69.48

资料来源：南开大学上市公司绿色治理数据库。

表 10-11 2019 年按市场板块分组的样本公司绿色治理指数描述性统计

板块类型	数目	比例（%）	平均值	中位数	标准差	极差	最小值	最大值
主板	603	67.91	55.65	55.31	4.41	28.09	41.39	69.48
中小企业板	152	17.11	55.31	55.19	4.83	25.76	41.30	67.06
创业板	62	6.98	54.86	54.74	3.44	19.20	43.82	63.02
金融机构	71	8.00	55.36	54.87	2.54	10.75	50.90	61.65
合计	888	100.00	55.51	55.19	4.31	28.18	41.30	69.48

资料来源：南开大学上市公司绿色治理数据库。

第十一章　公司治理评价

第一节　公司治理评价

一、公司治理评价问题的提出

　　评价的思想源远流长，可以说自从人类有了生产活动便产生了评价的意识。据美国理查德·布朗（Richard Brown）的考证，早在《圣经》中就提出了在现代人看来是内部控制问题的理论，即雇员若有机会，可能会盗窃和滥用其主人的钱财。为了防止雇员盗用主人钱财的行为，主人需要采取突击的审查，这种行为就是一种评价。从近代经济发展的历史来看，真正意义上的评价是 19 世纪中后期现代公司制度出现以后，公司的所有者为了强化对其资本所有权的控制而提出的。现代公司中的委托代理以及由此而产生的所有权与经营权的分离是公司治理评价产生的根本原因。在两权分离条件下，股东因为缺乏有关的知识和经验，没有能力监控经理人员，另外因其主要从事的工作太繁忙，以至于没有时间、精力来监控经理人员，再者由于"搭便车"的心理，他们也没有动力监督经营者，因此其代理人董事（监事）便履行着监督经理人（董事）、促使股东利益最大化的责任。作为公司的股东必然要关心其投入资本的价值及公司的绩效。由于公司治理对公司绩效的决定性作用，现在越来越多的投资者不仅关注上市公司的业绩评价，而且更加关注作为公司价值源泉的公司治理结构与治理机制的质量。因此对公司治理的质量进行评价成为股东的客观要求，国外正是基于委托人——投资者的客观需求而产生了公司治理评价。

公司治理研究的重要任务之一就是探讨如何建立一套科学完善的公司治理评价系统，观察与分析公司在对利益相关者权益保护、公司治理结构与治理机制建设等方面的现状。通过系统的运行，一方面为投资者提供投资信息，另一方面可以掌握公司问题，促进提高公司治理质量及公司价值。通过建立一套适应中国公司治理环境的公司治理评价系统和评价指数，能够有效掌握我国公司的治理结构与治理机制完善状况、公司治理风险的来源、程度与控制，并进一步观察与分析中国公司在控股股东行为、董事会运作、经理层激励约束、监事会监督及信息披露等方面的现状、存在的风险、治理绩效等。通过该系统可以探索中国公司治理的模式，以规范公司治理结构及董事会的治理行为，建立良好的高管层激励与约束机制，完善公司的信息披露制度，保护股东及其他利益相关者的权益，最终实现良好的经营业绩。

二、公司治理评价的应用价值

（一）有利于政府监管，促进资本市场的完善与发展

公司治理指数反映了公司治理水平，详细编制并定期公布公司治理指数，能够使监管部门及时掌握其监管对象的公司治理结构与治理机制的运行状况，从而在信息反馈方面确保其监管有的放矢。同时，有利于证券监管部门及时掌握中国公司治理状况以及相关的准则、制度等的执行情况。利用该系统，证券监管部门可以及时了解其监管对象在控股股东行为、董事会、监事会、高管人员的任选与激励约束机制，以及信息披露与内部控制等方面的建立与完善程度和可能存在的公司治理风险等，有利于有效发挥监管部门对公司的监管作用。

（二）有利于形成公司强有力的声誉制约并促进证券市场质量的提高

基于融资以及公司持续发展的考虑，公司必须注重其在证券市

场及投资者中的形象。公司治理评价系统的建立，可以对公司治理的状况进行全面、系统、及时的跟踪，定期将评价的结果公布，弥补了我国企业外部环境约束较弱的缺陷。由于公司治理评价状况的及时公布而产生的信誉约束，将促使公司不断改善公司治理状况，最大限度地降低公司治理风险，因而有利于证券市场质量的提高，强化信用。公司的信用建立在良好的公司治理结构与治理机制的基础之上，一个治理状况良好的公司必然具有良好的企业信用。公司治理指数的编制与定期公布，能够对公司治理的状况实施全面、系统、及时的跟踪，从而形成强有力的声誉制约并促进证券市场质量的提高。不同时期公司治理指数的动态比较，反映了公司治理质量的变动状况，因而有利于形成动态声誉制约。

（三）有利于公司科学决策与监控机制的完善和诊断控制

公司治理指数使公司（被评价对象）能够及时掌握本公司治理的总体运行状况，以及公司在控股股东行为、董事会、监事会、经理层等方面的治理状况和信息披露、内部控制状况，及时对可能出现的问题进行诊断，有针对性地采取措施，从而确保公司治理结构与治理机制处于良好的状态中，进而提高公司决策水平和公司竞争力。定期的公司治理评价信息，将使管理当局及时地掌握公司治理潜在的风险，并采取积极的措施降低与规避监控风险；投资者利用公司治理评价所提供的公司治理质量、公司治理风险的全面信息，可以了解其投资对象，为科学决策提供信息资源。例如，公司治理计分卡的应用有助于指导公司科学决策。

（四）为投资者投资提供鉴别工具并指导投资

及时量化的公司治理指数，能够使投资者对不同公司的治理水平与风险进行比较，掌握拟投资对象在公司治理方面的现状与可能存在的风险。同时根据公司治理指数、风险预警与公司治理成本以及公司治理绩效的动态数列，可以判断投资对象公司治理状况与风险的走势及其潜在投资价值，从而提高决策水平。传统上投资者主要分析投资对象的财务指标，但财务指标具有局限性。建立并定期

公布公司治理指数，将促进信息的公开，降低信息不对称性，提高决策科学性。例如，成立于 1992 年的 LENS 投资管理公司的投资选择原则是从财务评价和公司治理评价两个角度找出价值被低估以及可以通过公司治理提高价值的公司。美国机构投资者服务公司与英国富时还建立起了公司治理股价指数，为其会员提供公司治理咨询服务。韩国也建立了公司治理股价指数。

（五）有利于建立公司治理实证研究平台，提高公司治理研究水平

中国公司治理指数报告使公司治理的研究由理论层面的研究具体到量化研究和实务研究，有利于解决公司治理质量、公司治理风险、公司治理成本与公司治理绩效度量这些科学问题。公司治理评价过程中的一系列调查研究的成果是顺利开展公司治理实证研究的重要数据资源。这一平台的建立，将使公司治理理论研究与公司治理实践得以有机结合，进一步提高公司治理理论研究对公司治理实践的指导作用。

第二节　公司治理评价实践

一、公司治理评价的实践发展

公司治理评价萌芽于 1950 年杰克逊·马丁德尔（Jackson Martindell）提出的董事会业绩分析，早期较为规范的公司治理评价是由美国机构投资者协会在 1952 年设计的第一个正式评价董事会的程序，并建立了全球上市公司治理状况数据库，为其会员投资者提供监督上市公司治理状况的服务。由于公司治理实践及学术研究的需要，20 世纪 90 年代后，学术界及实务界出现了一系列丰富的公司治理评价成果。国际性的组织也推出了针对不同国别治理环境的公司治理评价系统。最早的较为完善的公司治理评价系统是创立于 1998 年的标准普尔公司治理服务系统；1999 年欧洲戴米诺（Deminor）

推出了针对欧洲的公司治理评价系统；2000 年亚洲里昂证券推出了针对亚洲新兴资本市场的公司治理评价系统等。世界银行及穆迪公司也构建了反映公司治理质量状况的公司治理评级系统。

由于不同的公司治理评级系统中的评价内容、评价标准及评价方法等与公司治理的环境密切相关，因此没有适应任何国家或地区的统一的评价系统。现有公司治理指数的构建存在一些问题，由于治理环境的差异，不存在衡量公司治理状况的最佳方法，最有效的公司治理制度依赖于宏观环境和公司微观环境。构建中国上市公司治理指数，需结合中国上市公司治理环境的权变确定评价指标体系与评价标准。

特别应该指出的是，公司治理质量评价只能为投资者、监管部门及上市公司等相关信息使用者提供被评价对象治理结构优劣的状况，但良好的治理结构是否能够产生良好的治理绩效，为投资者带来高回报，还取决于法律、制度、市场约束，公司内部的治理文化、治理行为、治理机制之间的替代或者互补关系，以及公司管理与治理的匹配度。在不发达国家，公司层面特征对公司治理评价的变化几乎没有解释力；在其他国家，对中小投资者的法律保护、经济和金融发展水平等国家特征指标比公司层面的指标更能揭示公司治理评价的变化，国家层面特征的解释力度达到 39% ~ 73%，而公司层面特征的解释力度只有 4% ~ 22%。因此，公司治理评价必须关注除了内部治理结构等要素之外的公司治理环境要素，如法律、制度、文化等的影响。

为了满足机构投资者投资的需要，国外相关机构率先开始了基于环境（E）、社会责任（S）与公司治理（G）的全面评价。ESG 评价旨在引导投资者通过关注环境、社会责任及公司治理等非财务因素对其长期投资回报的影响。在环境方面，ESG 评估企业对气候变化、自然资源保护、能源合理利用、废物处理方式等方面；在社会责任方面，ESG 着重评估企业的员工管理、员工福利与薪酬、上下游利益相关方关系、产品安全性、税收贡献等；在公司治理方面，ESG 主要评估董事会结构、股权结构、管理层薪酬及商业道德等方面。表 11-1 给出了国内外主要公司治理评价系统。

表 11-1　国内外主要公司治理与 ESG 评价系统

评价机构或作者	评价内容
杰克逊·马丁德尔	社会贡献、对股东的服务、董事会绩效分析、公司财务政策
美国机构股东服务公司 ISS	董事会、公司章程和制度、审计、公司状态、高管和董事薪酬、先进做法、所有权、董事教育等
国际管理评级机构 GMI	董事会责任、财务披露和内部控制、股东权利、高管薪酬、控制权和所有权市场、公司行为和企业社会责任等六个维度
美国商业周刊	董事会的独立性、董事持有公司的股份、董事素质、董事会积极性
标准普尔（S&P）	国家评分：法律基础、监管、信息披露制度、市场基础 公司评分：所有权结构、金融利益相关者的权利和相互关系、财务透明度和信息披露、董事会结构和程序
戴米诺（Deminor）	国家评分：与公司治理有关的法律分析 公司评分：股东权利与义务、接管防御的范围、信息披露透明度、董事会结构
里昂证券（CLSA）	国家评分：公司透明度、综合性规则和监管条例、相关法规的实施、影响公司治理和公司价值最大化能力的政治和规制环境、国际公认会计准则的采用、公司治理文化的制度性机制 公司评分：管理层的约束、透明度、小股东保护、独立性、公平性、问责性、股东现金回报、公司社会责任
世界银行公司治理评价系统	国家评价：责任、政治与社会稳定性、政府效率、规制质量、法律、腐败控制

评价机构或作者	评价内容
美国机构投资者服务组织（ISS）	公司评分：董事会及其主要委员会的结构和组成、公司章程和制度、公司所属州的法律、管理层和董事会成员的薪酬、相关财务业绩、"超前的"治理实践、高管人员持股比例、董事的受教育状况
戴维斯和海德里克（DVFA）	公司评分：股东权利、治理委员会、透明度、公司管理、审计
布朗斯威克（BrunswickWarburg）	公司评分：透明度、股权分散程度、转移资产/转移价格、兼并/重组、破产、所有权与投标限制、对外部人员的管理态度、注册性质
公司法与公司治理机构（ICLCG）	公司评分：信息披露、所有权结构、董事会和管理层结构、股东权利、侵吞（expropriation）风险、公司的治理历史
信息和信用评级代理机构（ICRA）	公司评分：所有权结构、管理层结构（含各董事委员会的结构）、财务报告和其他披露的质量、金融股东利益的满足程度
泰国公司治理评价系统	公司评分：股东权利、董事品质、公司内部控制的有效性
韩国公司治理评价系统	公司评分：股东权利、董事会和委员会结构、董事会和委员会程序、向投资者的披露和所有权的平等性
穆迪公司的公司治理评价	董事会、审计委员会和关键审计/责任功能、利益冲突、经理薪酬和管理层发展及评价、股东权利、所有权、治理透明度
宫岛英昭、原村健二、稻垣健一等日本公司治理评价体系（CGS）	公司评分：股东权利、董事会、信息披露及其透明性

评价机构或作者	评价内容
日本公司治理研究所公司治理评价指标体系（JCGIndex）	公司评分：从绩效目标和经营者责任体制、董事会的机能和构成、最高经营者的经营执行体制以及股东间的交流和透明度方面
中国上市公司治理评价指标体系（CCGI^{NK}）	公司评分：股东权益和控股股东行为与股东大会、董事与董事会、监事与监事会、经理层、信息披露、利益相关者六个维度
中国香港城市大学公司治理评价系统	公司评分：董事会结构、独立性或责任，对小股东的公平性，透明度及信息披露，利益相关者角色、权利及关系，股东权利
中国台湾辅仁大学公司治理与评等系统	国家评分：清楚完整的法规与管制、法规与管制的有效执行、政治环境、会计准则、推广公司治理文化的认知等制度层面因素 公司评分：董（监）事会组成、股权结构、参与管理与次大股东、超额关系人交易、大股东介入股市的程度
Gompers、Ishii 和 Metrick	延缓敌意收购的战术、投票权、董事／高管保护、其他接管防御措施、国家法律等五个维度24个治理变量
Cremers 和 Nair	两个内部治理变量：最大机构投资者的持股比例和18个最大公共养老基金的持股比例 外部治理变量：线性变换后的 G 指数及董事会轮选制、为实施毒丸计划发行的优先股、临时股东大会召集权或股东投票权代理的限制等
Black、Jang 和 Kim	股东权利、董事会结构、董事会程序、信息披露、股权分散程度等五个维度，称为 KCGI 指数
Lacker、Rchardson 和 Tuna	董事会特征、股权结构、机构投资者持股比例、高管薪酬、反接管措施等39个公司治理结构变量

第十一章　公司治理评价

评价机构或作者	评价内容
Djankov 等	私人执法（private enforcement）（9 个要素）和公共执法（public enforcement）（4 个要素）
Bebchuk、Cohen 和 Ferrell	交错选举董事条款、股东修订公司章程的限制、毒丸计划、金色降落伞计划、兼并和修订公司章程、遵循绝对多数原则的规定等 6 个维度
Chhaochharia 和 Laeven	累积投票权、董事会轮选制、临时股东大会召集权、毒丸计划、审计委员会独立性、董事会独立性、提名委员会独立性、连锁董事等 17 个指标，简称 CG 指数
Kaufmann，Kraay 和 Mastruzzi	话语权和问责制、政治稳定和不存在暴力/恐怖主义、政府效能、规制质量、法治、反腐败
台湾公司治理自评（叶银华）	董（监）事会组成（40%）、股权结构（20%）、管理形态（10%）、关联交易（20%）、大股东介入股市程度（10%）等五个方面
Drobetz、Schillhofer 和 Zimmermann	公司治理承诺、股东权利、信息透明度、管理和监督委员会事宜（management and supervisory board matters）、审计等五个维度 30 个变量
Black、Jang 和 Kim	股东权利、董事会结构、董事会程序、信息披露、股权分散程度等五个维度，称为 KCGI 指数
Beiner 等	公司治理承诺、股东权利、信息透明度、董事会和高管层、审计和报告等，称为 CGI 指数
Balasubramaniam、Black 和 Kbanna	董事会结构（包括董事会独立性和董事会次级委员会）、信息披露（披露内容和审计师独立性）、关联方交易（交易量和交易批准）、股东权利、董事会程序（总程序和审计委员会运作程序）等
Aggarwal 等	董事会（25 个要素）、审计（3 个要素）、反接管措施（6 个要素）、薪酬和股权结构（10 个要素）等四个维度 44 个治理特征，简称 GOV 指数

公司治理（修订本）

评价机构或作者	评价内容
Ammann、Oesch 和 Schmid	董事会责任、财务披露和内部控制、股东权利、薪酬、控制权市场、公司行为（corporate behavior）等六个维度 64 个变量
MSCI（摩根士丹利资本国际公司）ESG	环境：气候变化、二氧化碳排放、自然资源、水资源压力、再生资源、绿色建筑 社会：人力资源、劳动力标准、产品可靠性、隐私与数据安全、利益相关者的反对 治理：董事会、薪酬、会计、腐败、商业道德与欺诈
汤森路透 ESG	环境：资源利用、低碳排放、创新性 社会：雇用职工、人权问题、社区关系、产品责任 公司治理：管理能力、股东及 CSR 策略三项
高盛 ESG	环境：供应链、资源利用效率、产品发展 利益相关者：下游客户、上游供应商及投资者关系、员工福利、社区政府、监管机构等 治理结构：董事会监督、权力制衡、激励机制等

资料来源：李维安，公司治理学 [M]. 3 版. 北京：高等教育出版社，2016：335-336.

第十一章 公司治理评价

二、已有公司治理评价系统共性与差异

一般而言，公司治理评价系统具有以下四个共同特征：一是评价系统均是由一系列详细指标组成，且各个评价系统均包括了三个因素：股东权利、董事会结构及信息披露。二是在所有的评价系统中，评分特点是相同的。总体而言，较低的分值意味着较差的治理水平，反之意味着较好的治理状况。但也有两个例外，一个例外是 ICRA 评价系统，它使用相反的评分方法，公司治理评级 CGR1 意味着最好的治理状况，公司治理评级 CGR6 意味着最低的治理水

平；另一个例外是布朗斯威克的治理风险分析，它以惩罚得分的形式来计算，得分越高，公司的治理风险越大。三是绝大多数评价系统都使用了权重评级方法，根据治理各要素重要程度的不同赋予不同的权重，从而计算出公司治理评价值。四是获取评价所需信息的方法是一致的，主要来自公开可获得信息，其他信息通过与公司关键员工的访谈而获得。不同评价系统的主要区别在于两个方面。

第一，一些评价系统用来评价某一个别国家公司的治理状况（例如DVFA、布朗斯威克等），另一些评价系统则涉及多个国家的公司治理评价，如标准普尔、戴米诺和里昂证券评价系统包含了国家层次的分析。这些评价中使用的标准都很相似。标准普尔提供了一个关于法律、管制和信息基础的有效程度的评估；戴米诺评级服务包括一个由法律分析和特定国家范围内的公司治理实务组成的国家分析报告，其服务范围涵盖了17个欧洲国家；里昂证券主要利用与管制和制度环境有关的六个宏观公司治理因素来对各个市场进行评级，涉及20~25个新兴市场；世界银行的研究也基于与公司治理有关的六个综合指标进行了国家层次上的比较；戴维斯（Davis）和海德里克（Heidrick）比较了公司治理的国别差异，但采用了不同的方法，他们主要考虑了基于公司治理实务和单个公司治理状况的国家层次平均水平。

第二，各评价系统关注的重点、采用的标准以及评价指标体系的构成呈现出较大差别。如标准普尔以OECD公司治理准则、美国加利福尼亚州公共雇员退休基金（CalPERS）等提出的公司治理原则，以及国际上公认的对公司治理要求较高的指引、规则等制定评价指标体系，把公司治理评价分为国家评分与公司评分两部分。前者从法律基础、监管、信息披露制度及市场基础四个方面予以考核；后者包括所有权结构及其影响、利益相关者关系、财务透明与信息披露、董事会的结构与运作四个维度的评价内容。关注的是宏观层面上的外部力量，以及公司内部治理结构与运作对于公司治理质量的影响。戴米诺则以OECD公司治理准则以及世界银行的公

司治理指引为依据制定指标体系，从股东权利与义务、接管防御范围、公司治理披露及董事会结构与功能三个维度衡量公司治理状况，重视公司治理环境对公司治理质量的影响，特别强调接管防御措施对公司治理的影响。里昂证券评价系统则从公司透明度、管理层约束、董事会的独立性与问责性、小股东保护、核心业务、债务控制、股东的现金回报以及公司的社会责任八个方面评价公司治理的状况，注重公司透明度、董事会的独立性以及对小股东的保护，强调公司的社会责任。

公司治理评价的研究与应用，对公司治理实践具有指导意义。正如上述对不同评价系统的对比所看到的，不同的评价系统有不同的适用条件，中国公司的治理环境、治理结构和机制与国外有很大的差别，因而直接将国外评价系统移植到国内必将产生水土不服现象。只有借鉴国际经验，结合中国公司所处的法律环境、政治制度、市场条件以及公司本身的发展状况，设置具有中国特色的公司评价指标体系，并采用科学的方法对公司治理状况做出评价，才能正确反映中国公司治理状况。中国上市公司治理指数（CCGI^{NK}）充分考虑了中国公司治理环境的特殊性。

第三节　中国上市公司治理指数研发历程与构成

一、中国公司治理指数研发历程

中国公司治理的研究从公司治理理论研究深入到公司治理原则与应用研究，之后从公司治理原则研究进一步发展到公司治理评价指数的研究。中国上市公司治理指数的研究发展呈现为渐进式的动态优化过程。具体来说，CCGI^{NK}的形成经历了以下四个阶段。

第一阶段：研究并组织制定《中国公司治理原则》。在中国经济体制改革研究会的支持下，于2001年推出的《中国公司治理原则》被中国证监会《中国上市公司治理准则》及太平洋经济合作理事会（PECC）组织制定的《东亚地区治理原则》所吸收借鉴，为建立公司治理评价指标体系提供了参考性标准。

第二阶段：构建"中国上市公司治理评价指标体系"。历时两年调研，2001 年 11 月第一届公司治理国际研讨会提出《在华三资企业公司治理研究报告》。2003 年 4 月，经反复修正，提出"中国上市公司治理评价指标体系"，围绕公司治理评价指标体系，2003 年 11 月第二届公司治理国际研讨会征求国内外专家意见。根据前期的研究结果和公司治理专家的建议，最终将公司治理指标体系确定为 6 个维度，具体包括股东治理指数、董事会治理指数、监事会治理指数、经理层治理指数、信息披露指数和利益相关者治理指数，合计 80 多个评价指标。

第三阶段：正式推出中国上市公司治理指数和《中国公司治理评价报告》，基于评价指标体系与评价标准，构筑中国上市公司治理指数（CCGI^{NK}），2004 年首次发布"中国公司治理评价报告"，报告应用 CCGI^{NK} 第一次对中国上市公司（2002 年的数据）进行大样本全面量化评价分析，之后逐年发布年度公司治理评价报告。

第四阶段：中国上市公司治理评价系统应用阶段。在学术上，公司治理评价为课题、著作、文章等系列成果的研究提供了平台，获得国家自然科学基金重点项目和国家社科重大招标项目支持，公司治理报告在商务印书馆、高等教育出版社及国际出版社等出版社出版。此外，还为监管部门治理监管工作提供支持，为企业提升治理水平提供指导。CCGI^{NK} 连续应用于"CCTV 中国最具价值上市公司年度评选"；应用于联合国贸发会议对中国企业的公司治理状况抽样评价和世界银行招标项目，2007 年 10 月 30 日至 11 月 1 日，应联合国贸发会议邀请，李维安教授参加了在瑞士日内瓦召开的 ISAR 专家组第 24 届会议，并就《中国公司治理信息披露项目》做大会报告；应用于国务院国资委国有独资央企董事会建设与评价等和国家发改委委托项目推出的"中国中小企业经济发展指数"研究；2007 年接受保监会委托，设计保险公司治理评价标准体系；

公司治理（修订本）

2008 年接受国务院国资委委托，对央企控股公司治理状况进行评价；开发中国公司治理指数数据库；研发中国公司治理股价指数；设计中国公司治理计分卡。

二、中国上市公司治理指数评价指标体系

基于中国上市公司面临的治理环境特点，南开大学公司治理评价课题组总结了公司治理理论研究、公司治理原则、各类公司治理评价系统以及大量实证研究、案例研究成果，在 2003 年设计出中国上市公司治理评价系统，2004 年公布"中国公司治理评价报告"，同时发布 CCGI^{NK}。随后于 2004 年、2005 年加以优化，广泛征求各方面的意见，对 6 个维度评价指标进行适度调整。通过对上市公司治理评价的实证研究，对部分不显著性指标进行调整；通过对公司实施公司治理评价，不断检验系统的有效性并进行优化；引入新的公司治理研究思想，例如利益相关者；听取各方面的意见，广泛研讨；紧密关注治理环境变化，并及时反映到评价系统中，例如法律法规变化。中国上市公司治理指数评价指标体系如表 11-2 所示。

表 11-2　中国上市公司治理指数评价指标体系

指数 （目标层）	公司治理评价 6 个维度 （准则层）	公司治理评价各要素 （要素层）
中国上市公司 治理指数 CCGI^{NK}	股东治理（CCGI$^{NK}_{SH}$）	上市公司独立性
		上市公司关联交易
		中小股东权益保护
	董事会治理（CCGI$^{NK}_{BOD}$）	董事权利与义务
		董事会运作效率
		董事会组织结构
		董事薪酬
		独立董事制度

指数 （目标层）	公司治理评价 6 个维度 （准则层）	公司治理评价各要素 （要素层）
中国上市公司 治理指数 $CCGI^{NK}$	监事会治理（$CCGI_{BOS}^{NK}$）	监事会运行状况
		监事会规模结构
		监事会胜任能力
	经理层治理（$CCGI_{TOP}^{NK}$）	经理层任免制度
		经理层执行保障
		经理层激励约束
	信息披露（$CCGI_{ID}^{NK}$）	信息披露可靠性
		信息披露相关性
		信息披露及时性
	利益相关者治理 （$CCGI_{STH}^{NK}$）	利益相关者参与程度
		利益相关者协调程度

资料来源：南开大学中国公司治理研究院"中国上市公司治理评价系统"。

指标体系是公司治理指数的根本，不同环境需要不同的公司治理评价指标体系，中国上市公司治理指数反映了中国市场的诸多重要特征。此评价指标体系基于中国上市公司面临的治理环境特点，侧重于公司内部治理机制，强调公司治理的信息披露、中小股东的利益保护、上市公司独立性、董事会的独立性以及监事会参与治理等，从股东治理、董事会治理、监事会治理、经理层治理、信息披露和利益相关者治理六个维度进行评价。

1. 股东治理

基于对股东行为特征的分析，中国上市公司控股股东行为评价指标体系主要包括以下三个方面。

（1）独立性。由于法律法规的推出、监管的强化，以及上市公司自主治理水平的提高，上市公司在人员、业务、财务、资产、机构等方面的独立性得到了加强，但这种独立性大都停留在表面层次，上市公司相对股东单位的独立性仍需加强。我们对以下四个方面进行评价。第一，通过上市公司董事是否在控股股东处兼职来反映人员独立性情况。第二，通过主营业务是否重叠交叉来度量同业竞争，判断业务独立性情况。第三，通过计算从最终控制人到上市公司的控制链条层级的长度来判断现金流权与控制权分离程度。控制层级越长，最终控制人就越有可能通过金字塔式持股结构侵害中小股东利益。第四，通过观察控股股东是否将主业资产装入上市公司实现整体上市来进一步判断上市公司在人员、财务、经营上的独立性。

（2）中小股东权益保护。本部分重点判断上市公司对中小股东保护相关法律、法规及原则的实施情况，是否根据法律法规建立了相应的实施细则，是否通过实际行动有效维护中小股东的权益。通过上市公司是否建立了累积投票权制度，制定了相关实施细则，通过股东大会是否提供了网络投票渠道，来衡量中小股东能否以较低的成本参与公司重大决策；通过股东大会出席股东比例来衡量股东参与公司治理的积极性；通过募集资金是否变更，变更程序是否经股东大会批准，是否说明变更原因，来度量上市公司使用募集资金的规范性；大股东股权质押会造成现金流权和控制权的分离，增加了上市公司控制权变更和被"掏空"的概率，放大了上市公司的违规风险，设置通过大股东股权质押或冻结来衡量上市公司潜在的风险；通过公司章程是否对中小股东提名选举董事施加严格的持股比例和持股时间限制，通过是否设置董事轮换制（staggered board election）来度量中小股东投票选举董事的权利；通过公司章程中现金分红政策是否清晰，是否制定了差异化的分红政策，实际分红是否与承诺一致，来度量现金分红政策的清晰性和一致性；通过现金股利派发的规模和连续性来度量上市公司是否为股东提供长期稳定的回报。

（3）关联交易。本部分通过控股股东是否无偿地占用上市公司资金、上市公司是否为控股股东及其他关联方提供贷款担保、控股股东与上市公司间关联交易的规模等三个指标反映控股股东滥用关联交易的情况。

中国上市公司控股股东评价指标体系如表 11-3 所示。

表 11-3　中国上市公司控股股东评价指标体系

主因素层	子因素层	说明
独立性	高管独立性	考察董事在股东单位兼职比例，分析上市公司决策层和管理层相对于控股股东的独立性，其在处理股东利益冲突时能否保持平衡
	同业竞争	考察上市公司与控股股东公司在主营业务上是否存在重叠交叉
	控制层级	考察从最终控制人到上市公司的控制链条层级的长度，控制层级越长，导致现金流权与控制权分离，最终控制人就越有可能通过金字塔式持股结构侵害中小股东利益
	整体上市	考察上市公司控股股东是否实行了整体上市，可以避免同业竞争，理顺上市公司上下游产业关系，大量减少关联交易的积极效应
中小股东权益保护	股东大会参与积极性	考察股东参与公司治理的积极性，上市公司是否让尽可能多的股东参加大会，剔除了第一大股东持股比例
	股东大会投票制度	考察上市公司是否建立了累积投票权制度，制定了实施细则；是否提供了网络投票渠道
	中小股东投票选举董事权利	公司章程是否对中小股东提名选举董事施加严格的持股比例和持股时间限制，是否限制一次性更换所有董事
	募集资金使用情况	考察募集资金是否变更，变更程序是否经股东大会批准，是否说明原因

主因素层	子因素层	说明
中小股东权益保护	大股东股权冻结和质押	设置通过大股东股权质押或股权被冻结来衡量上市公司潜在的违规和掏空风险
	现金分红政策的清晰性	考察公司章程中现金分红政策是否清晰，是否制定了差异化的分红政策；实际分红是否与承诺一致
	现金股利分配规模和连续性	考察上市公司通过现金股利对投资者回报的规模及长期连续性
关联交易	关联方资金占用	考察关联方是否通过占用上市公司货币资金、欠付上市公司应收货款等手段损害中小股东利益
	关联担保	考察上市公司是否为大股东或其附属企业解决债务融资问题，以上市公司的名义为其贷款提供担保
	经营类和资产类关联交易	考察上市公司及控股股东是否通过日常经营类、股权类和资产类关联交易进行利润操作，获取控制权收益

资料来源：南开大学中国公司治理研究院"中国上市公司治理评价系统"。

2. 董事会治理

在已有评价指标体系和有关评价研究成果的基础上，结合我国上市公司董事会治理现状，以董事诚信、勤勉义务为核心，董事会治理评价指标体系从董事权利与义务、董事会运作效率、董事会组织结构、董事薪酬、独立董事制度五个维度，构筑了一套董事会治理评价指标体系，并以此为标准对上市公司董事会治理状况进行评价分析。

（1）董事权利与义务。董事在公司的权利结构中具有特定的法律地位，同时还需承担特定的法律责任和义务。董事的来源、履职状况等会对董事权利与义务的履行状况产生重要影响，从而在一定程度上决定了董事会治理水平。对董事权利与义务状况进行的评价有助于提升董事会治理质量。

董事权利与义务主要考察董事来源、履职的诚信勤勉情况等。董事权利与义务的评价指标主要包括：董事权利与义务状态、董事损害赔偿责任制度、股东董事比例、董事年龄构成；董事专业背景；董事在外单位的任职情况等。

（2）董事会运作效率。董事会作为公司的核心决策机构，承担着制定公司战略并对经理层实施有效监督的责任。董事会的运作效率直接决定着董事会职责的履行状况以及公司目标的实现程度。高效率的董事会运作有助于董事会更好地履行职责，制定更科学的公司发展规划，更有效率地监督管理人员，从而提升公司的持续价值创造能力。

董事会运作效率主要考察董事会运作状况，以反映董事会功能与作用的实现状态。董事会运作效率的评价指标主要包括：董事会规模，董事长与总经理的两权分离状态，董事与高管的职位重合情况，董事会成员的性别构成，董事会会议情况等。

（3）董事会组织结构。董事会组织结构界定了董事会内部分工与协作的方式、途径等。董事会专业委员会的设立情况会影响到董事会的运作。只有董事会内部权责分明、组织健全，才能保证董事会职责的履行。合理的董事会组织结构是董事会高效运转的前提。

董事会组织结构主要考察董事会专业委员会运行状况。董事会组织结构的评价指标主要包括：董事会战略委员会、审计委员会、薪酬与考核委员会、提名委员会、其他专业委员会的设置情况等。

（4）董事薪酬。公司的董事承担着制定公司战略决策和监督管理人员的责任，并且要履行勤勉义务和诚信义务。在赋予董事责任和义务的同时，给予董事合适的薪酬至关重要。具有激励效果的薪酬组合能够促进董事提高自身的努力程度，提高董事履职的

积极性，促使董事与股东利益的趋同，并最终提升公司的核心竞争力。

董事薪酬主要考察董事激励约束状况，包括短期激励和长期激励。董事薪酬的评价指标主要包括：董事在公司的领薪状况，董事的现金薪酬状况，董事持股情况，董事股权激励计划的制定及实施等。

（5）独立董事制度。独立董事制度为上市公司的董事会引入了具有客观立场的独立董事。这些独立董事独立于上市公司，与上市公司之间没有利益关联，在一定程度上能够客观地发表见解，从而保护公司投资者的利益。在中国"一股独大"的股权结构下，需要建立独立董事制度来保证董事会的独立性以及决策的科学性。

独立董事制度主要考察公司董事会的独立性及独立董事的职能发挥状况。独立董事制度的评价指标主要包括：独立董事比例，独立董事的专业背景，独立董事在外单位的任职状况，独立董事参会情况，独立董事津贴等。

中国上市公司董事会治理评价指标体系如表 11-4 所示。

表 11-4　中国上市公司董事会治理评价指标体系

主因素层	子因素层	说明
董事权利与义务	董事权利与义务状态	评价董事权利与义务的清晰界定程度
	董事损害赔偿责任制度	考核董事的责任履行
	股东董事比例	考核具有股东背景的董事比例
	董事年龄构成	考核董事年龄情况，尤其是大龄董事
	董事专业背景	考核董事的专业背景
	董事在外单位的任职情况	考核董事义务履行的时间保障

主因素层	子因素层	说明
董事会运作效率	董事会规模	考核董事会人数情况
	董事长与总经理的两权分离状态	考核董事长与总经理的兼任情况
	董事与高管的职位重合情况	考核董事与高管的兼任情况
	董事会性别构成	考核董事会中女性董事的比例情况
	董事会会议情况	考核董事会会议及工作效率
董事会组织结构	战略委员会的设置	考核战略委员会的设置
	审计委员会的设置	考核审计委员会的设置
	薪酬与考核委员会的设置	评价薪酬与考核委员会的设置
	提名委员会的设置	考核提名委员会的设置
	其他专业委员会的设置	考核其他专业委员会的设置
董事薪酬	董事薪酬水平	衡量董事报酬水平及报酬结构的激励约束状况
	董事薪酬形式	
	董事绩效评价标准的建立情况	衡量董事的绩效标准设立
独立董事制度	独立董事专业背景	考核独立董事的专业背景
	独立董事兼任情况	考核独立董事在外单位的任职情况
	独立董事比例	考核董事会独立性
	独立董事激励	考核独立董事激励约束状况
	独立董事履职情况	考核独立董事参加会议情况

资料来源：南开大学中国公司治理研究院"中国上市公司治理评价系统"。

公司治理（修订本）

388

3. 监事会治理

与国外相比，我国上市公司监事会在公司治理结构中具有一定的特殊性。监事会作为公司内部专司监督机构的基本职能是以董事会和总经理为主要监督对象，监督公司的一切经营活动及财务状况。在监督过程中，随时要求董事会和经理人员纠正违反公司章程的越权行为。对监事会参与治理的评价应该以"有效监督"为目标，注重监事的能力和监事会运行的有效性。其中监事能力保证性包括监事会成员的独立性、监督的积极性等，监事会运行的有效性包括规模上的有效性、结构上的有效性、监督权力的有效性等。评价的目的是了解与把握我国上市公司监事会的设置及其运作状况与可能存在的问题。对监事会治理的评价以"有效监督"为目标，遵循科学性、可行性和全面性的原则，从监事会运行状况、监事会结构与规模和监事胜任能力三个方面，设计了导入独立董事制度补充后的包括 11 个指标的中国上市公司监事会治理评价指标体系。

（1）运行状况。监事会是否真正发挥作用及发挥作用的程度是我们关注的焦点，即监事会是否召开过监事会会议，召开过多少次，其次数高于、等于还是低于我国《公司法》所规定的召开次数。据此，我们设计了监事会会议次数来衡量监事会运行状况。

（2）规模结构。良好的监事会规模与结构是监事会有效运行的前提条件，为了保证监事会行使监督权的有效性，监事会在规模上应该是有效的，监事会在成员的构成上也应该是有效的。为此，我们设计了监事会人数和职工监事设置情况来反映监事会结构与规模状况。

（3）胜任能力。有了结构与机制后，没有具体的要素，整个监事会系统也无法正常运转。监事胜任能力包括监事会主席胜任能力和其他监事胜任能力两个方面。由于上市公司是一个占有庞大经济资源的复杂利益集团，要求监事应具有法律、财务、会计等方面的专业知识或工作经验，具有与股东、职工和其他利益相关者进行

广泛交流的能力。监事的学历和年龄等对其开展相应工作的胜任能力也具有重要的影响。监事持股有利于调动其履职的积极性。依据上述思路,我们设置了监事会主席的职业背景、学历、年龄、持股状况指标来评价监事会主席胜任能力;设置了其他监事的职业背景、年龄、学历、持股状况指标来评价其他监事胜任能力。

中国上市公司监事会治理评价指标体系如表 11-5 所示。

表 11-5 中国上市公司监事会治理评价指标体系

公司治理(修订本)

主因素层	子因素层	说明
运行状况	监事会会议次数	考核监事会履行工作职能的基本状况
规模结构	监事会人数	考核监事会履行监督职能的人员基础
	职工监事设置情况	考核监事会代表职工行使监督权力的情况
胜任能力	监事会主席职业背景	考核监事会主席职业背景对其胜任能力的影响
	监事会主席学历	考核监事会主席学历对其胜任能力的影响
	监事会主席年龄	考核监事会主席年龄对其胜任能力的影响
	监事会主席持股状况	考核监事会主席持股状况对其胜任能力的影响
	其他监事职业背景	考核监事职业背景对其胜任能力的影响
	其他监事学历	考核监事学历对其胜任能力的影响
	其他监事年龄	考核监事年龄对其胜任能力的影响

资料来源:南开大学中国公司治理研究院"中国上市公司治理评价系统"。

4. 经理层治理

经理层的评价内容主要包括经理层人员的任免、执行保障以及激励与约束三个方面。科学的任免制度，对优秀经理人员的选拔和公司的持续健康发展至关重要，可设置经理选聘方式评价、其他高管人员的选聘等评价指标。执行保障状况关系经理层的履职状况，评价内容包括公司领导结构、经理层对日常经营的控制程序、经理层内部控制程度，以及高层经理人员在股东单位或股东单位的关联单位兼职情况等。高管激励决定了经理人的努力程度，薪酬水平、持股比例是评价经理层激励的关键要素。

（1）任免制度。在经理层治理评价系统中，我们选择总经理的选聘方式、其他高管人员的选聘方式、高管人员的行政度、董事长与总经理的两职设置状况及高管稳定性构建评价公司经理层任免制度的指标。随着上市公司高管人员选聘制度化程度的提高以及高管变更频度的加大，我们强化了高管稳定性的指标评价。

（2）执行保障。经理层的执行保障评价包括总经理及其他高管人员学历指标对经理层的支持保障、学识胜任能力、经理层对日常经营的控制程序、经理层内部控制程度，以及高层经理人员在股东单位或股东单位的关联单位兼职情况等内容，特别是高层经理人员的兼职情况应受到重视。

（3）激励约束。我们从经理层薪酬与股权总量、结构、薪酬及股权与公司业绩的关系等多角度设计指标，从强度和动态性两个角度评测激励与约束程度。

中国上市公司经理层治理评价指标体系如表 11-6 所示。

表 11-6　中国上市公司经理层治理评价指标体系

主因素层	子因素层	说明
任免制度	高管层行政度	考察经理层任免行政程度
	两职设置	考察总经理与董事长的兼职状况
	高管稳定性	考察经理层的变更状况

主因素层	子因素层	说明
执行保障	高管构成	考察经理层资格学历状况
	双重任职	考察经理层成员的兼职状况
	CEO 设置	考察经理层中 CEO 设置状况
激励约束	薪酬水平	考察经理层薪酬激励水平
	薪酬结构	考察经理层激励的动态性
	持股比例	考察经理层长期激励状况

资料来源：南开大学中国公司治理研究院"中国上市公司治理评价系统"。

5. 信息披露

南开大学公司治理评价系统中的信息披露评价体系针对信息披露可靠性、相关性、及时性进行评价，在借鉴相关研究成果的基础上，以科学性、系统性和信息披露评价的可行性等原则为指导，以国际公认的公司治理原则、准则为基础，借鉴、综合考虑我国《公司法》《证券法》《上市公司治理指引》，比照《公开发行证券的公司信息披露内容与格式准则第 2 号——年度报告的内容与格式（2015 年修订）》《企业会计准则》《公开发行股票公司信息披露实施细则》等有关上市公司的法律法规设计评价指标体系。

（1）可靠性。信息披露的可靠性指一项计量或叙述与其所要表达的现象或状况的一致性。可靠性是信息的生命，要求公司所公开的信息能够准确反映客观事实或经济活动的发展趋势，而且能够按照一定标准予以检验。但信息的可靠性具有相对性和动态性，相对可靠性体现了历史性，而且相对可靠性向绝对可靠性接近。一般情况下，外部人仅通过公开信息是无法完全判断上市公司资料可靠性的，但是可以借助上市公司及其相关人员违规历史记录等评价信

公司治理（修订本）

息的披露判断可靠性。从信息传递角度讲，监管机构和中介组织搜集、分析信息，并验证信息可靠性，这种检验结果用于评价信息披露可靠性是可行的、合理的。信息披露可靠性的评价指标主要包括：年度财务报告是否被出具非标准无保留意见，近三年公司是否有违规行为，公司是否有负面报道，近一年是否有关于当期及前期的财务重述，当年是否因虚假陈述被处罚，内部控制的有效性鉴证情况等。

（2）相关性。信息披露的相关性要求上市公司必须公开所有法定项目的信息，不得忽略、隐瞒重要信息，使信息使用者了解公司治理结构、财务状况、经营成果、现金流量、经营风险及风险程度等，从而了解公司全貌、事项的实质和结果。信息披露的相关性包括形式上的完整和内容上的齐全。信息披露相关性的评价指标主要包括：公司战略是否充分披露，竞争环境是否充分披露，产品和服务市场特征是否充分披露，研发信息是否充分披露，经营风险和财务风险是否充分披露，公司社会责任方面是否充分披露，对外投资项目是否充分披露，取得或处置子公司情况是否充分披露，控股公司及参股公司经营情况是否充分披露，关联交易是否充分披露，内部控制缺陷是否充分披露等。

（3）及时性。信息披露的及时性是指信息失去影响决策的功能之前提供给决策者。信息除了具备真实、完整特征之外，还要有时效性。由于投资者、监管机构和社会公众与公司内部管理人员在掌握信息的时间上存在差异，为解决获取信息的时间不对称性可能产生的弊端，信息披露制度要求公司管理当局在规定的时期内依法披露信息，减少有关人员利用内幕信息进行内幕交易的可能性，增强公司透明度，降低监管难度，有利于规范公司管理层经营行为，保护投资者利益。从公众投资者来看，及时披露的信息可以使投资者做出理性的价值判断和投资决策；从上市公司本身来看，及时披露信息使公司股价及时调整，保证交易的连续和有效，减少市场盲动。信息披露及时性评价指标主要通过上市公司年度报告获得，包括年度报告公布的时滞、当年是否有延迟披露处罚等。

中国上市公司信息披露评价指标体系如表 11-7 所示。

表 11-7　中国上市公司信息披露评价指标体系

主因素层	子因素层	说明
可靠性	年度财务报告是否被出具非标准无保留意见	考察公司财务报告的合法性和公允性
	违规行为	考察公司在近三年是否有违规行为
	有无负面报道	考察是否有媒体对公司进行负面报道
	有无财务重述	考察公司近一年是否有关于当期及前期的财务重述
	虚假陈述被处罚	考察公司当年是否有虚假陈述被处罚
	内控有效性鉴证情况	考察公司内部控制的有效性
相关性	公司战略	考察公司是否充分披露了有关公司战略的信息
	公司竞争环境分析	考察公司是否充分披露了有关公司竞争环境的信息
	产品和服务市场特征	考察公司是否充分披露了有关产品和服务市场特征的信息
	公司风险	考察公司是否充分披露了有关公司的经营风险和财务风险的信息
	公司社会责任	考察公司是否充分披露了有关公司社会责任的信息
	对外投资项目	考察公司是否充分披露了有关对外投资项目的信息
	子公司取得或处置情况	考察公司是否充分披露了有关取得或处置子公司情况的信息

主因素层	子因素层	说明
相关性	控股及参股公司经营情况	考察公司是否充分披露了有关控股及参股公司经营情况的信息
	关联交易	考察公司是否充分披露了有关关联交易的信息
	内部控制缺陷披露	考察公司是否充分披露了有关内部控制缺陷的信息
及时性	年度报告公布的时滞	反映信息披露是否及时
	延迟披露处罚	考察公司是否有延迟披露

资料来源：南开大学中国公司治理研究院"中国上市公司治理评价系统"。

6. 利益相关者治理

利益相关者评价指标是目前国内外其他公司治理评价体系所不具备的，原因在于利益相关者在整个公司治理结构中的作用还停留在理论层面，至于利益相关者如何在公司治理中发挥作用及其效果的评价很难界定。但是，关注利益相关者参与治理是公司治理实务发展的趋势；同时，《上市公司治理准则》也有相关规定。因而有必要将利益相关者纳入公司治理评价体系。评价的目的旨在使相关方了解与把握我国上市公司利益相关者参与治理的程度以及利益相关方关系的和谐程度。

（1）参与程度。利益相关者参与性指标主要评价利益相关者参与公司治理的程度和能力，较高的利益相关者参与程度和能力意味着公司对利益相关者权益保护程度和决策科学化程度的提高。①公司员工参与程度：员工是公司极其重要的利益相关者，在如今人力资本日益受到关注的情况下，为员工提供有效途径参与公司的重大决策和日常经营管理，有利于增强员工的归属感，提高员工忠

第十一章 公司治理评价

诚度并激励员工不断实现更高的个人目标和企业目标。我们用职工持股比例这个指标来考察职工的持股情况，这是公司员工参与公司治理的货币资本和产权基础，员工持股计划也是对员工进行产权激励的重要举措。我们通过这个指标来考察公司员工参与公司治理的程度。②中小股东参与和权益保护程度：在少数控股股东在公司中占有绝对的支配地位时，中小股东作为弱势群体，往往由于种种原因，如参与公司治理的成本高等，无法参与公司决策的公司治理实践，并且自身权益常常受到侵害。利益相关者参与方面，主要评价其参与公司治理的程度，包括公司员工参与程度、公司社会责任履行状况、公司投资者关系管理、公司和监督管理部门的关系、公司诉讼与仲裁事项等评价内容。

（2）协调程度。利益相关者协调性指标考察公司与由各利益相关者构成的企业生存和成长环境的关系状况和协调程度，它主要包括公司社会责任履行状况、公司和监督管理部门的关系和公司诉讼与仲裁事项三个分指标。①公司社会责任履行状况：重视企业社会责任，关注自然环境的保护和正确处理与社区、社会的关系，是企业追求长远发展的必备条件。在此，主要通过如下两个指标考察公司社会责任的履行状况：公司公益性捐赠支出，可以考察上市公司对社会及所处社区的贡献；公司环境保护措施，反映上市公司对所处自然环境的关注与保护。②公司和监督管理部门的关系：企业从事合法经营，必须履行相应的法律责任，因此协调并正确处理公司和其监管部门的关系至关重要。我们通过对罚款支出和收入的量化处理，考察上市公司和其所处的监督管理环境及其中各主体要素的和谐程度。③公司诉讼与仲裁事项：通过考察公司诉讼、仲裁事项的数目及其性质，可以考察上市公司和股东、供应商、客户、消费者、债权人、员工、社区、政府等利益相关者的和谐程度。

中国上市公司利益相关者治理评价指标体系如表 11-8 所示。

表 11-8　中国上市公司利益相关者治理评价指标体系

主因素层	子因素层	说明
参与程度	公司员工参与程度	考察职工的持股情况
	公司中小股东参与和权益保护程度	考察上市公司中小股东参与程度和权益保护程度
	公司投资者关系管理	考察公司网站的建立与更新状况和公司投资者关系管理制度建设情况
协调程度	公司社会责任履行	考察上市公司社会责任的履行和披露情况、上市公司对所处自然环境的关注与保护
	和公司监督管理部门的关系	考察上市公司和其所处的监督管理环境的和谐程度，涉及上市公司和一部分利益相关者的关系状况
	公司诉讼与仲裁事项	考察上市公司和股东、供应商、客户、消费者、债权人、员工、社区、政府等利益相关者的和谐程度

资料来源：南开大学中国公司治理研究院"中国上市公司治理评价系统"。

第四节　中国上市公司的治理状况

一、总体治理状况

2019 年度公司治理指数平均值为 63.19，2014 年、2015 年、2016 年、2017 年和 2018 年治理指数平均值为分别为 61.46、62.07、62.49、62.67 和 63.02。对比连续几年来的中国上市公司的总体治理状况可知，总体治理水平呈现逐年提高的趋势。各年公司治理评价各级指数的比较如表 11-9 所示。在几个分指数当中，股东治理指数平均值 2019 年的数值为 67.06，相对于 2018 年的 66.47，上升了 0.59；作为公司治理核心的董事会建设得到加强，董事会治理指数平均值继 2010 年首次突破了 60 之后，2017 年继续增长到 64.28，2018 年与 2017 年持平，2019 年达到 64.51；新公司法加强了监事会的职权，监事会治理状况明显提高，平均值从 2014 年的 57.99 提高到 2018 年的 59.05，2019 年提高至 59.55；经理层治理状况呈现出较稳定的趋势，从 2014 到 2019 年的经理层治理指数平均值依次为 57.12、57.80、58.01、58.92、58.91 和 58.85；信息披露状况也呈现逐年增长趋势，2018 年指数平均值达到 65.31，2019 年为 65.35；利益相关者问题逐步引起上市公司的关注，一直保持着稳步提高的趋势，2018 年指数平均值达到 63.26，但 2019 年略有回调，为 63.00。

表 11-9　公司治理指数平均值六年比较

治理指数平均值	2014 年	2015 年	2016 年	2017 年	2018 年	2019 年
公司治理指数平均值	61.46	62.07	62.49	62.67	63.02	63.19
股东治理指数平均值	64.28	65.08	66.04	65.00	66.47	67.06
董事会治理指数平均值	63.38	63.48	64.11	64.28	64.28	64.51
监事会治理指数平均值	57.99	58.54	58.76	58.78	59.05	59.55
经理层治理指数平均值	57.12	57.80	58.01	58.92	58.91	58.85
信息披露指数平均值	63.29	64.27	64.53	65.04	65.31	65.35
利益相关者治理指数平均值	61.84	62.51	62.68	62.92	63.26	63.00

资料来源：南开大学公司治理数据库。

注：表中年份表示发布年度，评价指数数值为上一年度平均值。

二、中国上市公司治理分行业分析

就平均值而言，金融业，卫生和社会工作，住宿和餐饮业，建筑业，水利、环境和公共设施管理业等行业治理指数较高，依次为 65.03、63.55、63.47、63.44 和 63.40。房地产业，采矿业，文化、体育和娱乐业，农、林、牧、渔业，租赁和商务服务业，综合等行业治理指数较低，分别为 62.78、62.76、62.76、62.02、61.96 和 60.73。就公司治理总体状况而言，行业间存在一定的差异。与前几年的评价相比较，2019 年评价中各行业的公司治理指数排名发生了较大的变化，如表 11-10 所示。

表 11-10　2019 年按行业分组的样本公司治理指数描述性统计

行业	数目	比例（%）	平均值	中位数	标准差	极差	最小值	最大值
农、林、牧、渔业	42	1.18	62.02	62.02	3.05	13.92	56.38	70.30
采矿业	74	2.08	62.76	63.45	2.96	14.43	53.22	67.65
制造业	2260	63.45	63.29	63.46	2.99	23.08	49.82	72.90
电力、热力、燃气及水生产和供应业	110	3.09	62.84	63.01	3.06	17.62	53.87	71.49
建筑业	100	2.81	63.44	63.89	3.10	21.91	48.15	70.07
批发和零售业	164	4.60	62.84	62.72	3.35	17.57	54.05	71.61
交通运输、仓储和邮政业	99	2.78	63.13	63.20	2.48	13.15	56.09	69.24
住宿和餐饮业	9	0.25	63.47	64.86	3.66	9.68	57.21	66.89
信息传输、软件和信息技术服务业	254	7.13	63.08	63.38	3.09	17.76	52.67	70.43
金融业	88	2.47	65.03	65.26	2.91	14.54	55.63	70.17
房地产业	126	3.54	62.78	63.04	3.15	13.74	55.41	69.15
租赁和商务服务业	48	1.35	61.96	62.09	3.20	14.95	53.75	68.69

行业	数目	比例（%）	平均值	中位数	标准差	极差	最小值	最大值
科学研究和技术服务业	48	1.35	63.07	62.89	2.83	14.96	53.53	68.49
水利、环境和公共设施管理业	46	1.29	63.40	63.27	2.30	10.93	58.87	69.79
教育	3	0.08	63.23	64.38	2.34	4.24	60.54	64.78
卫生和社会工作	9	0.25	63.55	64.47	3.03	8.54	59.29	67.83
文化、体育和娱乐业	58	1.63	62.76	62.89	2.62	14.53	56.46	70.99
综合	24	0.67	60.73	60.25	2.77	9.62	55.91	65.52
合计	3562	100.00	63.19	63.39	3.02	24.75	48.15	72.90

资料来源：南开大学公司治理数据库。

三、中国上市公司治理分控股股东性质分析

表 11-11 显示，样本中数量较少的是职工持股会控股、社会团体控股、集体控股、其他类型、外资控股几类，分别有 4 家、13 家、16 家、40 家、121 家公司；国有控股和民营控股样本量较多，分别有 1112 家和 2256 家。

就样本平均值而言，其他类型控股上市公司治理指数平均值最高，为 64.53；其次为国有控股和民营控股上市公司，分别为 63.54 和 63.03；外资控股上市公司治理指数平均值为 63.02，集体控股上市公司治理指数平均值为 62.45，社会团体控股上市公司治理指数平均值为 60.95；职工持股会控股上市公司治理指数平均值最低，为 60.65。国有控股上市公司治理指数平均值高于民营控股上市公司。

表 11-11　2019 年按控股股东性质分组的样本公司治理指数描述性统计

最终控制人性质	数目	比例（％）	平均值	中位数	标准差	极差	最小值	最大值
国有控股	1112	31.22	63.54	63.63	2.86	19.37	53.53	72.90
集体控股	16	0.45	62.45	62.98	3.32	12.21	56.84	69.06
民营控股	2256	63.34	63.03	63.21	3.07	23.34	48.15	71.49
社会团体控股	13	0.36	60.95	60.85	3.67	12.40	55.63	68.02
外资控股	121	3.40	63.02	63.44	3.00	14.50	55.55	70.05
职工持股会控股	4	0.11	60.65	61.10	3.27	7.82	56.28	64.10
其他类型	40	1.12	64.53	65.00	3.50	14.49	55.53	70.02
合计	3562	100.00	63.19	63.39	3.02	24.75	48.15	72.90

资料来源：南开大学公司治理数据库。

四、中国上市公司治理分地区分析

与往年情况类似，经济发达地区如广东、浙江、江苏、北京和上海的样本数量最多，而西部欠发达地区的样本量少，反映出经济活跃水平与上市公司数量的关系。各地区公司治理指数分析结果如表 11-12 所示。在表 11-12 中的第三列数据（上市公司数量占总体比例）与第四列数据（上市公司治理指数平均值）之间存在较高的正相关性，说明经济发达地区的上市公司治理状况总体上要好于经济欠发达地区的情况。具体而言，河南、天津、江西、云南、广东、北京和山东指数平均值较高，依次为 64.15、63.89、63.83、63.74、63.68、63.56 和 63.56，指数平均值均在 63.50 以上；而辽宁、山西、海南、广西、宁夏、黑龙江和青海指数平均值均在 62

以下，分别为 61.98、61.74、61.63、61.61、61.56、61.29 和 61.13。

表 11-12　2019 年样本公司治理指数按地区分组的描述性统计

地区	数目	比例（%）	平均值	中位数	标准差	极差	最小值	最大值
北京	314	8.82	63.56	63.93	2.89	17.37	55.53	72.90
天津	49	1.38	63.89	64.34	3.07	12.07	57.17	69.24
河北	57	1.60	63.21	63.39	2.72	11.65	57.34	68.99
山西	38	1.07	61.74	62.09	2.92	11.13	56.32	67.45
内蒙古	25	0.70	62.63	62.75	3.85	16.10	53.92	70.02
辽宁	75	2.11	61.98	62.01	2.95	14.98	53.59	68.58
吉林	41	1.15	62.91	63.08	3.19	15.00	54.81	69.81
黑龙江	36	1.01	61.29	61.62	3.02	11.70	53.53	65.23
上海	287	8.06	62.82	63.09	3.28	21.90	48.15	70.05
江苏	397	11.15	63.26	63.43	2.93	17.24	52.67	69.91
浙江	430	12.07	63.04	63.05	2.87	19.71	51.24	70.95
安徽	104	2.92	63.05	63.31	2.73	13.01	55.44	68.46
福建	132	3.71	63.21	63.20	2.75	15.13	54.28	69.41
江西	41	1.15	63.83	64.05	2.65	13.66	57.33	70.99
山东	195	5.47	63.56	63.77	2.96	16.88	54.00	70.87
河南	79	2.22	64.15	64.21	2.94	13.77	55.98	69.75
湖北	101	2.84	62.92	63.26	3.63	17.71	51.85	69.56
湖南	105	2.95	63.29	63.09	2.88	15.20	55.81	71.01

地区	数目	比例（%）	平均值	中位数	标准差	极差	最小值	最大值
广东	584	16.40	63.68	63.77	2.93	18.15	52.78	70.93
广西	37	1.04	61.61	61.67	3.18	12.11	55.07	67.18
海南	29	0.81	61.63	61.39	3.00	10.95	56.35	67.29
重庆	49	1.38	62.72	62.98	3.01	15.29	54.39	69.68
四川	119	3.34	63.40	63.97	3.24	17.20	53.75	70.94
贵州	29	0.81	63.37	63.93	3.19	16.36	53.73	70.09
云南	33	0.93	63.74	63.59	3.64	15.01	56.38	71.39
西藏	17	0.48	63.01	62.98	2.75	10.01	57.43	67.43
陕西	47	1.32	62.54	62.45	2.91	10.45	57.04	67.48
甘肃	33	0.93	62.73	63.06	2.66	10.51	57.54	68.05
青海	12	0.34	61.13	61.84	2.62	8.05	56.68	64.73
宁夏	13	0.36	61.56	62.53	3.12	10.90	55.31	66.22
新疆	54	1.52	63.00	63.01	3.04	18.99	49.82	68.80
合计	3562	100.00	63.19	63.39	3.02	24.75	48.15	72.90

资料来源：南开大学公司治理数据库。

第十一章 公司治理评价

五、中国上市公司治理分市场板块分析

在 2019 年评价中，按照市场板块对样本公司进行划分，其中金融业上市公司的治理指数位居首位，平均值达 65.03；其次为创业板，公司治理指数为 63.96；中小企业板上市公司的公司治理指数平均值为 63.62；而同 2018 年一样，主板上市公司的治理指数仍然最低，平均值仅为 62.59，具体如表 11-13 所示。

表 11–13　2019 年按市场板块分组的样本公司治理指数描述性统计

板块类型	数目	比例（%）	平均值	中位数	标准差	极差	最小值	最大值
主板	1827	51.29	62.59	62.75	3.05	24.75	48.15	72.90
中小企业板	909	25.52	63.62	63.77	2.99	20.38	51.24	71.61
创业板	738	20.72	63.96	64.08	2.66	15.64	55.30	70.94
金融业	88	2.47	65.03	65.26	2.91	14.54	55.63	70.17
合计	3562	100.00	63.19	63.39	3.02	24.75	48.15	72.90

资料来源：南开大学公司治理数据库。

公司治理（修订本）

第十二章　公司治理新趋势

前面章节介绍了比较典型的公司治理模式，共有三种：一是外部控制主导型模式，二是内部控制主导型模式，三是家族控制主导型模式。受经济全球化和金融危机的影响，三种模式出现趋同化现象。由于近年来公司界和理论界对公司治理予以特别的关注，因此，公司治理今后仍将得到不断的发展和完善。本章将阐述公司治理面临的挑战、公司治理前沿成果等问题。

第一节　公司治理模式的趋同

自 20 世纪 80 年代以来，种种迹象表明，不同的公司治理模式正在取长补短，显示出趋同化特征。

一、《OECD 公司治理原则》成为公司治理的国际标准

自 1999 年首发以来，《OECD 公司治理原则》已经成为全球范围内政策制定者、投资者、公司以及其他利益相关者的国际标准。《OECD 公司治理原则》在全球各个司法管辖区域被广泛用作基准，同时还是金融稳定委员会《健全金融体系关键标准》中的一项标准，并构成世界银行《关于遵守标准和守则报告》中公司治理部分的评估基础 ❶。其为各国所接受，成为公司治理的国际标准，同时也是各国、各地区公司治理原则的范本。一些国际组织也相继

---

❶　资料来源：《二十国集团／经合组织公司治理原则》，http://dx.doi.org/10.1787/9789264250574-zh。

运用《OECD 公司治理原则》衡量公司治理绩效。例如，国际会计协会创办的会计准则发展国际论坛（IFAD），就是用《OECD 公司治理原则》作为分析治理和披露制度的工具。

2015 年 4 月，二十国集团 / 经合组织公司治理论坛对《OECD 公司治理原则》进行了修订，非经合组织成员国及国际组织——尤其是巴塞尔委员会、金融稳定委员会和世界银行委员会受邀参与了本次修订。为了确保持续性的相关度和准确性，经合组织开展了大量涉及公司和金融领域改革的实证和分析工作。因此，新的《OECD 公司治理原则》不仅适用于 OECD 国家，也适用于相当多的非 OECD 国家，《OECD 公司治理原则》广泛的适用性无疑是全球公司治理模式趋同化的重要表现形式。

二、机构投资者作用加强，相对控股模式出现

无论是以英、美为代表的外部控制主导型模式，还是以德、日为代表的内部控制主导型模式，都存在一个相同的负面后果，即因缺乏监督而产生"经营者控制"。

基于"经营者控制"的严峻现实，两种治理模式开始向中间靠拢、即从高度分散和高度集中向中间靠拢，谋求一种相对控股模式。这种模式被认为是最有利于在公司经营不利的背景下更换经理人员的一种股权结构，原因在于：首先，由于相对控股股东拥有的股权比重较大，因而他有动力发现公司经营中存在的问题，并且对经理人员的更换高度关注；其次，由于相对控股股东拥有一定的股权，他有可能争取到其他股东的支持，使自己提出的代理人能够出任公司的经理人员。在股权集中程度有限的情况下，相对控股股东的地位容易动摇，他不大可能强行支持自己所提名的公司原经理人员。因此，就总体而言，与高度分散和高度集中这两种股权结构相比较，相对模式更有利于发挥公司治理的作用，从而能更为有效地促使经理人员按股东利益最大化原则行事，并实现公司价值最大化。

具体的做法是通过改变机构投资者持股比重并激励其参与公司治理来实现这一模式。在美、英等国，传统的机构投资者与其投资的公司保持较为疏远的关系，但近年来，越来越多的机构投资者（特别是养老基金）发现参与"关系投资"（relationship investing）有助于提高自己的投资组合价值。而且由于机构投资者持有股份很多，使它们难以在短期内找到足以买进这些股份的买主。加之抛售巨额股票会引起股市大跌，机构投资者自身也会蒙受很大损失，这就在客观上迫使机构投资者长期持有股票，并借助投票机制直接参与公司治理以保证其权益不受损害。

　　企业也意识到加强与机构投资者的联系和沟通的重要性，这样可以保持公司经营的透明度，增强公司在资本市场上的良好形象。英国投资者关系协会对英国200多家大型企业高层经理的调查表明，72%的人都认为他们比三年前更重视企业与投资者的关系。而机构投资者为保证持续获利，也希望与企业建立一种长期信任的关系，通过建立机构投资者协会、分享信息、积极投票、向管理层提供建议等各种方式加大对企业的影响力。这种合作共进的治理方式，既推动了企业发展，促进了长期发展目标的实现，也使机构投资者能够持续获利，增强了长期投资的信心。美、英等国家的工会通过机构投资者（特别是养老基金）对公司治理也发挥着日益强大的作用。例如，美国劳工联盟（AFL-CIO）敦促基金经理按照工会客户的提议进行投票表决。1999年10月，AFL-CIO公布报告，依照股东的主动性程度对共同基金进行评级。结果，美国22名基金经理得到了从"优秀"到"不及格"的评定级别。

　　在德、日等国家，长期以来，机构投资者持股比例是比较高的，交叉持股也主要是机构投资者之间的交叉持股。由于交叉持股的弊端已为人们所认识，交叉持股正逐渐稀释，从最高峰1986年的55.8%下降到1997年的45.7%，交叉持股的稀释主要是银行持股下降所导致的。而其他机构投资者的持股比重则下降很少，甚至还有所上升。如2005年日本的生命保险，投贷信托公司、养老金信

托公司等机构投资者，持股比率已经超过 30%。

可见，一方面是美、英等外部控制模式的国家的机构投资者持股比重上升，另一方面则是德、日等内部控制模式的国家的机构投资者持股比重下降。在这种情况下，逐渐形成一种所谓的"相对控股模式"，即股权有一定的集中度，有相对控股股东存在，经过近几年的发展，相对控股模式已渐趋形成，而且对"经营者控制"已经产生了一定的制约作用。

三、财务报告准则趋同

随着跨公司和跨国界投资组合，资本市场的一体化发展，以及投资者对于标准化财务报表的呼吁，国际财务报告准则（IFRS）和美国会计准则（GAAP）逐渐为世界各国所接受，而美国的 GAAP 会计准则也开始向国际财务报告准则过渡。

其实，这种趋同早在十几年前甚至更早一些时候便已出现。长期以来，一些公司不断在国际资本市场上寻求融资机会，因此它们不得不采纳 IFRS 或美国 GAAP 会计准则编制其财务报告。毕马威（KPMG）会计师事务所曾对 16 个欧洲 OECD 成员国的大公司进行调查，结果发现：在接受调查的公司中，对于那些还在使用国内会计准则的公司，其中 50% 以上打算在今后几年采纳国际 IFRS 或 GAAP，从而与国际社会接轨。2001 年 2 月，欧盟委员会提出了一项法规建议，要求至少在 2005 年前，所有在欧盟注册的公司必须采用国际 IFRS。

为了满足本国公司利用国际资本市场的需要，一些 OECD 成员国进行了相应的改革，允许国内公司使用 IFRS 或 GAAP。例如，1998 年，德国通过 KonTraG 立法，允许德国公司运用 IFRS 或 GAAP 进行财务信息披露。一年之后，在 DAX 指数成分公司中，按照 IFRS 或 GAAP 进行财务信息披露的公司比例从前一年的 17% 迅速攀升到 63%。在法国，证券交易委员会（COB）于 1999 年 1 月宣布，要求所有的上市公司按照 IFRS 披露其补充财务报表。日本政府也于 1998 年通过决议，推动其财务报表制度接近 IFRS。

目前，世界上绝大多数国家和地区，包括欧盟，以及加拿大、日本和中国的一些公司都已采用 IFRS。在全球资本市场趋于一体化的情况下，采用共同的财务准则，将大大降低公司的会计成本，提高公司运营绩效。尽管这种趋同可能会在某些方面偏离基于各国特殊性的精确性（如 GAAP 有针对石油和保险等行业的具体指导，而 IFRS 则没有），从而误导投资者，损失一些社会福利，但由于采用 IFRS 后，财务报告具有透明度和可比性，由此带来的收益增加将会大大超过因某些方面偏离精确性所带来的成本上升。

四、利益相关者日益受到重视

公司治理的利益相关者理论认为，公司存在的目的不是单一地为股东提供回报，公司应当承担社会责任，以社会财富的最大化为目标。这种观点在 20 世纪 60 年代至 80 年代初普遍被消费者主权的倡导者、环境保护主义者和社会活动家等所接受，并于 20 世纪 80 年代为部分公司经理人员用来支持其反接管政策，利益相关者理论的支持者认为，公司治理改革的要点在于：不应把更多的权利和控制权交给股东，相反，公司管理层应从股东的压力中分离出来，将更多的权利交给其他的利益相关者，如职工、债权人，或者（有某些场合还包括）供应商、消费者及公司运行所在的社区，让关键的利益相关者进入公司董事会。

虽然目前投资界对投资的社会责任还没有达到普遍关注的程度，但在最近几年，OECD 国家对投资的社会责任越来越重视却是一个趋势。消费者与公司员工已经开始认识到，公司不仅应该遵守法律，也应该有助于提高整个社会的福利。世界上一些著名的基金组织、评估机构和投资管理公司，都已经或正在将投资的社会责任纳入自己的决策中，如美国 CalPERS、康涅狄格州养老金系统等。

以职工利益保护为例，美国强调使用立法的方式来保护包括职工在内的利益相关者的利益，而德国则是以职工直接参与公司治理的方式来保护职工自己的利益。德国等国家认为，职工与公司兴衰具有特殊的利害关系。股东可以通过分散持股来降低风险，而职工只能为一家公司所雇用，不能通过同时受雇于几个公司来降低其失业的风险。但是，不论什么理由，保护包括职工在内的公司利益相关者的利益已形成共识，而且都在为此做出努力。

五、法律的趋同

各国与公司治理相关的立法在近几年里也出现了明显的趋同。例如，德国立法已经将决策过程的控制权倾向于股东，提高账目的透明度，尤其是合并账目。在法国，1997 年 Marini 公司法改革报告认可了法国公司法"契约"的必要性，赋予企业更多的制定财务结构的自由。在意大利，1997 年 Draghi 法大大地增加了股东的权利。在日本，1996 年制定了彻底改革现行金融体系的计划，实行股票交易手续费完全自由化，取消了有价证券的交易税，废除了对养老基金、保险公司及投资信托业务等资产运用的限制。

另外，英、美等国家也变得更加容忍"关系型"投资者，比较突出的表现是其开始重视银行持股的作用。由于银行的双重身份能够弥补证券市场缺失的"相机治理"的监督作用，因此，自20世纪80年代以来，英、美开始逐渐放松对银行的限制。例如美国《1987 年银行公平竞争法案》使商业银行开始可以涉足证券投资等非传统银行业务，商业银行与投资银行之间的业务界限趋于模糊，商业银行、储蓄贷款机构、信用社，甚至证券公司、人寿保险、养老基金等金融机构的业务差别日渐淡化。1997 年又取消银行、证券、保险业的经营限制，使银行的能量得到进一步的释放，完善了银行持股的监管机制。1986 年，英国伦敦证券交易所实施了重大改革，允许非会员可以取得会员行号所有权，这等于允许商业银行直接参与证券业务。这次改革被称为伦敦金融准入。1997 年，英国又对金融体系进行了全面改革，撤销了英格兰银行监督商业银行的职责。

法律的趋同不是法律折中主义，而是不断成长的大公司选择制度环境趋势的结果，或者说，是大公司对开发和利用流动的、便宜的资本来源的需要。例如，大公司要在美国纽约证券交易所发行股票，就必须接受美国的有价证券规则和会计标准。这无疑对这些大公司所在国的规则和制度的形成具有重要影响。

　　总之，世界各种公司治理模式正在互相靠近、互相补充。英、美公司收敛股票的过度流动性，寻求股票的稳定性，以利于公司的长远发展；德、日公司则收敛股票的过度安定性，借助股票市场的流动性，来激活公司的活力。不过，由于不同模式形成的背景的长期影响，在相当长的时期内各种治理模式还会保留各自的特点，所以完全趋同是不可能的。

第二节　公司治理面临的挑战

一、控股股东与中小股东的利益冲突仍待解决

　　从 Shleifer 和 Vishny（1997）的著名论述开始，有关控股股东与中小股东代理问题的研究便如雨后春笋般不断涌现，随后 LLSV 等也从各个不同的视角对这些问题进行了研究。Johnson、Porta、Lopez-De-Silanes 等（2000）首次用"Tunneling"一词来形容控股股东通过隐蔽的渠道从上市公司攫取私人利益，侵占公司财产的行为，即掏空行为。由于占据信息优势，控股股东与中小股东发生利益冲突时，经常会有损害中小股东的行为，例如以谋取自身利益最大化为目的的关联交易、股权稀释、股权质押等。

　　分置改革之后，控股股东采取了更加隐蔽的手段进行利益输送：①控股大股东在 IPO 阶段造假上市。这些造假的手段主要有：粉饰财务报表、夸大募投项目前景、关联交易、故意瞒报内部控制事故、隐藏实际控制人等。万福生科财务造假案，是我国创业板市场揭露出来的 IPO 造假第一例。②控股大股东利用"大非减持"，择机盈利。控股大股东有动力在股票减持前，会采取一切可能的手段影响股票价格。其具体做法是：控股大股东倾向于在减持前披露公司的利好消息，借此推高股票价格；或者将公司的利空消息延迟至股票减持后披露，从而降低股价下跌对减持收益的不利影响。③控股大股东利用"定向增发"，择机盈利。当控股大股东作为增发的特定对象时，增发价格越低，控股大股东支付的增发成本就越少，其收益也就越高。而由于增发价格较低，上市公司获益也就相应减少。全流通以后，控股大股东在定向增发中，认购的比例越大，定向增发折价的程度越高，控股大股东利用定向增发进行利益输送越明显。④定向增发与减持、股利分配搭配使用。控股大股东先通过现金或其他资产方式认购增发的股份，然后通过现金分红的方式将投资成本收回。这样，不仅收回了定向增发的成本，还增持了对上市公司的控制权。不仅规避了证券监管部门的监管，而且避免了证券市场的波动，但是对公司价值和中小股东利益的侵害则更为严重。⑤控股大股东利用信息优势，操纵二级市场股价，坐庄盈利。大股东作为公司最大的股东，拥有对公司生产经营的最终决策权。因此，控股大股东拥有公司最及时、最全面的生产经营信息。为最大化自身收益，控股大股东常通过操纵信息、实行信息管制、"坐庄"二级金融市场，在股价波动中牟利。虽然在这种方式下，中小股东与控股大股东具有利益上的一致性，但是控股大股东与中小股东之间在持股比例上不对称，在信息拥有上不对称，中小股东常常跟不上控股大股东控制下的股价涨跌"节拍"，往往造成巨额利益损失。

控股股东代理所导致的经济后果主要可以从以下两个方面加以分析：①从总的方面研究控股股东代理造成的企业价值损失，而对该代理成本的度量是对其最直接的分析途径。②从负债代理角度分析控股股东代理负债融资效率损失，即研究控股股东对负债融资的代理成本可能产生的影响。

在当前我国资本市场发育尚不完善，体制机制尚不健全，上市公司内外部治理存在诸多缺陷的情况下，需要继续完善投资者保护的法律机制，特别是中小股东的法律保护机制；加大信息透明度，提高控股大股东的违法成本；引入合格的战略投资者；强化独立董事独立性和职能。

二、上市公司治理能力持续提升，但独立董事和利益相关者治理问题依然突出

中国上市公司的治理能力沿着治理结构到治理机制再到治理有效性的路径逐步提升，已经构建了相对完善的治理结构和规则，以及以合规和问责等为核心制度要素的公司治理体系，但治理能力的评价还要看公司治理的有效性。

《2019年中国公司治理评价报告》显示：上市公司治理指数平均值为63.19，较2018年的63.02提高0.17。从所有制结构看，国有控股上市公司治理指数平均值高于民营控股上市公司；从行业看，金融业，卫生和社会工作，住宿和餐饮业，建筑业，水利、环境和公共设施管理业等行业治理指数较高；从市场板块看，金融业治理指数位居首位，平均值达65.03，创业板为63.96，中小企业板为63.62；从省份看，经济发达地区的上市公司治理状况总体上要好于经济欠发达地区的情况。具体而言，河南省、天津市、江西省、云南省、广东省、北京市、山东省指数平均值较高；而同2018年一样，主板上市公司的治理指数仍然最低，为62.59；另外，从评价维度看，2019年中国上市公司的股东治理、董事会治理、监事会治理、信息披露指数均高于2018年。

然而，报告显示上市公司仍存在如下突出治理问题：

第一，董事会组织结构指数最高，董事会运作效率指数的平均值次之，董事权利与义务指数和董事薪酬指数位于中间，独立董事制度指数的平均值最低。表明我国上市公司董事会组织结构的规范程度较好，董事会运作效率较高，但独立董事制度仍是接下来我国上市公司董事会治理的重点。

第二，民营控股上市公司的利益相关者治理状况超过国有控股上市公司。从利益相关者治理两个分指数（参与程度与协调程度）来看，民营控股上市公司也均表现出超越国有控股上市公司的趋势。

三、外部治理有效性问题

毫不奇怪，改变公司董事会舒适状态的推动力不会来自董事会自身，而是来自许许多多外部因素。因此，包括银行、资本市场等在内的公司控制市场所构成的外部治理机制在公司治理的实践中发挥着越来越大的作用。其中，主银行制和收购与兼并无疑是非常重要的治理要素。限于篇幅，下面仅以收购与兼并、机构投资者及媒体治理为例阐述有关问题。

当前，来自资本市场的对绩效较差的公司或过度多角化的公司的威胁明显增大。因此，公司控制市场开始对"管理人员的判断力和无能"构成强有力的限制。但种种迹象表明，其在公司治理中的作用仍有待进一步发挥。

1. 收购与兼并

首先，收购成本。众所周知，当公司通过收购处于不同风险状态的公司来降低非系统风险或实现其他意图的时候，它常常要支付大量的额外费用，并在收购时承担大量的交易成本。例如，一些分析已经表明，成功的接管报价常常至少要比最初的市场价格高出20%，同时诸如投资银行费和委托材料等有关的交易成本也会使收购成本再增加2%。结果，那些以78%的效率展开经营活动的公司仍然能够存活，并且不容易遭受接管的威胁。同时，这些交易通常包括收购公司的所有股票，而很少仅仅购买或出售整个公司的一部分。因此，如果一家公司不能够充分改善收购公司的经营状况，那么它很可能就会成为一种代价沉重的、缺乏技巧的风险降低方式。

其次，股票市场对收购活动公布的反应和购后绩效。目前，已经有许多研究表明，平均而言，目标公司获得了大量收益，而收购公司的回报却保持不变或轻微下降。同时，在莱文斯克拉夫特

公司治理（修订本）

414

（Ravenscraft）和斯克勒（Schler）对多角化公司的购后绩效所进行的详细分析中，他们对 20 世纪 60 年代至 70 年代早期进行的制造业兼并活动进行了考察。结果发现，兼并以后，在新的所有权控制下的公司的会计利润下降了，并且这个问题在那些纯粹的大型综合收购活动中表现得尤为突出。

再次，收购与剥离的模式。在 20 世纪 60 年代晚期所收购的业务单位中，有许多都在 20 世纪 70 年代早期重新被剥离出去，更有甚者，在目标公司的业务与收购公司的业务不高度相关的情况下，继收购活动之后常常就会出现剥离。管理人员实际上追求与股东利益不一致的战略的另一个迹象就是收购与剥离的模式。

最后，经常为人所津津乐道的金色降落伞和毒丸策略等自我防卫机制在公司治理中的作用尚存在争议。例如，一家公司授权发行在接管以后股东可以溢价赎回的优先股股票，其目的是使本公司的股票变得对潜在收购公司而言不再具有吸引力，但这实际上也是代理理论家所建议的、没有代表股东的最大利益的一种目标。

2. 机构投资者

数十年来，公开发行股票的持有者已经从上百万的个人散户向通过聚集大量资金的基金组织的非直接受益所有权转化。其中，基金组织主要包括共同基金和政府与公司的养老基金。在 1988 年，这些基金的全部价值超过了 1.5 万亿美元。到 1995 年，人们估计这些集中的机构投资者大约拥有美国所有公开交易公司股票的 55%。到 20 世纪 90 年代早期，许多机构投资者深信，即使是那些他们经常交易的股票组合，他们也不能够马上出售绩效较差的公司的股票，因为他们持有的股票数量是如此之大，以致这种行动很可能会在市场上产生"震动波"。

由于不再能够通过出售股票而退出日益激烈的全球资本竞争，基金的管理人员不再满足于在投票中忠诚地跟踪管理人员的领导，而是不断向所有的公司施加压力，要求其提供更真实的信息和扩大股东权力。一些机构投资者如 CalPERS 已成为积极的活动家，向

绩效较差的公司施加压力，要求它们改变公司战略。同时，他们还提出具体的政策建议，游说公司解雇首席执行官和同管理阶层进行代理之争，以便阻止他们实施自私自利的公司政策。例如，随着时间的推移，美国最大的州立养老基金 CalPERS（拥有超过 800 亿美元的资产）与管理阶层打交道的方法也逐渐趋于系统化，其中包括明确地专注于公司治理监督单位的形成。在巅峰时期，连续多年的持续亏损和公司股票的衰落（从 1987 年中间价格 30 美元跌至 1994 年早期的 7 美元）促使 CalPERS 做出一项要求，即由非雇员董事提名一位领导，并由这位领导来平衡首席执行官的权力。在艾温产品部（Avon products），CalPERS 已寻求建立起一种与大股东每年会面的制度。据说，CalPERS 的首席执行官戴尔·汉森（Dale Hanson）截至 1994 年辞职，已经会见了 56 家公司的 65 位首席执行官，并与许多外部董事举行了会谈。事实上，汉森和其他类似的人获得的这种访问机会是一场职责规范的深刻变革，是股东与管理人员之间相互作用的变革。

　　与此相应，还出现股东行动主义和一种被称作关系投资的趋势，目的是使管理人员与股东之间的新的动态关系正式化。与 20 世纪 80 年代的袭击者不同，关系投资者努力在损毁大量的价值之前进行干预。同时，通过为所有者和管理人员之间系统的、富有建设意义的对话奠定基础，关系投资意味着已经向超越股东行动主义迈出了一步。股东从管理阶层承担的许多说明责任中受益。但这些做法很可能会促使管理阶层在与大股东沟通方面花费太多的时间，而没有足够的时间来从事管理工作，或者会更糟，较严格的责任说明可能会鼓励管理人员规避风险。

3. 媒体治理

　　相关研究认为，媒体能够发挥"看门狗"的作用。Dyck 等证实，媒体在揭露公司会计舞弊时所起到的监督作用，甚至已经超过了审计师、监管机构、股东及债权人。其主要的作用机理是声誉机制和信息传播机制。在这两种机制的作用下，媒体治理充当了一些正式机制的补充角色。例如，在当前投资者保护机制程度较低的情境下，媒体在资本市场中扮演了举足轻重的监督角色。基于契约关系，公司与投资者间的经济关联受当事人有限理性和交易环境不确定性所限，容易产生逆向选择与道德风险等问题。声誉机制借助自发的社会规范来建立规则，为交易的参与者提供了一种隐性激励来保证其短期承诺行动，以降低交易成本，促成契约执行。而信息传播机制则借助信息中介的传播，达到扩大信息渠道中的信息量、影响受众对信息的理解或是改变信息分布状况的效果，能有效降低契约签订及履行时的信息不对称问题。媒体形成的公司外部信息环境，有助于削弱知情交易者的信息优势，从而减少信息不对称程度。不少学者已经证实媒体的外部治理作用：Miller（2006）的研究表明，媒体在揭示会计丑闻的过程中扮演了积极的角色；孔东民等也发现，媒体关注度高的公司，其生产效率、公司业绩与社会责任均会增加；同时，公司盈余操纵、衡量大股东掏空的关联交易及违规行为均显著降低。而且，媒体通过减少投资者之间的信息不对称程度，能够增加市场有效性。媒体的负面报道能够引起负向市场反应。媒体对信息环境的完善还将提高市场的定价效率。由于信息披露不足的资本市场容易导致市场传染，所以媒体在资本市场中的覆盖情况与股价波动负相关。

四、知识工作者日益成为公司治理应该关注的对象之一

在知识经济时代，一方面，随着员工持股计划的实施和员工参与决策的需要，公司员工在企业中的地位不断上升；另一方面，随着知识要素在公司经营中的地位日益上升，并成为决定公司经营成败的关键因素，掌握知识资源的知识工作者在公司中的地位则日益变得举足轻重。结果，与史雷夫和威施尼提出的管理人员的自卫本能相对应，知识工作者也完全有可能出于自身目的而利用自己的特殊地位采取未必有利于所有股东的行动。当他们按照与自己的技能相一致的方式，但未必是最大程度地代表公司的利益，主张进行扩

张、新品开发或决定公司未来发展方向的决策时，就会出现"知识工作者堑壕"。例如，他们可能要求对自己具有特有知识的业务进行投资，并借此提高自己对公司的重要程度，降低自己被替换的可能性，从而构筑起这种"堑壕"。此外，知识工作者的流失及其携带走的无形知识或商业秘密也对有关的治理问题提出了新的挑战。

五、公司治理边界将出现扩大化和模糊化的倾向

目前，虽然有关公司治理边界的论述并不多见，但如前所述，它是公司治理中的一个非常关键的概念，合理地识别出治理边界是有效进行公司治理的前提。无疑，当前的公司治理边界已经超出了公司法人边界的范畴，并延伸到公司实际能够实施控制的范围。然而，随着网络经济、信息技术和通信手段的发展，企业形态也出现了向更高级推进的趋势。结果，诸如战略联盟、虚拟公司和网络组织等新型企业形式日益成为不可忽视的重要力量。它们的最直接结果，就是对当前比较流行和易于理解的公司治理边界提出了挑战，并进而对公司治理提出了新的要求。在这种组织边界较为模糊的、扩大了公司治理边界的背景下，公司赖以实施治理、进行协调的基础已经不再是实际的控制权，因为它们很可能根本就没有任何股权（产权）联系，而是决定公司地位的更为关键的要素——公司专有的战略资源。

六、学科交叉融合对于关键问题的解读日益深入具体

多学科交叉属性是公司治理学科的突出特点之一。公司治理发展过程中不断吸收经济学、管理学、数学、社会学、心理学等学科的成果，最终形成当前以治理要素、治理行为、治理成本、治理结构、治理机制、治理有效性等为内容的，较为完整的治理理论架构。治理交叉研究中应以现有成熟治理理论研究为依托，深化对实践关注度高、学科交叉集中、制约组织创新的治理难点、治理痛点的研究。随着治理理念深入和实践拓展，与环境科学、政府治理、

公司治理（修订本）

软件与人工智能等学科交叉的研究内容有待进一步探索和深入，以便更好地加深对治理规律的认识，丰富公司治理理论体系，推动治理研究进一步发展。

第三节　公司发展新形态及其治理问题

在适应激变的环境和增强组织柔性的过程中，与再造工程、标杆管理、学习型组织、企业重组和精益制造等现代管理新潮相对应，组织形态也发生了前所未有的巨大变化，以资源外取战略为基点，战略联盟、虚拟公司、网络组织、信息型组织等新型组织应运而生并得到了快速发展。本节将对战略联盟和虚拟公司及其有关的治理问题进行简单的分析。

一、战略联盟与虚拟公司

互联网经济的发展实现了产业结构的去中心化、经济活动的泛数据化以及社会生活的物联网化，企业所面临的竞争环境也由单一的线性环境逐渐转变为全方位、全时空、多维度的开放环境。为了应对竞争环境的复杂化以及互联网原有边界的模糊从而创造新的价值需求，比战略联盟更具有开放性的跨界共享成为企业发展的新趋势。

虚拟企业作为适应动态复杂市场环境的主要组织形式，具有动态性、共享性、互补性、虚拟性。一些世界知名企业，如耐克（Nike）、盖洛（Callo）、波音（Boeing），都将一些非核心优势业务通过外包形成虚拟组织，达到提升管理柔性和敏捷性、降低成本和规避风险的目的。在我国国内，众多企业也在虚拟组织建设上开始了探索实践，如2009年，广东移动客服中心建立了"虚拟企业大学"，实现多种模式以营造呼叫中心人才培养氛围。2014年，重庆打造了中国首个创意设计"虚拟产业园"。

1. 从战略联盟到跨界共享

战略联盟（Strategic Alliance）最早由美国数字设备公司（Digital

Equipment Corporation，DEC）总裁简·霍普兰德（J. Hopland）和著名的管理学家罗杰·奈杰尔（R. Nagel）提出，用以描述企业之间特定的合作关系。大卫·蒂斯（David Teece，1992）提到，战略联盟指两个或两个以上的伙伴企业间，以承诺和信任为特征的合作活动，能够实现资源共享、优势互补等战略目标。兰杰·古拉蒂（Ranjay Gulati，1998）将联盟定义为企业之间出于自愿的一种安排，包括交换、分享或共同开发产品、技术与服务。这些联盟的产生可能基于各种各样的动机和目标，有各种形式，并且跨越了垂直和水平边界。皮埃尔·杜尚哲和贝尔纳·加雷特（Pierre Dussauge、Bernard Garrette，2006）认为，战略联盟是两个或者两个以上企业，在保持各自独立性的基础上，建立的以资源与能力共享为基础、以共同实施项目或活动为表征的合作关系。基普罗蒂奇等（Kiprotich，2015）将战略联盟看作一种参与者为提高竞争地位，而共享知识、资源和能力的长期组织间关系的特殊模式。有学者提出，尽管理论界对战略联盟的定义不尽相同，但在联盟本质上基本达成共识。即①战略联盟中的企业具有共同的战略目标；②伙伴企业具有战略独立性，有自己的战略取向和利益目标；③战略联盟中企业的合作关系不是全方位的，伙伴企业处于竞争与合作共存的状态。由于产品的特点、行业的性质、竞争的程度、联盟的目标和公司优势等要素各不相同，公司间采取的战略联盟形式也具有多样性，比较常见的有联合技术开发、合作生产与后勤供应、分销协议、合资经营等。美国学者伯纳德·赛蒙因（Bernard Simonin）依据股权参与和合伙人的数量把战略联盟分成五种主要形式：非正式合作、契约性协议、国际联合、合资和股权参与。

跨界共享作为共享经济时代的企业间合作形式，可以看成战略联盟的一种新形态。企业间跨界共享的本质主要体现在以下几个方面。首先，跨界共享基于伙伴企业共同的战略目标形成。通过腾讯公司与长安汽车的合作可以看到，长安汽车从传统汽车行业向智能汽车的转型与腾讯推出的汽车智能网联"AI in Car"理念相契合，双方企业都具有建设汽车智能网联生态、推动汽车智能化进程的战略前景。其次，共享理念提倡在保留资源所有权的前提下对使用权进行分享，因此并不影响跨界双方的战略独立性。由于共享的内容属于企业的"相对闲置资源"，所以企业通过跨界共享建立的新企业也具有战略独立性。

相比于战略联盟，企业进行跨界共享时可以规避机会主义行为的发生。跨界共享是共享经济时代产物，共享经济促进了以合作互惠为主导的市场竞争伦理新范式。与战略联盟相比，跨界共享更加强调开放性特点。跨界共享的开放性特点不仅能够促使企业获得更多创新资源，还将推动利益相关者参与到新价值创造的过程中。企业通过跨界共享建立的不仅仅是能够优化资源配置和价值整合方式的关系网络，还是以自身为核心，能够实现共赢发展的商业生态体系。

以互联网时代为背景，根据战略联盟与跨界共享的产生背景、持续根源、实现范围及创新结果四个方面总结了四个不同之处，如表 12-1 所示。

表 12-1　战略联盟与跨界共享比较

类型	产生背景	持续根源	实现范围	创新结果
战略联盟	经济全球一体化拓宽企业竞争范围；技术变革使企业面临更加复杂的技术、高昂的成本及动荡的技术环境	战略联盟中企业的自利行为会促使其产生机会主义行为	战略联盟的实现范围与企业价值链、所处产业有关	战略联盟能够帮助企业从外界获取创新资源
跨界共享	互联网技术的发展及共享经济的平台化思维改变企业价值创造方式；智能化产业发展为企业进行跨界合作提供机会	跨界共享行为中的利他理念及共享特性有助于抑制机会主义行为	跨界共享的实现范围突破了价值链与产业边界的限制，伙伴企业间具有弱关系性	跨界共享更容易帮助企业构建以自身为核心的开放性商业生态系统

资料来源：高山行，刘嘉慧，韩晨，等. 跨界共享：共享经济时代战略联盟的再认识 [J]. 北京工业大学学报（社会科学版），2019，19（3）：51-58.

2. 虚拟公司

　　市场环境日新月异，"大而全""产供销一体化"的传统经营模式已经无法快速反应市场主体的需求，而虚拟企业作为一种柔性动态组织，借助契约和网络平台的形式，并通过信息共享、跨组织流程再造等方式在激烈的竞争中创造出价值。虚拟经营实际上是旨在适应多变的需求与竞争环境的一种动态企业经营观的产物，是以内外部资源的合理整合与善用为宗旨，以内部机构的精简和外部协作的强化为目标，以灵活与适应性为原则，以高度发达的信息和通信技术为手段，把与企业的供应商、生产商、顾客或竞争对手等联系起来的动态合作网络作为新型财富创造方式的实践活动。这里的虚拟公司，在组织上突破有形的界限，虽有生产、销售、设计、财务等功能，但公司体内却没有完整地执行这些功能的组织，也就是说在有限的资源下，公司为了取得竞争中的最大优势，仅保留公司中最关键的职能，而将其他功能虚拟化——通过各种外力进行整合互补，其目的是在竞争中最大效率地利用企业有限的资源。它有五种基本形式：虚拟生产、共生、战略联盟、虚拟销售网络、虚拟行政部门。同时，作为一种松散的联合，虚拟公司完全可能与包括互为竞争对手的公司联合，但各伙伴之间完全是一种独立的伙伴关系，是出于自身的某种战略考虑而临时组建的动态合作形式，不是法律意义上的完整的经济实体，不具有独立的法人资格，而是打破了传统公司间明确的组织界限，形成了一种互相包容的网络形式，可以随着合作需要而建立，随着合作完成而解散。与其他形式的公司网络相比，虚拟公司以高度发达的通信、信息技术为必要的基础设施，通过合作进行竞争，具有高度的弹性与灵活性，更适应现代信息社会发展的形势。

二、有关的治理问题

　　鉴于在战略联盟和虚拟公司中有许多共性的地方，下面我们将把这两种组织形态中的治理问题放在一起进行简单的分析。

公司治理（修订本）

有关战略联盟与虚拟公司中的治理问题，既应该包括建立之后对经营活动进行的治理，也应该包括建立之前所存在的治理问题。因为在决定是否资源外取时，明显存在需要治理的理由。例如，假设你是一家公司的首席信息官，并且正想从公司外部购买所有的信息处理活动，而不再由公司自己完成，你会主张取消你正经营的单位吗？或者即使从公司外部顾客那里获得这项服务时，仍要求继续经营这一单位吗？在实践中，诸如此类的戏剧性场面在任何公司都会存在，它表明了当战略结果对决策者的私人利益产生影响时可能引发的冲突。不过，这类治理问题与我们前面所论述的治理问题相同。因此，以下仅对联盟或虚拟公司成立之后的问题进行分析。

1. 重要而特殊的治理问题

根据美国麦金西咨询公司对 49 家战略联盟追踪调查的结果，有 1/3 因未达到合伙人预期的目的而失败。由于构成战略联盟或虚拟公司的各实体单位的管理者可能来自于不同国家，有着不同的文化背景和公司文化，在建立之初，他们之间很可能存在不同的目标和预期，因此协调与控制就成为战略联盟和虚拟公司成功的关键。但在这里，协调各种冲突要比单个公司更为困难，因为后者完全可以用上级命令而结束内部争议，而前者只能提交给有关实体各方的最高管理人员，依靠不断沟通和相互协商来解决。

当然，伙伴之间应该对联盟或虚拟公司的任务及性质制定明确的协议，规定清楚联盟或虚拟公司的工作目标和任务，为成立后的运行管理打下规范化的基础，避免日后产生误解和歧义。根据东芝公司和其他公司的经验，在联盟建立的开始，各方的责任、义务、权利都应该明确地加以界定，经过仔细审订、精心雕琢的联盟协议可以大大减少潜在冲突的发生。但实际上，多数联盟或虚拟公司并不是靠股权等法律机制来维系的。这是因为，考虑到未来的不确定性，伙伴是否能书写一份可以防止出现投机主义的契约很值得怀疑。从理论上讲，人们完全可以书写一份包含所有条款并定期进行调整的契约。但由于需要标明的各种可能的偶然事件的清单太长，事实上几乎不可能书写一份十分完全的契约。

因此要减少伙伴之间的冲突，就必须建立一种和谐融洽的平等关系。这并不意味着绝对平均对等，但应该时刻牢记双方都应该能够从合作中获得好处。除了正式沟通渠道以外，还应该加强相互之间的非正式联系，比如高层经理之间的交流，以增强信任。交易成本理论认为，所有个体都是自我本位的，并因此而呈现出投机主义倾向。尽管这种假设几乎是所有组织经济学的共同假设，但它却使交易成本理论很容易遭到批判。如果在个体关系中存在信任，那么双方当事人就会深信，即使存在投机主义行为的可能性，另一方也不会这样做。然而，在每个人都呈现投机主义倾向的社会里，也可以发现类似信任的行为。如果一家公司已经有了采取投机主义行动的"声誉"，其他公司就不想再与它合作，从而使其处于极为不利的状况。所以，即使公司在文化上和心理上倾向于采取投机主义行动，它们对声誉可能怎样影响未来利润的关注也可以阻止其采取这样的行动。由此可见，信任、声誉在战略联盟和虚拟公司治理中有着重要的地位和作用。

2. 内部治理分析

关于战略联盟或虚拟公司的内部治理与管理问题，麦金西公司提出两种方法：一种方法是以一方为主进行管理或治理，并给予它完全的自主权，条件自然是看谁具有更高超的管理能力和治理基础（前文所说的能够产生竞争优势的战略资源）；另一种方法是另建一家完全自主经营的公司，它只对自己的董事会负责。

有学者认为，联盟之所以失败，主要原因是未能使联盟有效地运作，而不是协议制定上的问题，即治理问题。当然不同形式的联盟应该采取不同的治理方式，但不管什么形式的联盟一定要考虑以下因素：需要建立一个恰当而有效的管理系统；确定没有冲突的目标；各方都应采取适当的态度。实际上，如同一般的组织治理一样，在新型组织中的治理也包括激励、控制、协调等方面，但这些职能的具体内容和做法表现联盟自身的特点。原因就在于它是由合

作伙伴组成的联合体，在制定决策时，必须考虑到各方的利益和要求；在制定规划时，要考虑合理地利用各伙伴的资源，以获得最大收益；在确定组织形式时，要考虑新建组织的整体目标和特殊要求；组织内部会有不同国籍、不同文化背景的员工一起工作；组织的协调工作不仅包括通常的部门之间、层次之间的协调，也包括各伙伴之间的协调。实践表明，长期目标不一致、职权不明、控制不力、信息不通、缺乏合作精神等问题往往造成联盟或虚拟公司的失败。

（1）目标一致。由于伙伴既希望从联盟中获得好处，但同时又保持着各自的自主权，而自主权必然导致目标的潜在冲突。这就要求伙伴经常进行接触和协商，寻求缩小目标差距的途径。企业经验表明，及早为新建组织确定明确的基本规则和目标，在伙伴之间建立一种个人基础上的密切关系；保持一种良好的、能跨越职能的信息沟通渠道；保持足够的回旋余地等因素是联盟或虚拟公司获得成功的关键。

（2）职权明确。层级组织内管理人员的职责不仅应该是明确的，而且应该是对等统一的。联盟或虚拟公司内部同样应该如此。如果管理者没有必要的职权，没有任何自主权，那么能获利的项目也会无利可图，如果各伙伴在任何地方都可以指手画脚，发号施令，那么联盟将陷于混乱之中。

（3）确保控制。控制是联盟和虚拟公司的重要内容之一。与一般企业中的控制相比，联盟和虚拟公司中的控制缺乏明确的职权系统，管理层次也不是十分明确，因而很容易导致目标的分散。葛瑞格和赫伯特认为，联盟的控制应该从以下几个方面来界定：一是控制重点，即联盟或虚拟公司希望控制的活动范围；二是控制程度，即联盟或虚拟公司实施控制的力度；三是控制机制，即依靠什么来实施控制。同时，劳伦茨和路斯认为，联盟或虚拟公司中的控制具有动态性质，应该主要依赖于伙伴之间的相互一致，以说服为主，而不是发布命令。如果单方决策，必然会破坏相互控制，影响联盟或虚拟公司的竞争力。因此，合作各方决不能以数字来衡量控制程度（如以股权比例），更不能仅仅靠所有权和控制手段来维系，而必须共同付出努力、承诺和忠诚。随着时间的推移，基于上述因素而发展起来的关系就会在彼此之间建立起充分的信任与信心，就会感到法律上的协议可有可无。

（4）信息沟通。为使联盟或虚拟公司获得成功，应该确保各种信息能在伙伴之间沟通与传播。它可以：提高伙伴对联盟或虚拟公司的兴趣，求得对合作的支持；通过伙伴之间的信息沟通，促进相互知识的增长，形成学习优势，等等。但信息的沟通与传播也存在一定的风险。因此，公司不应忘记，建立联盟或虚拟公司只是一种手段，最终目标还是要通过合作或联盟关系增强自己的竞争实力，故它并不意味着将无原则地迁就对方或向对方提供一切。在合作的伙伴当中，有些本身就是某一产品或市场中的直接竞争对手，有些则是潜在的竞争对手，有可能通过联盟获取技术或资源后发展成为竞争对手。因此，各方既要加强合作，又要彼此防范。但已经与其他公司建立了虚拟公司的网络成员之间如果出现了相互隐瞒关键性资源、偷窃商业秘密等缺乏信任的行为，也会使各方无法达到资源、技术的共享，最终导致虚拟公司以失败告终。因此，组成成功的虚拟公司，各方必须要加强沟通与尊重，消除习惯性防卫，增强彼此间的相互信赖，以使虚拟公司发挥真正的作用。

（5）合作态度。相互信任和友善在联盟和虚拟公司中非常重要。尼德科夫勒认为，友善与信任对任何阶段的伙伴关系都有一定的稳定作用，可以提高对伙伴行为的宽容程度并避免冲突，可以提高伙伴之间整体的沟通水平和便于发现及处理合作过程中出现的不协调。

（6）数据监管。跨界共享作为战略联盟的一种新形态也存在着治理问题。企业间跨界共享的形式很多，包括建立合资企业（如阿里与上汽共同出资建立斑马汽车）、相互持股（如小米科技斥资12.66亿元入股美的集团，获得1.29%的股份。美的集团将以每股23.01元价格向小米科技定向增发5500万股）、签订研发协议

等。但不同形式的跨界共享最终的结果大相径庭，如相互持股的小米科技与美的集团，在跨界共享中双方逐渐布局智能家居领域，最终形成竞争，合作关系走向破裂。而组建合资公司的阿里与上汽则相互扶持，在智能汽车领域越走越远。出现上述现象的原因值得我们去探究。此外，互联网时代下，数据逐渐发展成为企业的一种无形资源，而数据资源涉及在某种情况下具有公共产品性质的用户隐私，因此企业在跨界共享中如何监管数据资源就成为值得思考的问题。

通过上述分析可以发现，在战略联盟和虚拟公司的治理中，虽然层级组织中的治理结构和治理机制仍有可能继续发挥作用，但由于伙伴各方都是独立的法律实体，传统的命令控制模式受到了限制。此时，无形的治理机制和外部治理机制的作用更加突出，特别是信任、合作的态度和公司声誉。但究竟怎样确保对这两种新型组织形态实施有效的治理还是一个有待深入研究的课题。

三、新兴商业模式下的治理问题

人工智能时代来临，技术网络、组织网络和社会网络深度融合，催生了互联网金融等新兴商业业态，在对传统治理造成冲击的同时，也为公司治理提供了新的手段，启发了对新兴商业模式有效治理的思考。人工智能时代的公司治理变革，主要有以下五个方面的内容。

第一，公司治理成本降低，致使小股东、社群等积极治理主体应运而生。缺乏积极性的小股东通过网络投票甚至投票的方式参与治理，新的股东主体开始焕发活力；人工智能带来的精准信息搜索和信息推送，拉动了社会网络群体和社会化媒介成为公司外部治理主要主体。

第二，公司治理进入"大数据"时代，新的治理手段开始出现。社群等外部治理主体的广泛化倒逼，使得产品供给由卖方市场转向买方市场，他们的信息交流间接影响着公司的市值变化，而以

往被冠以弱势群体之名的中小股东，在股东大会投票的关键环节往往成为"压死骆驼的最后一根稻草"。通过企业信息传播的"大数据"对潜在外部治理主体和投资者进行分析，有助于倡导"精准治理"，从而更好地服务顾客和投资者。

第三，公司治理权利重组，新的治理模式得到创新。移动互联网使顾客群体、资金众筹变得大众化，进而使高科技网络组织的技术持有者拥有更多的话语权。因为话语权对技术持有者至关重要，是技术能够自由流动，使用和发挥应有效果的保障。沿用"垂直化"治理模式，无法保证对技术持有者的有效激励，难以保持企业发展所需的持续动力。所以，对网络组织来说，"垂直化"治理模式已经不再适用于人工智能时代，需要调整以技术核心为主的管理层在治理链条中的位置，探索向"扁平化"治理模式发展的创新。

第四，信息披露和非官方披露得到强化，公司治理链的信息不对称得到弱化。移动终端的便捷性促进了信息的易得性与互动性，信息传播渠道增加成为上市公司信息披露的必要补充。这一方面有利于资本市场中的投资者更加快捷地掌握公司的信息，更加及时地投资；另一方面也有利于公司内部治理主体了解、共享公司信息，从而降低治理成本，于是，层层推进的信息披露方式得到改革，利益相关者之间的信息不对称得以弱化。

第五，新兴科技的运用。技术约束作为第三种防范公司会计信息失真的途径，有别于道德约束和制度约束这两种途径。其运用了区块链技术手段，可降低中小投资者参与公司治理的门槛，提高公司治理效率，进而在一定程度上解决上市公司会计信息失真的问题。

第四节　公司治理前沿

一、公司治理指数

开展公司治理评价研究，构建衡量和诊断公司治理状况的科学

的公司治理评价体系，对于投资者正确决策，保护利益相关者的利益，加强政府对上市公司的有效监管，促使上市公司治理质量的改善，形成上市公司声誉的制约机制和促进证券市场的发展，都具有重要的理论和现实意义。

南开大学公司治理研究中心在国内率先分别推出了《中国公司治理原则》（2000）、"中国公司治理评价指标系统"（2003）、"中国公司治理评价指数 CCGI^{NK}（南开治理指数）"（2004）等一系列公司治理评价研究成果。其中《中国公司治理原则》的有关内容被中国证监会制定的《中国上市公司治理准则》、PECC 制定的《东亚地区公司治理原则》所采纳，OECD 也给予了关注；CCGI^{NK} 结合中国公司治理环境和治理客体特点，采用科学的方法与评价标准对中国上市公司治理状况进行了全面系统的评价。

二、网络治理

企业网络组织本质上是一种广义的组织间关系制度安排，网络治理的关系契约基础不仅使网络治理的研究边界相对模糊，而且包括的内容也多且很复杂。网络治理的内涵取决于经济组织特别是企业网络组织影响经济主体决策行为的条件、方式和价值创造机制。网络治理研究大致包括三个方面的内容：网络组织之间的决策科学化问题，网络技术条件下的公司治理问题，以及网络组织自身的决策科学化问题。综上所述，网络治理实际上是战略管理中合作战略、公司治理，以及跨国（集团）公司研究的综合化产物，许多问题仍有待进一步澄清和理顺。在经济全球化的背景下，网络治理研究正在日益成为全球管理学界学术研究的重要内容。而包括中国在内的一批新兴经济体的发展，将有力地推动网络治理研究。

三、绿色治理评价

企业是主要的自然资源消耗和污染物排放主体，是绿色治理的重要主体和关键行动者。社会经济的发展要求企业的绿色行为不能仅局限于管理层面，而需要上升到治理层面，通过一系列正式或非正式的结构安排和机制设计，促进企业的科学决策以最小化对环境的危害。在借鉴相关研究成果的基础上，本书以科学性、系统性和可行性等原则为指导，以国际公认的公司治理原则、准则和《绿色治理准则》为基础，借鉴并综合考虑我国《公司法》《证券法》《上市公司治理准则》来设计评价指标体系（南开大学公司治理研究中心公司治理评价课题组，2004；Li，2018）。此评价指标体系侧重于公司绿色行为，强调公司绿色理念的嵌入、绿色信息披露、利益相关者的利益保护等，从绿色治理架构、绿色治理机制、绿色治理效能和绿色治理责任 4 个维度，设置 12 个二级指标，具体有约 100 个评价指标，对中国上市公司绿色治理的状况做出全面、系统的评价。

参考文献

［1］包国宪，贾旭东.虚拟企业研究基础：实践背景与概念辨析［J］.兰州大学学报（社会科学版），2004，32（6）：82-87.

［2］曹廷求，王营，马莉，等.外部环境、治理机制与银行风险：第二届银行治理研讨会综述［J］.经济研究，2011，46（10）：150-155.

［3］陈晴晴.跨界合作行为对创新绩效的影响机制研究［D］.天津：天津理工大学，2017.

［4］陈信元，黄俊.政府干预、多元化经营与公司业绩［J］.管理世界，2007（1）：92-97.

［5］陈耀，连远强.战略联盟研究的理论回顾与展望［J］.南京社会科学，2014（11）：24-31.

［6］崔珩.转型国家大型企业私有化历程［J］.中国报道，2012（6）：38-39.

［7］达摩达兰.投资估价：评估任何资产价值的工具和技术［M］.朱武祥，邓海峰，等译.北京：清华大学出版社，1999.

［8］丁伟.韩国的金融危机及其经验教训［J］.经济社会体制比较，1998（2）：13-20.

［9］杜龙政，林润辉，李维安，等.企业集团技术金字塔及其创新路径研究［J］.中国软科学，2011（1）：113-123.

［10］杜尚哲，加雷特.战略联盟［M］.李东红，译.北京：中国人民大学出版社，2006：36-144.

［11］樊纲.东亚金融危机的教训：政策、制度与危机应对［J］.国际经济评论，1998（Z2）：13-15.

［12］费方域.控制内部人控制：国企改革中的治理机制研究 [J].经济研究，1996（6）：31-39.

［13］冯根福.西方主要国家公司股权结构与股东监控机制比较研究 [J].当代经济科学，1997（6）：31-43.

［14］高山行，刘嘉慧，韩晨，等.跨界共享：共享经济时代战略联盟的再认识 [J].北京工业大学学报（社会科学版），2019，19（3）：51-58

［15］葛小辉.韩国家族财阀走向没落？[J].中国中小企业，2016（11）：72-75.

［16］葛永盛.基于外部性视角的家族企业治理改革 [J].外国经济与管理，2006（5）：45-52.

［17］谷书堂，李维安，高明华.中国上市公司内部治理的实证分析：中国上市公司内部治理问卷调查报告 [J].管理世界，1999（6）：144-151，216.

［18］郭晨曦.关于企业集团治理的研究 [J].技术经济与管理研究，2019（1）：45-49.

［19］郭跃进.建立"出资人—基金—公司"型产权结构 [J].经济学家，1998（4）：33-37.

［20］何炼成，白永秀.明确国企职能，推进国企改革 [J].经济与管理研究，1998（2）：30-33.

［21］赫尔曼，施克曼，王新颖.转轨国家的政府干预、腐败与政府被控：转型国家中企业与政府交易关系研究 [J].经济社会体制比较，2002（5）：26-33.

［22］侯普光，赵公社.改革红利论与国有资产管理体制的完善 [J].理论探索，2013（2）：93-96.

［23］黄少安，宫明波.共同治理理论评析 [J].经济学动态，2002（4）：78-81.

［24］金英姬.韩国财阀企业功过得失及启示 [J].上海经济研究，2017（11）：109-118.

［25］孔东民，刘莎莎，应千伟. 公司行为中的媒体角色：激浊扬清还是推波助澜？［J］. 管理世界，2013（7）：145-162.

［26］李常青，熊艳. 媒体治理：角色、作用机理及效果基于投资者保护框架的文献述评［J］. 厦门大学学报（哲学社会科学版），2012（2）：9-16.

［27］李维安. 2009 年诺贝尔经济学奖与中国公司治理转型［J］. 南开管理评论，2009（5）：1.

［28］李维安. 绿色治理：超越国别的治理观［J］. 南开管理评论，2016（6）：1.

［29］李维安. 民营企业传承与治理机制构建［J］. 南开管理评论，2013（3）：1.

［30］李维安. 转型地震中家族治理负效应的放大［J］. 南开管理评论，2011（2）：1.

［31］李维安."绿色管理"：后金融危机时代管理新趋势［J］. 南开管理评论，2009（6）：1.

［32］李维安. 公司外部治理：从"演习"到"实战"［J］. 南开管理评论，2016（2）：1.

［33］李维安. 公司治理问题的研究现状评述：现代公司的治理机制与经营行为的探讨［J］. 南开学报（哲学社会科学版），1996（3）：39-44，80.

［34］李维安. 公司治理学［M］. 3 版. 北京：高等教育出版社，2016.

［35］李维安. 股份制的安定性研究［M］. 西安：陕西人民出版社，1995.

［36］李维安. 国企从企业治理模式向公司治理模式转型［J］. 现代国企研究，2018（Z1）：86-89.

［37］李维安. 机构投资者与上市公司治理有效性［J］. 中国金融，2013（22）：65-67.

［38］李维安. 金融机构的治理改革：需配套的顶层设计［J］. 南

开管理评论，2012，15（3）：1.

［39］李维安.绿色治理：超越国别的治理观［J］.南开管理评论，2016（6）：1.

［40］李维安.全面深化企业改革的一个治理逻辑［J］.南开管理评论，2017（4）：1.

［41］李维安.深化公司治理改革的关键：配套治理改革［J］.南开管理评论，2016（4）：1.

［42］李维安.深化国企改革：全面进入公司治理阶段［J］.新华月报，2017（20）：43-45.

［43］李维安.突破外部治理困境：长效制度建设是关键［J］.南开管理评论，2009（2）：1.

［44］李维安.我国银行治理改革与发展［J］.中国金融，2014（6）：61-62.

［45］李维安.应对治理落差，提高集团企业跨国治理水平［J］.南开管理评论，2011（1）：1.

［46］李维安.政府与市场关系改革的突破口：完善官员治理［J］.南开管理评论，2013（2）：1.

［47］李维安.治理与管理：如何实现和谐运转?［J］.南开管理评论，2009（3）：1.

［48］李维安.做强做大国企：企业战略还是政策比例要求［J］.南开管理评论，2016（5）：1.

［49］李维安，陈小洪，袁庆宏.中国公司治理：转型与完善之路［M］.北京：机械工业出版社，2013.

［50］李维安，等.网络组织：组织发展新趋势［M］.北京：经济科学出版社，2003.

［51］李维安，等.公司治理［M］.天津：南开大学出版社，2001.

［52］李维安，等.国有控股金融机构治理研究［M］.北京：科学出版社，2018.

［53］李维安，等.绿色治理准则与国际规则比较［M］.北京：

公司治理（修订本）

科学出版社，2018.

　[54] 李维安，郝臣. 中国公司治理转型：从行政型到经济型 [J]. 资本市场，2009（9）：112–114.

　[55] 李维安，郝臣，崔光耀，等. 公司治理研究 40 年：脉络与展望 [J]. 外国经济与管理，2019，41（12）：161–185.

　[56] 李维安，李滨. 机构投资者介入公司治理效果的实证研究：基于 CCGI^{NK} 的经验研究 [J]. 南开管理评论，2008，11（1）：4–14.

　[57] 李维安，李元祯. 国企治理改革：从企业治理到公司治理 [J]. 经济研究信息，2018（12）：27–30.

　[58] 李维安，林润辉，范建红. 网络治理研究前沿与述评 [J]. 南开管理评论，2014（5）：42–53.

　[59] 李维安，林润辉，周建. 网络经济条件下的公司治理 [N]. 中国信息报，2001–09–13（8）.

　[60] 李维安，齐鲁骏，李元祯. 从"宝万之争"的治理启示解读"杠杆收购"[J]. 清华金融评论，2017（1）：34–37.

　[61] 李维安，邱艾超. 国有企业公司治理的转型路径及量化体系研究 [J]. 科学学与科学技术管理，2010，31（9）：168–171.

　[62] 李维安，邱艾超，古志辉. 双重公司治理环境、政治联系偏好与公司绩效：基于中国民营上市公司治理转型的研究 [J]. 中国工业经济，2010（6）：85–95.

　[63] 李维安，邱艾超，牛建波，等. 公司治理研究的新进展：国际趋势与中国模式 [J]. 南开管理评论，2010，13（6）：13–24，49.

　[64] 李维安，邱艾超，阎大颖. 企业政治关系研究脉络梳理与未来展望 [J]. 外国经济与管理，2010（5）：48–55.

　[65] 李维安，王励翔，孟乾坤. 中国国有企业行政经济型治理：模式与展望 [J]. 财务管理研究，2019（10）：7–12.

　[66] 李维安，王世权. 利益相关者治理理论研究脉络及其进展探析 [J]. 外国经济与管理，2007，29（4）：10–17.

参考文献

［67］李维安，武立东.公司治理教程［M］.上海：上海人民出版社，2002.

［68］李维安，武立东.企业集团的公司治理：规模起点、治理边界及子公司治理［J］.南开管理评论，1999（4）：4-8.

［69］李维安，徐建，姜广省.绿色治理准则：实现人与自然的包容性发展［J］.南开管理评论，2017，20（5）：23-28.

［70］李维安，张耀伟，郑敏娜，等.中国上市公司绿色治理及其评价研究［J］.管理世界，2019，35（5）：126-133，160.

［71］李维安，周建.网络治理：内涵、结构、机制与价值创造［J］.天津社会科学，2005（5）：59-63.

［72］李晓琳，李维安.家族化管理、两权分离与会计稳健性［J］.证券市场导报，2016（3）：17-23.

［73］李增泉，余谦，王晓坤.掏空、支持与并购重组：来自我国上市公司的经验证据［J］.经济研究，2005（1）：95-105.

［74］廖冠民，沈红波.国有企业的政策性负担：动因、后果及治理［J］.中国工业经济，2014（6）：96-108.

［75］廖歆欣，刘运国，蓝海林.中国证券公司的集团化管控模式选择研究：以海通证券和广发证券为例［J］.管理会计研究，2019（4）：25-37，86.

［76］林润辉，李维安.网络组织：更具环境适应能力的新型组织模式［J］.南开管理评论，2000（3）：4-7.

［77］林毅夫，政策性负担是国企改革最大羁绊［J］财富智慧，2006（3）：70-73.

［78］刘春，孙亮.政策性负担、市场化改革与国企部分民营化后的业绩滑坡［J］.财经研究，2013（1）：71-81.

［79］刘青松，肖星.败也业绩，成也业绩？：国企高管变更的实证研究［J］.管理世界，2015（3）：151-163.

［80］刘文革，曲海东.俄罗斯"内部人控制"型公司治理演化研究［J］.学术交流，2006（6）：126-129.

公司治理（修订本）

［81］南开大学公司治理研究中心公司治理评价课题组．中国上市公司治理指数与治理绩效的实证分析［J］.管理世界，2004（2）：63-74.

［82］南开大学公司治理研究中心课题组．中国上市公司治理评价系统研究［J］.南开管理评论，2003（3）：4-12.

［83］内斯特，汤普森．OECD 国家的公司治理模式：是否在进程中趋同［M］// 胡鞍钢，胡光宇．公司治理中外比较．北京：新华出版社，2004：128-154.

［84］倪娟．奥利弗·哈特对不完全契约理论的贡献：2016 年度诺贝尔经济学奖得主学术贡献评介［J］.经济学动态，2016（10）：98-107.

［85］皮尔斯，马肯亚，巴比尔．绿色经济的蓝图［M］.何晓军，译．北京：北京师范大学出版社，1996.

［86］戚聿东，张任之．新时代国有企业改革如何再出发？：基于整体设计与路径协调的视角［J］.管理世界，2019，35（3）：17-30.

［87］钱婷，武常岐．国有企业集团公司治理与代理成本：来自国有上市公司的实证研究［J］.经济管理，2016，38（8）：55-67.

［88］乔洪武，张江城．共享经济：经济伦理的一种新常态［J］.天津社会科学，2016（3）：93-98.

［89］青木昌彦，钱颖一．转轨经济中的公司治理结构：内部人控制和银行的作用［M］.北京：中国经济出版社，1995.

［90］青木昌彦，张春霖．对内部人控制的控制：转轨经济中公司治理的若干问题［J］.改革，1994（6）：11-24.

［91］曲亮，谢在阳，郝云宏，等．国有企业董事会权力配置模式研究：基于二元权力耦合演进的视角［J］.中国工业经济，2016（8）：127-144

［92］上海证券交易所研究中心．中国公司治理报告（2003 年）［M］.上海：复旦大学出版社，2003.

参考文献

［93］申明浩.家族企业治理模式与"隧道行为"的国际比较［J］.山西财经大学学报，2009（12）：79-83.

［94］斯密.国民财富的性质和原因的研究［M］.郭大力，王亚南，译.北京：商务印书馆，1994.

［95］宋逸群，王玉海.共享经济的缘起、界定与影响［J］.教学与研究，2016（9）：29-36.

［96］孙国强.网络组织治理机制论［M］.北京：中国科学技术出版社，2005.

［97］孙国强.关系、互动与协同：网络组织的治理逻辑［J］.中国工业经济，2003（11）：14-20.

［98］孙晓华，李明珊.国有企业的过度投资及其效率损失［J］.中国工业经济，2016（10）：109-125.

［99］田春生."内部人控制"与利益集团：中国与俄罗斯公司治理结构的一个实证分析［J］.经济社会体制比较，2002（5）：18-25.

［100］田俊峰，王闯杰.虚拟企业伙伴选择的信任场模型［J］.系统工程理论与实践，2014，34（12）：3250-3259.

［101］汪志平.日本企业的治理结构［J］.经济学动态，1995（3）：71-73.

［102］王刚.公司治理结构的国际比较［J］.江淮论坛，1995（5）：33-40.

［103］王国瑞，李长久.第四个中心：科学技术与亚洲新兴工业国［M］.西安：陕西人民教育出版社，1997.

［104］王凯，赵壮.环境不确定性与企业集团子公司治理［J］.公司治理评论，2012，4（2）：15-28.

［105］王鹏程，李建标.自愿性信息披露、媒体治理与市场效率：基于盈利预测披露的实验研究［J］.企业经济，2018（1）：60-68.

［106］王廷科，张旭阳.商业银行的治理结构及其改革问题研

究 [J]. 财贸经济，2002（1）：51-56.

［107］王信. 关系型投资：美国养老基金的新变化 [J]. 证券市场导报，1998（7）：23-28.

［108］王勋. 金控公司监管需系统性策略 [J]. 中国金融，2019（16）：69-71.

［109］王元龙. 国有商业银行股份制改革的方案选择与时间表 [J]. 经济研究参考，2001（31）：20-21.

［110］闻岳青. 韩宝集团破产及对韩国社会经济的影响 [J]. 世界经济，1998（1）：70-73.

［111］吴宏丹. 国有资产流失及对策研究 [J]. 中外企业家，2019（31）：20.

［112］吴敬琏. 建立有效的公司治理结构 [J]. 天津社会科学，1996（1）：16-18.

［113］吴联生，林景艺，王亚平. 薪酬外部公平性、股权性质与公司业绩 [J]. 管理世界，2010（3）：117-126，188.

［114］武立东，黄海昕，王凯. 企业集团子公司治理：合法性机制与效率机制的耦合 [C]// 中国管理现代化研究会. 第六届（2011）中国管理学年会论文集. 北京：中国管理现代化研究会，2011：585-605.

［115］武立东，张云，何力武. 民营上市公司集团治理与终极控制人侵占效应分析 [J]. 南开管理评论，2007（4）：58-66.

［116］项安波. 重启新一轮实质性、有力度的国企改革：纪念国企改革 40 年 [J]. 管理世界，2018，34（10）：95-104.

［117］肖红军，李平. 平台型企业社会责任的生态化治理 [J]. 管理世界，2019（4）：120-144，196.

［118］邢恩泉，宋睿，苏蕊，等. 基于区块链视角谈上市公司会计信息失真的防范 [J]. 财务与会计，2019（2）：77-78.

［119］徐忠，邹传伟. 区块链能做什么，不能做什么？[J]. 金融研究，2018（11）：1-16.

参考文献

［120］薛有志.企业兼并与重组［M］.北京：法律出版社，1998.

［121］杨瑞龙，周业安.交易费用与企业所有权分配合约的选择［J］.经济研究，1998（9）：27-36.

［122］杨伟文，邓向华.虚拟企业的公司治理探究［J］.经济管理，2002（4）：27-30.

［123］杨学忠，徐文吉，任明，等.赚钱术：南朝鲜财阀企业发家秘诀［M］.长春：长春出版社，1989.

［124］姚军.我国金融控股集团发展模式选择及治理结构的再造［J］.暨南学报（哲学社会科学版），2015（8）：11-18.

［125］袁步英.从日本银企关系的变化看我国的主办银行制度［J］.南开经济研究，1998（4）：60-64.

［126］张群群.交易费用、经济组织与治理机制：诺贝尔经济学奖得主奥利弗·威廉姆森的学术贡献和借鉴意义［J］.财贸经济，2010（3）：99-105，137.

［127］张维迎.所有制、治理结构及委托—代理关系：兼评崔之元和周其仁的一些观点［J］.经济研究，1996（9）：3-15，53.

［128］张新.并购重组是否创造价值？：中国证券市场的理论与实证研究［J］.经济研究，2003（6）：20-29，93.

［129］赵晓.韩国财团向何处去？："新韩国"体制下韩国大企业的变革［J］.经济社会体制比较，1998（2）：27-34.

［130］赵振."互联网＋"跨界经营：创造性破坏视角［J］.中国工业经济，2015（10）：146-160.

［131］郑国坚，蔡贵龙，卢昕."深康佳"中小股东维权："庶民的胜利"抑或"百日维新"？：一个中小股东参与治理的分析框架［J］.管理世界，2016（12）：145-158，188.

［132］郑秀田，许永斌.控股股东攫取私利下中小股东的行为选择："理性冷漠"还是"积极监督"？［J］.经济评论，2013（6）：11-16.

［133］郑学益.商战之魂：东南亚华人企业集团探微［M］.北

京：北京大学出版社，1997.

[134] 郑志刚. 分权控制与国企混改的理论基础 [J]. 证券市场导报，2019（1）：4-10，18.

[135] 周春生，梅建平. 行为型操纵 [J]. 金融研究，2010（1）：131-152.

[136] 周黎安，陶婧. 政府规模、市场化与地区腐败问题研究 [J]. 经济研究，2009，44（1）：57-69.

[137] 周小川. 银行不良资产与公司治理结构 [J]. 中国工业经济，1999（7）：14-17.

[138] 朱建军. 向淡马锡学习集团管控 [J]. 董事会，2016（10）：62-64.

[139] ALSTYNE M V. The state of network organization: a survey in three frameworks [J]. Journal of organizational computing, 1997, 7（2/3）：83-151.

[140] ARUN T G, TURNER J D. Corporate governance of banks in developing economies: concepts and issues [J]. Corporate governance: an international review, 2004, 12（3）：371-377.

[141] BAE K H, BAEK J S, Kang J K, et al. Do controlling shareholders' expropriation incentives imply a link between corporate governance and firm value? Theory and evidence [J]. Journal of financial economics, 2012, 105（2）：412-435.

[142] BALL R, BROWN P. An empirical evaluation of accounting income numbers [J]. Journal of accounting research, 1968, 6（2）：159-178.

[143] BENSTON G J. Published corporate accounting data and stock prices [J]. Journal of accounting research, 1967, 5：22-54.

[144] BISHOP M. A survey of corporate governance [J]. The economist january, 1994, 29：1-18.

[145] BLAIR M M. Ownership and control: rethinking corporate

governance of the twenty-first century[M]. Washington, D.C.: Brookings Institution Press, 1995.

[146] BRADACH J L, ECCLES R G. Price, authority, and trust: from ideal types to plural forms[J]. Annual review of sociology, 1989, 5 (1): 97-118.

[147] BROWN P, KENNELLY J. The information content of quarterly earnings: an extension and some further evidence[J]. Journal of business, 1972, 45 (3): 403-415.

[148] BRYSON J M, CROSBY B C. Policy planning and the design and use of forums, arenas, and courts[J]. Environment and planning b: planning and design, 1993, 20 (2): 175-194.

[149] BURNS L R, WHOLEY D R. Adoption and abandonment of matrix management programs: effects of organizational characteristics and interorganizational networks[J]. The academy of management journal, 1993, 36 (1): 106-138.

[150] CAPRIO G, LAEVEN L, LEVINE R. Governance and bank valuation[J]. Journal of financial intermediation, 2007, 16 (4): 584-617.

[151] CARRILLO E F P. Corporate governance: shareholders' interests' and other stakeholders' interests[J]. Corporate ownership & control, 2007, 4 (4): 96-102.

[152] CIANCANELLI P, REYES-GONZALEZ J A. Corporate governance in banking: a conceptual framework[EB/OL]. (2000-12-11) [2019-11-05]. http: //dx.doi.org/10.2139/ssrn.253714.

[153] CLAESSENS S, DJANKOV S, FAN J P H, et al. Expropriation of minority shareholders: evidence from east Asia[EB/OL]. (1999-03) [2019-11-04].https: //documents1.worldbank.org/curated/en/283121468771272365/pdf/multi-page.pdf.

[154] CLAESSENS S, FAN J P H. Corporate governance in Asia:

a survey[J]. International review of finance, 2002, 3 (2): 71−103.

[155] COASER R H. The nature of the firm[J]. Economica, 1937, 4 (16): 386−405.

[156] COPELAND T, KOLLER T, MURRIN J. Valuation: measuring and managing the value of companies[M]. 2nd ed. New York: John Wiley & Sons, Inc., 1994.

[157] DENIS D K, MCCONNELL J J. International corporate governance[D]. West Lafayette: Purdue University, 2002.

[158] DONG X Y, PUTTERMAN L. Soft budget constraints, social burdens, and labor redundancy in China's state industry[J]. Journal of comparative economics, 2003, 31 (1): 110−133.

[159] DRUCKER P F. Five rules for successful acquisition[J]. The wall street journal, 1981 (15): 28.

[160] DYCK A, MORSE A, ZINGALES L. Who blows the whistle on corporate fraud[J]. Journal of finance, 2010, 65 (6): 2213−2253.

[161] DYCK A, VOLCHKOVA N, ZINGALES L. The corporate governance role of the media: evidence from Russia [J]. Journal of finance, 2008, 63 (3): 1093−1135.

[162] DYCK A, ZINGALES L. Private benefits of control: an international comparison[J]. Journal of finance, 2004, 59 (2): 537−600.

[163] FACCIO M, LANG L H P. The ultimate ownership of western European corporations[J]. Journal of financial economics, 2002, 65 (3): 365−395.

[164] FAMA E F, FISHER L, JENSEN M C, et al. The adjustment of stock prices to new information[J]. International economic review, 1969, 10 (1): 1−21.

[165] FORD G. Corporate Director[N]. Fortune, 1981−02−09 (19).

[166] FRANKEL R, LI X. Characteristics of a firm's information

参考文献

environment and the information asymmetry between insiders and outsiders[J]. Journal of accounting and economics, 2004, 37（2）: 229-259.

[167] FREEMAN R E. Strategic management: a stakeholder approach[M]. Boston: Pitman Publishing Inc., 1984.

[168] FREEMAN R E, REEDD L. Stockholders and stakeholders: a new perspective on corporate governance[J]. California management review, 1983, 25（3）: 88-106.

[169] GERINGER J M, HEBERT J. Control and performance of international joint venture[J]. Journal of international business studies, 1989（6）: 235-254.

[170] GILLAN S L. Recent developments in corporate governance: an overview[J]. Journal of corporate finance, 2006, 12（3）: 381-402.

[171] GOH K S. Corporate governance practices of Malaysian Chinese family owned business[D]. Gold Coast: Southern Cross University, 2008.

[172] GOLDSMITH S, EGGERS W D. Governing by network: the new shape of the public sector[M]. Washington, D.C.: Brookings Institution Press, 2004.

[173] GORDON R A. Business leadership in the large corporation[M]. Washington, D.C.: Brookings Institution Press, 1947.

[174] GORTON G, ROSEN R. Corporate control, portfolio choice, and the decline of banking[J]. Journal of finance, 1995, 50（5）: 1377-1420.

[175] GRANDORI A. Back to the future of organization theory[J]. Organization studies, 1998, 19（4）: V-XIII.

[176] GROSSMAN S J, HART O D. One share/one vote and the market for corporate control[J]. Journal of financial economics, 1987, 20（1/2）: 175-202.

公司治理（修订本）

［177］GROSSMAN S J, HART O D. The costs and benefits of ownership: a theory of vertical and lateral integration[J]. Journal of political economy, 1986, 94（4）: 691–719.

［178］GULATI R.Networks and alliances[J]. Strategic management journal, 1998, 19（4）: 293–318.

［179］HAKANSSON H, SHARMA D D. Strategic alliances in a network perspective[M] // IACOBUCCI D. Networks in marketing. London: Sage Publications, 1996: 108–124.

［180］HARRIGAN K R. Managing for joint venture success[M]. Boston: Lexington Books, 1986.

［181］HARRIS M, RAVIV A. The design of securities[J]. Journal of financial economics, 1989, 24（2）: 255–287.

［182］HART O D. Bargaining and strikes[J]. Quarterly journal of economics, 1989, 104（1）: 25–43.

［183］HART O D, MOORE J. Property rights and the nature of the firm[J]. Journal of political economy, 1990, 98（6）: 1119–1158.

［184］HART O. Corporate governance: some theory and implications[J]. The economic journal, 1995, 105: 678–689.

［185］HART O. Firms, contracts, and financial structure[M]. Oxford: Oxford University Press, 1995.

［186］HART S L. A natural–resource–based view of the firm[J]. Academy of management review, 1995, 20（4）: 986–1014.

［187］HERMAN E S. Corporate control, corporate power[M]. Cambridge, Eng: Cambridge University Press, 1981.

［188］HIRSCHMAN A O. Exit, voice, and loyalty: responses to decline in firms, organizations, and states[M]. Cambridge, Mass: Harvard University Press, 1970.

［189］HOLDERNESS C G. The myth of diffuse ownership in the United States[J]. The review of financial studies, 2009, 22（4）:

参考文献

1377−1408.

[190] JENSEN M C. The takeover controversy: the restructuring of corporate America[EB/OL]. (2012−01−11) [2019−11−05]. https://ssrn.com/abstract=568381.

[191] JENSEN M C, MECKLING W H. Theory of the firm: managerial behavior, agency costs, and ownership structure[J]. Journal of financial economics, 1976, 3 (4): 305−360.

[192] JIANG G H, LEE C M C, YUE H. Tunneling through intercorporate loans: the China experience[J]. Journal of financial economics, 2010, 98 (1): 1−20.

[193] JOHANSON J, MATTSSON L G. Interorganizational relations in industrial systems: a network approach compared with the transaction−cost approach[J]. International studies of management & organization, 1987, 17 (1): 34−48.

[194] JOHNSON S, PORTA R L, LOPEZ−DE−SILANES F, et al. Tunneling[J]. American economic review, 2000, 90 (2): 22−27.

[195] JONES C, HESTERLY W S, BORGATTI S P. A general theory of network governance: exchange conditions and social mechanisms[J]. Academy of management review, 1997, 22 (4): 911−945.

[196] KAPLAN S, WEISBACH M S. The success of acquisitions: evidence from divestitures[J]. Journal of finance, 1992, 47 (1): 107−138.

[197] KIPROTICH S, KIMOSOP J, KEMBOI A, et al. Moderating effect of social networking on the relationship between entreprenual orientation and performance of small and medium enterprise in Nakuru county, Kenya[J]. European journal of small business and entrepreneurship research, 2015, 3 (2): 38−52.

[198] LA PORTA R, LOPEZ−DE−SILANES F, SHLEIFER A, et al. Investor protection and corporate valuation[J]. Journal of finance, 2002, 57 (3): 1147−1170.

[199] LA PORTA R, LOPEZ-DE-SILANES F, SHLEIFER A, et al. The quality of government[J]. Journal of law, economics, and organization, 1999, 15 (1): 222-279.

[200] LAEVEN L, LEVINE R. Complex ownership structures and corporate valuations[J]. Review of financial studies, 2008, 21 (2): 579-604.

[201] LAKONISHOK J, SHLEIFER A, VISHNY R W. The impact of institutional trading on stock prices[J]. Journal of financial economics, 1992, 32 (1): 23-43.

[202] LAMB R B, CLIFF E. Competitive strategic management [M]. Englewood Cliffs: Prentics Hall, 1984.

[203] LARNER R J. Ownership and control in the 200 largest non-finance corporation, 1929 -1963[J]. American economic review, 1966 (56): 777-787.

[204] LARSSON R. The handshake between invisible and visible hands: toward a tripolar institutional framework[J]. International studies of management & organization, 1993, 23 (1): 87-106.

[205] LI Weian. Corporate governance evaluation of Chinese listed companies[J]. Nankai business review international, 2018, 9 (4): 437-456.

[206] LIGHT J O. The privatization of equity[J]. Harvard business review, 1989 (9/10): 62-63.

[207] LORANGE P, ROOS J. Strategic alliance: formation, implementation and evolution[M]. Oxford: Basil Blackwell, 1993.

[208] MACEY J R, O' HARA M. The corporate governance of banks[J]. Economic policy review, 2003, 9 (4): 91-107.

[209] MARCUS A, SHAKED I. The relationship between accounting measures and prospective probabilities of insolvency: an application to the banking industry[J]. Financial review, 1984, 19 (1):

参考文献

67−83.

［210］MERTON R C. An analytic derivation of the cost of deposit insurance and loan guarantees: an application of modern option pricing theory[J]. Journal of banking & finance, 1977, 1（1）: 3−11.

［211］MILLER G S. The press as a watchdog for accounting fraud[J]. Journal of accounting research, 2006, 44（5）: 1001−1033.

［212］MILWARD H B, PROVAN K G. Managing networks effectively[R]. Washington, D.C.: Georgetown University, National Public Management Research Conference, 2003.

［213］MIWA Y. Kigyo shudan（"corporate groupings"）in Japan[J]. Journal of economics, 1990, 55（4）: 34−58.

［214］NIEDERKOFLER M. The evolution of strategic alliance: opportunities for managerial influence[J]. Journal of business venturing, 1991, 6（4）: 237−257.

［215］OECD. Towards green growth: monitoring progress[R]. Paris: OECD, 2011.

［216］OSTROM E. Governing the commons: the evolution of institutions for collective action[M]. Cambridge, Eng: Cambridge University Press, 1990.

［217］PERROW C. Complex organizations: a critical essay[M]. New York: Random House, Inc., 1986.

［218］PORTA R L, LOPEZ−DE−SILANES F, SHLEIFER A, et al. Investor protection and corporate valuation[J]. Journal of finance, 2002, 57（3）: 1147−1170.

［219］PORTA R L, LOPEZ−DE−SILANES F, SHLEIFER A, et al. The quality of government[J]. Journal of law, economics, and organization, 1999, 15（1）: 222−279.

［220］POWELL W W. Neither market nor hierarchy: network forms of organization[M] // THOMPSON G, FRANCES J, LEVACIC

R, et al. Markets, hierarchies and networks: the coordination of social life. London: Sage Publications, 1991: 265-276.

[221] PRENTICE D D. Contemporary issues in corporate governance[M]. Oxford: Clarendon Press, 1993.

[222] PROVAN K G, MILWARD H B. Do networks really work? Aframework for evaluating public-sector organizational networks[J]. Public administration review, 2001, 61 (4): 414-423.

[223] RHENMAN E. Företagsdemokrati och företagsorganisation[M]. Stockholm: Thule, 1964: 223-229.

[224] SCHOLES M S. The market for securities: substitution versus price pressure and the effects of information on share prices[J]. The journal of business, 1972, 45 (2): 179-211.

[225] SHLEIFER A, VISHNY R W. A survey of corporate governance[J]. Journal of finance, 1997, 52 (2): 737-783.

[226] SHLEIFER A, VISHNY R W. Management entrenchment: the case of manager-specific investments[J]. Journal of financial economics, 1989, 25 (1): 123-139.

[227] TEECE D J. Competition, cooperation, and innovation: organizational arrangements for regimes of rapid technological progress[J]. Journal of economic behavior & organization, 1992, 18 (1): 1-25.

[228] VANCE S C. Corporate leadership: boards, directors, and strategy[M]. New York: McGraw Hill, 1983.

[229] VANCE S C. Higher education for the executive elite[J]. California management review, 1966, 8 (4): 21-30.

[230] VELDKAMP L, WOLFERS J. Aggregate shocks or aggregate information? Costly information and business cycle comovement[J]. Journal of monetary economics, 2007, 54: 37-55.

[231] WILLIAMSON O E. Corporate finance and corporate governance[J]. Journal of finance, 1988, 43 (3): 567-591.

参考文献

［232］WILLIAMSON O E. Markets and hierarchies: analysis and antitrust implications: a study in the economics of internal organization［M］. New York: The Free Press, 1975.

［233］WILLIAMSON O E. The economic institutions of capitalism: firms, markets, relational contracting［M］. New York: The Free Press, 1985.

［234］WILLIAMSON O E. The vertical integration of production: market failure considerations［J］. American economic review, 1971, 61（2）: 112-123.

［235］WILLIAMSON O E. Transaction-cost economics: the governance of contractual relations［J］. Journal of law & economics, 1979, 22（2）: 233-261.

［236］WORLD BANK. Inclusive green growth: the pathway to sustainable development［R］. Washington, D.C.: World Bank, 2012.

［237］WYMEERSCH E. The corporate governance discussion in some European states［M］. Oxford: Clarendon Press, 1993.

公司治理（修订本）